Sistemas de Seguridade no Mundo

A dignidade humana está em primeiro lugar?

Océlio de Jesús C. Morais
Coordenador e organizador
Cristiane Miziara Mussi
Hélio Gustavo Alves
Coorganizadores

Sistemas de Seguridade no Mundo

A dignidade humana está em primeiro lugar?

LTr®

LTr
EDITORA LTDA.

Rua Jaguaribe, 571
CEP 01224-003
São Paulo, SP — Brasil
Fone (11) 2167-1101
www.ltr.com.br
Setembro, 2019

Produção Gráfica e Editoração Eletrônica: R. P. TIEZZI
Projeto de Capa: DANILO REBELLO
Impressão: PSP DIGITAL

Versão impressa — LTr 6246.8 — ISBN 978-85-301-0078-0
Versão digital — LTr 9586.9 — ISBN 978-85-301-0083-4

Dados Internacionais de Catalogação na Publicação (CIP)
(Câmara Brasileira do Livro, SP, Brasil)

Sistema de seguridade no mundo : a dignidade humana está em primeiro lugar? / Océlio de Jesús C. Morais, coordenador e organizador ; Cristiane Miziara Mussi, Hélio Gustavo Alves, coorganizadores. -- São Paulo : LTr, 2019.

Vários autores.
Bibliografia.
ISBN 978-85-301-0078-0

1. Dignidade humana 2. Direito comparado 3. Direitos humanos 4. Proteção social 5. Seguridade social I. Morais, Océlio de Jesús C. II. Mussi, Cristiane Miziara. III. Alves, Hélio Gustavo.

19-29517 CDU-342.7:368.4

Índice para catálogo sistemático:

1. Seguridade social e dignidade humana : Direito 342.7:368.4

Cibele Maria Dias — Bibliotecária — CRB-8/9427

Autores

Ana Paula Oriola de Raeffray

Augusto Grieco Sant'Anna Meirinho

Cristiane Miziara Mussi

Daniel Machado da Rocha

Dante Martin Paiva Goyburu

Denilson Victor Machado Teixeira

Erotilde Ribeiro dos Santos Minharro

Fernando Facury Scaff

Georgenor de Sousa Franco Filho

Hélio Gustavo Alves

Ivani Contini Bramante

João Leal Amado

João Nogueira de Almeida

Leone Pereira da Silva Junior

Luísa Andias Gonçalves

Marcelo Barroso Lima Brito de Campos

Marcelo Fernando Borsio

Miguel Horvath Júnior

Milton Vasques Thibau de Almeida

Océlio de Jesús C. Morais

Paulo Afonso Brum Vaz

Roberta Soares da Silva

Vitor Salino de Moura Eça

Wagner Balera

Sobre os Autores

ANA PAULA ORIOLA DE RAEFFRAY. Doutora e Mestre em Direito pela Pontifícia Universidade Católica de São Paulo PUC/SP. Professora dos cursos de Pós-graduação da PUC/SP. Professora da Universidade Corporativa da Abrapp — Uniabrapp. Presidente da Comissão Especial de Previdência Complementar da Ordem dos Advogados de São Paulo — OAB/SP. Sócia da Raeffray Brugioni Advogados. Ocupa a cadeira n. 9 da Academia Brasileira de Direito da Seguridade Social.

AUGUSTO GRIECO SANT'ANNA MEIRINHO. Possui Mestrado em Direito Previdenciário pela Pontifícia Universidade Católica de São Paulo (2007) e Doutorado pela Pontifícia Universidade Católica de São Paulo em Direito (2017). Procurador do Trabalho do Ministério Público da União. Professor de direito previdenciário visitante da Escola Paulista de Direito (EPD). Ocupa a cadeira n. 20 da ABDSS.

CRISTIANE MIZIARA MUSSI. Possui Doutorado em Direito Previdenciário pela Pontifícia Universidade Católica de São Paulo (2007) e Mestrado em Direito pela Pontifícia Universidade Católica de São Paulo (2004). É especialista em Direito do Consumidor pelo Centro Universitário de Rio Preto — UNIRP (2002). É professora associada na Universidade Federal Rural do Rio de Janeiro — UFRRJ, em Nova Iguaçu. Ocupa a cadeira n. 8 da ABDSS, da qual é coordenadora científica.

DANIEL MACHADO DA ROCHA. Juiz Federal da 2ª Turma Recursal do Rio Grande do Sul. Doutor e Mestre em Direito (PUC-RS). Coordenador Acadêmico do Instituto Latino-Americano de Direito Social. Professor Coordenador da Especialização em Direito Previdenciário da Escola Superior da Magistratura Federal. Membro da Academia Brasileira de Direito da Seguridade Social (ABDSS), cadeira n. 11. Autor de livros e artigos na área da Seguridade Social.

DANTE MARTIN PAIVA GOYBURU. Abogado. Magíster en Derecho con mención en Derecho Constitucional y Derechos Humanos. Doctor en Derecho y Ciencia Política por la Universidad Nacional Mayor de San Marcos. Miembro de la Asociación Peruana de Derecho Constitucional, de la Comisión Consultiva y de la Comisión de Estudio de Derecho Constitucional y Derecho Procesal Constitucional del Ilustre Colegio de Abogados de Lima (2018-2019). Académico honorario de la ABDSS.

DENILSON VICTOR MACHADO TEIXEIRA. Pós-Doutor em Democracia e Direitos Humanos pela Universidade de Coimbra (Portugal). Doutor em Direito pela PUC-SP. Mestre em Direito do Estado pela UNIFRAN. Professor Universitário. Membro Perpétuo e Secretário-Geral da Academia Brasileira de Direito da Seguridade Social (ABDSS). Ocupa a cadeira n. 14. Advogado.

EROTILDE RIBEIRO DOS SANTOS MINHARRO. Doutora em Direito do Trabalho pela Faculdade de Direito da Universidade de São Paulo (2006). Mestre em Direito do Trabalho pela Faculdade de Direito da Universidade de São Paulo (2002). Professora Titular da disciplina de Direito Processual do Trabalho e de Prática Trabalhista da Faculdade de Direito de São Bernardo do Campo. Juíza do Trabalho, Titular da 2ª Vara do Trabalho de São Caetano do Sul. Ocupa a cadeira n. 7 da ABDSS.

FERNANDO FACURY SCAFF. Professor Titular de Direito Financeiro da Faculdade de Direito da Universidade de São Paulo (USP) e Professor Titular de Direito Financeiro e Tributário da Faculdade de Direito da Universidade Federal do Pará (UFPA). Sócio do escritório Silveira, Athias, Soriano de Mello, Guimarães, Pinheiro & Scaff Advogados. Atua nas áreas do Direito Financeiro, Tributário e Minerário. Ocupa a cadeira n. 21 da ABDSS.

GEORGENOR DE SOUSA FRANCO FILHO. Doutor em Direito pela Universidade de São Paulo (1991). Doutor *"honoris causa"* pela Universidade da Amazônia (UNAMA). Doutor em Direito Internacional pela Faculdade de Direito da Universidade de São Paulo. Professor Titular VII de Direito Internacional e de Direito do Trabalho da UNAMA. Desembargador do Trabalho de carreira, do TRT da 8ª Região, presidente honorário da Academia Brasileira de Direito do Trabalho. Ocupa a cadeira n. 22 da ABDSS.

HÉLIO GUSTAVO ALVES. Advogado, parecerista, Mestre em Direito Previdenciário pela PUC-SP e Doutor em Direito das Relações Sociais pela PUC-SP. Pós-doutor em Direitos Humanos e Democracia pela IGC da Faculdade de Direito de Coimbra (Pt). Coordenador da Pós-graduação em Direito e Processo Previdenciário do Complexo Jurídico Damásio Educacional. Presidente de Honra do Conselho Federal do Instituto dos Advogados Previdenciários — IAPE. Acadêmico vice-presidente da ABDSS. Ocupa a cadeira n. 2.

IVANI CONTINI BRAMANTE. Desembargadora Federal do Trabalho. Mestre e Doutora em Direito do Trabalho pela PUC/SP. Especialista em Relações Coletivas Comparada pela OIT/Torino — Itália. Professora Titular de Direito Processual do Trabalho na Faculdade de Direito de São Bernardo do Campo. Professora da COGEAE-PUC/SP. Professora convidada na Escola Paulista de Direito, da Escola Superior da Advocacia e da Escola da Magistratura Estadual. Ocupa a cadeira n. 6 da ABDSS.

JOÃO LEAL AMADO. Professor português associado da Faculdade de Direito da Universidade de Coimbra. Membro honorário da Academia Brasileira de Direito da Seguridade Social (ABDSS).

JOÃO NOGUEIRA DE ALMEIDA. Português, é Doutor em Direito pela Faculdade de Direito da Universidade de Coimbra, onde tem lecionado as disciplinas de Economia, Finanças Públicas, Direito da Concorrência e Políticas Públicas, entre outras, desde 1990. É um dos acadêmicos honorários estrangeiros da Academia Brasileira de Direito da Seguridade Social.

LEONE PEREIRA DA SILVA JUNIOR. Sócio e Advogado do Escritório PMR (Pereira, Marineli e Rodrigues) Sociedade de Advogados. Pós-Doutor pela Universidade de Coimbra/Portugal. Pós-Doutor pela Universidade de Santiago de Compostela/Espanha. Doutor e Mestre pela PUC/SP. Especialista pela Universidade Cândido Mendes. Professor de Direito do Trabalho, de Direito Processual do Trabalho e Prática Trabalhista. Autor de obras e artigos jurídicos. Palestrante. Coordenador da Área Trabalhista e Professor do Damásio Educacional. Titular da cadeira n. 19 da Academia Brasileira de Direito da Seguridade Social (ABDSS).

LUÍSA ANDIAS GONÇALVES. Professora Adjunta de Escola Superior de Tecnologia e Gestão, do Instituto Politécnico de Leiria.

MARCELO BARROSO LIMA BRITO DE CAMPOS. Doutor em Direito (PUC-Minas). Mestre em Administração Pública (FJP). Professor (FUMEC, UNI-BH e IEPREV). Procurador do Estado (MG). Advogado. Membro do IBDP, do IAMG, da Comissão de Previdência da OAB/MG, da OABPrev e da PREVCOM-MG. Acadêmico Perpétuo da Academia Brasileira de Direito da Seguridade Social (ABDSSS). Ocupa a cadeira n. 13.

MARCELO FERNANDO BORSIO. Professor Titular do UDF no Curso de Mestrado em Direito das Relações Sociais e Trabalhistas, nos créditos de Direito da Seguridade Social e Previdenciário. Pós-doutor em Direito da Seguridade Social e Professor Visitante, sob a orientação do Prof. José Luís Tortuero Plaza, pela Universidade Complutense de Madrid. Pós-doutor em Direito Previdenciário e Professor Visitante, sob a orientação do Professor Giuseppe Ludovico, pela Universidade de Milão. Doutor e Mestre em Direito Previdenciário pela Pontifícia Universidade Católica de São Paulo. Presidente do Conselho de Recursos da Previdência Social. Acadêmico perpétuo da ABDSS — cadeira n. 15.

MIGUEL HORVATH JÚNIOR. Mestrado em Direito e Doutorado em Direito pela Pontifícia Universidade Católica de São Paulo. Professor do Departamento de Direito Público da PUC-SP (admitido em 2000). Integrante do Programa de Pós-graduação em Direito da PUC-SP. Procurador Federal (Membro da Advocacia Geral da União). Professor do Programa de Pós-graduação *Stricto Sensu* da PUC-SP. Professor Assistente Doutor da Pontifícia Universidade Católica de São Paulo. Ocupa a cadeira n. 25 da ABDSS.

MILTON VASQUES THIBAU DE ALMEIDA. Doutor em Direito pela UFMG. Pós-doutor em Direito pelo IGC/Universidade de Coimbra. Professor Associado da Faculdade de Direito da UFMG. Professor do Programa de Mestrado e Doutorado em Direito da Universidade de Itaúna. Desembargador do Trabalho do TRT da 3ª Região. Ocupa a cadeira n. 4 da ABDSS, sendo diretor social e membro do conselho consultivo.

OCÉLIO DE JESÚS C. MORAIS. Pós-doutor em Direitos Humanos e Democracia pelo IGC da Faculdade de Direito de Coimbra (Pt.); Doutor em Direito pela PUC/SP. Mestre em Direito Constitucional pela UFPA; Juiz Federal do Trabalho, titular de Vara (TRT 8ª Região); Professor pesquisador do Programa de Mestrado da UNAMA. Idealizador e fundador da ABDSS, sendo atualmente o seu 1º presidente, ocupando a cadeira n. 1.

PAULO AFONSO BRUM VAZ. Desembargador Federal do Tribunal Regional Federal da 4ª Região; Mestre em Poder Judiciário (FGV); Doutor em Direito Público (UNISINOS); Magistratura Federal (2007-2009), Especialista em processo (UFSC — 1989), MBA em Poder Judiciário (2008). Atua com Direito previdenciário. Acadêmico perpétuo da Academia Brasileira de Direito da Seguridade Social (ABDSS), ocupa a cadeira n. 18.

ROBERTA SOARES DA SILVA. Mestre e Doutora em Direito das Relações Sociais pela Pontifícia Universidade Católica de São Paulo. Advogada com atuação nas áreas de Direito do Trabalho e Empresarial. Professora de Pós-Graduação em Direito Previdenciário da Escola Paulista de Direito — EPD e Professora Assistente no Curso de Mestrado e Doutorado em Direitos Humanos na PUC/SP. Ocupa a cadeira n. 16 da ABDSS, sendo atualmente tesoureira.

VITOR SALINO DE MOURA EÇA. Mestrado em Direito e Doutor em Direito Processual pela PUC-Minas (2002). Pós-doutorado em Direito Processual Comparado na Universidad Castilla-La Mancha, na Espanha (2012). Pós-doutorado em Derecho Processual Internacional, na Universidad de Talca, Chile (2019). Magistrado em Minas Gerais. Ocupa a cadeira n. 27 da ABDSS.

WAGNER BALERA. Professor Titular de Direitos Humanos; Coordenador do Núcleo de Direitos Humanos e Líder do Grupo de Pesquisa sobre Direito e Direitos dos Refugiados na PUC/SP; Doutorado em Direito das Relações Sociais e Livre-Docência em Direito Previdenciário. Coordenador da Revista Brasileira de Direitos Humanos. Decano da Academia Brasileira de Direito da Seguridade Social, ocupando a cadeira n. 3 da ABDSS e membro do conselho consultivo.

Sumário

Parte III
Proteção Social na América Latina

Parte IV
Presente e Futuro da Seguridade no Brasil e no Direito Comparado

Apresentação

A Seguridade Social ocupa lugar da maior importância no rol dos direitos que o Estado tem de assegurar ao cidadão, pois é por meio dela que as pessoas têm a garantia de uma vida tranquila e a possibilidade de envelhecer com dignidade.

Ao longo da vida, para que a dignidade humana esteja em primeiro lugar, como na pergunta do subtítulo da obra, as pessoas têm de ter a garantia do amparo em situações de necessidade, bem como a segurança de um envelhecer com tranquilidade e a certeza do amparo em situações de necessidade.

Para tanto, é necessário que o Sistema de Seguridade Social seja eficiente para atender a população a que se destina, tratando todos os segurados de modo isonômico, não possibilitando a existência de privilégios para algumas categorias.

É necessário sempre, mas principalmente neste momento em que se cuida de mudanças na Previdência Social do nosso país, que se reflita com seriedade sobre as modificações necessárias e sobre o ônus e o bônus para cada indivíduo, de modo a que tenhamos um sistema harmônico e justo para todos os segurados, atentos à nossa realidade e às condições econômicas do Brasil.

Nada melhor para nossa reflexão do que uma abordagem ampla e consistente do tema, a fim de que se escolha o melhor caminho a seguir.

Eis aí a importância do livro *Sistemas de Seguridade Social no Mundo — A dignidade humana está em primeiro lugar?*, para que tenhamos uma visão internacional da questão central, tendo contato com os variados sistemas nos diversos países, podendo enriquecer nosso debate e bem fundamentar nossa escolha.

O livro, organizado e coordenado pelo Professor Doutor Océlio de Jesús C. Morais, Magistrado do Trabalho, Professor do Programa de Pós-graduação da UNAMA e Presidente da Academia Brasileira de Direito da Seguridade Social, reúne vinte e três autores de nomeada, que examinam a Seguridade Social e suas questões mais relevantes emergentes ao redor do mundo.

A Parte I ocupa-se da dignidade da pessoa humana e proteção social no pensamento da OIT e da Europa. Já a Parte II cuida da proteção social na África, Ásia e nos Estados Unidos da América. Segue-se a Parte III, que versa sobre a proteção social na América Latina. Conclui a obra a Parte IV, dedicada ao presente e ao futuro da Seguridade Social no Brasil e no Direito Comparado.

Após o livro oferecer um panorama internacional nas quatro partes iniciais, passa a importantes reflexões na Parte IV, como conclusão da obra, sobre a proteção securitária no direito comparado, o desenvolvimento da seguridade como direito humano no Brasil, e os reflexos da globalização da economia no nosso regime previdenciário. Segue a reflexão cuidando da atualidade da seguridade social entre nós, a efetividade dos direitos sociais sob a perspectiva do Supremo Tribunal Federal, finalizando o livro o exame do modelo de seguridade social para nós e a questão da obrigação estatal de prover o sistema de seguridade social.

Vê-se, portanto, pelo elenco dos títulos que compõem a obra, a sua grande envergadura e relevância para que tenhamos subsídios para orientar uma reforma que atenda às exigência do nosso povo, lançando um olhar crítico para a situação internacional, mas norteados pela preocupação de adequar as modificações ao nosso universo.

Estão de parabéns os autores do livro, sob a eficiente coordenação do Professor Doutor Océlio de Jesús C. Morais, e a LTr Editora, pela importante obra que oferecem à nossa sociedade.

Lisboa, junho de 2019.

Prof. Doutor Pedro Paulo Teixeira Manus
Titular da Cadeira n. 23 da Academia Brasileira de Direito da Seguridade Social.
Professor Titular e Diretor da Faculdade de Direito da PUC-SP.
Ministro aposentado do Tribunal Superior do Trabalho.

Prefácio

Por que este livro? Porque o objetivo científico da obra é identificar se a pessoa humana é prioridade nos principais regimes de seguridade no mundo, conforme o elenco de direitos sociais previsto nas constituições pesquisadas. Com isso, a questão central do livro é saber se a dignidade humana sempre esteve e se ainda está em primeiro lugar nos regimes de seguridade no mundo e quais as perspectivas da proteção securitária no Brasil e no direito comparado.

E saber como são fixados os regimes ou sistemas da segurança social (assim denominam alguns países) ou de seguridade social (assim outros denominam) e, nesses, como são fixadas as regras fundamentais relativas à dignidade humana, é também objetivo científico desta obra coletiva.

Vários regimes ou sistemas de seguridade no mundo adotam a dignidade humana como princípio fundamental, mas na perspectiva da tradição dos direitos liberais à proteção social, sendo mais característico na América Latina sistemas ou regimes de segurança social com ideários mais preponderantes do Estado do bem-estar social.

Seja na perspectiva liberal ou social, seja na perspectiva socialista ou nos regimes centralizadores, as constituições nacionais pesquisadas definem elencos de deveres e direitos para as políticas de segurança social.

Por isso, tratar dessas questões necessariamente vincula a abordagem sobre os valores que as constituições nacionais consagram. Nesse sentido, portanto, a proteção social aparece como objetivo ou princípio concretizadora das liberdades e dos direitos inalienáveis do ser humano e, em sentido macro, como princípio condutor de um ideário capaz de tornar a sociedade mais integrada em torno dos valores humanos.

A proteção social é um dos mecanismos de integração social da sociedade. Por esse sentido, é possível afirmar que a proteção social, na linguagem ou técnica constitucional, significa o compromisso que o Estado assume em defesa da sociedade e das pessoas.

As constituições democráticas nas sociedades minimante livres e organizadas adotam regimes ou sistemas de seguridade que se destinam como objetivo organizar e defender a vida social. Sob o ponto de vista da teoria do Estado, isso ocorre porque não existe sociedade livre sem que a dignidade humana não esteja em primeiro lugar.

Este não é um aglomerado de artigos soltos. É temático com sentido, o *sentido lema* da Academia: *"Humane Iura et dignitatem" (Direito e Dignidade Humana).* Por isso, o eixo condutor deste livro é o princípio da primazia dignidade humana, enquanto princípio fundamental das constituições pesquisadas.

O projeto científico, aqui concretizado, é audacioso quanto à abrangência da investigação que percorreu os grandes sistemas mundiais de seguridade, e ainda quanto ao seu interesse acadêmico, que transcende fronteiras nacionais e se transforma em riquíssima fonte de pesquisa às demais pesquisas que a partir destas certamente advirão.

Todos os artigos científicos deste livro são inéditos e elaborados exclusivamente por cientistas sociais (por professores do Brasil e do estrangeiro, com pós-doutorados e doutorados, professores catedráticos), todos dedicados aos estudos das ciências da seguridade social e matérias conexas. E todos acadêmicos perpétuos da Academia Brasileira de Direito da Seguridade Social (ABDSS).

Desse modo, a Academia Brasileira de Direito da Seguridade Social apresenta sua primeira e histórica obra coletiva, dando concretude a um de seus objetivos: a produção intelectual e cientifica em benefício da sociedade, em defesa da pessoa humana, que só pode ser plenamente realizável em todas as suas dimensões. E para isso, precisam ser sempre a prioridade nas organizações sociais.

A comunidade científica nacional e estrangeira ganha uma extraordinária obra no ramo das ciências da seguridade.

Belém, agosto de 2019.

Prof. Doutor Océlio de Jesús C. Morais
Presidente da ABDSS — Cadeira n. 1.

Parte I

Dignidade Humana e Proteção Social no Pensamento da OIT e na Europa

Essa primeira parte apresenta as percepções teóricas, principiológicas e jurídicas acerca da dignidade do ser humano nos grandes tratados e convenções internacionais — documentos que influenciaram a positivação dos direitos humanos nos regimes jurídicos nacionais e projetam expectativas às novas regulações à proteção da pessoa humana diante das questões da clonagem e da seleção genética, questões relacionadas à bioética.

Essas questões são refletidas nos artigos "Dignidade humana nos tratados e convenções internacionais de direitos humanos", "O papel da OIT em matéria de seguridade social", "A proteção social na Europa ocidental — desafios", "Problema da seguridade social no leste europeu", "Seguridade Social em Portugal e na Itália — alguns apontamos " e "Transformação das relações laborais em Portugal".

1

Dignidade Humana nos Tratados e Convenções Internacionais de Direitos Humanos

Océlio de Jesús C. Morais[(1)]

1. Introdução

Numa multidão de gente existe uma multidão de sonhos, uma multidão de objetivos, uma multidão de dignidades, um conjunto de dignidades ou feixe coletivo de dignidades, uma sociedade de pessoas. Mas essas pessoas têm dignidades econômica, social, política, cultural e jurídica garantidas e respeitadas? As respostas seguras ao estágio atual da nossa construção humana nos remonta ao passado.

Se no passado nossos ancestrais nos legaram direitos e princípios, devemos aprender com esse legado, usando-o à evolução dos direitos e à perpetuidade da história humana. Se no passado e no presente criamos embaraços e problemas ao reconhecimento dos direitos e princípios inerentes da dignidade do ser humano, devemos, por dever ético e moral, ainda no presente, fazer parte da solução.

A visita ao passado nos permite compreender que os direitos e princípios relativos à dignidade humana que conhecemos hoje são processos da concepção humana, de como ela se enxergava e de como ela se valorizava ou não. Portanto, legado de conhecimento que ajudou a construir a humanização nas relações sociais e, por isso, em específico, ainda a contribuir para a evolução moral, ética e normativa da proteção da dignidade humana.

Mas o que nos diz o conhecimento legado pelos nossos ancestrais e quais lições deixadas (olhando as experiências do passado) para a proteção da dignidade do ser humano no presente e para a projeção no futuro? É na compreensão do que nos foi legado, relativo à proteção da dignidade humana, que vamos investigar as respostas às questões do presente: saber quais as razões da (des)valorização da dignidade humana no presente, apesar dos novos direitos e princípios de ordem universais.

Então, saber se os fundamentos da dignidade humana no passado e se no presente a dignidade humana está em primeiro lugar, é nosso problema de estudo, também na perspectiva do que se pensa ao futuro. Por isso, o nosso objetivo com o tema "*Dignidade humana nos tratados e convenções internacionais de direitos humanos*", é investigar, do ponto de vista da teoria dos tratados se, e em que nível, a pessoa humana é a centralidade desses tratados e, por decorrência, se o princípio da dignidade humana vincula os Estados-membros, submetendo-os a essa espécie de regra convencional.

A teoria básica dos tratados e convenções internacionais é a regência de uma ordem jurídica mútua na sociedade internacional e a natureza desse tipo de norma — conforme Rezek já enunciou — é de uma verdadeira "operação jurídica",

(1) Pós-doutor em Direitos Humanos e Democracia pelo IGC da Faculdade de Direito de Coimbra (Pt.); Doutor em Direito pela PUC/SP. Mestre em Direito Constitucional pela UFPA; Juiz Federal do Trabalho, titular de Vara (TRT 8ª Região); Professor pesquisador do Programa de Mestrado da UNAMA. Idealizador e fundador da ABDSS, sendo atualmente o seu 1º presidente, ocupando a cadeira n. 1.

porque as partes "editam um regime de direito objetivamente válido".[2]

Adotada essa natureza de "operação jurídica" ou "regime de direito válido" ou "regra convencional válida", duas questões são decorrentes: os tratados e convenções internacionais veiculam a matéria sobre direitos humanos como princípios orientativos ou como regras vinculantes aos países signatários?

Essas duas questões estão no centro do problema da (in)efetividade da proteção dos tratados e convenções internacionais, que versam, por exemplo, sobre os direitos sociais, especialmente os direitos da segurança, da assistência e do bem-estar (saúde e previdência), cujo ambiente normativo é o da seguridade social.

Atrás das respostas, vamos primeiro saber como é o tratamento destinado à pessoa humana nos países de grandes populações e na comunidade europeia. Esse critério seletivo é justificado, pela finalidade deste estudo, porque os problemas sociais das grandes populações desafiam maiores e eficientes respostas constitucionais no campo da proteção social.

2. *Desenvolvimento*

2.1. Ordem de direitos e ordem de princípios

As grandes democracias ocidentais e até regimes monárquicos da atualidade incorporam em suas Constituições nacionais os direitos inalienáveis à vida, à liberdade, à igualdade e à segurança como pressupostos fundamentais da pessoa humana. Dentre essas democracias, o princípio da dignidade da pessoa humana consiste num dos fundamentos da existência constitucional do próprio Estado.

Vamos exemplificar com cinco constituições bem representativas: a dos Estados Unidos da América, a da Federação Russa, a Constituição Chinesa, a Constituição Europeia e a Constituição Brasileira de outubro de 1988. A análise dessas constituições em cotejo com os tratados, convenções e declarações internacionais sobre direitos humanos quer identificar a saber as semelhanças ou diferenças ou influências recíprocas acerca do passado, presente e perspectivas da proteção à dignidade humana. A declaração francesa é contemporânea à Constituição americana. E ambas resultam de movimentos libertários, portanto, iluminadas por ideais humanitários.

A simetria de princípios e direitos entre a Constituição Americana e a Declaração francesa está no rol dos direitos naturais declarados por ambas: a DDHC reconhece os direitos naturais à liberdade, à propriedade, à segurança e à resistência à opressão (art. 2º). A Constituição americana reconhece os direitos à vida, à segurança, à propriedade e à liberdade.

A ratificação da Constituição dos Estados Unidos, em 1787, na Convenção Constitucional de Filadélfia (no Estado da Pensilvânia), além do fato histórico que levou à criação dos Estados americanos, quando foi declarada a independência em relação ao Reino Unido da Grã-Bretanha, que à época constituía um Estado soberano. Com os ideais federalistas foram reconhecidos os direitos à vida, à liberdade, à segurança e à propriedade.

A Emenda XIV (1868) à Constituição (1789) declara que "Nenhum Estado poderá fazer ou executar leis restringindo os privilégios ou as imunidades dos cidadãos dos Estados Unidos" e "nem poderá privar qualquer pessoa de sua vida, liberdade, ou bens sem processo legal, ou negar a qualquer pessoa sob sua jurisdição a igual proteção das leis".[3]

Já no século XIX, e ainda hoje, a ordem constitucional americana confere especial ênfase aos direitos à vida, à segurança, à propriedade e à liberdade da pessoa, qualificando-os como "imunidades dos cidadãos" contra atos arbitrários ou discricionários do Estado.

Desses quatro *direitos chaves* (direitos inalienáveis à vida, à liberdade, à igualdade e à segurança)

---

(2) REZEK, Francisco. *Direito internacional*. São Paulo: Saraiva, 2010. p. 28.

(3) A Constituição dos Estados Unidos da América é a segunda mais antiga do mundo, atrás apenas da Constituição de San Mariano, de 1600, uma constituição não escrita. Foi discutida e aprovada pela Convenção Constitucional de Filadélfia (no Estado da Pensilvânia), entre 25 de maio e 17 de setembro de 1787. *Almanaque Abril*, ano 38, editora Abril, p. 50, edição de 2012. EAN 789 3614 08126 7.

— cujas raízes são humanistas do século XVIII, como já apontou Kant em *A Paz Perpétua* (1795)[4] — emanam diversos outros direitos fundamentais como partes indissociáveis das sociedades livres e justas.

Portanto, direitos universalmente consagrados para a garantia da proteção da dignidade da pessoa humana e que, por consequência, funcionam como espécie de controle daquilo que os Estados optam como base de suas políticas para a sociedade ou, por outra, daquilo que as sociedades decidem como diretriz para dizer como os Estados devem se organizar em defesa da pessoa humana.

No século XVIII, portanto, contemporâneo da Declaração francesa e da Constituição Americana, Kant qualificou os direitos inatos e invioláveis da humanidade (à vida, à liberdade, à igualdade e à segurança). O filósofo prussiano relacionava a "validade dos direitos inatos inalienáveis"[5] à conformação "pelo princípio das relações jurídicas do próprio homem com entidades mais altas"[6], no caso, o "princípio da dependência jurídica, já que este está implícito no conceito de uma constituição política"[7].

Por serem clássicos direitos (à vida, à liberdade, à igualdade e à segurança) do Estado liberal — Bobbio[8] os situa na base da formação dos direitos constitucionais do Estado moderno, porque considera que "O Estado liberal é o pressuposto não só do histórico mas jurídico do Estado democrático"[9] — não são qualificados como ordem de princípios, mas como ordem de direitos positivos, os quais não podem ser negados ou restringidos sem o julgamento respectivo, conforme previsto no art. IV, Seção 2[10], quando reconhece o direito do julgamento ao acusado de crime pela autoridade competente.

Há uma ordem de direitos e uma ordem de princípios éticos-jurídicos (acerca destes, o jurista e filósofo alemão Larenz, no século XX, os apresenta como "teleológicos-objetivos da interpretação e em conexão com o desenvolvimento do Direito"[11]): na Declaração dos Direitos do Homem e do Cidadão e na Constituição Americana.

A ordem de direitos alberga uma ordem de princípios éticos-jurídicos: o princípio da inocência atrelado ao princípio da jurisdição para evitar julgados judiciais inválidos; o princípio da supremacia da Constituição; princípio da soberania dos povos. Essa ordem de direitos e princípios estão perpetuados atualmente nas constituições avançadas como espécie de espinha dorsal dos sistemas jurídicos mundiais — estes sistemas se relacionam exatamente pelo princípio conectivo da dignidade humana porque exprime a qualificação máxima do valor supremo, do bem maior, do patrimônio da sociedade humana.[12]

O art. IV, Seção 2 da Constituição Americana, é um exemplo da simetria com o princípio da presunção da inocência previsto no art. 7º da Declaração e Direitos do Homem e do Cidadão (DDHC), quando dispunha que "Ninguém pode ser acusado, preso ou detido senão nos casos determinados pela lei e de acordo com as formas por esta prescritas".

Por seu lado, a declaração francesa, de 26 de agosto de 1789, representa o ápice da revolução francesa (1776-1789) adotando direitos naturais e universais à liberdade, à igualdade e à fraternidade, estes eleitos como pilares dos direitos do homem e

---

(4) Disse Kant acerca dos direitos inalienáveis e inato da humanidade: "A validade dos direitos inatos inalienáveis e que pertencem necessariamente à humanidade é confirmada e elevada pelo princípio das relações jurídicas do próprio homem com entidades mais altas (quando ele as imagina), ao representar-se a si mesmo segundo esses mesmos — princípios também como um cidadão de um mundo suprassensível". *A paz perpétua* — um projeto filosófico. Trad. Artur Mourão. Universidade da Beira Interior Covilhã, Edição 2008.

(5) *A paz perpétua*, 2008, p. 12.

(6) *Ibidem*, p. 12.

(7) *Ibidem*, p. 12.

(8) BOBBIO, Norberto. *O futuro da democracia*. São Paulo: Paz e Terra, 2018. p. 28

(9) Na atualidade, Boaventura de Sousa Santos os qualifica como direitos humanos da hegemonia liberal porque decorrem do "monopólio da produção do Direito pelo Estado". *Se Deus fosse activista dos direitos humanos*. Coimbra: Almedina, 2013. p. 18.

(10) Cf. "A pessoa acusada em qualquer Estado por crime de traição, ou outro delito, que se evadir à justiça e for encontrada em outro Estado, será (...) presa e entregue ao Estado que tenha jurisdição sobre o crime".

(11) *Metodologia de ciência do direito*. 5. ed. Lisboa: Caloute Gulbenklan, 2009. p. 674.

(12) MORAIS, Océlio de Jesús Carneiro de; TEIXEIRA, Denilson Victor Machado. *Sistemas jurídicos no Brasil e no estrangeiro*. 2. ed. Rio de Janeiro: Lumen Juris, 2018. p. 18-26.

do cidadão — declaração que no século XX serviu de base para a aprovação da Declaração Universal dos Direitos Humanos.

A DDHC consagrou uma ordem de princípios protetivos dos direitos do homem e do cidadão mais ampla: a) o princípio da soberania que tinha por pressuposto a Nação (**art. 3º**); b) princípio da legalidade, com a sujeição de todos à lei (art. 8º), o que deduz aquilo que Bobbio classifica nas democracias liberais como "governo das leis"[13]; c) princípio do controle social da administração pública (art. 15[14]), princípio que encontramos similar no art. 37 na Constituição brasileira de 1988, no que se refere aos princípios da legalidade e da moralidade, e ainda no inciso X, § 1º, § 1º, art. 215-A, este, quando submete o plano nacional de cultura a "**democratização dos processos decisórios com participação e controle social**".

Embora não utilize o substantivo "dignidade humana", a declaração francesa previa "reivindicações dos cidadãos, doravante fundadas em princípios simples e incontestáveis" para duas finalidades: a) sempre à conservação da Constituição; b) à felicidade geral do povo.

As "reivindicações dos cidadãos", o que deduzia o direito de exigir do Estado leis destinadas "à felicidade geral", representava o bem-estar coletivo — ambiente onde se alojam todos os direitos reconhecidos ou vindouros inerentes a "todos os membros do corpo social", conforme previsto no Preâmbulo daquela Declaração.

As bases dos direitos individuais, tidos como "naturais e imprescritíveis" eram o direito à saúde, à igualdade e liberdade, no espírito iluminista da DDHC — direitos que, de outro lado, guardavam interdependência com o princípio do *bem comum geral*, visto que "as distinções sociais" somente podiam "fundamentar-se na utilidade comum" (art. 1º) e a lei era a expressão do bem comum, ou a "expressão da vontade geral". Nessa perspectiva, a liberdade individual tinha por freio outra liberdade individual e coletiva, pois a declaração francesa enunciava que "A liberdade consiste em poder fazer tudo que não prejudique o próximo". Ali foi consagrado o princípio da liberdade restrita ou delimitada pelo respeito ao próximo.

Então foram plasmadas as ideias humanistas, que foram sendo incorporadas por diversos sistemas jurídicos, acerca da proteção da dignidade humana nas constituições que tomamos como referências, na Declaração Universal dos Direitos Humanos (DUDH)[15] e na Convenção Interamericana de Direitos Humanos (Tratado de San José da Costa Rica, 1969)[16].

Rompeu-se com isso, e por fim, a estrutura conceitual e normativa dos direitos naturais do homem enquanto súditos e dos cidadãos enquanto membro da nobreza hereditária, questão que Kant assim questionou: "se o estatuto concedido pelo Estado (a posição de um súdito sobre o outro) deve preceder o mérito, ou este àquele".[17]

E assim respondeu:

> No tocante à nobreza de cargo (como se poderia denominar o estatuto de uma elevada magistratura e à qual é necessário elevar-se por meio dos méritos), o estatuto não pertence à pessoa como uma propriedade, mas ao lugar, e a igualdade não é por isso lesada; pois, quando a pessoa abandona o seu cargo deixa, ao mesmo tempo, o estatuto e retorna ao povo.[18]

A Declaração francesa e a Constituição Americana adotam como critério de validade dos direitos do homem e do cidadão o reconhecimento pelo Estado a quem também incumbe a defesa respectiva, visto que, nos documentos, a Constituição e as leis são expressões da "vontade geral" (Declaração francesa) e da "vontade e como direito do povo" (Constituição dos EUA).

2.2. Dignidade humana como princípio e como direito

Entre os tratados e convenções internacionais sobre direitos humanos, é a DUDH que utiliza

(13) *O futuro da democracia*, p. 230-242.
(14) Art. 15. A sociedade tem o direito de pedir contas a todo agente público pela sua administração.
(15) United Nations. Human Rigts. *Office of the High Comissioner*. Disponível em: <https://www.ohchr.org/>. Acesso em: 14 jun. 2019.
(16) Disponível em: <https://www.cidh.oas.org/>. Acesso em: 14 jun. 2019.
(17) KANT. *Op. cit.*, p. 12.
(18) *Ibidem*, p. 12.

explicitamente, e pela primeira vez, o designativo "dignidade humana", quando proclama no Preâmbulo que a "dignidade e o valor da pessoa humana" são indispensáveis a favorecer o "progresso social e a instaurar melhores condições de vida dentro de uma liberdade mais ampla", quando reconhece a igualdade de direitos e dignidade entre todos os seres humanos (art. 1º) e quando defende o direito ao trabalho digno e livre com remuneração equitativa e satisfatória, que permita ao trabalhador e à sua família a sobrevivência digna (art. 23.3).

Direitos fundamentais do homem e a dignidade da pessoa humana são colocados como conceitos diferentes na DUDH. Aqueles deduzem um regime normativo indispensável à proteção dos direitos à vida, à igualdade jurídica, às liberdades, à segurança e à propriedade, todos alinhados à proteção social. Esta designa atributo nobre e maior colocada como princípio em torno do qual gravitam todos os direitos fundamentais, isto é, os direitos fundamentais da pessoa humana são realizadores da dignidade humana.

Desse modo, a dignidade humana é, âmbito da DHDU, qualificada como atributo moral e elevado valor ético. Assim, os direitos naturais "à vida, à liberdade e à segurança pessoal", declarado no art. 3º, foram ressignificados: passam a ser parte da própria estrutura do princípio da dignidade humana e o respeito a esta se projeta como "fundamento da liberdade, da justiça e da paz no mundo".

Essa perspectiva da dignidade humana como valor é incorporada pela Constituição da Federação da Rússia (1993)[19]. Nessa Constituição, a dignidade humana também é apresentada como um valor, como princípio e como direito do Estado. A Constituição define o Estado como "Estado Federal Democrático de direito, com forma de governo republicana" (art. 1º).

É apresentada como valor e princípio porque a Constituição Russa confere à dignidade humana o caráter de bem indissociável, na medida em que "O Homem, seus direitos e liberdades são o valor mais alto" e o Estado tem por dever constitucional reconhecer, observar e defender os "direitos e liberdades dos cidadãos" (art. 2º).

É apresentada como direito humano fundamental porque a Constituição declara que "Dignidade humana é direito e deve ser protegida pelo Estado" sendo que "Nada pode fundamentar sua derrogação" (art. 21.1).

A identidade entre a Declaração francesa e a Constituição da Federação da Rússia começa pela mesma designação: direitos do homem e do cidadão.

"Direitos do homem", na Declaração francesa e na Constituição Russa, são relativos aos gêneros homem e mulher. Aquela *não adita* no seu texto o gênero feminino "mulher" e o substantivo feminino "pessoa" é usado apenas uma vez para designar indivíduo ou seja a pessoa humana.

A não utilização do gênero feminino e a própria denominação genérica de Direitos do Homem e do Cidadão era o código conceitual adotado no século XVIII, considerando-se os valores social, cultural, jurídico e histórico daquele tipo de sociedade que tinha bases enraizadas na aristocracia. Portanto, com os princípios e conceitos legais atuais, é inapropriado historicamente criticar ou qualificar aquela Declaração como seccionista ou discriminatória das questões de gênero da pessoa humana.

Na Constituição Russa, qualificada como a "força legal suprema" e que adota no capítulo dos "Direitos e liberdades humanos e cidadãos" o princípio da igualdade de todos "perante a lei e a justiça", os gêneros homem e mulher são adotados como significados de pessoa, ambos colocados no mesmo nível de igualdade de direitos e liberdades, com garantias de "oportunidades iguais para a sua realização" (art. 19.3).

Na Declaração francesa e na Constituição Russa o reconhecimento e a garantia dos direitos do homem e cidadão são atribuídos ao Estado.

Na Declaração francesa dos direitos do homem e do cidadão, que são consagrados como indispensáveis à "conservação da Constituição e à felicidade geral", mas cuja "garantia necessita de uma força pública (poder normativo do Estado). No espírito constitucional russo, "Os direitos e liberdades do homem e do cidadão" são autoaplicáveis porque

(19) A Constituição Russa de 12 de dezembro de 1993 em substituição à Constituição de 1978, Disponível em: <http://www.constitution.ru/.КОНСТИТУЦИЯ. РОССИЙСКОЙ. ФЕДЕРАЦИИ>. Acesso em: 14 jun. 2019. Traduzida pelo Prof. Pós-doutor em Direito Penal Ambiental Comparado. Universidade Robert Schuman de Strasbourg (França), Luiz Regis Prazo. Disponível em: <http://www.professorregisprado.>. Acesso em: 15 jun. 2019.

a própria Constituição declara que eles "tem efeito direto", condicionado por seu "significado e conteúdo" à "aplicação as leis, a atividade dos poderes legislativo e executivo, as autoridades locais e são garantidos pelo Poder Judiciário". Esse alinhamento da Constituição Russa aos direitos e princípios, relativos à dignidade humana, reconhecidos na DUDH, não poderia ser diferente: ao lado do Brasil e de outros 49 países, a Rússia[20] também é signatária da DUDH.

Além disso, ratificou importantes documentos internacionais sobre direitos humanos, por exemplo, a "Convenção Europeia dos Direitos Humanos" (1960), que trata da defesa e proteção dos Direitos do Homem e das liberdades fundamentais dos cidadãos; o "Pacto Internacional dos Direitos Econômicos, Sociais e Culturais" (PIDESC — 1966), com recomendações para a proteção dos direitos do trabalho, à saúde, à educação e à garantia de um padrão de vida compatível com a dignidade humana, e o "Pacto Internacional dos Direitos Civis e Políticos" (1966), este, um dos três[21] instrumentos internacionais que compõe a Carta Internacional dos Direitos Humanos.

Na Constituição Russa, a pessoa humana é a prioridade porque é adotada como princípio de Estado, que dele recebe a proteção, e porque "Nada pode fundamentar sua derrogação" (art. 21.2).

2.3. Problemas sociais se opõem à dignidade humana

Essa máxima valoração da dignidade humana pode ser identificada também na Convenção Interamericana de Direitos Humanos[22]: "os direitos essenciais do homem" decorrem "do fato de ter como fundamento os atributos da pessoa humana", reconhece a Convenção Interamericana, destacando que esse atributo humano é a principal razão que justifica "uma proteção internacional, de natureza convencional".

Para a defesa do "regime de respeito dos direitos humanos" no continente latino-americano, foram criadas no âmbito da OEA a Comissão Interamericana de Direitos Humanos (arts. 37-51) e a Corte Interamericana de Direitos Humanos (arts. 81-82). Aquela possui caráter consultivo, mas com "a função principal de promover a observância e a defesa dos direitos humanos" (art. 41). Esta, com atribuições contenciosas e consultivas acerca das matérias sobre direitos humanos.

Quanto ao conteúdo, essa Convenção prevê "direitos inerentes à dignidade do ser humano" e princípios humanizantes, por exemplo, princípio da proibição por dívida de natureza civil (art. 6º.7); princípio da legalidade e da retroatividade nos julgamentos dos cidadãos (art. 7º); princípio da não discriminação de qualquer natureza (art. 17.2); adoção dos princípios de Direito Internacional geralmente reconhecidos (art. 46, a).

A Convenção Interamericana coloca os direitos da "dignidade inerente ao ser humano" (art. 5º.2) como indispensáveis ao exercício da cidadania (art. 22.3); por isso, declara que o exercício dos direitos (à vida, à integridade pessoal, à saúde pública, ao trabalho digno e decente, à liberdade pessoal e às garantias judiciais) não pode ser restringido. Por esse feixe de direitos e princípios, que são interdependentes, essa Convenção constitui uma importante base do sistema interamericano de proteção dos direitos humanos.

A Constituição da República Federativa do Brasil de 1988 — alinhada aos princípios do Direito Internacional reconhecidos e adotados pela DUDH e pela CIDH — coloca o cidadão como destinatário da proteção social quando, sob o ponto de vista jurídico, adota a dignidade humana como princípio fundamental do Estado (art. 1º, III) e quando apro-

(20) Conforme os anais da ONU, "A URSS foi membro fundador da ONU e, em 1991, tornou-se Federação Russa, após seu desmembramento em vários países.". Disponível em: <https://nacoesunidas.org/>. Acesso em: 13 jun. 2019.

(21) Os outros dois são a DUDH e o PIDESC.

(22) A CIDH foi adotada e aberta à assinatura na Conferência Especializada Interamericana sobre Direitos Humanos, em San José de Costa Rica, em 22.11.1969. Ao todo, 24 Estados integrantes da Organização dos Estados Americanos (OEA) foram signatários dessa Convenção — o Brasil a ratificou em 25.9.1992 — com o objetivo principal de constituir "um regime de liberdade pessoal e de justiça social, fundado no respeito dos direitos humanos essenciais" e ainda se comprometeram a adotar "medidas legais ou de outro caráter para que estes direitos venham a tornar-se efetivos". Países que são signatários da CIDH: Antígua e Barbuda, Argentina, Bahamas, Barbados, Belize, Bolívia, Brasil, Chile, Canadá, Costa Rica, Dominica, El Salvador, Equador, Estados Unidos, Granada, Guatemala, Guiana, Haiti, Honduras, Jamaica, México, Nicarágua, Panamá, Paraguai, Peru, República Dominicana, Saint Kitts e Nevis, São Vicente e Granadina, Suriname, Trinidad e Tobago, Uruguai e Venezuela.

va um catálogo especial de direitos fundamentais para a concretude daquele princípio (arts. 6º e 7º).

Destacam-se os direitos sociais fundamentais à saúde pública (como direito de todo e dever do Estado, arts. 196 ao 200), à previdência social pelo regime de repartição para cobertura de benefícios programados e não programados (arts. 201 e 202), e assistência social assegurada para quem dela necessitar, independentemente de contribuição à seguridade social (arts. 203 e 204). Essa é a base do sistema nacional de seguridade social brasileiro (art. 194, CRFB/1988) concebido para a implementação dos objetivos do bem-estar e da justiça sociais (art. 193).

Completam o sentido protetivo aos direitos humanos, na ótica da Constituição, os tratados e convenções internacionais sobre direitos humanos que o Brasil ratificar pelo *quorum* especificado no § 3º, art. 5º: "os que forem aprovados, em cada Casa do Congresso Nacional, em dois turnos, por três quintos dos votos dos respectivos membros, serão equivalentes às emendas constitucionais". Por isso também que o Estado brasileiro, nas relações internacionais, dentre outros princípios, adota o da "a prevalência dos direitos humanos" (art. 4º, II).

Apesar de toda essa previsão constitucional, fiquei intrigado quando Sen e Kliksberg(23) indagaram se a "América Latina é a mais desigual das regiões?", dando destaque especial ao caso da saúde pública, às questões da insegurança e da educação.

Busquei as respostas, com o olhar restrito à situação brasileira e encontrei nas p. 141-142 do livro "*A ética do desenvolvimento e os problemas do mundo globalizado*", a seguinte declaração dos dois autores: "(...) considerando as diferenças entre os diversos Estados do Brasil — um dos países com níveis mais elevados de desigualdades nesse campo [da saúde, acrescentei]" — Erik Messias (2003) calcula que cada aumento de 0,01 no Gin, significa uma queda de 0,6 na expectativa de vida.(24)

Diante dessa afirmação, fui atrás das estatísticas brasileiras consolidadas por órgãos internacionais de monitoramento dos Índices de Desenvolvimento Humano e o resultado, infelizmente, comprova aquela declaração:

a) Na gestão política, o Brasil enfrentou graves crises éticas, com repercussões econômicas: dois presidentes sofreram impeachment (Fernando Collor de Melo e Dilma Roussef) e um terceiro (Luiz Inácio Lula da Silva) foi condenado à prisão por corrupção passiva.(25)

De modo sistêmico, essas crises políticas afetaram o grau de credibilidade do Brasil no exterior, com efeitos negativos na economia e repercussão nefasta nos direitos sociais, por exemplo ao trabalho, seguridade e educação.

Relatório "Integridade e empresas no Brasil" da organização Transparência Internacional(26) apontou que no ano de 2018 o Brasil caiu 9 posições, e atualmente está ocupando o 105º lugar no Índice de Percepção da Corrupção (IPC) — este índice analisa questões relacionadas ao desvio de recursos públicos, pagamentos de propinas indevidas, probidade e transparência na gestão pública; a burocracia desnecessária e excessiva, nepotismo e capacidade dos governos em conter a corrupção.

b) Na saúde, segundo a Organização Mundial de Saúde e a Organização Pan-Americana de Saúde, no ano de 2013, cerca de 322 milhões de pessoas ou 4,4% da população mundial sofriam com depressões, das quais 11,5 milhões são brasileiras. Esses dados colocam o Brasil na quinta posição mundial e o primeiro no *ranking* latino-americano da depressão.(27)

---

(23) *A ética do desenvolvimento e os problemas do mundo globalizado*. São Paulo: Companhia das Letras, 2010. p. 139.

(24) *Op. cit.*, p. 141-142.

(25) Fernando Collor de Melo (Partido da Reconstrução Nacional, PRN) — eleito em 1989 derrotando os candidatos Luiz Inácio Lula da Silva (PT), Leonel Brizola (PDT) e Mário Covas (PSDB) — sofreu *impeachment* em razão de denúncias de corrupção em 1991, culminando com a renúncia do presidente em 29 de dezembro de 1992. Luiz Inácio Lula da Silva (PT), que foi presidente do Brasil entre 2003 e 2011 — já na condição de ex-presidente, foi investigado e denunciado pelo Ministério Público Federal por corrupção passiva e lavagem de dinheiro, sendo condenado em primeiro grau à prisão de 9 anos e 6 meses, condenação confirmada pelo Tribunal Regional Federal da 4ª Região, que ainda decidiu ampliar as penas. Presidente do Brasil entre 2012 a 2015, Dilma Roussef (PT) sofreu o impeachment por crime de responsabilidade, mediante denúncia dos juristas Hélio Bicudo, Miguel Reale Junior e Janaína Paschoal.

(26) Transparência Internacional Brasil. Disponível em: <https://transparenciainternacional.org.br/>. Acesso em: 14 jun. 2019.

(27) Outra pesquisa, esta sobre a distribuição espacial das doenças relacionadas à pobreza no Brasil, consolidada no livro "*Saúde no Brasil; 2013 Uma análise da situação de saúde e das doenças transmissíveis relacionadas à pobreza*", identificou que no Brasil, em 2013,

De acordo com essa pesquisa, "a ocorrência ainda elevada de casos dessas doenças no Brasil indica a necessidade da intensificação das atividades de vigilância, de prevenção e de controle, voltadas especialmente às populações mais pobres e vulneráveis.[28]

c) Na educação, segundo o relatório da UNESCO (Organização das Nações Unidas para a Educação, a Ciência e a Cultura) sobre a última década da educação no Brasil, apesar de ter havido uma queda na taxa de analfabetismo entre os maiores de 15 anos, o país continua entre as 10 nações com maior número de analfabetos adultos. O Brasil ocupa "a oitava posição entre os dez países que respondem por 72% da população mundial de adultos analfabeto"[29], conforme este relatório, a UNESCO também avalia os avanços em 160 países para alcançar os seis objetivos propostos pelo projeto "Educação Para Todos".

d) No trabalho, conforme a Organização Internacional do Trabalho (OIT), "a taxa de desemprego média no País [Brasil, acrescentei] em 2018 foi de 12,3%[30], cerca de 12 milhões de desempregados nos últimos 15 anos. No relatório Tendências Globais de Emprego para a Juventude 2017"[31], são mais de 70 milhões de jovens desempregados no mundo, sendo que na "América Latina e no Caribe, a taxa de desemprego juvenil ficou em 19,6% em 2017, o que representa 10,7 milhões de pessoas".[32] A OIT estima que, no geral, são 172 milhões de pessoas desempregadas no mundo, conforme o relatório *Tendências Globais de Emprego para a Juventude 2017*.[33]

A dignidade humana — embora abstrata enquanto princípio na teoria humanista das constituições nacionais, das declarações, dos tratados e das convenções — é objetivada pelo reconhecimento de direitos universais que têm por objetivo colocar as pessoas como centralidade ou prioridade nas políticas públicas e nas relações sociais.

Mas, não é o mero reconhecimento jurídico de direitos que coloca a dignidade humana em primeiro lugar, antes — e obrigatoriamente — é a vivência dos direitos inatos do ser humano que define o nível ou grau de respeito a esses direitos.

A corrupção ética tem duas dimensões violadoras.

Uma, de caráter imediato, que ocorre quando direitos humanos (como os aqui referidos) são violados pela corrupção ética e atinge de morte a "alma" da pessoa, pois a dignidade equivale à própria "alma" da pessoa humana.

E numa perspectiva mediata, a corrupção ética que viola as normas, valores e princípios da Constituição, também atinge a "alma" do Estado, quando este adota como princípio fundante a dignidade da pessoa humana e a prevalência dos direitos humanos, como é o caso do Estado brasileiro.

A corrupção ética que tripudia das normas, dos valores e dos princípios da Constituição, das declarações, dos tratados e das convenções sobre

---

foram notificados 31.044 casos novos de hanseníase, concentrados nas regiões Norte e Centro-Oeste. Foram registrados 70.368 casos novos de tuberculose, com distribuição por todas as regiões do País. Foram notificados 169.620 casos de malária, confinados à região da Amazônia Legal brasileira. A pesquisa concluiu que as doenças da pobreza estão espalhadas de forma indiscriminada por todo o território brasileiro, "todavia com concentração nas regiões com piores condições socioeconômicas". *Transparência Internacional Brasil*. Disponível em: <https://transparenciainternacional.org.br/>. Acesso em: 14 jun. 2019.

(28) Apesar dessa realidade, para a Organização para a Cooperação e Desenvolvimento Econômico (OCDE), entre 2008 e 2017, houve um crescimento médio dos gastos com saúde: 9,7% em termos nominais, mas em termos reais foi apenas 3,1% — os termos reais consideram o desconto da taxa de inflação. Saúde no Brasil, 2013. In: *Uma análise da situação de saúde e das doenças transmissíveis relacionadas à pobreza*. ISBN 978-85-334-2172-1. Ministério da Saúde. Brasília, 2014. p. 291.

(29) *Em 2000, o Brasil assinou a Declaração de Dakar "Educação para Todos", quando se comprometeu a reduzir o analfabetismo em pelo menos 50% até 2015, mas não cumpriu a meta: uma pesquisa do Instituto Brasileiro de Geografia e Estatística (IBGE) constatou que a taxa de analfabetismo entre maiores de 15 anos no Brasil é de cerca de 13 milhões de pessoas*. UnesDoc Unesco Digital Library. Disponível em: <https://unesdoc.unesco.org/>. Acesso em: 12 jun. 2019.

(30) *Pesquisa Nacional por Amostra de Domicílios (Pnad Contínua)*, do IBGE. Disponível em: <https://tudo-sobre.estadao.com.br/pnad-pesquisa-nacional-por-amostra-de-domicilios>. Acesso em: 14 jun. 2019.

(31) *Global Employment Trends for Youth 2017*: paths to a better working future. Disponível em: <https://www.ilo.org/>. Acesso em: 13 jun. 2019.

(32) *Global Employment Trends for Youth 2017*: paths to a better working future. Disponível em: <https://www.ilo.org/>. Acesso em: 13 jun. 2019.

(33) *Global Employment Trends for Youth 2017*: paths to a better working future. Disponível em: <https://www.ilo.org/>. Acesso em: 13 jun. 2019.

direitos humanos, é uma *erva daninha* que se instala de modo sorrateiro nas estruturas sociais, retira das pessoas oportunidades de trabalho, subtrai a alimentação da mesa das famílias, encarece os medicamentos, massifica o analfabetismo, ideologiza políticas paternalistas, e alimenta círculo vicioso do nepotismo direto ou indireto.

3. *Conclusões*

Surgida como oposição à concepção absolutista dos direitos do homem, a teoria liberal dos tratados e convenções internacionais sobre direitos humanos — além da natureza de "operação jurídica" ou "regime de direito válido" ou "regra convencional válida" — também apresenta um universalismo humanista que objetiva uma máxima coerência das regras, valores e princípios inerentes à dignidade humana.

Como princípio, o humanismo universal funciona como diretriz às nações para eliminação das desigualdades jurídicas e sociais e, assim, promover o alinhamento dos Estados à defesa e promoção dos direitos humanos. Sob esses prismas, responde-se ao objetivo da investigação: os pactos normativos internacionais vinculam os Estados-membros porque condensam em si o princípio da regulação dos direitos civis, políticos, sociais, econômicos, culturais que convergem à prevalência da dignidade humana.

A resposta ao problema de estudo — se a dignidade humana é prioridade nos tratados e convenções internacionais — está aqui: os fundamentos dos direitos naturais e imprescritíveis do homem no passado (liberdade, a propriedade, a segurança e a resistência à opressão) e os fundamentos dos direitos iguais, inalienáveis e inerente a todos os membros da família humana (direito à vida, à liberdade como alto valor da vida, à igualdade entre as pessoas, e à segurança pessoal) traçaram o caminho normativo para, sob o ponto de vista do humanismo moderno, colocar "a dignidade inerente a todos os membros da família humana e os seus direitos iguais e inalienáveis também como fundamento da liberdade, da justiça e da paz no mundo", conforme exaltado no Preâmbulo da DUDH.

Esse legado de direitos inerentes do ser humanos serviu de referência às constituições estudadas. Todas apontam o eixo de princípios humanistas que, na atualidade, convergem para os direitos e garantias da pessoa humana, tidos como invioláveis sob todos os aspectos da dimensão humana.

Com isso, pode-se concluir que os novos direitos que estão para nascer na sociedade atual (direito ao máximo controle contra a corrupção ética e direito à máxima regulação da transparência pública) e a perspectiva de direitos ao futuro (direitos relativos à bioética: seleção genética, proibição das práticas eugênicas; proibição da clonagem do ser humano) têm como núcleo axiológico a dignidade da pessoa humana e a defesa dos direitos da sociedade. Mas o compromisso vai além da positivação, à medida que o objetivo é alcançar a máxima efetividade ou concretude ou vivência real de rol de direitos insubstituíveis e improrrogáveis à realização humana.

No caso do Brasil, a conclusão é muito simples: a dignidade humana — por causa da inefetividade dos direitos à saúde, à educação e ao trabalho violados pela corrupção — na prática não é priorizada, apesar do importante rol de direitos sociais fundamentais previstos na Constituição Federal de 1988.

Mas quanto ao conteúdo material da Constituição, está alinhado aos princípios universais de proteção aos direitos humanos, nos termos dos arts. 1º, II (dignidade da pessoa humana como princípio fundante do Estado brasileiro), no art. 4º, II (prevalência dos direitos humanos) e no art. 5º, § 2º (adoção de regime e dos princípios por ela adotados, ou dos tratados internacionais) e § 3º (ratificação dos tratados e convenções sobre direitos humanos).

E nos §§ 2º e 3º do art. 5º da Constituição brasileira de 1988 está o caminho para pensarmos e criarmos os novos direitos ao presente e ao futuro para colocar, de fato, a dignidade humana como prioridade do Estado brasileiro.

Referências bibliográficas

AQUINO, Santo Tomás. *Suma teológica*. Disponível em: <https://sumateologica.files.wordpress>. Acesso em: 11 jun. 2019.

ARISTÓTELES. *Política*. Disponível em: <https://www.pucsp.br/>. Acesso em: 13 jun. 2019.

BOBBIO, Norberto. *O futuro da democracia*. São Paulo: Paz e Terra, 2018.

COMPARATO, Fábio Konder. *Ética, direito, moral e religião no mundo moderno*. São Paulo: Companhia das Letras, 2006.

DINIZ, Maria Helena. O estado atual do biodireito. 2. ed. aum. e atual. de acordo com o novo Código Civil (Lei n. 10.406, de 10.1.2002). São Paulo: Saraiva, 2002.

KANT, Immanuel. *A paz perpétua* — um projeto filosófico. Trad.: Artur Mourão. Universidade da Beira Interior Covilhã, 2008.

LARENZ, Karl. *Metodologia de ciência do direito*. 5. ed. Lisboa: Caloute Gulbenklan, 2009.

KOLAKOWSKI, Leszek. *Sobre o que nos perguntam os grandes filósofos*. Rio de Janeiro: Civilização Brasileira, 2009.

MORAIS, Océlio de Jesús Carneiro de. *Direitos humanos fundamentais e a justiça constitucional brasileira*. Rio de Janeiro: Lumen Juris, 2017.

MORAIS, Océlio de Jesús Carneiro de; TEIXEIRA, Denilson Victor Machado. *Sistemas jurídicos no Brasil e no estrangeiro*. 2. ed. Rio de Janeiro: Lumen Juris, 2018.

PRADO, Luiz Regis. *Constituição da Federação Russa* (Tradução). Disponível em: <http://www.professorregisprado.com/>. Acesso em: 14 jun. 2019.

PLATÃO. *A República*. Disponível em: <http://www.eniopadilha.com.br/_A_Republica.pdf>. Acesso em: 13 jun. 2019.

REZEK, Francisco. *Direito internacional*. São Paulo: Saraiva, 2010.

SANTOS, Boaventura de Sousa. *Se Deus fosse activista dos direitos humanos*. Coimbra: Almedina, 2013.

SILVA, Carlos Alberto Santos da. *O caminho para a constituição Europeia*. Brasília: Universidade do Legislativo Brasileiro, 2005.

SEN, Amartya; KLIKSBERG, Bernado. *A ética do desenvolvimento e os problemas do mundo globalizado*. São Paulo: Companhia das Letras, 2010.

VIEIRA, José Ribas e outros. *A constituição europeia* — o projeto de uma nova teoria constitucional. Rio Janeiro: Renovar, 2004.

Legislação e Documentos Consultados na *Web*

CONSTITUIÇÃO da República Federativa do Brasil, de 5 de outubro de 1988. Presidência da República. Casa Civil. Subchefia para assuntos jurídicos. Disponível em: <http://www.planalto.gov.br/>. Acesso em: 12 jun. 2019.

CONSTITUIÇÃO da República Popular da China. Traduzida por Revista Administração n. 48. — Edição SAFP. Disponível em: <https://bo.io.gov.mo/bo/> e <http://www.dhnet.org.br/>. Acesso em: 14 jun. 2019.

UNESDOC Unesco Digital Library. Disponível em: <https://unesdoc.unesco.orgr>. Acesso em: 14 jun. 2019.

CONVENÇÃO Interamericana de Direitos Humanos (Pacto de San José da Costa Rica). Disponível em: <https://www.cidh.oas.org/>. Acesso em: 14 jun. 2019.

CONSTITUIÇÃO de 4 de dezembro de 1982 da República Popular da China. Disponível em: <https://bo.io.gov.mo/bo/i/1999/constituicao/index.asp>. Acesso em: 14 jun. 2019.

CONSTITUIÇÃO Russa de 12 de dezembro de 1993 em substituição à Constituição de 1978. Disponível em: <http://www.constitution.ru/КОНСТИТУЦИЯ.РОССИЙСКОЙ.ФЕДЕРАЦИИ>. Acesso em: 14 jun. 2019.

DECLARAÇÃO de direitos do homem e do cidadão. Biblioteca Virtual da Universidade de São Paulo. Disponível em: <http://www.direitoshumanos.usp.br/index.php/Documentos>. Acesso em: 13 jun. 2019.

GLOBAL Employment Trends for Youth 2017. Disponível em: <https://www.ilo.org/>. Acesso em: 13 jun. 2019.

PROJECTO da revisão da Constituição da República Popular da China. Disponível em: <https://bo.io.gov.mo/bo/i/1999/constituicao/index.asp#1999>. Acesso em: 12 jun. 2019.

PESQUISA Nacional por Amostra de Domicílios, (PNAD), do IBGE. Disponível em: <https://tudo-sobre.estadao.com.br/>. Acesso em: 14 jun. 2019.

GLOBAL Employment Trends for Youth 2017: Paths to a better working future. Disponível em: <https://www.ilo.org/>. Acesso em: 13 jun. 2019.

TRATADO que estabelece uma constituição para a Europa. Luxemburgo: Serviço das Publicações Oficiais das Comunidades Europeias, 2005.

TRANSPARÊNCIA Internacional Brasil. Disponível em: <https://transparenciainternacional.org.br/>. Acesso em: 14 jun. 2019.

REVISTA Super Interessante. Disponível em: <https://super.abril.com.br/>. Acesso em: 14 jun. 2019

UNITED Nations. *Human Rigts. Office of the High Comissioner*. Disponível em: <https://www.ohchr.org/>. Acesso em: 14 jun. 2019.

2

Papel da OIT em Matéria de Seguridade Social

Georgenor de Sousa Franco Filho(1)

1. Introdução

1.1. Situando o tema em nível de OIT

A busca pela adequada e justa proteção social, garantindo dignidade ao trabalhador e paz às relações entre capital e trabalho têm sido, ao longo dos últimos 100 anos, a maior e mais engrandecedora tarefa da Organização Internacional do Trabalho (OIT), criada em 1919, ao final da primeira grande guerra.

Finda a segunda guerra mundial, a Declaração da Filadélfia, a 10.5.1994, proclamou que a OIT tem a obrigação de auxiliar os Estados a executar programas que visem ampliar as medidas de segurança social, a fim de assegurar tanto uma renda mínima e essencial a todos a quem tal proteção é necessária como assistência médica completa (art. III, *f*).

O trabalho legislativo da OIT espelha a preocupação de seus membros com as questões do mundo do trabalho e da seguridade social.

Afora Convenções e Recomendações Internacionais do Trabalho, sua mais relevante tarefa legislativa, a OIT tem se destacado pela edição de importantes declarações, notadamente a adotada em 10.7.2008, sobre justiça social para uma globalização equitativa, reconhecendo, dentre seus alcance e princípios, no art. I, *A*, II:

> Num contexto marcado por mudanças aceleradas, os compromissos e esforços dos Membros e da Organização visando a colocar em prática o mandato constitucional da OIT, particularmente pelas normas internacionais do trabalho, para situar o pleno emprego produtivo e o trabalho decente como elemento central das políticas econômicas e sociais, deveriam basear-se nos quatro igualmente importantes objetivos estratégicos da OIT, sobre os quais se articula a Agenda do Trabalho Decente e que podem resumir-se da seguinte forma:
>
> [...]
>
> ii) adotar e ampliar medidas de proteção social — seguridade social e proteção dos trabalhadores — que sejam sustentáveis e estejam adaptadas às circunstâncias nacionais, e particularmente, — a extensão da seguridade social a todos os indivíduos, incluindo medidas para proporcionar ingressos básicos àqueles que precisem dessa proteção e a adaptação de seu alcance e cobertura para responder às novas necessidades e incertezas geradas pela rapidez dos avanços tecnológicos, sociais, demográficos e econômicos.

Quanto às Convenções, as de ns. 102 e 157 são as mais específicas, e delas trataremos adiante.

Genérica, a Convenção n. 168, sobre promoção do empregado e proteção contra o desemprego, promulgada no Brasil pelo Decreto n. 2.682, de 21.7.1998, destina-se a proteger pessoas que abrangem *categorias prescritas de assalariados que representem, em total, pelo menos 85 por cento do conjunto de assalariados, incluindo os funcionários públicos e os aprendizes* (art. 11, 1). Levando sua preocupação ao desemprego, dispõe que *os benefícios abonados aos desempregados na forma de pagamentos periódi-*

(1) Doutor em Direito pela Universidade de São Paulo (1991). Doutor *"honoris causa"* pela Universidade da Amazônia (UNAMA). Doutor em Direito Internacional pela Faculdade de Direito da Universidade de São Paulo. Professor Titular VII de Direito Internacional e de Direito do Trabalho da UNAMA, Desembargador do Trabalho de carreira, do TRT da 8ª Região, presidente honorário da Academia Brasileira de Direito do Trabalho. Ocupa a cadeira n. 22 da ABDSS.

cos poderão ser subordinados aos métodos de proteção (art. 13), esclarecendo, em seguida:

> Art. 14. Em caso de desemprego total, deverão ser abonadas indenizações na forma de pagamentos periódicos calculados de maneira a facilitar ao beneficiário uma indenização parcial e transitória por sua perda de rendimentos e, ao mesmo tempo, evitar efeitos dissuasivos para o trabalho e a geração de empregos.

Além delas, muitas outras dedicam-se à seguridade social em vários aspectos.

2. *Desenvolvimento*

2.1. Convenções diversas sobre seguridade social

Desde seu aparecimento, a OIT tem demonstrado grande preocupação com a seguridade social. Das 189 convenções adotadas até o momento (maio 2019), quarenta são destinadas a esse tema.

A Convenção n. 2, relativa ao desemprego, foi adotada em sua primeira Conferência Internacional do Trabalho (CIT) em 1919, e entrou em vigor em 14 de julho de 1921, encontrando-se, atualmente, aberta para denúncia.

Na mesma conferência, foi adotada a Convenção n. 3, sobre o Emprego de Mulheres Antes e Depois do Parto, que entrou em vigor a 13 de junho de 1921, e, depois de o Brasil tê-la ratificada, a denunciou em 26 de julho de 1961.

A partir desses tratados inaugurais, passou a Organização a dedicar interesse pela multiplicidade de aspectos da seguridade social. Assim, dezenas de convenções foram adotadas, como elencamos a seguir.

Na 10ª CIT, foram adotadas duas convenções: a Convenção n. 24 sobre o seguro de doença dos trabalhadores da indústria e comércio e dos empregados domésticos, e a Convenção n. 25 relativa ao seguro de doença dos trabalhadores agrícolas. Ambos entraram em vigor em 15.7.1928.

Em 1933, a 17ª CIT marcou o maior número de adoção de convenções sobre seguridade social: n. 35, relativa ao seguro obrigatório de velhice para pessoas empregadas em empresas industriais ou comerciais, nas profissões liberais e para trabalhadores externos e empregados domésticos; n. 36, sobre o seguro obrigatório de velhice para pessoas empregadas em empresas agrícolas; n. 37, relativa ao seguro de invalidez obrigatório para pessoas empregadas em empresas industriais ou comerciais, nas profissões liberais e para trabalhadores externos e empregados domésticos; n. 38, relativa ao seguro de invalidez obrigatório para pessoas que trabalham em empresas agrícolas. Essas convenções estão em vigor desde 18.7.1937.

Ainda em 1933, foram adotadas a Convenção n. 39 sobre o seguro compulsório de viúvas e ***órfãos*** para pessoas empregadas em empresas industriais ou comerciais, nas profissões liberais e para trabalhadores estrangeiros e empregados domésticos, vigente desde 8.11.1946; e a n. 40, sobre o seguro compulsório de viúvas e ***órfãos*** para pessoas empregadas em empresas agrícolas, em vigor desde 29.9.1949.

Em 1935, a OIT adotou apenas a Convenção n. 48, relativa ao estabelecimento de um regime internacional para a manutenção dos direitos em invalidez, velhice e seguro para os ***órfãos*** e as viúvas, vigente desde 10.8.1938.

No ano seguinte (1936), a CIT adotou a Convenção n. 56, relativa ao seguro de doença para marinheiros, que vige desde 9.12.1949.

Finda a segunda guerra, a OIT continuou suas atividades. Em 1946, durante a 28ª CIT, foram aprovadas duas convenções ligadas ao trabalhador marítimo, a n. 70, sobre segurança social para os marítimos, que se encontra desatualizada, e a n. 71, relativa ***às*** pensões dos marítimos, cuja entrada em vigor ocorreu em 10.10.1962.

Na 35ª CIT, em 1952, foi aprovada a Convenção n. 102, uma das mais importantes, e que comentaremos adiante. Essa convenção versa sobre as normas mínimas da segurança social, tendo entrado em vigor em 27.4.1955, ratificada pelo Brasil em 15.6.2009. Na mesma oportunidade, foi adotada a Convenção n. 103, sobre a proteção ***à*** maternidade, em vigor desde 7.9.1955, e que o Brasil ratificou em 18.6.1965.

Doze anos após, em 1962, durante a 46ª CIT, foi adotada a Convenção n. 118 relativa ***à*** igualdade de tratamento entre nacionais e estrangeiros em matéria de seguridade social, vigente desde 25.4.1964, e que foi ratificada pelo Brasil em 24.3.1969.

Em 1967, a OIT adotou a Convenção n. 128, sobre invalidez, velhice e benefícios de sobreviventes, que começou a vigorar em 1º.11.1969.

Importante marco foi traçado na 68ª CIT, em 1982, com a adoção da Convenção n. 157, sobre o estabelecimento de um sistema internacional para a manutenção dos direitos na seguridade social, que está em vigor desde 11.9.1986. A ela iremos retornar adiante.

Em 1987, aquando da 74ª CIT, foi adotada a Convenção n. 165, que revisou as Convenções ns. 56 (1936) e 70 (1946). Esta convenção é relativa à segurança social dos marítimos, vigendo desde 2.7.1992.

A *última* convenção sobre seguridade social adotada pela OIT foi, durante a 75ª CIT, a n. 168, sobre promoção do emprego e proteção contra o desemprego, e que está em vigor desde 17.10.1991, tendo o Brasil ratificado em 24.3.1993.

Em síntese, estas são as convenções mais relevantes da OIT, até o momento, em matéria de seguridade social.

Duas, no entanto, merecem exame mais detido, e passaremos a fazê-lo adiante.

2.2. Convenção sobre normas mínimas de seguridade

Cuidando das normas mínimas de seguridade social, a Convenção n. 102, dividida em quinze partes e um anexo, objetiva tratar de todos os pontos mais relevantes desse tema, em nível internacional. Na lição de Nicolas Valticos, *este texto se propuso definir globalmente una norma de conjunto de la seguridad social que pudiese alcanzar cada Estado teniendo en cuenta su situación particular*[2].

Adiante, observa que a Convenção n. 102 consagrou profunda transformação nas normas sobre seguridade social ao introduzir a ideia de um nível geral de seguridade que os Estados-membros devem alcançar, correspondente ao desenvolvimento econômico e social de cada qual[3].

Cuida essa convenção de **serviços médicos**, e prevê que o Estado membro deve assegurar prestações de serviços médicos de caráter preventivo ou curativo às pessoas amparadas quando seu estado de saúde assim o exigir, conforme dispõe (at. 7º), indicando as pessoas amparadas (art. 9º) e a abrangência das prestações (art. 10).

O **auxílio doença** abrange a incapacidade de trabalho decorrente de um estado mórbido que acarrete a suspensão de ganhos, conforme for definida pela legislação nacional (art. 14), evento que poderá deixar de ser coberto em situações específicas (art. 18).

No que respeita às **prestações de desemprego**, que, no Brasil, é o seguro desemprego, o evento coberto deve abranger toda suspensão de ganhos, tal como for definida pela legislação nacional, devido à impossibilidade de obtenção de um emprego adequado, por parte de pessoa amparada, que seja capaz de trabalhar e esteja disponível para o trabalho (art. 20).

Observe-se que a norma internacional cuidou de preservar a necessidade de evitar abusos, sugerindo aos Estados-membros adoção de alguns limites temporais (art. 23).

A **aposentadoria por velhice** é tratada na Parte V da Convenção, recomendando a adoção da idade de 65 anos, excepcionando quanto à capacidade de trabalho das pessoas idosas no país em apreço (art. 26, 2).

Na ocorrência de **acidentes de trabalho ou doenças profissionais**, as prestações são asseguradas às pessoas amparadas na sua ocorrência, sendo cobertas em caso de acidentes de trabalho e de doenças profissionais (art. 31), e abrangendo óbito, perda total ou parcial de capacidade, benefícios estendidos a família (cônjuge e filhos) (art. 32).

As **prestações de família** referem-se à responsabilidade pela manutenção de crianças (art. 40), consistindo as ditas prestações em pagamento *in pecúnia* ou *in natura* (fornecimento de alimentos, roupa, habitação, e outros para as crianças) ou ambos (art. 42).

O tratamento das **prestações de maternidade** não foi esquecido, sendo objeto de parte VIII da Convenção n. 102. Cuida da gravidez, parto e suas consequências (art. 47), protegendo as mulheres sem distinguir seu estado civil, mas apenas a sua condição biológica. Cuida de assistência pré-natal, durante e após o parto, prestadas por médico ou

(2) VALTICOS, Nicolas. *Derecho internacional del trabajo*. Madrid: Tecnos, 1977. p. 359.

(3) NICOLAS, V. *Ibidem*, p. 361.

por parteira diplomada, além de hospitalização quando for necessária (art. 49, 2, *a* e *b*).

Em caso de **aposentadoria por invalidez**, o evento coberto é a incapacidade de exercer uma atividade profissional, de um grau determinado, quando for provável que essa incapacidade seja permanente ou que perdurará após a cessação do auxílio doença (art. 54) e as prestações são concedidas durante toda a duração do evento ou até quando forem substituídas pela velhice (art. 58).

A **pensão por morte** abrange a perda dos meios de subsistência sofrida pela viúva ou filhos em consequência da morte do chefe de família; no caso da viúva, o direito à prestação pode estar subordinado à presunção de que ela seja incapaz de prover ao próprio sustento, podendo a legislação nacional suspender a prestação se a pessoa que a ela teria direito exercer determinadas atividades remuneradas, ou poderá diminuir as prestações, se contributivas, quando os ganhos da pessoa beneficiária ultrapassarem uma importância determinada e, se não contributivas, quando os seus ganhos ou seus outros recursos, ou os dois somados, ultrapassarem uma importância determinada (art. 60, 1 e 2).

Em seguida, a Convenção n. 102 passa a cuidar do **cálculo dos pagamentos periódicos**, minudenciando como deve se processar essa tarefa de forma a encontrar um modo mais harmônico entre as várias legislações internas (art. 65 e seguintes).

Proclama a Convenção a **igualdade de tratamento para os residentes estrangeiros** (art. 68), afastando aspectos de xenofobia.

Os arts. 69 a 87 cuidam das disposições gerais (arts. 69 a 72), disposições diversas (arts. 73 a 77) e disposições finais (arts. 78 a 87), quando são contempladas as regras comuns a todas as convenções internacionais do trabalho (*v. g.*, registro, denúncia, ratificação etc.).

Observamos que o art. 77, 1, afirma a existência das convenções de seguridade social dos marítimos e sobre aposentadoria dos marítimos, esclarecendo que a Convenção n. 102 não lhes é aplicável.

Este tratado é arrematado por um anexo, contendo a Classificação Internacional Padrão, por Indústria, de todos os ramos da Atividade Econômica.

2.3. Convenção sobre preservação de direitos

A Convenção sobre a Preservação dos Direitos em Matéria de Seguridade Social, Convenção n. 157, foi aprovada em 1980, iniciou vigência internacional em 11.9.1986, e, nos *considerando* de seu preâmbulo, destaca a necessidade de determinar a aplicação dos princípios da preservação dos direitos em curso de aquisição e dos direitos adquiridos para o conjunto dos ramos de Seguridade Social.

Os 28 artigos de sua parte dispositiva estão distribuídos em seis partes, iniciando pelo glossário (art. 1º), quando identifica refugiado, apátrida, sobrevivente, residência temporária e benefícios decorrentes de regimes transitórios, dentre outros.

Adiante, são indicados os ramos da seguridade social aos quais se aplica a Convenção n. 157: assistência médica; benefícios primários de auxílio-doença; benefícios de maternidade; benefícios de invalidez; benefícios de velhice; benefícios de sobrevivência; benefícios em caso de acidentes de trabalho e de doenças profissionais; benefícios de desemprego; e, salário-família (art. 2º, 1), excluídos de aplicação de suas regras aqueles submetidos a regimes especiais ou assistência médico-social pública (art. 2º, 4).

A fim de evitar conflitos de leis, cuidou a Convenção n. 157 de adotar mecanismos, deixando à vontade dos Estados-membros a indicação da lei aplicável, com observância de regras mínimas para trabalhadores assalariados, autônomos, os que estejam embarcados em navio de bandeira de outro Estado (art. 5º).

No que tange à preservação dos direitos em curso de aquisição, o art. 7º da Convenção entende que o sistema de preservação desses deverá prever a totalização, na medida necessária, dos períodos de seguro, tempo de serviço, atividade profissional ou de residência, de acordo com os casos, cumpridos em consonância com as legislações dos Membros interessados, para os fins de admissão ao seguro voluntário ou de continuação facultativa do seguro, nos casos apropriados; e de aquisição, preservação ou recuperação dos direitos e, dado o caso, de cálculo dos benefícios.

Em seguida, cuida da preservação dos direitos adquiridos e provisão dos benefícios no exterior, assegurando que *todo:*

Membro deverá garantir o pagamento dos benefícios pecuniários de invalidez, velhice e sobrevivência, das pensões em casos de acidentes de trabalho e doenças profissionais e do benefício por falecimento, para as quais se tenha adquirido direito em virtude de sua legislação, aos beneficiários que sejam nacionais de um Membro, ou refugiados ou apátridas, sem distinções baseadas no lugar de sua residência, com reserva das medidas a tomar com este fim, sempre que seja necessário, de comum acordo entre os Membros ou Estados interessados (art. 9º,1).

A Parte V trata de colaboração administrativa e ajuda as pessoas protegidas pela Convenção, que será, em princípio, gratuita (art. 12, 2), devendo os Estados-membros favorecerem:

> [...] o desenvolvimento de serviços sociais para assistir as pessoas protegidas pela presente Convenção, especialmente os trabalhadores migrantes, em seu relacionamento com suas autoridades, instituições e jurisdições, particularmente para facilitar a sua admissão para usufruir os benefícios e o exercício eventual de seus direitos de recursos, assim como para aumentar seu bem-estar pessoal e familiar (art. 14).

Ademais, a convenção aborda a distribuição de encargos financeiros entre dois ou mais Estados, transferência de fundos, reembolso de despesas e benefícios e a possibilidade de celebração de acordos bilaterais ou multilaterais sobre temas especiais (arts. 15 a 17).

A parte final da Convenção contempla as regras comuns a todos esses tratados no âmbito da OIT: entrada em vigor, revisão, ratificação, registro, denúncia (arts. 18 a 28).

3. Conclusão

3.1. Perspectivas para a seguridade social na OIT

É previsível que, futuramente, mantenha a OIT a mesma postura que tem assumido na atualidade: de criar mecanismos de harmonização dos direitos securitários nos Estados-membros, através de suas convenções internacionais.

Como verificamos, trata-se de uma preocupação que tem sido objeto de permanente exame da Organização desde seus primórdios, resultando na convicção de que somente deverá ser ampliado o leque de temas ligados à seguridade social que deverá examinar em vindouras Conferências Internacionais do Trabalho.

Através de suas convenções e recomendações (e este estudo cuidou apenas de algumas convenções), gradualmente, na dificuldade de uniformizar tratamento, a OIT vai conseguindo pelo menos adotar instrumentos harmonizadores entre os países, beneficiando, com isso, toda a população mundial.

Esse seu papel, cuidando de todos os ramos que envolvem os direitos sociais, é seu traço mais louvável e que a coloca em posição de destaque dentre as organizações internacionais vinculadas ao sistema das Nações Unidas, sobretudo, neste singular momento centenário.

Referências bibliográficas

C 002, 003, ns. 24, 48, 102, 128 e 157. Convenção relativa ao Emprego das Mulheres antes e depois do parto (*Proteção à Maternidade*. Organização Internacional do Trabalho. Disponível em: <https://www.ilo.org/>. Acesso em: 14 jun. 2019.

DECLARAÇÃO da Filadélfia, a 10.5.1994. Organização Internacional do Trabalho. Disponível em: <https://www.ilo.org/-brasilia/documents/genericdocument/wcms_336957.pdf>. Acesso em: 14 jun. 2019.

3

A Proteção Social na Europa Ocidental — Desafios

Ana Paula Oriola de Raeffray[1]

1. Introdução

A Europa, pode-se dizer, é o berço da proteção social na concepção que se conhece hoje no mundo ocidental, fruto da Segunda Guerra Mundial, cujas situações de necessidade extrema levaram ao desenvolvimento da seguridade social e ao reconhecimento dela como um direito fundamental do homem, assim inserido no art. 22 da Declaração Universal dos Direitos Humanos, aprovada pela Assembleia Geral das Nações Unidas em 10 de dezembro de 1948: "todo indivíduo, como membro da sociedade, tem direito à seguridade social e à realização, pelo esforço nacional, pela cooperação internacional e de acordo com a organização e recursos de cada Estado, dos direitos econômicos, sociais e culturais, indispensáveis à dignidade e ao livre desenvolvimento de sua personalidade".

A abrangência da seguridade social é ampla porque tem por objeto excluir o ser humano das situações de necessidade, tendo como base as quatro liberdades humanas essenciais proclamadas pelo Presidente F. D. Roosevelt ao Congresso Nacional dos Estados Unidos da América, em 1941, quais sejam: a liberdade de expressão, a liberdade de religião, a liberdade frente à necessidade e a liberdade frente ao medo.

A liberdade frente à necessidade, ou em uma concepção mais moderna, a liberdade de viver sem penúria, é a base de quase todos os programas de seguridade social vigentes no mundo, tendo encontrado a sua implantação na Inglaterra já em 1944, posto que os programas para enfrentamento das necessidades foram consolidados no Relatório Beveridge, de 1942, encomendado pelo primeiro ministro inglês, Winston Churchill ao economista William Beveridge.

É justamente este modelo de proteção social estabelecido na Europa que está em rota de colisão com a realidade social, posto que, ao fim e ao cabo, nunca foi alcançada a ampla proteção frente à necessidade proposta por Beveridge como um direito universal, o que faz com que hoje sejam perseguidos modelos de proteção social que se adaptem à realidade vivida pela Europa, tema que será tratado neste trabalho.

2. Desenvolvimento

2.1. A agenda para o desenvolvimento sustentável — 2030

Em 2015, os líderes dos 193 Estados-membros da ONU — Organização das Nações Unidas se reuniram em Nova Iorque e decidiram estabelecer um plano de ação formalizado na Agenda 2030 para o Desenvolvimento Sustentável, com o objetivo de erradicar a pobreza, proteger o planeta e garantir a paz e a prosperidade ("Agenda 2030").

A Agenda 2030 possui dezessete Objetivos de Desenvolvimento Sustentável ("ODS"), quais sejam: 1 — erradicação da pobreza; 2 — fome zero

(1) Doutora e Mestre em Direito pela Pontifícia Universidade Católica de São Paulo PUC/SP. Professora dos cursos de Pós-graduação da PUC/SP. Professora da Universidade Corporativa da Abrapp — Uniabrapp. Presidente da Comissão Especial de Previdência Complementar da Ordem dos Advogados de São Paulo — OAB/SP. Sócia da Raeffray Brugioni Advogados. Ocupa a cadeira n. 9 da Academia Brasileira de Direito da Seguridade Social.

e agricultura sustentável; 3 — saúde e bem-estar; 4 — educação de qualidade; 5 — igualdade de gênero; 6 — água potável e saneamento; 7 — energia acessível e limpa; 8 — trabalho decente e crescimento econômico; 9 — indústria, inovação e infraestrutura; 10 — redução das desigualdades; 11 — cidades e comunidades sustentáveis; 12 — consumo e produção responsáveis ; 13 — ação contra a mudança global do clima; 14 — vida na água; 15 — vida terrestre; 16 — paz, justiça e instituições eficazes; e 17 — parcerias e meios de implementação.

Os ODS, ou os objetivos do milênio, visam o desenvolvimento econômico sustentável e a justiça social, econômica e ambiental. O primeiro deles é justamente o da erradicação da pobreza, o qual se ampara principalmente na implementação de sistemas de proteção social apropriados para todos, incluindo o estabelecimento de pisos, e até 2030, a cobertura substancial dos pobres e vulneráveis.

De acordo com os estudos realizados, menos da metade da população do mundo está coberta por ao menos um esquema de proteção social e a cobertura da proteção social varia muito por tipo de prestação, fazendo com que outros grupos vulneráveis não sejam levados em consideração. No Relatório dos objetivos de desenvolvimento sustentável da ONU, de 2017[2], constam os seguintes indicadores no que se relaciona à proteção social no mundo:

> ***Menos da la mitad de población del mundo está cubierta por al menos un esquema de protección social.***
>
> Los sistemas de protección social han jugado un papel importante en la protección de los más vulnerables. Estos sistemas son fundamentales para prevenir y reducir la pobreza y la desigualdad en cada etapa de la vida de las personas. Las prestaciones para ninõs, madres con recién nacidos, personas con discapacidades, ancianos y aquellos que son pobres y no tienen empleo, ayudan a asegurar que nadie quede atrás. Los datos preliminares muestran que en 2016, solo 45% de la población mundial estaba cubierta por al menos una prestación de protección social en afectivo, y que la proporción variaba ampliamente entre países y regiones. África subsahariana tiene la cobertura más baja con aproximadamente 13% de su población cubierta por al menos una prestación social, en comparación con el 86% de la población de Europa e América del Norte.[3]
>
> **La cobertura de la protección social varía ampliamente por tipo de prestación, y muchos grupos vulnerables no son tomados en cuenta.**
>
> En 2016, un 68% de las personas con edad mayor e la jubilación recibían una pensión. Sin embargo, este promedio mundial enmascara amplias diferenciais regionales. En África subsahariana, solo 22% de las personas de edad mayor a la jubilación recebían una pensión en 2016, mientras que en Europa y América del Norte, la cobertura de pensiones era casi universal. En 2016, solo el 22% de los desempleados de todo el mundo recebían prestaciones de desempleo, el 28% de las personas con discapacidades graves cobraban una pensión por discapacidad, el 35% de los ninõs recibían protección social y 41% de las mujeres que daban a luz recibían prestaciones por maternidad.[4]

(2) *World Social Protection Report 2017-19:* Universal social protection to achieve the Sustainable Developement Goals. International Labour Office — Geneva: ILO, 2017.

(3) Menos da metade da população mundial é coberta por pelo menos um esquema de proteção social. Os sistemas de proteção social têm desempenhado um papel importante na proteção dos mais vulneráveis. Estes sistemas são fundamentais para prevenir e reduzir a pobreza e a desigualdade em todas as fases da vida das pessoas. Os benefícios para as crianças, mães com recém-nascidos, pessoas com deficiência, idosos e pessoas pobres e sem emprego ajudam a garantir que ninguém seja deixado para trás. Dados preliminares mostram que, em 2016, apenas 45% da população mundial estava coberta por pelo menos um benefício da proteção social efetiva, e que a proporção variava muito entre países e regiões. A África subsaariana tem a menor cobertura, com aproximadamente 13% de sua população coberta por pelo menos um benefício social, em comparação com 86% da população da Europa e da América do Norte. (tradução livre)

(4) A cobertura da proteção social varia amplamente por tipo de benefício, e muitos grupos vulneráveis não são levados em conta. Em 2016, 68% das pessoas com maior idade e aposentadoria recebeu uma pensão. No entanto, essa média global mascara amplas diferenças regionais. Na África subsaariana, apenas 22% das pessoas com idade acima da aposentadoria receberam uma pensão em 2016, enquanto na Europa e na América do Norte, a cobertura previdenciária era quase universal. Em 2016, apenas 22% dos desempregados em todo o mundo recebiam subsídio de desemprego, 28% das pessoas com deficiência grave recebiam

Não obstante a proteção social na Europa seja mais abrangente do que em outros continentes, chegando perto da universalidade no que se refere à cobertura do risco idade, é certo que lá também estão sendo enfrentados desafios para manter os níveis de cobertura atuais e para alcançar a erradicação da pobreza, o primeiro dos objetivos do milênio.

2.2. Os países da Europa Ocidental e os desafios na proteção social

A denominada Europa Ocidental é composta por alguns dos países que possuem o maior desenvolvimento econômico e social no continente europeu, dentre eles alguns são integrantes do grupo dos sete países com as economias mais desenvolvidas do mundo (G7) e, também, parte deles membros da União Europeia. Os países da Europa Ocidental são: Portugal, Espanha, Alemanha, Itália, Áustria, França, Holanda, Bélgica, Noruega, Finlândia, Islândia, Suécia, Dinamarca, Grécia, Reino Unido, Irlanda, Liechtenstein, Luxemburgo, Malta, Mônaco, San Marino, Suíça, Andorra e Cidade do Vaticano.

Todos esses países possuem sistemas de proteção social maduros e abrangentes, financiados, na maioria dos casos, de forma indireta. Os grandes desafios enfrentados por tais sistemas, inclusive para o cumprimento da Agenda 2030, são: a limitação da cobertura, e a sustentabilidade do financiamento: "(...). The changing world of work and population ageing are placing greater pressure on the financial sustainable development as a whole. In particular the spread of non-standard forms of employment, including short hours, temporary contracts an low pay, as well as the emergence of new forms of employment (such as platform work) constitute a challenge for both coverage and benefit levels, as many workers face significant coverage gaps at present and in the future (ILO, 2016; DEGRYSE, 2016). (...)".[5]

Outro desafio na Europa Ocidental é o de que recentes reformas implantadas nos sistemas de proteção social fazem com que as novas gerações acabem por contribuir mais para a seguridade social do que as gerações anteriores, ao mesmo tempo em que no futuro terão benefícios com valores menores dos que aqueles percebidos pelas gerações atuais, cujos benefícios financiam com as suas contribuições. Há uma efetiva preocupação com a justiça contributiva entre as gerações. Este desafio está fundado na premissa de que a busca é pelo desenvolvimento que procura satisfazer necessidades da geração atual, sem comprometer a capacidade das gerações futuras de suprir suas próprias necessidades.

O maior debate está concentrado nos sistemas de aposentadoria, tendo em vista que a maioria dos países da Europa Ocidental realizaram reformas nos sistemas públicos para introduzir períodos maiores de contribuição para a obtenção da aposentadoria integral, igualando a situação de homens e mulheres e, por fim, diminuindo o valor dos benefícios e, por conseguinte, as responsabilidades dos Estado. O modelo europeu de proteção social, engendrado após a Segunda Guerra Mundial está em efetiva revisão.

Está em jogo a experiência do Estado do bem-estar social (*Welfare State*), com a remodelação do contrato social que o fundamenta, o qual parece não mais permitir a competitividade e o crescimentos dos países diante dos elevados custos com a proteção social. A quebra, entretanto, das políticas sociais universais também gera o empobrecimento, distanciando a própria Europa Ocidental da erradicação da pobreza.

Na tentativa de buscar o equilíbrio entre o financiamento e a cobertura das políticas de proteção social é que vários países da Europa aderiram ao Pilar Europeu dos Direitos Sociais (*European Pillar of Social Rights*).

---

uma pensão de invalidez, 35% das crianças recebiam proteção social e 41% das mulheres que deram à luz receberam benefícios de maternidade. (tradução livre).

(5) *World Social Protection Report 2017-19:* Universal social protection to achieve the Sustainable Development Goals. International Labour Office — Geneva: ILO, 2017. O mundo do trabalho em mudança e o envelhecimento da população estão colocando uma pressão maior no desenvolvimento financeiro sustentável como um todo. Em particular, a disseminação de formas de emprego não padronizadas, incluindo menos horas de jornada, contratos temporários e salários baixos, bem como o surgimento de novas formas de emprego (como o trabalho em plataformas) constituem um desafio tanto para a cobertura quanto para os benefícios. Muitos trabalhadores enfrentam significativas lacunas de cobertura no presente e no futuro (ILO, 2016; DEGRYSE, 2016). (Tradução livre)

2.3. O Pilar Europeu dos Direitos Sociais

Visando compensar as efetivas alterações nos modelos de proteção social, as quais estão afastando as políticas protetivas universais e revisando a solidariedade, é que em 2017 foi proclamado pelo Parlamento Europeu o Pilar Europeu de Direitos Sociais (*European Pillar of Social Rights*), o qual está baseado em três capítulos e em vinte princípios:

Capítulo I

Igualdade de oportunidades e de acesso ao mercado de trabalho:

1. Educação, treinamento e aprendizagem ao longo da vida

2. Igualdade de gênero

3. Igualdade de oportunidades

4. Apoio ativo ao emprego

Capítulo II

Condições de trabalhos justas

5. Emprego seguro e adaptável

6. Salários

7. Informações sobre as condições de emprego e sobre a proteção em caso de demissão

8. Diálogo social e envolvimento dos trabalhadores

9. Equilíbrio entre a vida pessoal e a vida profissional

10. Ambiente de trabalho saudável, seguro e bem adaptado e com proteção de dados

Capítulo III

Proteção Social e inclusão

11. Cuidado e apoio às crianças

12. Proteção social

13. Benefícios aos desempregados

14. Benefício mínimo

15. Aposentadoria por idade e pensões

16. Assistência à saúde

17. Inclusão de pessoais com deficiências

18. Serviços de cuidado a longo prazo

19. Habitação e assistência aos sem-teto

Acesso a serviços essenciais.

Os princípios do Pilar Europeu estão sendo considerados na Europa Ocidental como os fundamentos para um novo contrato social. Entretanto, uma das questões que paira acerca dessas bases para um novo contrato social é de que elas ainda estão intrinsecamente ligadas ao mercado de trabalho, o qual está se transformando de maneira vertiginosa, especialmente diante da Inteligência Artificial — IA:

> (...)
>
> Em 1920, um trabalhador agrícola dispensado devido à mecanização da agricultura era capaz de achar um novo emprego numa fábrica de tratores. Em 1980, um operário de fábrica desempregado poderia trabalhar como caixa no supermercado. Essas mudanças de ocupação eram possíveis porque a mudança do campo para fábrica e da fábrica para o supermercado só exigiam um retreinamento limitado.
>
> Em 2050, porém, um caixa ou um operário da indústria têxtil que perder seu emprego para um robô dificilmente estará apto a começar a trabalhar como oncologista, como operador de *drone* ou como parte de uma equipe humano-IA num banco. Não terão as habilidades necessárias. (...).
>
> Além disso, nenhum dos empregos humanos que sobrarem estará livre da ameaça da automação, porque o aprendizado da máquina e a robótica continuarão a se aprimorar. Um caixa do Walmart de quarenta anos de idade desempregado que graças a esforços sobre-humanos consegue se reinventar como piloto de *drone*, poderá ter de se reinventar novamente dez anos depois, quando a pilotagem de *drones* poderá também ter sido automatizada. Essa volatilidade também dificultará a organização de sindicatos e a garantia de direitos trabalhistas. Se hoje muitos novos empregos em economias avançadas já envolveram trabalho temporário sem proteção, trabalho *freelancer* e tarefas isoladas realizadas uma vez, como sindicalizar uma profissão que prolifera e desaparece em uma década?[6]
>
> Harari tem razão, em pouco tempo, a forma

e as relações de trabalho terão sofrido modifica-

(6) HARARI, Yuval Noah. *21 lições para o século 21*. São Paulo: Companhia das Letras, 2018. p. 129 e 131 (versão digital).

ções radicais, fazendo com que esse novo contrato social, cujos princípios foram estabelecidos pelo Parlamento Europeu já estejam superados, fazendo com que as bases da proteção social já não se sustentem.

Em 1920, quando Lambert publicou sua obra analisando o novo contrato social sob a ótica da organização de uma democracia individualista, ele logo de início aponta que:

> L'odre social se trouve dans la nature des choses; il ne peut reposer sur de simples conventions. De même qu'il y a des lois naturelles de la physique, de la chimie, de la biologie, il y a des lois naturelles de l'économie, de la sociologie, de la morale. Le contrat social doit s'inspirer de celles-ci, afins de les traduire. Il exprimera ainsi la nature de choses sociales et formulera les conditions de l'Ordre Naturel.(7)

A grande questão não superada na Europa Ocidental, como também em outros países como o Brasil, é a de como oferecer proteção social quando diante do incontestável enfraquecimento do primado do trabalho. As relações de proteção social e o contrato social que as embasam devem encontrar outro ponto de sustentação, que talvez resida na responsabilidade social, posto que este contrato social, como advertia Lambert é a tradução econômica, sociológica e moral da sociedade.

2.4. A responsabilidade social como base da proteção social

Rosanvallon afirma que a responsabilidade na ordem política é a contrapartida ao exercício da autoridade, sendo que nos dias atuais é cada vez mais difícil saber quem é o verdadeiro responsável por uma decisão, tendo em vista a extrema complexidade das estruturas de decisão, o que faz com que a noção de imputação da responsabilidade não seja transparente e reconhecível pela sociedade.(8)

A ausência de uma referência objetiva nas políticas de proteção social, ou seja, o reconhecimento pela sociedade de qual o limite, a abrangência, o custo e a efetividade da proteção social ofertada pelo Estado, faz com que a própria sociedade passe a imputar ao Estado, toda e qualquer responsabilidade pela proteção social, deixando de reconhecer, inclusive, a medida do possível.

A ausência de uma imputação clara da responsabilidade leva, em geral, ao nascimento de uma sociedade de vítimas, desconsiderando-se a distribuição dos papéis dentro da própria sociedade. Não são mais lembradas, nem mesmo suscitadas, virtudes como a da prudência, que afasta riscos ou, ainda, a solidariedade social frente ao risco, a qual não depende apenas do Estado, mas de uma revisão da própria sociedade de como enfrentar, repartindo responsabilidades, os males que a molestam.

A responsabilidade, assim, desvincula-se do seu conceito inicial do cumprimento da obrigação vinculada à imposição de reparação, para alcançar a ideia de imputabilidade, de solidariedade e de risco compartilhado, não apenas sob o viés do custeio da proteção social, mas sim da assunção por cada qual de suas próprias responsabilidades sociais.

Os países da Europa Ocidental vêm apurando a noção de que não existe um modelo perfeito de seguridade social como sempre se teve em mente. Muito pelo contrário, cada país, ou cada grupo social deve desenvolver os melhores meios e modelos para prover a proteção social, com a flexibilidade necessária para que ela possa ser inclusiva e gerar o reconhecimento de que o enfrentamento dos riscos sociais requer a assunção de responsabilidades por todos aqueles que firmam o contrato social que vem passando por uma revisão, diante da nova feição da cada sociedade: *"Les sociétés de solidarité portent avec les, sinon le spectre de la Révolution, du moins celui d'une reforme permanente. Le reforme est constitutive du novel ordre social"*.(9)

---

(7) LAMBERT, Henri. *Le Nouveau Contrat Social ou L'Organisation de La Démocratie Individualiste. Essai de Synthèse Sociale.* Bruxelles: Maurice Lamertin, 1920.

A ordem social está na natureza das coisas; não pode ser baseada em simples convenções. Assim como existem leis naturais da física, da química, da biologia, existem leis naturais da economia, da sociologia e da moralidade. O contrato social deve ser inspirado por estes a fim de traduzi-los. Ele expressará assim a natureza das coisas sociais e formulará as condições do Ordem Natural. (tradução livre)

(8) ROSANVALLON, Pierre. *Le bon gouvernement.* Paris: Éditions du Seuil, 2015. p. 265.

(9) EWALD, François. *L'Etat providence.* Paris: Bernar Grasset, 1986. p. 601.

3. *Conclusão*

As políticas de proteção social no mundo estão passando por um inevitável processo de revisão do modelo formado após a Segunda Guerra Mundial. O fato é que essa revisão será permanente, porque os desafios da nova estrutura social estão quebrando paradigmas.

Os países da Europa Ocidental estão diante de inúmeros desafios, pois se de um lado eles já oferecem proteção social que, em face de determinados riscos, são quase universais, de outro lado, esse mesmo sistema de proteção não mais se sustenta sem prejudicar o desenvolvimento econômico e, por conseguinte, o desenvolvimento social.

O principal desafio é de como manter a proteção social em bases universais diante da vertiginosa modificação das relações de trabalho, do festejado e desejado crescimento da longevidade e da mudança dos padrões que propiciam a solidariedade entre gerações. Aliás, como promover a justiça social se as novas gerações que estão custeando os sistemas de aposentadorias e pensão atuais, receberão, no futuro, benefícios menores do que aqueles que estão proporcionando com as suas contribuições. Não há o equilíbrio que fomenta a solidariedade.

Outro grande desafio é o de reconhecer como será a sociedade dentro de um curto lapso de tempo, em face da inteligência artificial, da biotecnologia, da nanotecnologia, da neurociência. Após a Segunda Guerra Mundial, estava em jogo a reconstrução da Europa, hoje, está em jogo a sua "*disruption*" (disruptura), razão pela qual o antigo modelo de proteção social não mais se harmoniza com a realidade social.

Os ODS para os países da Europa Ocidental se constituem em verdadeiro desafio, sendo que dentre eles, o objetivo da erradicação da pobreza, que aos olhos do resto do mundo pareça fácil de alcançar, posto que as políticas de proteção social europeias estão entre as mais avançadas do mundo, possui um viés peculiar que é o de manter aquilo que já foi alcançado pela sociedade, sem que essa manutenção do *status quo* seja, ela em si mesma, a geradora da pobreza das novas gerações. Muitas vezes construir algo novo é muito mais simples do que manter aquilo que já está consolidado no seio da sociedade.

Referências bibliográficas

EWALD, François. *L'Etat providence.* Paris: Bernar Grasset, 1986.

HARARI, Yuval Noah. *21 lições para o século 21.* São Paulo: Companhia das Letras, 2018 (versão digital).

LAMBERT, Henri. *Le Nouveau Contrat Social ou L'Organisation de La Démocratie Individualiste. Essai de Synthèse Sociale.* Bruxelles: Maurice Lamertin, 1920.

ROSANVALLON, Pierre. *Le bon gouvernement.* Paris: Éditions du Seuil, 2015.

WORLD SOCIAL PROTECTION Report 2017-19: Universal social protection to achieve the Sustainable Developement Goals. International Labour Office — Geneva: ILO, 2017.

UNESDOC Unesco Digital Library. Disponível em: <https://unesdoc.unesco.org/>. Acesso em: 12 jun. 2019.

As sociedades de solidariedade suportam, se não o espectro da Revolução, pelo menos aquela de uma reforma permanente. A reforma é constitutiva da nova ordem social. (Tradução livre)

4

Problema da Seguridade Social no Leste Europeu

Milton Vasques Thibau de Almeida(1)

1. *Introdução*

Uma das regiões do planeta que passou por uma drástica mudança de orientação política, com extensa repercussão nas estruturas sociais e econômicas foi o Leste Europeu, com a transição de um regime de economia de planejamento para um regime de economia de mercado, após a Queda do Muro de Berlim e consequente desintegração da antiga Federação Soviética.

Releva, portanto, examinar como os países do Leste Europeu lidaram com essa transição entre regimes econômicos e como estruturaram os seus sistemas de proteção social. Para tanto, utilizaremos os métodos comparativo e analítico-dedutivo, com visos a identificar a eficácia da cobertura e do atendimento às populações respectivas.

2. *Desenvolvimento*

2.1. Histórico da proteção social nos países do Leste Europeu

A evolução histórica dos sistemas de proteção social no Leste Europeu passou por diversas fases, que foram moldadas inicialmente pelo regime político comunista e o seu inerente regime de economia de planejamento centralizado, passando a seguir para uma fase de previdência social gerida em regime de economia de mercado.

2.2. A previdência social no Leste Europeu em regime de economia de planejamento centralizado

Katharina Müller(2) explica que a cobertura nos sistemas previdenciários no Centro e no Leste Europeu havia se tornado quase universal nas décadas de 1960 e 1970, eram organizados como sistemas públicos de um pilar, não separados do orçamento estatal ou de outros ramos da previdência social, dando, assim, margem a diferentes formas de subsídios cruzados. As contribuições dos empregadores eram a única fonte de financiamento. A relação contribuição/benefício era tênue: as contribuições não eram registradas de modo individual, e os salários, em apenas alguns anos de serviço, eram considerados como rendas relevantes, geralmente no último ano que antecedia a aposentadoria. Haviam privilégios que distorciam o regime de benefícios e o reajuste dos benefícios ficava abaixo da inflação, o que fazia com que muitos beneficiários continuassem a trabalhar para equilibrar o orçamento.

A seu turno, Louise Fox(3) esclarece que a economia dirigida prometia garantia de renda

(1) Doutor em Direito pela UFMG. Pós-doutor em Direito pelo IGC/Universidade de Coimbra. Professor Associado da Faculdade de Direito da UFMG. Professor do Programa de Mestrado e Doutorado em Direito da Universidade de Itaúna. Desembargador do Trabalho do TRT da 3ª Região. Ocupa a cadeira n. 4 da ABDSS, sendo diretor social e membro do conselho consultivo.

(2) *Reforma previdenciária no Leste Europeu:* atores, estruturas e paradigmas. Disponível em: <www.ipea.gov.br/ppp/article/download/83/165>. Acesso em: 15 abr. 2019.

(3) A crise previdenciária do Leste europeu tem solução? *Finanças & Desenvolvimento*, p. 32-33, dez. 1995. Disponível em: <bibliotecadigital.fgv.br/ojs/index.php/fdesenvolvimento/article/download/.../62336>. Acesso em: 15 abr. 2019.

do berço ao túmulo, incluindo pensões que substituíam aproximadamente 80% dos salários por ocasião da aposentadoria, o que era visto como compensação pelos salários relativamente modestos dos anos de trabalho. As idades de aposentadoria eram muito baixas e a expectativa de vida dos cidadãos no Leste Europeu era maior do que na Europa Ocidental. Havia muitas isenções e privilégios, e, como a renda da população era baixa, a capacidade de arrecadação fiscal era igualmente baixa.

2.3. A previdência social no Leste Europeu em regime de economia de mercado

Nas palavras de Katharina Müller[(4)], a transformação econômica afetou, de diversas formas, os sistemas de repartição simples do Centro e do Leste Europeu. O aumento dos gastos previdenciários foi resultado da mudança necessária no modo das transferências — de indiretas para diretas —, a fim de se conter a erosão do valor real do benefício previdenciário, devido à inflação induzida por ajustes e à drástica redução de subsídios para bens e serviços básicos. Por outro lado, a reestruturação das empresas estatais teve impacto não só sobre a receita, mas também sobre os gastos dos planos previdenciários públicos. A privatização, o enxugamento e a desativação de empresas foram acompanhados por número crescente de benefícios por invalidez e políticas de aposentadoria antecipada.

Louise Fox[(5)] afirma que um dos grandes obstáculos à restauração do crescimento estável e ao aumento da poupança ou dos investimentos foram os persistentes déficits fiscais, provocados em parte pelos gastos crescentes com os benefícios previdenciários. Os europeus orientais gastaram muito mais com o pagamento de pensões do que com as suas rendas ou curvas demográficas permitiam. Esses gastos cresceram com rapidez desde o início da transição, e parcelas cada vez maiores dos PIB decrescente desses países acabaram sendo destinados ao pagamento dos aposentados. Embora tenham começado suas transições com sistemas previdenciários semelhantes, ao estilo soviético, a Estônia, a Hungria, a Lituânia e a Polônia imprimiram rumos diferentes à reforma previdenciária na primeira metade da década de 1990. Muitas das políticas que os países do Leste Europeu implementaram para enfrentar os custos sociais da transição pioraram significativamente as posições financeiras de seus sistemas previdenciários públicos.

Na esperança de reduzir o desemprego, alguns países permitiram que os trabalhadores se aposentassem até cinco anos antes do normal, recebendo a pensão completa. Essa política pública inchou as fileiras dos aposentados e esvaziou a dos contribuintes. Como o benefício sofria redução, caso o aposentado continuasse a trabalhar, a maioria deles abandonou o setor formal para trabalhar no setor informal. Cerca de 50% a 70% dos aposentados continuaram a trabalhar na primeira década de sua aposentadoria, sem que incidisse carga tributária sobre a maior parte de sua renda. Para equilibrar as contas, os países do Leste Europeu aumentaram as contribuições em folha, de 10% a 20% dos salários brutos dos empregados para 40% a 60%. Esse aumento substancial entre o custo da mão de obra para as empresas e o salário líquido dos empregados implicou perdas reais para os salários e exacerbou o desemprego. Muitas pessoas em idade para trabalhar fugiram dessas elevadas taxas tributárias, afastando-se inteiramente do setor de emprego formal (em alguns países até 1/3 da força de trabalho foi para a informalidade), deixando o ônus do pagamento dos benefícios previdenciários para os que não conseguiram se livrar dessas contribuições elevadas.

Segundo Louise Fox[(6)], a Hungria e a Polônia começaram suas transições com condições iniciais favoráveis à reforma previdenciária, mas não tomaram as decisões necessárias para a reforma previdenciária. Ao contrário, as políticas escolhidas exacerbaram os problemas. A Polônia começou a transição com um sistema que tinha idades mais altas de aposentadoria dentre todos os países do Leste Europeu, o que deveria constituir vantagem, mas ao longo do período de estabilização (1990-1992), a idade de aposentadoria foi abaixada, como medida para gerar emprego, o que induziu o aumento do número de aposentados a uma taxa de mais de 10% ao ano. A frouxidão na política de invalidez agravou

(4) *Reforma previdenciária no Leste Europeu:* atores, estruturas e paradigmas.

(5) *A crise previdenciária do Leste europeu tem solução?...*, p. 32.

(6) *A crise previdenciária do Leste europeu tem solução?...*, p. 34 e 35.

o problema e as aposentadorias foram indexadas aos salários. A Hungria, diversamente do que fizeram outros Estados do Leste Europeu, não aumentou a idade da aposentadoria. Uma lei que igualava a idade mínima de aposentadoria para as mulheres e os homens (aos 60 anos) foi aprovada em 1992, mas foi revogada no mesmo ano; em consequência a aposentadoria precoce aumentou a cada ano, desde 1989. A Hungria tinha as mais altas taxas de desconto na fonte, dentre os países do Leste Europeu, o que provocou um aumento da evasão de contribuições previdenciárias.

Ainda, segundo Louise Fox[7], a Estônia e a Lituânia evitaram os erros iniciais cometidos por seus vizinhos do sul, mesmo tendo enfrentado os mesmos dilemas demográficos e de mercado de trabalho semelhantes aos da Hungria, da Polônia e de outros países balcânicos, e mantiveram os gastos com aposentadorias sob controle no período inicial da transição. Ambos adotaram aposentadorias uniformes e ajustes nominais discricionários das aposentadorias como medidas de estabilização. Não utilizaram a aposentadoria precoce para facilitar a dispersão dos funcionários do setor público. Promoveram a reforma dos regimes previdenciários em 1993 (Estônia) e 1994 (Lituânia). Não obstante, apesar do êxito no controle dos gastos correntes, os dois países enfrentaram o mesmo dilema sobre como lidar, de um lado, com os problemas fiscais que se agigantavam devido à incompletude da reforma, e, de outro lado, com o descontentamento crescente dos eleitores.

A Croácia também estava desenvolvendo um programa de reforma da previdência social, afirma Louise Fox[8], que envolvia importante redução nos benefícios dos futuros aposentados e a proposta de um segundo pilar compulsório. Na versão debatida àquela época, o segundo pilar seria financiado com recursos da privatização, o que lhe permitiria ampla cobertura naquele estágio. O uso da privatização de ativos do governo para liquidar obrigações previdenciárias foi cogitado, mas não pôde ser posto em prática, porque envolvia ativos sem liquidez.

2.4. Os sistemas de previdência social adotados pelos países do Leste Europeu na atualidade

Na atualidade, os sistemas de previdência social dos países do Leste Europeu estão assentados num regime de financiamento misto, calcado de um lado no regime de repartição simples, e de outro, no regime de capitalização, predominando dois modelos: o Modelo do Banco Mundial e o Modelo de Contas Nocionais.

2.5. O Modelo do Banco Mundial: Hungria

Eliane Romeiro Costa[9] explica que o Modelo do Banco Mundial se baseia na sustentabilidade e viabilidade fiscal do sistema previdenciário, na poupança e no crescimento econômico. Concentra-se na defesa da capitalização dos fundos individuais como mecanismos que asseguram prestações aos contribuintes com as contribuições anteriormente elevadas. O Banco aconselha os governos sobre a melhor forma de enfrentar os desafios do sistema previdenciário e as crises fiscais oriundas, inclusive, das questões demográficas e do envelhecimento, adotando reformas estruturais rumo à privatização e à capitalização. Sugere, por conseguinte, regime de três pilares: o primeiro pilar é custeado com impostos gerais para o financiamento dos benefícios básicos; o segundo pilar é obrigatório e capitalizado (mutualismo fechado grupal); o terceiro pilar é voluntário e subordinado à capitalização aberta e individual. Há uma variedade de desenhos sob a denominação de "pilares múltiplos". O segundo pilar também pode adotar contas individuais e planos de contribuição definida (CD) ou de Prestação Definida (PD), calcados em base profissional ou por empresa.

Katharina Müller[10] esclarece que o Modelo do Banco Mundial consiste, basicamente, em três pilares para a previdência social: i) um pilar público obrigatório com a meta limitada de atenuação da pobreza entre os idosos; ii) um pilar privado obrigatório e de capitalização plena, que estabelece uma relação atuarial entre benefícios e custos; iii) poupanças voluntárias. Nesse arcabouço, a maior

(7) *A crise previdenciária do Leste europeu tem solução?*... p. 34.

(8) *A crise previdenciária do Leste europeu tem solução?*... p. 35.

(9) Sistemas previdenciários estrangeiros — análise das reformas estruturais de previdência complementar. *Âmbito Jurídico*. Disponível em: <http://www.ambito-juridico.com.br/site/index.php?n_link=revista_artigos _leitura&arti>. Acesso em: 15 abr. 2019.

(10) *Reforma previdenciária no Leste Europeu*... p. 154, n. 13.

parcela da previdência fica com os fundos privados de aposentadoria e pensão. Tanto a Polônia como a Hungria adotaram esse modelo como meio-termo entre os defensores da revitalização do regime de repartição simples e os defensores da privatização integral, nos moldes do modelo chileno. O Parlamento húngaro aprovou a reforma em julho de 1997, para entrar em vigor em 1º de janeiro de 1998.

A Câmara dos Deputados polonesa aprovou a reforma da previdência em duas rodadas: no verão de 1997 e no outono de 1998. Ambos os modelos de previdência social eram do tipo misto, conjugando um pilar público, de repartição simples e obrigatório, e um sistema de capitalização plena, parcialmente obrigatório. Na essência, esses planos possuem quatro pilares: dois níveis obrigatórios (de repartição simples e de capitalização plena), um nível previdenciário "zero básico", e um nível de poupança voluntária para fins previdenciários.

Nos pilares compulsórios, há direito de opção entre uma previdência totalmente pública, e uma outra mista, de contribuição compulsória: a) o primeiro pilar, de repartição simples, é financiado pelas contribuições do empregador e, em parte, do empregado, sendo obrigatório para todos, ao menos como primeiro pilar; o plano previdenciário público cobre direitos previdenciários adquiridos mediante o pagamento de algum tipo de benefício previdenciário compensatório a ser complementado pelos direitos previdenciários pós-reforma, se o segurado decidir permanecer no regime de previdência integralmente público; b) o segundo pilar, de capitalização plena, consiste em um sistema de fundos de aposentadoria e pensão, sendo obrigatória a adesão para os jovens, a fim de complementar o primeiro pilar (regime misto).

A Hungria continua a adotar esse modelo, ao passo que a Polônia adequou o seu sistema previdenciário ao Modelo de "Contas Nocionais", seguindo os exemplos sueco e letão.

2.6. O Modelo de "Contas Nocionais": Estônia, Letônia, Lituânia e Polônia

Eliane Romeiro Costa[11] afirma que a Estônia, a Letônia e a Lituânia promoveram reformas no primeiro pilar dos seus sistemas de previdência, seguindo a orientação do Banco Mundial: a Estônia em 1993, a Lituânia em 1994 e a Letônia em 1995. A aproximação de elementos contributivos ao montante das prestações é a característica essencial dessas reformas. As prestações ficaram sujeitas a um número mínimo de anos de contribuição ao sistema. Nos três países, o maior impacto da reforma recaia sobre os trabalhadores de baixa renda. A Letônia utilizou o modelo CDT (Contribuições Definidas Teóricas) preconizado pelo Banco Mundial e desenvolvido pela Itália e a Suécia. O Regime CDT letão combina capital virtual (inspira-se no modelo sueco) no qual as prestações dependem das contribuições, da idade de aposentadoria e da expectativa de vida. A reforma estabeleceu a idade de 63 anos para ambos os sexos, com adesão obrigatória para quem tem menos de 30 anos, adesão voluntária para quem tem idade na faixa de 30/49 anos, e proibição de adesão para os maiores de 50 anos.

Esse regime financeiro de Contribuições Definidas Teóricas é um modelo misto de repartição e capitalização, que também é conhecido como "regime de contas virtuais", ou "sistema de contribuição definida não financeiro", "sistema de contribuição definida virtual" ou "sistema de contribuição definida nocional" ("*notional accounts*" em inglês), conforme a explicação de Pedro Fernando Nery[12], tendo surgido na Suécia, na década de 1990, e influenciado os países vizinhos (Noruega, Letônia e Polônia) e a Itália, que acataram integralmente esse novo sistema, assim como também influenciou parcialmente outros países Europeus, como a Dinamarca, a Finlândia, a Alemanha e a Rússia.

No pilar de repartição, a contribuição de um trabalhador se torna o benefício de um aposentado ou pensionista no presente, enquanto no pilar de capitalização a contribuição de um trabalhador se tornará o seu próprio benefício no futuro. Num regime de contas virtuais, as contribuições dos atuais trabalhadores continuam financiando os benefícios dos atuais aposentados/pensionistas — como em um regime de repartição —, mas os benefícios são calculados de acordo com as contribuições pretéritas dos beneficiários, acumuladas e indexadas por

(11) *Sistemas previdenciários estrangeiros...*

(12) A Saída Nórdica: o sistema de contas virtuais como alternativa aos regimes de previdência de repartição e de capitalização. *Textos para Discussão 249*, Brasília: Senado Federal, p. 1-2, jun. 2018. Disponível em: <https://www12.senado.leg.br/publicacoes/estudos-legislativos/tipos-de-estudos/textos-para-discussão/td249>. Acesso em: 20 maio 2019.

taxas de juros "virtuais" — como em uma conta individual de um regime de capitalização de contribuição definida. Essas taxas virtuais costumam se basear no crescimento de salários, da massa salarial ou do Produto Interno Bruto (PIB), ou seja, dependem do crescimento da produtividade e até do emprego, refletindo, portanto, a própria capacidade da sociedade para pagar os benefícios. Assim, o sistema de contas virtuais tende a aproveitar as vantagens dos dois regimes: a solidariedade do financiamento por repartição e a relação mais clara entre contribuição-benefício da capitalização.

Ele também tende a minimizar as desvantagens dos dois regimes. Enquanto os regimes de repartição são considerados mais generosos, porém mais suscetíveis a riscos demográficos e de mercado de trabalho, os regimes de capitalização são considerados mais eficientes, no entanto, mais suscetíveis a riscos do mercado financeiro. O sistema de contas virtuais minimiza esses riscos em relação a suas versões "puras": o de mercado financeiro porque as "taxas de juros" são apenas fictícias, e os demográficos e de mercado de trabalho porque pode incorporá-los nas fórmulas de concessão e reajuste dos benefícios.

O envelhecimento populacional e as oscilações da economia podem automaticamente se refletir no valor dos benefícios concedidos ou em seus reajustes. Ele minimiza também os riscos políticos existentes tanto na repartição quanto na capitalização. Os ajustes automáticos, endógenos, separam o valor da concessão e do reajuste dos benefícios de iniciativas políticas, exógenas, que existem na repartição. Por outro lado, o fato de a acumulação de capital ser virtual não gera o risco de malversação dos recursos acumulados que existe na capitalização, simplesmente porque eles não existem de fato.

3. *Conclusão*

Pela exiguidade de tempo e pela limitação de espaço para a publicação, não nos foi possível abordar a organização dos sistemas de proteção social de todos os países do Leste Europeu, mas restou evidenciado que nenhum deles adota um sistema de seguridade social, mas regimes de previdência social, baseados em regimes contributivos mistos, dotados de dois pilares (ou colunas) de financiamento compulsório: um em regime de repartição e outro em regime de capitalização. Eventualmente adotam mais um ou dois pilares em regime de capitalização não compulsórios.

Atualmente, a Hungria adota o Modelo do Banco Mundial, ao passo que a Estônia, a Letônia, a Lituânia e a Polônia adotam o Modelo das Contas Nacionais.

O que difere o denominado "Modelo do Banco Mundial" do Modelo das "Contas Nacionais" (ou "Contribuições Definidas Teóricas") é o fato de este adotar uma técnica atuarial que aproxima os elementos contributivos ao montante das prestações, de modo que as prestações ficam sujeitas a um número mínimo de anos de contribuição ao sistema. Isto é, as contribuições dos atuais trabalhadores continuam financiando os benefícios dos atuais aposentados/pensionistas — como em um regime de repartição —, mas os benefícios são calculados de acordo com as contribuições pretéritas dos beneficiários, acumuladas e indexadas por taxas de juros "virtuais" — como em uma conta individual de um regime de capitalização de contribuição definida. Essa vinculação entre o tempo de contribuição (carência) e o montante das contribuições recolhidas ao sistema previdenciário (reserva matemática) é apenas teórica, daí a expressão "contas virtuais" ou "contas nocionais".

Esse regime de contributivo misto, conhecido como Modelo de Contribuição Nocional, que foi adotado pelos sistemas de previdência social da Estônia, da Letônia, da Lituânia e da Polônia também está exercendo, atualmente, a sua influência na Reforma da Previdência brasileira encaminhada à Câmara dos Deputados pela Proposta de Emenda à Constituição (PEC) n. 6/2019.

Referências bibliográficas

BOSCHETTI, Ivanete. *A insidiosa corrosão dos sistemas de proteção social europeus.* Disponível em: <http://www.scielo.br/pdf/sssoc/n112/08.pdf>. Acesso em: 15 maio 2019.

COSTA, Eliane Romeiro. *Sistemas previdenciários estrangeiros. Análise das reformas estruturais de previdência complementar.* Disponível em: <http://www.ambito-juridico.com.br/site/index.php?n_link=revista_artigos_leitura&arti>. Acesso em: 15 abr. 2019.

DEZOTTI, Débora Fernandes; MARTA, Taís Nader. *Marcos históricos da seguridade social.* Disponível em: <https://portalrevistas.ucb.br/index.php/rvmd/article/download/3125/1936>. Acesso em: 15 maio 2019.

FOX, Louise. A crise previdenciária do Leste europeu tem solução? *Finanças & Desenvolvimento*, p. 32-35, dez. 1995. Disponível em: <bibliotecadigital.fgv.br/ojs/index.php/fdesenvolvimento/article/download/.../62336>. Acesso em: 15 abr. 2019.

MÜLLER, Katharina. *Reforma previdenciária no leste europeu:* atores, estruturas e paradigmas. Disponível em: <www.ipea.gov.br/ppp/index.php/PPP/article/download/83/165>. Acesso em: 15 abr. 2019.

5

Proteção da Seguridade Social em Portugal e Itália — Alguns Apontamentos

João Nogueira de Almeida[1]

1. Introdução

Portugal e Itália dispõem de sistemas de proteção social avançados que garantem os seus cidadãos contra os eventos que podem resultar na incapacidade de prover por meios próprios à satisfação das suas necessidades e dos seus dependentes (acidente do qual resulte a incapacidade para o trabalho, perda de emprego, velhice, doença etc.)[2].

Tanto em Portugal como na Itália, os sistemas existentes são fundamentalmente de arquitetura pública. É ao Estado que incumbe primordialmente garantir um sistema de proteção social por força das suas obrigações constitucionais e internacionais, tendo os sistemas privados uma importância residual.

A existência de sistemas organizados de proteção social de iniciativa estatal está ancorada em quatro ordens de justificações: econômica, social, jurídica e política[3].

A justificação econômica assenta na ideia de que os efeitos materiais negativos, vulgo perda de rendimentos, decorrentes dos riscos da existência (acidente, doença, desemprego, família, invalidez, velhice e morte) tem consequências nas modernas sociedades industrializadas como um todo que vão muito para além das que abatem sobre um indivíduo em particular.

Desde logo, porque o funcionamento econômico harmonioso das sociedades atuais depende da estabilidade do consumo dos indivíduos e das famílias. Sem esta estabilidade, ficaria seriamente prejudicada a própria taxa de investimento, do qual depende o crescimento e o bem-estar futuro das sociedades modernas. Portanto, antes de ser uma questão de justiça, de prioridade social, política ou jurídica, a existência de sistemas tendencialmente completos de proteção dos riscos sociais é uma necessidade econômica, ou melhor, uma necessidade do sistema.

A questão da existência de um subsídio de desemprego a atribuir aos trabalhadores em caso de perda involuntária do trabalho é paradigmática. Sem o subsídio de desemprego, os trabalhadores consumiriam muito menos, pois seria necessário acautelar o futuro, imobilizando uma parte do rendimento em entesouramento, sendo para além disso muito menos estável, pois estaria sujeito a picos de procura e a restrições à procura, com muita frequência.

(1) Português, é Doutor em Direito pela Faculdade de Direito da Universidade de Coimbra, onde tem lecionado as disciplinas de Economia, Finanças Públicas, Direito da Concorrência e Políticas Públicas, entre outras, desde 1990. É um dos acadêmicos honorários estrangeiros da Academia Brasileira de Direito da Seguridade Social.

(2) Sobre esta temática, consultar, NEVES, I. de. *Direito da segurança social*. Coimbra: Coimbra, 1996. LOUREIRO, J. *Adeus ao estado social?* — a segurança social entre o crocodilo da economia e a medusa da ideologia dos "direitos adquiridos". Coimbra: Coimbra, 2010. LOUREIRO, J. *Direito da segurança social*. Coimbra: Coimbra, 2014. SOCIAL, S. *Evolução do sistema de segurança social* — conteúdo final, 2015.

(3) NEVES, I. das. *Direito da segurança social*. Coimbra: Coimbra, 1996. p. 21 e ss.; MERZ, S.; MARTORANA, G. *Manuale pratico e formulario della previdenza e della assicurazione sociale. Pensioni di vecchiaia, di anzianità e di invalidità, trattamento di fine rapporto...*, 2010. PAZ FERREIRA, E. *Direito da economia*. Lisboa: AAFDL, 2001.

Existe, pois, um interesse coletivo, atinente ao bem comum, ao interesse coletivo, na existência de um sistema de proteção social.

A existência de sistemas de proteção social responde também a uma razão de ordem social. Pese embora a força da autonomia da vontade do indivíduo, a verdade é que este, frequentemente, denota uma incapacidade crônica para avaliar e tomar medidas que o protejam da ocorrência de eventos que podem colocar em causa a sua sobrevivência e dos seus dependentes com um mínimo de conforto.

A incapacidade previdencial das pessoas leva a que alguns não sejam sensíveis à possibilidade da ocorrência de certos eventos e das suas consequências. Outros só irão se dispor a tomar decisões quando o risco ocorrer ou estiver na iminência de ocorrer. Por último, muitas pessoas não tomarão qualquer previdência que os resguarde da ocorrência de riscos, não porque não estejam conscientes dessa eventualidade, mas porque carecem dos meios econômicos necessários.

Outro elemento a considerar e de fundamental importância é a justificação de ordem jurídica. Tanto o direito internacional como a constituição portuguesa e italiana consagram o princípio da dignidade da pessoa humana e reconhecem o direito dos cidadãos a se beneficiar de mecanismos de proteção social. Num sentido impróprio certamente, podemos falar da existência em ambos os países de verdadeiros "códigos de segurança social", os quais garantem direitos subjetivos de natureza previdenciária às pessoas.

Por último, avultam ainda as razões políticas. Tanto em Portugal como na Itália existe um amplo consenso político sobre a necessidade de se garantirem às pessoas direitos em matéria de segurança social. Os partidos do arco político governativo não põem em causa a necessidade da existência dos sistemas de proteção social, o que se deve certamente ao fato de tal corresponder a uma exigência dos cidadãos plasmada na concordância fundamental das diferentes gerações acerca do seu modo de funcionamento e repartição dos encargos que a sua existência implica.

2. *Proteção social em Portugal*

A Constituição da República Portuguesa estabelece no seu art. 63º, n. 1, que todos têm direito à segurança social. Este direito é um direito fundamental, que obriga o Estado a organizar, coordenar e subsidiar um sistema de segurança social unificado e descentralizado, com a participação das associações sindicais, de outras organizações representativas dos trabalhadores e de associações representativas dos demais beneficiários (art. 63º, n. 1, CRP).

De acordo com o n. 3 do art. 63º da CRP, o sistema de segurança social deve ser concebido para proteger os cidadãos na doença, velhice, invalidez, viuvez e orfandade, bem como no desemprego e em todas as outras situações de falta ou diminuição de meios de subsistência ou de capacidade para o trabalho.

Olhando para a realidade portuguesa da segurança social em conjunto, podemos assinalar a existência de duas realidades interdependentes, que embora geridas em conjunto por razões de ordem prática e de índole conjuntural, convém manter distintas, porque têm objetivos diferentes e utilizam técnicas específicas muito diferenciadas entre si, que são o sistema de ação social e o sistema de segurança social propriamente dito.

O sistema de ação social constitui um sistema de proteção social próprio, embora estreitamente interligado como o sistema (dos regimes) da segurança social, dada a sua interdependência, tanto em termos de objetivos como de técnica de intervenção.

Temos assim sobretudo diferenças em vários aspetos: na cobertura dos riscos sociais e nos objetivos de proteção, no domínio das ligações funcionais, nas técnicas utilizadas e no figurino institucional de cada uma.

As diferenças existem na cobertura dos riscos sociais, dado que na segurança social os riscos sociais são acontecimentos danosos exteriores às pessoas (doença, desemprego, incapacidade laboral, morte etc.) que as afetam na sua estabilidade econômica e social, enquanto na ação social os riscos representam sobretudo um problema de incapacidade ou indisponibilidade das famílias ou de falta de estruturas familiares para assegurarem os apoios de que carecem as crianças, os jovens, os deficientes e os idosos.

No que tange aos objetivos de proteção, no sistema de segurança social o que se exige são prestações de índole pecuniária, de natureza reparadora, enquanto no sistema de ação social se reclama não apenas prestações pecuniárias de apoio, mas uma resposta das entidades públicas em equipamento sociais e serviços personalizados, capazes de suprir a insuficiência ou carência de meios das famílias.

No domínio das ligações funcionais, a segurança social e a ação social estão profundamente entrelaçadas, dadas as afinidades que existem em ambos os sistemas, pelo que estes se encontram articulados e integrados entre si, em termos de orgânica e de gestão, bem como ao nível do departamento legal de que dependem em termos tutelares.

Ainda assim, os dois sistemas mantêm certas peculiaridades, com o sistema de ação social a estabelecer ligações mais profundas com os sistemas de educação, habitação e administração local e até, com o sistema de saúde, emprego e formação profissional, e o de segurança social mais ligado aos sistemas das finanças e do trabalho.

Cada um dos sistemas, de ação social e de segurança social, recorre a técnicas diferentes de atuação, porque também são diferentes os fins que prosseguem e a natureza dos riscos sociais que cobrem.

Nos regimes de segurança social, onde a finalidade primária é a proteção econômica, a técnica mais usada é a técnica de garantia de rendimentos, a qual pode assumir a forma de rendimentos de substituição ou de rendimentos mínimos.

Os rendimentos de substituição são percebidos como compensatórios das remunerações do trabalho (influenciados em muitos aspetos na sua concreta determinação pelas regras da proteção previdencial e do seguro contratual).

Já a atribuição de rendimentos mínimos obedece ao critério da solidariedade social, sendo concebida como sendo um rendimento de cariz puramente social. Ao invés disso, o sistema de ação social recorre à técnica de ação social, a qual se baseia na intervenção direta na comunidade e no apoio pessoal às famílias ou cada um dos seus elementos, com a finalidade de superar as carências verificadas.

Em Portugal, os organismos que gerem os regimes da segurança social têm também a responsabilidade do exercício da tutela e fiscalização da ação social. Os vários regimes legais que integram o sistema público de segurança social são exclusivamente geridos por instituições públicos. Existem ainda regimes não públicos, geridos por entidades privadas (algumas com fim lucrativo), que têm uma natureza complementar e externa ao sistema público.

Em Portugal, a ação social é uma atividade exercida na sua grande maioria por entidades privadas de solidariedade social. Esta atividade é em parte considerável, suportada financeiramente pelo Estado mediante acordos de cooperação.

2.1. Os sistemas de segurança social e de ação social na lei de bases de 2007

As bases gerais em que se assenta em Portugal o sistema de segurança social bem como as iniciativas particulares de fins análogos estão disciplinadas numa lei de bases datada de 2007 (Lei n. 4/2007, de 16 de janeiro, com as alterações introduzidas pela Lei n. 83-A/2013, de 30 de dezembro).

A lei de bases reafirma o preceituado na Constituição ao garantir a todos um direito à segurança social (art. 2º, n. 1, da LBGSS[4]), e ao estabelecer o princípio da irrenunciabilidade do direito à segurança social, considerando nulas as cláusulas do contrato, individual ou coletivo, pelo qual uma pessoa renuncie aos direitos por ela conferidos (art. 3º).

O sistema de segurança social está concebido em ordem a respeitar um conjunto alargado de princípios gerais, a saber: princípio da universalidade, da igualdade, da solidariedade, da equidade social, da diferenciação positiva, da subsidiariedade, da inserção social, da coesão intergeracional, do primado da responsabilidade pública, da complementaridade, da unidade, da descentralização, da participação, da eficácia, da tutela dos direitos adquiridos e dos direitos em formação, da garantia judiciária e da informação (art. 5º).

O sistema de segurança social tem uma composição tripartida, abrangendo o sistema de

(4) Lei n. 4/2007, de 16 de janeiro, com as alterações introduzidas pela Lei n. 83-A/2013, de 30 de dezembro. Doravante, LBGSS. As referências a artigos no texto devem ser consideradas remetendo à LBGSS.

proteção social de cidadania, o sistema previdencial e o sistema complementar (art. 23º).

A administração da componente pública do sistema de segurança social, compete ao Estado, o qual deve garantir a sua boa administração (art. 24º, n. 1). Quanto aos regimes complementares de natureza não pública, o Estado deve assegurar uma adequada e eficaz regulação, supervisão prudencial e fiscalização (art. 24º, n. 2).

2.1.1. *O sistema de proteção social de cidadania*

O sistema de proteção social de cidadania tem como objetivos gerais, por um lado, garantir direitos básicos dos cidadãos e a igualdade de oportunidades, e, por outro, promover o bem-estar e a coesão sociais (art. 26º, n. 1). Para a concretização destes objetivos gerais compete ao sistema de proteção social de cidadania (art. 26º, n. 2):

a) A efetivação do direito a mínimos vitais dos cidadãos em situação de carência econômica;

b) A prevenção e a erradicação de situações de pobreza e de exclusão;

c) A compensação por encargos familiares; e

d) A compensação por encargos nos domínios da deficiência e da dependência.

Para além destes objetivos de natureza geral, a lei de bases obriga a que o Estado estabeleça condições especiais de promoção da natalidade que favoreçam a conciliação entre a vida pessoal, profissional e familiar e atendam, em especial, aos tempos de assistência a filhos menores, as quais podem consistir, designadamente, no desenvolvimento de equipamentos sociais de apoio na primeira infância, em mecanismos especiais de apoio à maternidade e à paternidade e na diferenciação e modulação das prestações (art. 27º).

O sistema de proteção social de cidadania engloba o subsistema de ação social, o subsistema de solidariedade e o subsistema de proteção familiar (art. 28º).

2.1.1.1. *O subsistema de ação social*

O subsistema de ação social tem como objetivos fundamentais a prevenção e reparação de situações de carência e desigualdade socioeconômica, de dependência, de disfunção, exclusão ou vulnerabilidade sociais, bem como a integração e promoção comunitárias das pessoas e o desenvolvimento das respetivas capacidades.

O subsistema de ação social assegura ainda especial proteção aos grupos mais vulneráveis, nomeadamente crianças, jovens, pessoas com deficiência e idosos, bem como a outras pessoas em situação de carência econômica ou social. A ação social deve ainda ser conjugada com outras políticas sociais públicas, bem como ser articulada com a atividade de instituições não públicas (art. 29º).

Os objetivos da ação social concretizam-se (art. 30º), designadamente, através de:

a) Serviços e equipamentos sociais;

b) Programas de combate à pobreza, disfunção, marginalização e exclusão sociais;

c) Prestações pecuniárias, de carácter eventual e em condições de excecionalidade; e

d) Prestações em espécie.

A ação social pode ser desenvolvida pelo Estado, pelas autarquias e por instituições privadas sem fins lucrativos, de acordo com as prioridades e os programas definidos pelo Estado. A ação social patrocinada pelo Estado obedece aos seguintes princípios e linhas de orientação:

a) Intervenção prioritária das entidades mais próximas dos cidadãos;

b) Desenvolvimento social através da qualificação e integração comunitária dos indivíduos;

c) Contratualização das respostas numa ótica de envolvimento e de responsabilização dos destinatários;

d) Personalização, seletividade e flexibilidade das prestações e dos apoios sociais, de modo a permitir a sua adequação e eficácia;

e) Utilização eficiente dos serviços e equipamentos sociais, com eliminação de sobreposições, lacunas de atuação e assimetrias na disposição geográfica dos recursos envolvidos;

f) Valorização das parcerias, constituídas por entidades públicas e particulares, para uma atuação integrada junto das pessoas e das famílias;

g) Estímulo do voluntariado social, tendo em vista assegurar uma maior participação e envolvimento da sociedade civil na promoção do bem-estar e uma maior harmonização das respostas sociais; e

h) Desenvolvimento de uma articulação eficiente entre as entidades com responsabilidades sociais e os serviços, nomeadamente de saúde e de educação.

De forma preferencial, o desenvolvimento da ação social concretiza-se (art. 31º), no âmbito da intervenção local, pelo estabelecimento de parcerias, designadamente através da rede social, envolvendo a participação e a colaboração dos diferentes organismos da administração central, das autarquias locais, de instituições públicas e das instituições particulares de solidariedade social e outras instituições privadas de reconhecido interesse público.

Em Portugal, a ação social pode ser desenvolvida por entidades privadas, com ou sem fins lucrativos, merecendo, todavia, as instituições particulares de solidariedade social e outras de reconhecido interesse público, sem carácter lucrativo, que prossigam objetivos de solidariedade social, um apoio reforçado por parte do Estado (art. 32º).

2.1.1.2. O subsistema de solidariedade

Em Portugal, o subsistema de solidariedade tem por finalidade assegurar, com base na solidariedade de toda a comunidade, direitos essenciais por forma a prevenir e a erradicar situações de pobreza e de exclusão, bem como a garantir prestações em situações de comprovada necessidade pessoal ou familiar, não incluídas no sistema previdencial, podendo ainda ocorrer situações de compensação social ou econômica em virtude de insuficiências contributivas ou prestacionais do sistema previdencial (art. 36º).

O sistema de solidariedade abrange todos os cidadãos nacionais residentes em Portugal e os cidadãos estrangeiros que lá residam legalmente (art. 37º).

O subsistema de solidariedade tem por finalidade colmatar a falta ou insuficiência de recursos econômicos dos indivíduos e dos agregados familiares para a satisfação das suas necessidades essenciais e para a promoção da sua progressiva inserção social e profissional e, ainda, os casos de invalidez, velhice e morte e a) insuficiência das prestações substitutivas dos rendimentos do trabalho ou da carreira contributiva dos beneficiários.

O subsistema de solidariedade abrange ainda as situações de incapacidade absoluta e definitiva dos beneficiários do sistema previdencial, na parte necessária para cobrir a insuficiência da respetiva carreira contributiva em relação ao correspondente valor da pensão de invalidez (art. 38º) e concretiza-se através da concessão de prestações de vária ordem, entre as quais se podem contar, entre outras, as prestações de rendimento social de inserção, pensões sociais, o subsídio social de desemprego, o complemento solidário para idosos e determinados complementos sociais determinados complementos sociais (art. 41º).

2.1.1.3. O subsistema de proteção familiar

O subsistema de proteção familiar abrange a generalidade das pessoas que residem em Portugal e destina-se a cobrir a ocorrência encargos familiares e de encargos no domínio da deficiência e da dependência, podendo ser alargada de forma a dar resposta a novas necessidades sociais, designadamente no caso de famílias monoparentais.

A proteção através do subsistema de proteção familiar concretiza-se preferencialmente na forma de prestações pecuniárias ou através de prestações em espécie se se entender que estas asseguram uma melhor cobertura dos riscos sociais. Os montantes das prestações pecuniárias a atribuir no âmbito do subsistema de proteção familiar são estabelecidos em função dos rendimentos, da composição e da dimensão dos agregados familiares dos beneficiários e, eventualmente, dos encargos suportados (arts. 46º a 49º).

2.1.2. O sistema previdencial

O sistema previdencial visa garantir, assente no princípio de solidariedade de base profissional, prestações pecuniárias substitutivas de rendimentos de trabalho perdido em consequência da verificação de eventualidades, tais como, doença, maternidade, paternidade e adoção, desemprego, acidentes de trabalho e doenças profissionais, invalidez, velhice e morte, além de outras que a lei possa vir a definir em função da necessidade de dar cobertura a novos riscos sociais (arts. 50º, 52º). São, também, abrangidos obrigatoriamente pelo sistema previdencial, na qualidade de beneficiários, os trabalhadores por conta de outrem ou legalmente equiparados e os trabalhadores independentes, bem como as pessoas que não exerçam atividade profissional ou que, exercendo-a, não estejam, por esse fato, enquadradas obrigatoriamente no regime previdencial (art. 51º).

O sistema previdencial abrange o regime geral de segurança social aplicável à generalidade dos trabalhadores por conta de outrem e aos trabalhadores independentes, os regimes especiais, bem como os regimes de inscrição facultativa, os quais abrangem as pessoas que não exerçam atividade profissional ou que, exercendo-a, não sejam, por esse fato, enquadradas obrigatoriamente no sistema previdencial (art. 53º).

O sistema previdencial baseia-se no princípio da contributividade, devendo ser em princípio autofinanciado e tem por base uma relação sinalagmática direta entre a obrigação legal de contribuir e o direito às prestações (art. 54º). A contribuição é devida pelos trabalhadores assalariados e respetivos empregadores e pelos trabalhadores que exercem de forma independente a sua atividade (art. 56º). De notar que o valor das remunerações registadas constitui a base de cálculo para a determinação do montante das prestações pecuniárias substitutivas dos rendimentos, reais ou presumidos, da atividade profissional (art. 62º).

A idade legal de acesso às pensões de velhice pode ser ajustada à evolução dos índices da esperança média de vida, sendo por isso de esperar que a idade legal aumente nos próximos anos levando em conta o aumento da esperança média de vida (art. 63º, n. 2). De igual modo, ao montante da pensão estatutária, calculada nos termos legais, é aplicável um fator de sustentabilidade, relacionado com a evolução da esperança média de vida, tendo em vista a adequação do sistema às modificações resultantes de alterações demográficas e econômicas.

O fator de sustentabilidade é definido pela relação entre a esperança média de vida verificada num determinado ano de referência e a esperança média de vida que se verificar no ano anterior ao do requerimento da pensão (art. 64º).

3. Proteção social na Itália (brevíssimo sobrevoo)

À semelhança de Portugal, dispõe de mecanismos de segurança social nos seguintes ramos: velhice, invalidez, sobrevivência, doença, desemprego, pré-reforma, família, maternidade e direitos de paternidade equivalentes, bem como prestações relativas a acidentes de trabalho e doenças profissionais[5].

Todos os trabalhadores que exercem a sua atividade remunerada em território italiano são obrigatoriamente abrangidos pela segurança social, devendo estar registados, quer os trabalhadores do setor privado, quer os trabalhadores independentes no Seguro Geral Obrigatório (o chamado AGO, "*Assicurazione Generale Obbligatoria*").

A maioria dessas prestações geridas pelo Seguro Geral Obrigatório é concedida aos trabalhadores do setor privado, aos trabalhadores independentes e ainda aos trabalhadores informais, os quais devem estar todos registados no INPS (Instituto Nacional da Previdência Social).

Os funcionários públicos, até recentemente inscritos no antigo INPDAP, bem como os trabalhadores do espetáculo e desportistas (até recentemente inscritos no antigo ENPALS) estão também registados no INPS a partir de janeiro de 2012. Além destes, o INPS gera também algumas caixas e fundos especiais destinados a certas categorias de trabalhadores, incluindo ferroviários, pessoal da administração fiscal, dos telefones e das empresas privadas de gás, membros do clero e pessoal de voo da aviação civil.

Certas categorias de trabalhadores se beneficiam de regimes ou fundos de pensões próprios, os quais recebem quotizações e pagam prestações (ex.: os jornalistas estão inscritos no INPGI), certas categorias profissionais (advogados, médicos, engenheiros, arquitetos etc.) estão inscritos num regime ou fundo especial de pensões relativo à sua profissão.

Existe um seguro que prevê a proteção dos trabalhadores em caso de doença profissional, acidente no trabalho ou morte no trabalho, o qual é financiado pelas contribuições das entidades patronais. Este seguro é gerido pelo INAIL (Instituto Nacional dos Seguros contra Acidentes no Trabalho) e concede prestações temporárias ou pensões vitalícias em caso de incapacidade permanente, bem como subsídios por morte.

O sistema de segurança social italiano prevê ainda sistemas de solidariedade e ação social, no qual constam prestações de apoio ao rendimento sujeitos a condição de recursos e prestação para cuidados prolongados a famílias e pessoas ne-

(5) EUROPEIA, C. *Os seus direitos de segurança social em Itália*, 2012.

cessitadas para compensar situações de velhice, baixos rendimentos ou incapacidade física. Estas prestações de segurança social são financiadas pelas receitas fiscais gerais e são pagas pelo INPS ou pelas administrações municipais competentes.

O Seguro Geral Obrigatório gerido pelo INPS proporciona proteção social a quase 90% de toda a população segurada ao abrigo da legislação italiana em matéria de segurança social.

Todos os trabalhadores por conta de outrem, bem como determinadas categorias de trabalhadores por conta própria (agricultores, meeiros e rendeiros, artesãos e comerciantes), estão segurados contra o risco de invalidez. Os trabalhadores que exerçam uma profissão liberal (médicos etc.) têm também direito a pensão por incapacidade, mas as condições de atribuição da mesma variam significativamente consoante as categorias profissionais dos segurados[(6)].

As coisas ocorrem sensivelmente da mesma forma com as pensões e prestações por velhice. A Lei da Reforma de Pensões n. 214, de 22 de dezembro de 2011, reduziu o acesso à pensão de reforma a duas possibilidades: a pensão por velhice e a pensão antecipada. A idade da reforma está atualmente fixada nos 66 anos para homens e mulheres, quer trabalhem no setor público, quer estejam no setor privado, estando aquela dependente do aumento da esperança de vida. Existe ainda a possibilidade de, sob certas condições restritivas, poderem os trabalhadores se beneficiar de uma reforma antecipada.

As contribuições dos trabalhadores segurados dependem de um sistema de cálculo contributivo aplicável a todos os trabalhadores. Sempre que um pensionista falece, os seus familiares com direito à pensão de sobrevivência são o cônjuge, os filhos menores, estudantes ou inválidos à data da morte; os pais que à data da morte tenham 65 anos completos, não sejam titulares de pensão e estivessem a cargo do falecido, na ausência de cônjuge e de filhos, ou, no caso de estes existirem, não tenham direito à pensão de sobrevivência; irmãos solteiros que estavam a cargo do falecido por razões de deficiência e que, à data do óbito não são titulares de pensões diretas ou indiretas, ou na ausência de cônjuge e de filhos, ou no caso de estes existirem, mas não terem direito à pensão de sobrevivência.

Os trabalhadores por conta de outrem e trabalhadores independentes que exercem uma atividade profissional que, nos termos da legislação italiana, comporta riscos de acidentes de trabalho ou doenças profissionais estão seguros contra estes riscos adquirindo, caso ocorra alguma eventualidade, o direito a prestações por acidentes de trabalho e doenças profissionais.

Dependendo da composição e do rendimento do agregado familiar, os trabalhadores por conta de outrem, os pensionistas, bem como os beneficiários de prestações pecuniárias previdenciais decorrentes de trabalho por conta de outrem, têm direito a prestações familiares.

4. *Conclusão*

Os sistemas de seguridade social existentes em Portugal e na Itália apresentam uma grande similitude tanto nos seus fundamentos como nas eventualidades e situações que visa proteger, pois ambos se inserem na mesma linha de defesa da dignidade da pessoa humana e da justiça social.

Com efeito, o direito da seguridade social corresponde a uma exigência da pessoa enquanto ser social, que se quer protegido das intempéries que assustam e assolam a existência humana. Como o próprio nome sugere, o direito da seguridade social nasce da necessidade, tanto de proteger a pessoa humana contra os riscos da existência como do imperativo de assegurar a perenidade das nossas sociedades. Esta dupla ordem de conformidades assegurará, creio eu, uma vida risonha ao direito da securidade social.

Referências bibliográficas

EUROPEIA, C. *Os seus direitos de segurança social em Itália*, 2012.

LOUREIRO, J. *Adeus ao estado social?* — a segurança social entre o crocodilo da economia e a medusa da ideologia dos "direitos adquiridos". Coimbra: Coimbra, 2010.

(6) *Idem.*

______. *Direito da segurança social*. Coimbra: Coimbra, 2014.

MERZ, S.; MARTORANA, G. *Manuale pratico e formulario della previdenza e della assicurazione sociale. Pensioni di vecchiaia, di anzianità e di invalidità, trattamento di fine rapporto...*, 2010.

NEVES, I. das. *Direito da segurança social*. Coimbra: Coimbra, 1996.

PAZ FERREIRA, E. *Direito da economia*. Lisboa: AAFDL, 2001.

SOCIAL, S. *Evolução do sistema de segurança social* — conteúdo final, 2015.

6

Transformação das Relações Laborais em Portugal e seu Reflexo no Sistema de Segurança Social

João Leal Amado[(1)]
Luísa Andias Gonçalves[(2)]

1. *Introdução*

O direito à segurança social não é um direito privativo de quem trabalha. São várias, hoje em dia, as dimensões deste direito, que abrange todos os cidadãos, independentemente da sua situação laboral[(3)]. Não obstante, é certo que uma dessas dimensões está relacionada com a proteção daqueles que desenvolvem uma atividade profissional, os quais encontram, no sistema português, regimes específicos de proteção social. Assim sendo, é natural que as transformações que ocorrem em matéria de relações laborais se repercutam nos regimes de proteção social que lhes estão intimamente associados.

O objetivo do presente texto é, precisamente, apontar para as recentes alterações produzidas em sede de relações laborais, em Portugal, relacionando-as com os efeitos por si produzidos em termos de segurança social. Para cumprir tal desiderato, começaremos por fazer uma breve caracterização do sistema português de segurança social, de forma a permitir ao leitor conhecer as suas traves mestras e aprender sobre o concreto setor do sistema que se interliga com os beneficiários trabalhadores. Segue-se, posteriormente, uma reflexão sobre quatro matérias em que recentes alterações no seio das relações laborais foram responsáveis por mudanças no âmbito do Direito da Segurança Social português.

2. *Desenvolvimento*

2.1. Breve caracterização do sistema de segurança social português

Em Portugal, o direito à segurança social e solidariedade está constitucionalmente consagrado, encabeçando a lista do catálogo dos direitos sociais fundamentais. O art. 63º da Constituição da República Portuguesa (CRP) reconhece o direito à segurança social como um direito que todos devem ver assegurado por um sistema organizado, coordenado e subsidiado pelo Estado, com a colaboração de outras entidades. Este sistema deverá acautelar a proteção dos indivíduos nas "eventualidades" como doença, velhice, invalidez, viuvez, orfandade, desemprego, bem como em *todas as outras situações de falta ou diminuição de meios de subsistência ou de capacidade para o trabalho*[(4)]. Para o legislador ordinário, é remetida a

---

(1) Professor português associado da Faculdade de Direito da Universidade de Coimbra. Membro honorário da Academia Brasileira de Direito da Seguridade Social (ABDSS).

(2) Professora Adjunta de Escola Superior de Tecnologia e Gestão, do Instituto Politécnico de Leiria.

(3) Como resume João Carlos Loureiro, apesar de a previdência ter surgido "estreitamente ligada às relações de trabalho, alicerçando-se um modelo laborista que visava proteger os mais frágeis no processo: os operários", a verdade é que "a segurança social passou a compreender outras dimensões, por exemplo em sede de prestações familiares, que não estão dependentes de um modelo laborista", para além de que em determinadas situações se verificou "uma universalização da figura do seguro social, em que a relação de trabalho é irrelevante". LOUREIRO, João Carlos. *Direito da segurança social:* entre a necessidade e o risco. Coimbra: Coimbra, 2014. p. 65-66.

(4) Do texto constitucional não resulta um elenco taxativo das "eventualidades" ou "riscos sociais" que devem ser cobertos pelo sistema. As eventualidades enumeradas no art. 63º constituem exemplos de realidades que se enquadram na cláusula geral

tarefa de definição das concretas técnicas e modos de proteção, nada impedindo que, dentro do sistema, coexistam diferentes modelos protecionais.

A Lei de Bases da Segurança Social (Lei n. 4/2007, de 16 de janeiro) cuida de organizar internamente o sistema de segurança social, dividindo-o em sistemas e subsistemas. Assim: 1) *Sistema de proteção social de cidadania*, que tem por objetivos garantir direitos básicos dos cidadãos e a igualdade de oportunidades, bem como promover o bem-estar e a coesão sociais, subdividindo-se no subsistema de ação social, no subsistema de solidariedade e no subsistema de proteção familiar; 2) *Sistema previdencial*, cujo objetivo é substituir rendimentos do trabalho perdidos em função da ocorrência de determinadas eventualidades protegidas; 3) *Sistema complementar*, que tem por objetivo promover uma proteção social facultativa adicional.

O *sistema de proteção social de cidadania*, em harmonia com as finalidades que pretende atingir, é um sistema não contributivo, cabendo o seu financiamento ao Estado, por meio de transferências do Orçamento do Estado e consignação de receitas fiscais (art. 90º, n. 1, da Lei de Bases). Através do subsistema de solidariedade, nele integrado, os cidadãos beneficiam de proteção nas eventualidades: a) falta ou insuficiência de recursos econômicos dos indivíduos e dos agregados familiares para a satisfação das suas necessidades essenciais e para a promoção da sua progressiva inserção social e profissional; b) invalidez; c) velhice; d) morte; e) insuficiência das prestações substitutivas dos rendimentos do trabalho ou da carreira contributiva dos beneficiários (art. 38º, n. 1, da Lei de Bases). Para tanto, estão previstas as seguintes prestações, enumeradas no art. 41º, n. 1, da Lei de Bases: a) prestações de rendimento social de inserção; b) pensões sociais; c) subsídio social de desemprego; d) complemento solidário para idosos; e) complementos sociais; e f) outras prestações ou transferências afetas a finalidades específicas, no quadro da concretização dos objetivos do presente subsistema (como é o caso dos subsídios sociais parentais). O valor destas prestações, atentas as finalidades do sistema em que se inserem, é legalmente fixado, visando garantir as necessidades vitais dos cidadãos, de modo a assegurar direitos básicos de cidadania e devendo ter em conta os rendimentos do beneficiário e do seu agregado familiar (art. 42º da Lei de Bases).

Por seu lado, o *sistema previdencial*, ao ter por objetivo a substituição de rendimentos do trabalho perdidos, labora com base numa filosofia diferente, baseada na sinalagmaticidade entre a obrigação de contribuir e o direito a prestações (art. 54º da Lei de Bases, que consagra o princípio da contributividade)[5]. Deve ser, por conseguinte, um sistema autofinanciado por via de quotizações dos trabalhadores e contribuições das entidades empregadoras (art. 90º, n. 2, da Lei de Bases). É neste sistema que encontramos o regime geral aplicável à generalidade dos trabalhadores por conta de outrem e aos trabalhadores independentes (para além de regimes especiais e regimes de inscrição facultativa). Regra geral, trabalhadores (e entidades empregadoras) são chamados a contribuir, almejando, desse modo, proteção nas seguintes eventualidades: a) doença; b) maternidade, paternidade e adoção; c) desemprego; d) acidentes de trabalho e doenças profissionais; e) invalidez; f) velhice; g) morte (art. 52º, n. 1, da Lei de Bases). Com vista à substituição dos rendimentos de trabalho perdidos, o montante das prestações pagas por este sistema tem por base de cálculo o valor das remunerações registradas na carreira contributiva do beneficiário.

Diga-se, por fim, que o *sistema complementar*, cuja natureza é totalmente facultativa, abarca um

---

aglomeradora "situações de falta ou diminuição de meios de subsistência ou de capacidade para o trabalho". Estes "riscos sociais" têm sido caracterizados pela sua individualidade, pessoalidade e natureza econômica, uma vez que impedem sobre o indivíduo e a sua concretização pode causar efeitos econômicos danosos, que se querem ver protegidos. Quanto à noção de "eventualidades" ou "riscos sociais". NEVES, Ilídio das. *Direito da segurança social* — princípios fundamentais numa análise prospectiva. Coimbra: Coimbra, 1996. p. 20-24. Do mesmo autor, *Dicionário técnico e jurídico de protecção social*. Coimbra: Coimbra, 2001. p. 650-651. Ver ainda ALONSO OLEA, Manuel; TORTUERO PLAZA, José Luis. *Instituciones de seguridad social*. 18. ed. Madrid: Civitas, 2002. p. 20, ALFANDARI, Élie. L'évolution de la notion de risque social. Les rapports de l'économique et du social". *Revue Internationale de Droit Économique*, v. 11, n. 1, p. 9-25, 1997; e SILVA, Filipe Carreira da. *O futuro do estado social*. Lisboa: Francisco Manuel dos Santos, 2013. p. 66 e ss.

(5) O acesso às prestações deste sistema depende, portanto, do prévio registo de remunerações na carreira do beneficiário, durante determinado período, designado de "prazo de garantia". Não há, pois, uma sinalagmaticidade direta entre a entrega das contribuições devidas e o acesso a prestações, mas sim entre o registo dessas remunerações e o acesso às prestações. Criticando a ideia de sinalagmaticidade direta. NEVES, Ilídio das. *Lei de bases da segurança social comentada e anotada*. Coimbra: Coimbra, 2003. p. 69.

regime público de capitalização, bem como regimes complementares que tanto podem ser de iniciativa coletiva (regimes profissionais complementares) como de iniciativa individual (como é o caso dos planos poupança-reforma ou dos seguros de vida) arts. 82º a 84º da Lei de Bases.

Vemos, portanto, que o sistema de segurança social português conjuga diferentes filosofias e modos de proteção; concilia diversas finalidades e faz corresponder, a cada uma delas, a técnica protecional adequada. A par de um sistema não contributivo, que visa proteger todos os cidadãos, garantindo valores mínimos de subsistência por meio de prestações cujo montante é consonante com esse fim, encontramos um sistema contributivo em que os beneficiários veem os seus rendimentos de trabalho substituídos por montantes proporcionais àqueles sobre os quais têm vindo a contribuir.

Posto isso, facilmente se descortina que o sistema previdencial é aquele que conhece uma ligação mais estreita com a realidade laboral. Como dissemos, é o sistema previdencial que integra o regime geral dos trabalhadores por conta de outrem e dos trabalhadores independentes. Será, portanto, este sistema o que mais reflete as alterações que ocorrerem no seio das relações laborais, como a análise que se segue permitirá concluir.

2.2. Recentes transformações nas relações laborais *vs.* alterações no sistema de segurança social

2.2.1. Parentalidade

A maternidade e a paternidade constituem valores sociais eminentes, cabendo ao Estado promover a proteção do seu exercício — art. 68º da CRP e art. 33º do Código do Trabalho (CT).

Com o CT de 2009, foram introduzidas várias alterações no regime jurídico-laboral de proteção da parentalidade. O intuito foi o de promover a igualdade de oportunidades entre homens e mulheres, procurando-se uma visão da maternidade e da paternidade como um fenômeno único e comum a ambos os progenitores, fenômeno esse que passou a conhecer a designação legal de "parentalidade".

Para trás ficaram, portanto, as antigas designações de "licença por maternidade" e "licença por paternidade". No art. 39º do CT, encontramos, em sua substituição, a "licença parental", que conhece quatro modalidades distintas: 1) licença parental inicial (art. 40º do CT); 2) licença parental inicial exclusiva da mãe (art. 41º do CT)(6); 3) licença parental inicial a gozar por um progenitor em caso de impossibilidade do outro (art. 42º do CT); licença parental exclusiva do pai (art. 43º do CT)(7).

Do regime legal, podemos retirar que a licença parental inicial, regulada pelo art. 40º do CT, foi criada como um direito comum a ambos os progenitores trabalhadores, podendo ser partilhada entre eles, com os limites impostos pela licença parental inicial exclusiva da mãe (e que estão profundamente conectados com o papel particular e insubstituível desempenhado por esta no processo reprodutivo). Pretendeu o legislador promover a responsabilização de homens e mulheres no cuidado ao recém-nascido, criando uma licença destinada a ser usufruída por ambos, de forma partilhada, com a duração de 120 ou 150 dias consecutivos após o parto(8)(9). Este período de 120 ou 150 dias é acrescido em 30 dias se cada um dos progenitores gozar, em exclusivo, um período de 30 dias seguidos, ou dois períodos de 15 dias consecutivos, após o período de licença parental inicial exclusiva da mãe.

As diferentes opções, em termos de duração e partilha da licença, influenciam o rendimento que os

(6) Esta licença corresponde a determinados períodos da licença parental inicial que apenas podem ser gozados pela mãe: 30 dias antes do parto (de gozo facultativo) e 6 semanas após o parto (de gozo obrigatório).

(7) Para além da licença parental, o CT prevê um vasto conjunto de direitos dos progenitores, quer de ausência ao serviço, quer de flexibilidade de regime de tempo de trabalho — art. 35º do CT.

(8) Embora as primeiras seis semanas tenham sempre de ser gozadas pela mãe (período de licença parental inicial exclusiva da mãe). Na eventualidade de a mãe ter usufruído do período de licença de 30 dias antes do parto, a duração de 120 ou 150 dias é reduzida na proporção do período gozado no pré-parto. Em caso de nascimentos múltiplos, a duração de 120 ou 150 dias é acrescida em 30 dias por cada gemelar além do primeiro.

(9) A redação inicial do artigo não previa o gozo simultâneo da licença pelo pai e pela mãe. Apenas lhes era permitido que a dividissem, alternando o gozo entre um e outro progenitor. A Lei n. 120/2015, de 1º de setembro, veio alterar o art. 40º do CT, consentindo o gozo simultâneo da licença entre os 120 e os 150 dias.

trabalhadores vão auferir enquanto estão ausentes do serviço, rendimento esse que é pago pelo sistema de segurança social. Com efeito, o gozo da licença parental inicial tem como consequência a perda de retribuição pelo período que lhe corresponde, razão pela qual o Estado atribui aos progenitores uma prestação social substitutiva dos rendimentos de trabalho perdidos. Há, portanto, nesta sede, uma estreita conexão entre o regime laboral e o regime social de proteção da parentalidade.

Após a entrada em vigor do CT de 2009, o regime de proteção social da parentalidade teve de adaptar-se às novidades introduzidas por aquele diploma, o que levou ao surgimento do Decreto-Lei n. 91/2009, de 9 de abril[10].

A par de outras prestações sociais (todas elas correspondentes a situações de ausência ao serviço relacionadas com a parentalidade que levam à perda de retribuição) encontramos, naquele Decreto-Lei, o "subsídio parental inicial", com a previsão de que o mesmo é reconhecido aos trabalhadores durante o gozo da licença parental inicial.

Como há pouco referimos, as diferentes escolhas quanto à duração e partilha da licença repercutem-se no rendimento a que os trabalhadores terão direito nesse período, ou seja, no valor do "subsídio parental inicial". Isto porque a taxa que serve de base de cálculo a este subsídio é distinta nas diferentes situações: a) para uma licença de 120 dias, a taxa é de 100%; b) no caso de opção pelo período de licença de 150 dias, a taxa reduz-se para os 80%; c) contudo, se a opção pelo período de 150 dias vier acompanhada pela decisão de partilha da licença, em que cada um dos progenitores goza, pelo menos, de 30 dias seguidos, ou dois períodos de 15 dias consecutivos, de licença, então a taxa volta a ascender aos 100%; d) optando os progenitores por uma licença com a duração de 180 dias (o que só poderá acontecer se cada um dos progenitores gozar, pelo menos, 30 dias consecutivos, ou dois períodos de 15 dias consecutivos, de licença), a taxa fixa-se nos 83%[11].

Não é difícil descortinar o objetivo da combinação do regime laboral com o regime de segurança social nesta matéria. Quis o legislador incentivar a divisão da licença parental inicial entre pai e mãe, beneficiando aqueles que optam por uma partilha com um mínimo de expressividade (isto é, em que cada um dos progenitores goza, pelo menos, 30 dias seguidos, ou dois períodos de 15 dias consecutivos, de licença), quer economicamente, quer com um aumento do período da licença (a qual, em tal caso, pode chegar aos 180 dias).

Quando atrás enumeramos as modalidades da "licença parental", aludimos desde logo a "licença parental inicial exclusiva do pai". Com efeito, o CT de 2009 veio brindar o pai com uma clara ampliação do período a que o mesmo tem direito de se ausentar do serviço, aquando do nascimento de um filho. Esta licença, exclusiva do pai, ao contrário do que sucede com a "licença parental inicial exclusiva da mãe", não corresponde a uma parte da "licença parental inicial" partilhável. Pelo contrário, o seu gozo é paralelo a essa licença, o que faz com que, ao mesmo tempo, tenhamos a mãe a usufruir da licença parental inicial e o pai a gozar a sua licença parental inicial exclusiva.

No cômputo geral, a "licença parental inicial exclusiva do pai" tem a duração de 25 dias úteis, seguidos ou interpolados, em que 15 dias são de gozo obrigatório nos 30 dias seguintes ao nascimento do filho (cinco dos quais gozados de modo consecutivo imediatamente a seguir ao parto) e os restantes 10 dias, de gozo facultativo, podem ser usufruídos enquanto a mãe se encontrar a gozar a licença parental inicial — ns. 1, 2 e 3 do art. 43º do CT[12][13].

Esta alteração do regime jurídico-laboral repercutiu-se no regime de proteção social da parentalidade, o qual veio prever a atribuição do "subsídio parental inicial exclusivo do pai", com uma taxa de 100% para os beneficiários que percam o seu direito à retribuição na sequência do gozo da "licença parental inicial exclusiva do pai".

(10) Sobre o regime previsto neste diploma. GONÇALVES, Luísa Andias. A protecção social da parentalidade. *Atas do I Congresso Internacional de Ciências Jurídico-Empresariais*, p. 170-190. Disponível em: <https://iconline.ipleiria.pt/bitstream/10400.8/775/1/artigo5.pdf>.

(11) Para o período de acréscimo, no caso de gêmeos, a taxa prevista é sempre de 100%.

(12) Acrescem dois dias úteis por cada gemelar além do primeiro.

(13) Na redação inicial do Decreto-Lei n. 91/2009, esta licença tinha apenas a duração de 20 dias úteis (10 dias obrigatórios e 10 dias facultativos). O Decreto-Lei n. 120/2015 veio alargar o período de licença obrigatório para 15 dias úteis.

É ainda de referir que o CT de 2009 veio alterar o regime da licença que, até então, conhecia o nome de "licença parental", dando-lhe a nova designação de "licença parental complementar". Os trabalhadores têm ao seu dispor diversos modos de gozo desta licença, correspondendo um deles à ausência ao serviço por 3 meses para cada um dos progenitores. Este período de inexecução do contrato de trabalho, que até então não era subsidiado, passou, com o Decreto-Lei n. 91/2009, a conhecer um rendimento substitutivo, pago pelo sistema de segurança social. Trata-se do "subsídio parental alargado".

É, naturalmente, um bom passo no sentido de estender o período em que os progenitores podem decidir não trabalhar para prestar cuidados ao menor, ainda que a sua regulamentação concreta imprima limitações a essa aspiração, na medida em que a taxa de cálculo é muito reduzida — 25% — e os beneficiários apenas veem reconhecido o direito a este subsídio se gozarem o seu período de licença parental complementar (no modo de ausência ao serviço) imediatamente após o período de concessão do "subsídio parental inicial" ou "subsídio parental alargado" do outro progenitor.

2.2.2. *Cessação do contrato de trabalho e subsídio de desemprego*

Em cumprimento dos compromissos assumidos, em maio de 2011, no designado "Memorando de Entendimento entre Portugal e a *Troika*"[14], o regime jurídico-laboral da cessação do contrato de trabalho sofreu alterações sucessivas. Várias foram as exigências feitas a Portugal, neste domínio, para que o desejado financiamento internacional se tornasse uma realidade.

Uma das imposições em causa passava pela redução do valor das compensações por cessação do contrato de trabalho[15]. Através das Leis ns. 53/2011, de 14 de outubro, 23/2012, de 25 de junho, 69/2013, de 30 de agosto e 70/2013, de 30 de agosto, o regime da compensação por cessação do contrato de trabalho foi paulatinamente modificado, de forma a que os objetivos ditados naquele memorando fossem concretizados[16]. Daí resultou uma diminuição do valor das compensações[17], suscetível de proporcionar um número mais elevado de cessações contratuais, na medida em que as mesmas se tornaram menos onerosas para as entidades empregadoras[18].

Ao governo português foram, também, exigidas alterações relativas aos regimes legais do despedimento por inadaptação e do despedimento por extinção do posto de trabalho, com vista a facilitar o recurso a estas modalidades de cessação do contrato de trabalho. Estas alterações materializaram-se na Lei n. 23/2012, de 25 de junho, muito embora algumas tenham sido revertidas, em

---

(14) A grave crise econômico-financeira, iniciada em 2008, obrigou Portugal a solicitar o auxílio da UE e da zona euro, no ano de 2011, através do recurso ao Mecanismo Europeu de Estabilização Financeira (*European Financial Stabilisation Mechanism*) e da Facilidade Europeia de Estabilidade Financeira (*European Financial Stability Facility*). O financiamento ficou dependente da assinatura e do cumprimento de um "Memorando de Entendimento sobre as Condicionalidades de Política Econômica", negociado entre as autoridades portuguesas e a Comissão Europeia, o Banco Central Europeu e o Fundo Monetário Internacional. Disponível em: <https://infoeuropa.eurocid.pt/registo/000046743/>. Acesso em: 30 abr. 2019.

(15) Note-se que *compensação* tem, neste âmbito, um significado diferente de *indenização*. A primeira — a compensação — tem lugar em casos de extinção lícita do contrato de trabalho (por exemplo quando ocorre, nos termos legalmente previstos, a caducidade de um contrato de trabalho a termo, um despedimento coletivo ou um despedimento por extinção do posto de trabalho). Já a segunda — a indenização — é devida aquando da cessação ilícita/irregular do contrato de trabalho por iniciativa do empregador (por exemplo quando ocorre um despedimento sem justa causa) ou em determinados casos de resolução do contrato, com justa causa, por iniciativa do trabalhador.

(16) Ao mesmo tempo, foram sendo aprovados regimes transitórios destinados a salvaguardar as expectativas jurídicas daqueles que já tinham contratos de trabalho em vigor à data das diferentes alterações.

(17) Para mais desenvolvimentos. GOMES, Maria Irene. Compensação a três tempos ou... talvez não. *Questões Laborais*, n. 41, p. 233-249, jul./dez. 2013.

(18) Esta redução foi alvo de várias críticas pela doutrina. Entre outros, José João Abrantes afirmou que se aproveitou a crise "como oportunidade para retirar direitos sociais e proceder a um "ajuste de contas" com as conquistas dos trabalhadores ao longo das últimas décadas" (ABRANTES, José João. A Constituição e as reformas laborais em curso. In: AAVV; ABRANTES, José João (coord.). *Congresso europeu de direito do trabalho*. Coimbra: Almedina, 2014. p. 21) e António Garcia Pereira apontou-a como estando *"abaixo do patamar mínimo do constitucionalmente tolerável"* (PEREIRA, António Garcia. As mais recentes alterações ao código do trabalho e a gravidade dos seus objectivos e implicações. *Questões Laborais*, n. 40, p. 169, jul./dez. 2012). Também em sentido crítico, AMADO, João Leal. O despedimento e a revisão do Código do Trabalho: primeiras notas sobre a Lei n. 23/2012, de 25 de junho. *Revista de Legislação e de Jurisprudência*, n. 3974, p. 297-309, maio/jun. 2012.

consequência da sua inconstitucionalidade[19], pela Lei n. 27/2014, de 8 de maio.

Em plena conjuntura de crise, a taxa de desemprego, em Portugal, atingiu números recordes, tendo chegado aos 12,7% em 2011, aos 15,7% em 2012 e aos 16,3% em 2013 (médias anuais)[20]. Um tal cenário suscitou alterações no regime de proteção social do desemprego[21].

Por um lado, tornou-se necessário facilitar o acesso às prestações de desemprego, dado o número crescente de cessações de contrato de trabalho. Contudo, por outro lado, a necessidade de combater o desemprego de longa duração apelou a uma diminuição do valor e do período de atribuição do subsídio de desemprego.

O regime jurídico português de proteção social no desemprego dos trabalhadores por conta de outrem consta do Decreto-Lei n. 220/2006, de 3 de novembro, incluindo medidas ativas e passivas de combate a este "risco social" ou "eventualidade"[22]. De entre as medidas passivas, encontramos a atribuição do "subsídio de desemprego", do "subsídio social de desemprego" e do "subsídio de desemprego parcial", que permitem ao desempregado ter acesso a um rendimento durante o período de desocupação laboral (total ou parcial)[23][24].

O Decreto-Lei n. 64/2012, de 15 de março, introduziu alterações quanto ao acesso, duração e valor destas prestações. Assim, no intuito de facilitar o acesso ao subsídio de desemprego, o "prazo de garantia" que permite ao beneficiário aceder-lhe foi reduzido de 450 para 360 dias de trabalho por conta de outrem, com o correspondente registro de remunerações, num período de 24 meses imediatamente anterior à data do desemprego[25]. Ao mesmo tempo, previu-se a majoração, em 10%, do subsídio de desemprego, para cada um dos beneficiários: a) quando no mesmo agregado familiar ambos os cônjuges ou pessoas que vivam em união de fato sejam titulares do subsídio de desemprego e tenham filhos ou equiparados a cargo; b) quando no agregado monoparental o parente único seja titular do subsídio de desemprego e não aufira pensão de alimentos decretada ou homologada pelo tribunal (art. 2º do Decreto-Lei n. 64/2012)[26].

Por outro lado, e com vista à promoção do rápido regresso à vida ativa, foi reduzido o limite máximo do subsídio de desemprego (que deixou de poder ser superior a 2,5 IAS[27]) e introduzida uma redução de 10% no montante do subsídio

(19) Acórdão do Tribunal Constitucional n. 602/2013. Disponível em: <https://dre.pt/application/conteudo/502979>. Acesso em: 30 abr. 2019. A este propósito, por todos, MESTRE, Bruno. A "saga" do despedimento por extinção do posto de trabalho e as repercussões do Acórdão do Tribunal Constitucional n. 602/2013 — algumas notas. *Questões Laborais*, n. 43, p. 196-208, jul./dez. 2013.

(20) A taxa de desemprego tem, desde então, vindo a descer, sendo que em março de 2019 foi de "apenas" 6,7%. Disponível em: <www.ine.pt>. Acesso em: 30 abr. 2019.

(21) Algumas destas alterações estavam previstas no "Memorando de Entendimento" — ponto 4 do documento.

(22) Apenas integram a eventualidade desemprego as situações de perda involuntária de emprego. Nas palavras de Ilídio das Neves, trata-se da formulação de um requisito em *modo negativo*: "Requer-se, com efeito, que o interessado tenha estado anteriormente, mas haja entretanto deixado de estar, vinculado a um contrato de trabalho, ou seja, que este haja cessado". NEVES, Ilídio das. *Direito da segurança social* — princípios fundamentais numa análise prospectiva. Coimbra: Coimbra, 1996. p. 500.

(23) O "subsídio de desemprego" é atribuível nos casos em que o beneficiário viu cessar o seu contrato de trabalho e ficou numa situação de *desemprego total*, no sentido de que não tem qualquer outra atividade profissional. Por sua vez, o "subsídio social de desemprego" está previsto para acautelar duas realidades distintas: quando não é reconhecido o direito ao subsídio de desemprego (caso em que assume a modalidade de "subsídio social de desemprego inicial"); quando os beneficiários tenham esgotado os períodos de concessão do subsídio de desemprego (assumindo então a modalidade de "subsídio social de desemprego subsequente"). Por último, o "subsídio de desemprego parcial" poderá ser atribuído àquele que, sendo requerente ou titular do subsídio de desemprego, exerça uma atividade profissional (dentro de determinados limites remuneratórios).

(24) Atualmente, os beneficiários que, após terem decorrido 180 dias da data da cessação do período de concessão do subsídio social de desemprego, mantenham-se involuntariamente desempregados e em situação de carência econômica, têm ainda direito a uma prestação pecuniária mensal de valor igual a 80% do montante do último subsídio social de desemprego pago, durante um período de 180 dias (art. 59º-A do Decreto-Lei n. 220/2006, na sua redação atual).

(25) O "prazo de garantia" constitui um dos requisitos de acesso às prestações do sistema previdencial, traduzindo-se num período mínimo de registo de remunerações na carreira do beneficiário. NEVES, Ilídio das. *Dicionário técnico e jurídico de protecção social*. Coimbra: Coimbra, 2001. p. 533.

(26) Esta majoração tem sido replicada nas Leis do Orçamento de Estado (LOE). Atualmente, consta do art. 131º da LOE para 2019 — Lei n. 71/2018, de 31 de dezembro.

(27) IAS significa *Indexante dos Apoios Sociais*. Trata-se de um valor que serve de cálculo às prestações sociais e que é fixado anualmente pelo Estado. Para 2019, esse valor é de € 435,76 — Portaria n. 24/2019, de 17 de janeiro de 2019.

de desemprego após seis meses de concessão[28]. Foram igualmente reduzidos os períodos de concessão do subsídio de desemprego[29], muito embora se tenham salvaguardado os direitos em formação dos beneficiários ao se estabelecer que na primeira situação de desemprego subsidiado posterior à entrada em vigor do Decreto-Lei n. 64/2012, o beneficiário mantém o direito ao período de concessão anteriormente previsto — art. 6º do Decreto-Lei n. 64/2012.

Objetivo das prestações de desemprego é, também, a criação de emprego próprio, pelo que é possível, em determinadas condições, obter o pagamento do montante global do subsídio a que se tem direito. Com o Decreto-Lei n. 64/2012, criou-se a possibilidade de pagamento parcial do montante único das prestações de desemprego, caso em que continuam a ser pagas aos beneficiários as prestações de desemprego correspondentes ao remanescente do período de concessão que não foi pago de uma só vez — art. 34º-A do Decreto-Lei n. 220/2006, na nova redação.

2.2.3. *Contrato de trabalho de curtíssima duração*

O contrato de trabalho de curtíssima duração foi outra das novidades introduzidas no regime jurídico-laboral português pelo CT de 2009. Trata-se de um tipo específico de contrato de trabalho a termo, sujeito a regras especiais, que se caracteriza, como o seu próprio nome indica, pela sua curtíssima longevidade. Motivado pelo fato de, em determinados setores de atividade, existirem necessidades temporárias de diminuta duração, o legislador veio permitir que, dentro de certos limites, a contratação de trabalhadores para suprimento dessas necessidades pudesse ser feita sem a redução a escrito do contrato que a titula, criando assim "uma espécie de *offshore* turístico e agrícola"[30].

Aquando do seu surgimento, os contratos de trabalho de curtíssima duração apenas podiam ser celebrados no caso de "atividade sazonal agrícola ou para realização de evento turístico de duração não superior a uma semana" (redação original do art. 142º do CT), não estando sujeitos a forma escrita. A duração total deste tipo de contratos, com o mesmo empregador, não podia exceder 60 dias de trabalho no ano civil, sob pena de o contrato se considerar celebrado pelo prazo de seis meses, contando-se neste prazo a duração dos contratos anteriores.

Com a Lei n. 23/2012, de 25 de junho, passou a ser admitida a celebração de contratos de trabalho de curtíssima duração "em atividade sazonal agrícola ou para realização de evento turístico de duração não superior a 15 dias" (redação atual do art. 142º do CT), passando a duração total de contratos de trabalho a termo, com o mesmo empregador, não podendo exceder 70 dias de trabalho no ano civil.

Muito embora estes contratos não tenham que ser reduzidos por escrito, é obrigatória a sua comunicação aos serviços de Segurança Social, mediante formulário próprio, bem como o cumprimento da obrigação contributiva.

O aparecimento desta nova modalidade contratual fez surgir, no Código dos Regimes Contributivos do Sistema Previdencial de Segurança Social[31] (CRCSPSS) e na sua Regulamentação[32] (RCRCSPSS), um regime que lhes é especialmente dedicado, implicando vários desvios relativamente ao designado regime geral dos trabalhadores por conta de outrem.

Os trabalhadores com contrato de trabalho de curtíssima duração apenas beneficiam de proteção nas eventualidades de invalidez, velhice e morte (art. 81º do CRCSPSS), com base num esquema contributivo diferente do da generalidade dos

(28) Esta redução de 10% no montante do subsídio de desemprego já não existe hoje em dia. A sua eliminação ocorreu com a entrada em vigor da LOE para 2018 — Lei n. 114/2017, de 29 de dezembro.

(29) No regime português, o período de concessão do subsídio de desemprego varia em função da combinação de dois fatores: a idade e a carreira contributiva do beneficiário — os concretos períodos de duração anteriores, bem como a redução introduzida, no art. 37º do Decreto-Lei n. 220/2006, respectivamente na redação, antes e depois da alteração efetuada pelo Decreto-Lei n. 64/2012.

(30) Cfr. AMADO, João Leal. *Contrato de trabalho* — noções básicas. 2. ed. Coimbra: Almedina, 2018. p. 83.

(31) Aprovado pela Lei n. 110/2009, de 16 de setembro.

(32) Aprovada pelo Decreto Regulamentar n. 1-A/2011, de 3 de janeiro.

trabalhadores por conta de outrem. Com efeito, o valor das contribuições devidas ao sistema de segurança social é da total responsabilidade das entidades empregadoras (ou seja, sobre os trabalhadores não impende qualquer encargo contributivo) e é calculado tendo em conta, não o valor da retribuição efetivamente auferida pelo exercício da atividade laboral, mas sim, uma base de incidência convencional, previamente fixada pelo legislador. Para o cálculo desta base de incidência, há que apurar quantas horas de trabalho foram prestadas e multiplicar esse número pelo valor da retribuição horária legalmente definida: (IAS x 12) / (52 x 40) — art. 82º do CRCSPSS. Sobre esta base de incidência recai a taxa de 26,1% (art. 83º do CRCSPSS)[(33)].

No que concerne ao número de dias que devem ser contabilizados na carreira contributiva dos beneficiários, na sequência da prestação de atividade em regime de contrato de trabalho de curtíssima duração, segundo o disposto no art. 16º, n. 4, do RCRCSPSS, deverá ser registado um dia por cada conjunto de 6 horas.

2.2.4. *Trabalho independente ou por conta própria*

No ano de 2007, a percentagem de população empregada que desempenhava funções por conta própria cifrava-se nos 24,7%[(34)]. Passados 10 anos, no 2º trimestre de 2017, o número de trabalhadores independentes em Portugal correspondia a apenas 16,9% da população empregada, sendo que 72,5% destes não tinham pessoas ao seu serviço[(35)].

Isto quer dizer que o número de trabalhadores independentes em Portugal tem sofrido uma queda acentuada e, outrossim, que existe uma elevada percentagem de trabalhadores independentes que labora sozinho para uma ou mais entidades. Na eventualidade de a totalidade, ou uma parte bastante significativa dos seus rendimentos, terem origem numa só entidade, o trabalhador, ainda que independente, torna-se economicamente dependente face ao seu contratante, o que o deixa numa posição de especial fragilidade[(36)].

Esta transformação em termos de relações laborais fez surgir a necessidade de introduzir várias alterações no regime de segurança social aplicável aos trabalhadores independentes, de forma a incentivar e a proteger a criação do emprego próprio, quer ajustando o encargo financeiro que as contribuições para a segurança social para eles representam à sua capacidade econômica, quer protegendo-os na eventualidade de se verem constrangidos a ter que cessar a sua atividade laboral.

Esta última preocupação tornou-se especialmente premente por altura da crise econômica que a sociedade portuguesa atravessou.

Assim como noutras matérias que vimos anteriormente, também em consequência do compromisso assumido no Memorando de Entendimento entre Portugal e a *Troika*, o governo português instituiu um regime jurídico de proteção social no desemprego para os trabalhadores por conta própria que prestam serviços a uma entidade contratante da qual dependem economicamente e veem, involuntariamente, o seu contrato cessar.

Fê-lo através do Decreto-Lei n. 65/2012, de 15 de março, responsável pelo surgimento de duas novas modalidades de prestações sociais: o "subsídio por cessação de atividade"[(37)] e o "subsídio parcial por cessação de atividade"[(38)]. Para estes efeitos,

(33) No caso de o contrato de trabalho de muito curtíssima se converter em contrato a termo de 6 meses, passa a ser aplicada taxa contributiva correspondente, com efeitos ao mês da conversão (art. 42º do RCRCSPSS).

(34) Disponível em: <https://www.pordata.pt/Europa/Trabalhadores+por+conta+pr%C3%B3pria+em+percentagem+do+total+de+empregados+total+e+por+sexo-2545>.

(35) TORRES, Sónia; RAPOSO, Pedro. *O trabalho por conta própria em Portugal*. Lisboa: INE, 2018. p. 3. Disponível em: <www.ine.pt>.

(36) O CT não deixa de revelar alguma sensibilidade em relação a este fenômeno, estabelecendo uma equiparação, ainda que bastante limitada, entre o trabalhador juridicamente subordinado e aquele que presta trabalho a outrem, sem subordinação jurídica, mas com dependência econômica em relação ao beneficiário da atividade, o chamado "trabalhador parasubordinado" (art. 10º).

(37) Visa compensar a perda de rendimento resultante da cessação involuntária de atividade ocorrida pela extinção do contrato de prestação de serviços com a entidade contratante — art. 4º, n. 2, do Decreto-Lei n. 65/2012.

(38) Previsto para as situações em que, após a cessação do contrato de prestação de serviços com a entidade contratante, o trabalhador independente mantenha uma atividade profissional cujo rendimento seja inferior ao montante do subsídio por cessação de atividade — art. 4º, n. 3, do Decreto-Lei n. 65/2012, na redação que lhe foi dada pelo Decreto-Lei n. 53/2012, de 2 de julho.

são considerados economicamente dependentes os trabalhadores cujos rendimentos de um ano civil provêm, em mais de 50%, da mesma fonte (entenda-se, da mesma pessoa coletiva ou mesma pessoa individual com atividade empresarial), sendo que a entidade que assegura o pagamento dessa porção de rendimentos é designada de "entidade contratante", nos termos e condições previstas no art. 140º do CRCSPSS[(39)(40)].

O regime tem uma natureza contributiva, exigindo-se: *(i)* a cessação involuntária do vínculo contratual celebrado com a entidade contratante; *(ii)* o cumprimento de um prazo de garantia de 360 dias de exercício de atividade independente, economicamente dependente, com o correspondente pagamento efetivo de contribuições, num período de 24 meses imediatamente anterior à data da cessação involuntária do contrato de prestação de serviços[(41)]; *(iii)* o trabalhador independente ter sido considerado economicamente dependente de entidade contratante no ano civil imediatamente anterior ao da cessação do contrato de prestação de serviços, bem como sê-lo à data da cessação do contrato de prestação de serviços; *(iv)* inscrição no centro de emprego da área de residência, para efeitos de emprego[(42)].

Beneficiados com um regime de proteção social no desemprego foram, também, os trabalhadores que fossem "empresários em nome individual" (com rendimentos decorrentes do exercício de qualquer atividade comercial ou industrial, nos termos da alínea *a)* do n. 1 do art. 3º do Código do Imposto sobre o Rendimento das Pessoas Singulares) ou titulares de "Estabelecimentos Individuais de Responsabilidade Limitada".

A estas categorias de trabalhadores independentes é aplicável o regime de proteção no desemprego implementado pelo Decreto-Lei n. 12/2013, de 25 de janeiro, responsável pela criação do "subsídio por cessação de atividade profissional" e do "subsídio parcial por cessação de atividade profissional", que visam compensar a perda de rendimentos em consequência da cessação de atividade profissional por motivos justificados que determinam o encerramento da empresa (art. 4º do diploma).

À semelhança do regime previsto para os trabalhadores independentes economicamente dependentes, este regime é, igualmente, contributivo, dependendo a sua atribuição de[(43)]: *(i)* encerramento da empresa ou cessação da atividade profissional de forma involuntária; *(ii)* cumprimento de um prazo de garantia de 720 dias de exercício de atividade profissional, com o correspondente registo de remunerações num período de 48 meses imediatamente anterior à data da cessação de atividade[(44)]; c) situação contributiva regularizada perante a segurança social, do próprio e da empresa; d) perda de rendimentos que determine a cessação de atividade; e) inscrição no centro de emprego da área de residência, para efeitos de emprego[(45)].

Referimos, há pouco, que outra das preocupações relativas aos trabalhadores independentes foi

(39) Aquando da entrada em vigor do Decreto-Lei n. 65/2012, apenas eram considerados trabalhadores independentes economicamente dependentes aqueles em que, pelo menos, 80% dos seus rendimentos provinham da mesma entidade, o que era consonante com a noção de entidade contratante prevista no art. 140º do CRCSPSS. Com a Lei n. 2/2018, de 9 de janeiro, esta última norma foi alterada, passando a noção de entidade contratante a abarcar aqueles que eram responsáveis, num ano civil, por pelo menos 50% dos rendimentos de um trabalhador independente. Esta modificação levou a que se viesse, igualmente, a alterar o âmbito pessoal de proteção do Decreto-Lei n. 65/2012, onde também se verificou a descida da mencionada porcentagem de "pelo menos 80%" para "mais de 50%" (modificação concretizada pelo Decreto-Lei n. 53/2012, de 2 de julho).

(40) As entidades contratantes são responsáveis pelo pagamento de contribuições, com base no valor total dos serviços que lhe foram prestados por trabalhador independente no ano civil anterior, sobre os quais recai uma taxa de 10% ou 7%, consoante a dependência econômica seja ou não superior a 80% (arts. 155º, 167º e 168º do CRCSPSS).

(41) Havendo necessidade, podem ser considerados, para o preenchimento do prazo de garantia, os períodos de registo de remunerações no âmbito do regime geral dos trabalhadores por conta de outrem e do regime dos trabalhadores independentes.

(42) Arts. 6º a 9º do Decreto-Lei n. 65/2012.

(43) Com vista ao financiamento da proteção social no desemprego, estes trabalhadores independentes pagam contribuições para o sistema de segurança social com base numa taxa superior à aplicável à generalidade dos trabalhadores independentes (25,2% e 21,4 %, respetivamente) — art. 168º, ns. 1 e 4 do CRCSPSS.

(44) Também aqui, sendo necessário, poderão ser contabilizados, para o preenchimento do prazo de garantia, os períodos de registo de remunerações no âmbito do regime geral dos trabalhadores por conta de outrem e do regime dos trabalhadores independentes. (Art. 9º, n. 2, do Decreto-Lei n. 12/2013, na redação que lhe foi dada pelo Decreto-Lei n. 53/2018, de 2 de julho).

(45) Arts. 6º a 10º do Decreto-Lei n. 12/2013.

a de ajustar as contribuições, por si devidas para o sistema de segurança social, à sua capacidade econômica. Para o efeito, foi aprovado, no início do ano de 2018, o Decreto-Lei n. 2/2018, de 9 de janeiro, cujo preâmbulo enuncia "a finalidade de estabelecer um maior equilíbrio entre deveres e direitos contributivos daqueles trabalhadores e uma proteção social efetiva que melhore a percepção de benefícios, contribuindo para uma maior vinculação ao sistema previdencial de segurança social"[46].

Se até ao início de produção de efeitos do Decreto-Lei n. 2/2018 a generalidade dos trabalhadores independentes contribuía para o sistema de segurança social tendo por referência os rendimentos anuais obtidos no ano anterior, ou mesmo no segundo ano anterior (isso porque a base de incidência era determinada em outubro de cada ano civil, com base no rendimento anual relevante do ano anterior, para ser aplicada nos 12 meses seguintes[47]), e uma taxa de 29,6%, com a aplicação do novo diploma o cálculo das suas contribuições conheceu alterações, quer quanto à base de incidência, quer no que respeita à taxa: aquela passou a ter por referencial o rendimento relevante dos últimos 3 meses[48] e esta diminuiu para 21,4%[49].

Na eventualidade de inexistirem rendimentos ou de o valor das contribuições devidas por força do rendimento relevante apurado ser inferior a €20,00, a contribuição devida corresponde a este valor[50].

Como também já tivemos oportunidade de referir, o conceito de "entidade contratante" foi alargado, passando a incluir os trabalhadores independentes cuja fonte de rendimentos provenha, em mais de 50%, de uma mesma entidade (no regime anterior, exigia-se uma dependência econômica de, pelo menos, 80%), assim como foi aumentada a taxa da contribuição devida por aquela entidade: de 5% para 10% ou 7%, consoante o grau de dependência seja ou não superior a 80%[51][52]. O valor destas contribuições destina-se à proteção dos trabalhadores independentes nas chamadas eventualidades "imediatas", e já não apenas à proteção no desemprego, como até então.

Diga-se, por fim, que, para além destas mudanças, os trabalhadores independentes viram ampliada a sua proteção social nas eventualidades "doença" e "parentalidade". Efetivamente, o Decreto-Lei n. 53/2018 veio diminuir de 30 para 10 dias o período de espera para início de pagamento do subsídio de doença aos trabalhadores independentes[53], bem como veio reconhecer a estes trabalhadores, no âmbito da parentalidade, o "subsídio por assistência a filho" e o "subsídio por assistência a neto", que até então eram de atribuição exclusiva aos trabalhadores por conta de outrem.

3. Conclusão

O sistema de segurança social português subdivide-se em diferentes sistemas e subsistemas, com finalidades e técnicas de proteção distintas. Dentre eles, o sistema previdencial é aquele que tem uma relação mais estreita com a relação laboral do beneficiário, na medida em que se destina

(46) A maioria das normas deste diploma apenas iniciou a produção dos seus efeitos a 1º de janeiro de 2019.

(47) Sobre a noção de rendimento anual relevante, à data, art. 162º do CRCSPSS, na redação anterior ao Decreto-Lei n. 2/2018.

(48) Quanto à noção de rendimento relevante, art. 162º do CRCSPSS, na redação que lhe foi dada pelo Decreto-Lei n. 2/2018. Como se depreende da leitura deste artigo, há que excepcionar desta nova regra os trabalhadores independentes com contabilidade organizada, cujo rendimento relevante corresponde ao lucro tributável do ano anterior àquele em que é fixada a base de incidência contributiva.

(49) Art. 168º, n. 1, do CRCSPSS.

(50) É de sublinhar que no momento anterior à entrada em vigor do novo regime, o valor mínimo de contribuições era de €63,48.

(51) Art. 168º, n. 7, do CRCSPSS.

(52) Note-se que, embora se possa associar o aparecimento do regime das entidades contratantes ao combate aos "falsos recibos verdes" (contratos de trabalho que aparecem sob as vestes de contratos de prestação de serviços), tal como nos é dito por Nazaré Costa Cabral, essa alegada razão de ser histórica perdeu-se, uma vez que o legislador "trata de igual modo todas as situações, incluindo as "verdadeiras" prestações de serviço, ou seja, as situações em que o prestador de serviços exerce a sua atividade com total autonomia perante a entidade contratante". CABRAL, Nazaré da Costa. Contribuições para a segurança social. *Cadernos IDEFF*, n. 12, Coimbra: Almedina, p. 137, 2010.

(53) Art. 21º, n. 2, do Decreto-Lei n. 28/2004, de 4 de fevereiro, na redação que lhe foi dada pelo Decreto-Lei n. 53/2018.

a substituir os rendimentos de trabalho perdidos, temporária ou definitivamente. Vimos, portanto, que as modificações sentidas no seio das relações laborais se vão repercutindo, sobretudo, neste sistema e no regime das eventualidades por si protegidas. Nesta sede, "relações laborais" e "segurança social" caminham lado a lado, influenciando-se mutuamente, fazendo com que o Direito do Trabalho e o Direito da Segurança Social se unam, várias vezes, na busca da implementação de objetivos comuns.

Referências bibliográficas

ABRANTES, José João. A Constituição e as reformas laborais em curso. In: AAVV; ABRANTES, José João (coord.). *Congresso europeu de direito do trabalho*. Coimbra: Almedina, 2014.

ALFANDARI, Élie. L'évolution de la notion de risque social. Les rapports de l'économique et du social. *Revue Internationale de Droit Économique*, v. 11, n. 1, p. 9-25, 1997.

ALONSO OLEA, Manuel; TORTUERO PLAZA, José Luis. *Instituciones de seguridad social*. 18. ed. Madrid: Civitas, 2002.

AMADO, João Leal. *Contrato de trabalho — noções básicas*. 2. ed. Coimbra: Almedina, 2018.

______. O despedimento e a revisão do código do trabalho: primeiras notas sobre a Lei n. 23/2012, de 25 de junho. *Revista de Legislação e de Jurisprudência*, n. 3974, p. 297-309, maio/jun. 2012.

CABRAL, Nazaré da Costa. Contribuições para a segurança social. *Cadernos IDEFF*, n. 12, Coimbra: Almedina, 2010.

GOMES, Maria Irene. Compensação a três tempos ou...talvez não. *Questões Laborais*, n. 41, p. 233-249, jul./dez. 2013.

GONÇALVES, Luísa Andias. A protecção social da parentalidade. *Atas do I Congresso Internacional de Ciências Jurídico-Empresariais*, p. 170-190. Disponível em: <https://iconline.ipleiria.pt/bitstream/10400.8/775/1/artigo5.pdf>.

LOUREIRO, João Carlos. *Direito da segurança social: entre a necessidade e o risco*. Coimbra: Coimbra, 2014.

MESTRE, Bruno. A "saga" do despedimento por extinção do posto de trabalho e as repercussões do Acórdão do Tribunal Constitucional n. 602/2013 — algumas notas. *Questões Laborais*, n. 43, p. 196-208, jul./dez. 2013.

NEVES, Ilídio das. *Lei de bases da segurança social comentada e anotada*. Coimbra: Coimbra, 2003.

______. *Dicionário técnico e jurídico de protecção social*. Coimbra: Coimbra, 2001.

______. *Direito da segurança social* — princípios fundamentais numa análise prospectiva. Coimbra: Coimbra, 1996.

PEREIRA, António Garcia. As mais recentes alterações ao código do trabalho e a gravidade dos seus objectivos e implicações. *Questões Laborais*, n. 40, p. 165-173, jul./dez. 2012.

SILVA, Filipe Carreira da. *O futuro do estado social*. Lisboa: Francisco Manuel dos Santos, 2013.

TORRES, Sónia; RAPOSO, Pedro. *O trabalho por conta própria em Portugal*. Lisboa: INE, 2018.

Parte II

Proteção Social na Ásia, na Oceania, na África e nos EUA

Neste título, o estudo aborda *A proteção social na Ásia e no pensamento da Organização Internacional do Trabalho*.

A partir dos sistemas ou regimes de segurança social na China, no Japão, nas Coreias do Sul e do Norte, na Ásia Setentrional (Rússia) e na Oceania vamos identificar se a dignidade humana recebe tratamento digno e dignificante.

7

A Proteção Social na Rússia

Senhor, não temos mais forças! Nossas resistências estão no fim.
Chegamos ao terrível momento em que é preferível
a morte a prosseguir neste intolerável sofrimento.
(George Gapon)

Erotilde Ribeiro dos Santos Minharro[1]

1. *Introdução*

No século XIX, o mundo percebeu a necessidade do auxílio mútuo para que o ser humano pudesse superar as principais contingências da vida (acidentes, invalidez, morte do mantenedor da família, maternidade, velhice, doenças, desemprego etc.). A solidariedade como ferramenta para superação dos obstáculos e percalços que o dia a dia nos impõem.

O século XX consolidou a ideia de proteção social calcada especialmente no pilar da solidariedade, ou seja, no sistema de repartição (aquele trabalhador que ainda está na ativa contribui para os benefícios daquele que está inativo).

Chega-se ao século XXI e percebe-se que toda a construção em torno dos princípios da dignidade da pessoa humana e da proteção social integral começa a se deteriorar em favor das leis do mercado.

Fatores econômicos se sobrepõem aos fatores humanos e sociais. Como resultado desta inversão de valores assiste-se — em muitos países — a uma migração do sistema de repartição para o sistema de capitalização, segundo o qual cada trabalhador que aderir a esse sistema terá uma conta vinculada a seu nome, e essa reserva individual será usada para o pagamento de sua própria aposentadoria.

Verifica-se, também, a criação de mecanismos para retardar e dificultar o pagamento de benefícios e pensões.

Por meio deste artigo, buscou-se analisar como se deu a evolução desta proteção social na Rússia e qual a influência do sistema comunista nas diversas opções protetivas observadas ao longo do tempo.

Para tanto, foi feita uma digressão histórica, com análise constitucional e legislativa.

Verificou-se, outrossim, como a questão econômica vem se sobrepondo à questão social no que diz respeito à seguridade russa, bem como a distância entre o que diz a norma jurídica e a realidade fática da população.

2. *Desenvolvimento*

2.1. Domingo sangrento: o prelúdio de tudo

A Rússia do século XIX e início do século XX era essencialmente agrária, feudal e marcada pelo absolutismo. As dificuldades e as insatisfações dos

(1) Doutora em Direito do Trabalho pela Faculdade de Direito da Universidade de São Paulo (2006). Mestre em Direito do Trabalho pela Faculdade de Direito da Universidade de São Paulo (2002). Professora Titular da disciplina de Direito Processual do Trabalho e de Prática Trabalhista da Faculdade de Direito de São Bernardo do Campo. Juíza do Trabalho, Titular da 2ª Vara do Trabalho de São Caetano do Sul. Ocupa a cadeira n. 7 da ABDSS.

cidadãos eram imensas e proporcionais à indiferença de seus governantes. Os nobres rechaçavam a industrialização porque entendiam que isso os enfraqueceria. Os camponeses haviam sido libertos do regime feudal (em 1856), ou seja, deixaram de ser considerados propriedades dos latifundiários, porém continuavam a trabalhar nas terras dos nobres, pois não havia meios financeiros para adquirir suas próprias terras. A fome reinava.(2)

Em janeiro de 1905, cerca de cem mil operários com suas famílias dirigiram-se pacificamente ao Palácio de Inverno de São Petersburgo, com o intuito de encaminhar ao Czar Nicolau II o seu apelo por melhores condições de vida. A súplica era pungente e desesperada, pelo que vale a pena sua transcrição:

> Senhor — Nós, operários residentes da cidade de São Petersburgo, de várias classes e condições sociais, nossas esposas, nossos filhos e nossos desamparados velhos pais, viemos a Vós, Senhor, para buscar justiça e proteção. **Nós nos tornamos indigentes; estamos oprimidos e sobrecarregados de trabalho, além de nossas forças; não somos reconhecidos como seres humanos, mas tratados como escravos que devem suportar em silêncio seu amargo destino.** Nós o temos suportado e estamos sendo empurrados mais e mais para as profundezas da miséria, injustiça e ignorância. Estamos sendo tão sufocados pela justiça e lei arbitrária que não mais podemos respirar. Senhor, não temos mais forças! Nossas resistências estão no fim. **Chegamos ao terrível momento em que é preferível a morte a prosseguir neste intolerável sofrimento.**(3) (grifos nosso)

Não era, ainda, nenhuma revolta popular, mas uma procissão, uma tentativa pacífica de trabalhadores e religiosos de se fazerem ouvir pelo governante. Prevaleciam os estandartes eclesiásticos, as imagens de santos da Igreja Ortodoxa e as músicas religiosas, pois eram liderados por um padre, George Gapon.

A multidão foi recebida a tiros pela Guarda Imperial no que resultou numa média de 200 mortos e 800 feridos. Muito embora não tenha sido o Czar que ordenara o massacre (uma vez que nem sequer estava na cidade naquele momento), acabou sendo responsabilizado pelo povo sobre o ocorrido, o que contribuiu para a eclosão da Revolução de 1905 e esta, por sua vez, foi o marco inicial da Revolução de 1917.(4)

A petição, cujo extrato está acima transcrito, demonstra que nos idos de 1905 a proteção social em face das vicissitudes era ineficaz. Paralelamente, havia algumas poucas formas incipientes e ineficientes de seguro privado em face de morte e de invalidez, de responsabilidade dos industriais. Àquela época, a situação da maior parte da população russa (camponeses e operários) era de indigência e penúria.

2.2. Contingências sociais e a promessa de dias melhores: pano de fundo para a revolução de 1917

A extrema pobreza, o desemprego, a fome, o frio, as doenças, a velhice e a morte rondavam a população russa no limiar do século XX e foi campo fértil para o florescimento de ideias socialistas. Todas estas mazelas, somadas ao ingresso da Rússia na Primeira Guerra Mundial, gerou uma forte onda de insatisfação popular contra o governo do Czar Nicolau II. Em março de 1917, este foi forçado a abdicar do trono e, posteriormente, em julho de 1918, foi executado juntamente com sua esposa e seus filhos.

A execução do Czar não trouxe a paz social. Ao contrário, iniciou-se uma guerra civil que só se encerrou em 1921, com a vitória do Exército Vermelho e a ascensão ao poder do Partido Bolchevique (Partido Comunista).(5)

Nesta mesma época, a Rússia experimentou uma grande fome ("Fome de Povolzhye"), que durou de 1921 a 1922, fome esta que destruiu a

(2) Disponível em: <https://www.dw.com/pt-br/1905-domingo-sangrento-em-s%C3%A3o-petersburgo/a-400455>. Acesso em: 13 jun. 2019.

(3) *Apud* BERMAN, Marshall. *Tudo que é sólido desmancha no ar. A aventura da modernidade*. 9. ed. São Paulo: Companhia das Letras, 1992. p. 236.

(4) Disponível em: <https://www.dw.com/pt-br/1905-domingo-sangrento-em-s%C3%A3o-petersburgo/a-400455>. Acesso em: 13 jun. 2019.

(5) Disponível em: <https://www.historiadomundo.com.br/idade-contemporanea/urss.htm>. Acesso em: 13 jun. 2019.

zona rural do país e deixou cerca de cinco milhões de mortos.(6)

Logo após, em dezembro de 1922, em um congresso geral de todos os sovietes (conselhos operários) criou-se a União das Repúblicas Socialistas Soviéticas (URSS).

Apesar das dificuldades dos primeiros anos, o regime comunista procurou trazer um certo grau de proteção social à população.

2.3. Evolução constitucional da Rússia soviética

A primeira constituição da Rússia Soviética ocorreu há mais de cem anos, em 1918, antes mesmo da criação da União das Repúblicas Socialistas Soviéticas, em 1922.

O texto constitucional consolidava os princípios basilares da revolução socialista, quais sejam: 1. estatização dos meios de produção, 2. trabalho obrigatório a todos e, 3. armamento dos trabalhadores com a formação de um exército de operários e camponeses e desarmamento das classes antes tidas como dominantes(7). Com isso, visava-se criar um novo modelo econômico social e político com base na propriedade social dos meios de produção, planificação econômica global e governo como expressão de interesses das classes trabalhadoras em detrimento dos interesses dos antigos proprietários de fábricas e terras(8).

No ano de 1924, foi instituída nova constituição, que legitimava o Tratado da Criação da União das Repúblicas Socialistas Soviéticas, estabeleceu o congresso dos sovietes como órgão supremo da autoridade estatal.(9)

A terceira constituição soviética foi adotada em 1936, não havia mais propriedade privada sobre fazendas e fábricas, pertenciam ou ao Estado ou às cooperativas de camponeses. Falava-se em "ditadura do proletariado". Para ressaltar a supremacia da classe operária sobre as demais classes, como se lê no seu art. 4º.

> Art. 4º A base econômica da URSS consiste no sistema econômico e na posse socialista dos utensílios e meios de produção, firmemente estabelecidos em substituição ao sistema econômico capitalista, com abolição da propriedade privada dos utensílios e meios de produção e com a eliminação da exploração do homem pelo homem.(10)

Interessante destacar o art. 12 desta constituição, segundo o qual, o trabalho era, na Rússia daquela época, uma questão de dever e de honra para todo cidadão fisicamente capaz. Essa obrigação era baseada no princípio de *"quem não trabalha não come"*.(11)

O Capítulo X, que se iniciava no art. 118, fixava os direitos e deveres básicos do cidadão, como o direito ao trabalho, direito ao descanso, jornada de trabalho de sete horas para a maioria dos trabalhadores, férias anuais com salários integrais, assistência hospitalar, colônias de repousos e clubes.

O art. 120 da constituição de 1936 garantia a todo o cidadão o direito de amparo material na velhice, na doença ou na incapacidade para o trabalho com a implementação de uma rede de seguro social com médicos, clínicas e hospitais gratuitos aos trabalhadores. Senão vejamos:

> Art. 120. O cidadão na URSS tem o direito ao amparo material na idade avançada e também em caso de moléstia ou de incapacidade para o trabalho. Esse direito é assegurado pelo largo desenvolvimento do seguro social dos trabalhadores e de outros empregados, feito pelo Estado, pelos serviços médicos gratuitos aos trabalhadores e pela vasta provisão de lugares de cura e repouso à disposição dos trabalhadores.

Em 1977, veio a última constituição da era soviética, que reconheceu que *"o culto à personalidade, as coletivizações forçadas, os expurgos, entre outras*

---

(6) Disponível em: <https://www.epochtimes.com.br/fome-uniao-sovietica-anos-20-pode-ter-forcado-camponeses-comer-carne-humana/>. Acesso em: 13 jun. 2019.

(7) Disponível em: <http://www.rcdh.es.gov.br/sites/default/files/1918%20Declaracao%20dos%20Direitos%20do%20Povo%20Trabalhador%20e%20Explorado%20%28Rev%20Russa%29.pdf>. Acesso em: 13 jun. 2019.

(8) Disponível em: <https://www2.senado.leg.br/bdsf/bitstream/handle/id/117561/1986_SETEMBRO_016e.pdf?sequence=3>. Acesso em: 13 jun. 2019.

(9) Disponível em: <https://pt.wikipedia.org/wiki/Constitui%C3%A7%C3%A3o_Sovi%C3%A9tica_de_1924>. Acesso em: 13 jun. 2019.

(10) Disponível em: <https://www.marxists.org/portugues/stalin/biografia/ludwig/constituicao.htm>. Acesso em: 13 jun. 2019.

(11) *Idem.*

políticas passaram a ser interpretados como um erro, um desvio no caminho do desenvolvimento do socialismo". [12] Permaneceu o direito ao trabalho (art. 40), o dever ao trabalho (art. 60), o direito ao descanso e ao lazer (art. 41), o acesso amplo e gratuito ao sistema de saúde (art. 42) e o amparo ao idoso (art. 43).

A constituição de 1993 foi a primeira após a abertura econômica russa, surgida com a queda do muro de Berlin.[13]

Na área dos direitos sociais, destaca-se o art. 7º. Nos termos deste dispositivo legal, a Rússia é um Estado social, cuja política visa criar condições para garantir uma vida humana digna e com livre desenvolvimento, sendo que na Federação Russa são protegidos o trabalho e a saúde humana, com garantia de um salário-mínimo. Ademais, presta-se apoio governamental às famílias, mães, pais e crianças, deficientes e idosos. Há sistema de serviços sociais com o estabelecimento de pensões governamentais, benefícios e outras garantias de segurança social.

O art. 9º frisa que a terra e a outros recursos naturais são utilizados e protegidos na Federação da Rússia, como base para a vida e o trabalho dos povos que vivem no território correspondente. Garante que a terra e outros recursos naturais podem ser em privados, estatais, municipais e de outras formas de propriedade.

O art. 20 deixa explícito de que todos têm direito à vida e o art. 21 salienta que a dignidade humana deve ser protegida pelo Estado e que nada pode fundamentar sua derrogação. Já o art. 38 garante que a maternidade, a infância e a família estão sob a proteção do Estado e que os maiores de 18 anos, capazes de trabalhar, devem cuidar dos pais incapazes.

O art. 39 estabelece que a todos é garantida a segurança social em caso de idade avançada, doença, invalidez, perda de responsável (para a educação das crianças) e em outros casos previstos na lei. Além disso, o Estado pagará benefícios e pensões, conforme legislação própria. O seguro social voluntário, a criação de formas adicionais de segurança social e a caridade são incentivados.

Quanto à moradia, o art. 40 diz que as pessoas de baixa renda e outras que estejam em necessidade de habitação, poderão tê-la gratuitamente ou por um preço razoável por parte do Estado, de fundos municipais de habitação e outros fundos, em conformidade com as normas estabelecidas por lei.

Como se vê, principiologicamente, a Rússia garante uma gama de benefícios a seus cidadãos, benefícios estes que dependem de leis infraconstitucionais para que sejam colocados em prática.

2.4. A Proteção Social na Rússia

2.4.1. A Saúde, Lei Federal n. 323, de 2011

Segundo Elena Tarasenko[14], é a Lei Federal n. 323, de 2011, que estabelece os fundamentos da proteção à saúde na Rússia. Nos termos desta lei, o sistema nacional de saúde russo orbita em torno dos seguintes eixos: prioridade à medicina preventiva; acessibilidade e gratuidade de serviços médicos e farmacêuticos; abordagens diferenciadas em relação à oferta de serviços médicos e farmacêuticos, com base nas demandas da população; prioridade para medidas sanitárias e epidemiológicas, preventivas e de garantia do bem-estar; prioridade para crianças e mães; continuidade dos cuidados em todos os níveis de prestação de serviços; cooperação interregional e coordenação no campo da proteção da saúde pública; unificação de certificações, licenças e acreditação das práticas médica e farmacêutica; treinamento e reciclagem dos profissionais da área da saúde; desenvolvimento de padronizações para técnicas médicas e farmacêuticas; procedimentos de informação estatística na área da saúde; subordinação dos profissionais da saúde aos órgãos administrativos; participação pública nas decisões relacionadas à proteção e administração da saúde, proteção social dos cidadãos portadores de deficiências.

Para cumprimento de tais medidas a lei garante a destinação de recursos financeiros adequados ao sistema de atendimento em saúde e ao programa federal de compromissos do Estado.

(12) Disponível em: <file:///C:/Users/e90662/AppData/Local/Temp/31210-119015-2-PB.pdf>. Acesso em: 15 jun. 2019.

(13) Disponível em: <http://www.professorregisprado.com/resources/constituicao-da-russia-em-portugues.pdf>. Acesso em: 15 jun. 2019.

(14) Disponível em: <https://www.revistas.usp.br/rdisan/article/download/75517/92857/>. Acesso em: 15 jun. 2019.

O art. 5º da Lei Federal n. 323, de 2011, trata da saúde e da segurança ocupacional e de suas garantias estatais. Este dispositivo reconhece a proteção dos direitos humanos e as normas internacionais sobre a matéria. Diz, ainda, que o Estado oferece cuidados na área da saúde para todos os cidadãos, independentemente de gênero, raça, idade, nacionalidade, língua, doença apresentada, condições, origem, posse de bens, situação profissional, local de residência, religião, convicções, participação em associações públicas e outras circunstâncias. Além disso, o Estado assegura aos cidadãos proteção contra todas as formas de discriminação em decorrência de qualquer enfermidade apresentada e, para as crianças (art. 7º), reconhece a saúde como condição fundamental para o seu desenvolvimento físico e mental.

Elena Tarasenko ensina, por fim, que toda mulher adulta em idade fértil tem o direito à fertilização artificial e a implantação de embrião, atividades realizadas em estabelecimentos licenciados, após consentimento escrito do cônjuge.

Apesar de a legislação russa em matéria de saúde ser extremamente benéfica aos cidadãos, a realidade não se mostra tão animadora, são inúmeros os obstáculos que a população tem que enfrentar para conseguir algum dos benefícios legalmente fixados.

2.4.2. *A ruptura russa com o sistema assistencial e sua migração para o sistema de capitalização (em 2002) e o retorno ao sistema de repartição (em 2012)*

A Rússia foi um dos primeiros países do mundo, ao lado da Alemanha, a tentar pôr em prática o sistema de seguro em face de contingências como idade avançada e acidentes de trabalho, porém, a princípio tratavam-se de seguros privados, feitos pelas próprias empresas em favor de seus operários.

Em 1883, por exemplo, adotou-se um projeto idealizado por N. H. Boungué sobre a responsabilidade de industriais em razão de traumatismos e mortes sofridos por seus empregados. Cinco anos depois, em 1888, a Companhia de Seguros da Rússia, que cuidava dos riscos de incêndios, de transportes e de mortes, acrescentou a proteção em face de riscos por acidentes (que abarcavam todo e qualquer acidente, inclusive os infortúnios laborais). Em 1898, a Companhia Riga de Assistência Mútua de fabricantes e artesãos, também passou a cobrir os acidentes de trabalho. Começa, dessa forma, a ideia de mutualismo na proteção em face de infortúnios na Rússia.[(15)]

Em 25 de junho de 1908, o Ministro do Comércio e da Indústria, S. I. Timiriazev, defendeu um projeto de lei que traria assistência médica aos operários e uma pensão em caso de acidentes ou morte. Este projeto, entretanto, não chegou a transformar-se em lei.[(16)]

A preocupação com as aposentadorias na Rússia datam de 1858, com a criação da Caixa dos Empregados da linha ferroviária Varsóvia-Viena. Contribuíam para esta caixa não apenas a empresa, mas também todos os empregados com menos de quarenta e cinco anos de idade.

Após a Revolução de 1917, o sistema de seguro social foi substituído por um sistema financiado pelo Estado.

Em 1921, com a Nova Política Econômica (NEP) houve um retorno ao seguro social, mas com benefícios não securitários pagos por indústrias e kolkhozes, os benefícios eram muito baixos e cobria-se a idade avançada e a invalidez. Houve uma melhoria em 1956, no entanto, a renda era baixa da aposentadoria (por exemplo) sem indexação e o sistema era muito complicado, com diversas regras especiais para determinados grupos de pessoas[(17)].

Com a queda do muro de Berlin, a questão da proteção social russa passou por reestruturações.

Na Rússia, nos anos 1990 do século XX, primeiros anos de transição da economia fechada para a economia de mercado, verificou-se a redução da renda real da maioria da população, em especial as dos mais pobres.

Assistiu-se a uma brusca queda na produção e ao grande aumento de preço dos produtos, situação que atingiu principalmente os segmentos mais vulneráveis da população, quais sejam: idosos e incapacitados, desempregados, trabalhadores com salários parciais ou em atraso, e famílias com prole numerosa[(18)].

---

(15) Disponível em: <https://www.persee.fr/doc/pop_0032-4663_1956_num_11_2_4618>. Acesso em: 16 jun. 2019

(16) *Idem.*

(17) Disponível em: <https://slideplayer.com.br/slide/11983803/>. Acesso em: 15 jun. 2019.

(18) Disponível em: <http://bibliotecadigital.fgv.br/ojs/index.php/fdesenvolvimento/article/viewFile/65344/63189>. Acesso em: 15 jun. 2019.

Naquele momento, a principal preocupação do Estado era a de proteger os vulneráveis do impacto da liberalização dos preços. Para tanto, a Rússia dispunha de um elaborado sistema de previdência social primária, que incluía subsídios a certos alimentos e outros itens de consumo (como transporte público), pensões, seguro-desemprego, auxílios-doença e maternidade e salários-família. Além disso, contava com instrumentos secundários de proteção que consistiam em programas de assistência social destinados àqueles que recebiam pouco ou nenhum benefício dos programas primários[19].

Em 2002, o antigo sistema assistencial, baseado na lógica da solidariedade e com fraca ligação atuarial entre os benefícios fornecidos e as contribuições pagas, foi substituído por um sistema de capitalização.

Dez anos depois, em 2012, a Rússia reverteu parte das privatizações da seguridade social, naquilo que a OIT chamou de "re-reforma".

O governo instituiu o seguro contra riscos sociais e ocupacionais. Criaram-se fundos extraorçamentários (tais como: o Fundo de Pensões da Federação da Rússia, o Fundo Federal de Seguro de Doença e as suas agências regionais, o Fundo de Emprego e o Fundo de Seguro Social da Federação da Rússia). Esses fundos estão atualmente sob a supervisão do Ministério da Saúde e do Ministério do Trabalho e Proteção Social, responsáveis pela formulação de políticas sociais e pela adoção de textos normativos nas áreas de saúde, trabalho e saúde, ação social e defesa do consumidor[20].

Com a contrarreforma do ano de 2012, instaurou-se a obrigatoriedade de pagamento de pensão, seguro de saúde compulsório, seguro-desemprego e seguro contra acidentes de trabalho e doenças ocupacionais.

A atual previdência social russa consiste em um sistema de seguro social contributivo e não contributivo.[21]

Os seguros não contributivos são financiados pelo orçamento do Estado.

A título de exemplo, pode-se mencionar o seguro-desemprego que, em 2001, foi substituído por um sistema não contributivo de proteção aos desempregados financiado pelo orçamento federal.

O Fundo de Pensões da Federação Russa administra os valores relativos aos benefícios pagos em razão de contingências como velhice, invalidez, morte, pensões sociais, pensões de antiguidade, capital materno etc. O Fundo de Seguro Social administra os valores relativos a prestações pecuniárias ligadas à saúde, maternidade, acidentes de trabalho e doenças profissionais. O Fundo de Seguro de Saúde Compulsório gerencia os benefícios em espécie do seguro de saúde. Esses fundos são financiados por contribuições sociais pagas pelos empregadores, complementadas, se necessário, para assegurar sua estabilidade financeira, por uma alocação do orçamento federal[22].

Até o final de 2014, o principal benefício em face da velhice era pago pela chamada "pensão reforma". Essa pensão tinha dois componentes obrigatórios, um chamado seguro, financiado por pagamento conforme o uso e o outro financiado por capitalização. Diversas leis adotadas a partir de 2012 modificaram este sistema de proteção social. As leis de 3 de dezembro de 2012 e de 4 de dezembro de 2013 introduziram a possibilidade de reduzir um percentual das contribuições afetadas à parte capitalizada da pensão a favor da parte do seguro. A Lei n. 424-FZ, de 28 de dezembro de 2013, transformou a parte capitalizada da pensão contributiva numa pensão completa, eliminando efetivamente a noção de pensões contributivas ou relacionadas com o trabalho. A Lei n. 400-FZ, de 28 de dezembro de 2013, modificou o método de cálculo da pensão de seguro, que passou a basear-se num sistema de pontos.[23]

As pensões obrigatórias referem-se a benefícios em face da idade avançada, invalidez, sobrevivência, pensão por morte (capitalização); pagamento único sob a forma de capital de aposentação a pessoas que não tenham adquirido direitos de pensão por terem recebido contribui-

(19) Disponível em: <http://bibliotecadigital.fgv.br/ojs/index.php/fdesenvolvimento/article/viewFile/65344/63189>. Acesso em: 15 jun. 2019.

(20) Disponível em: <https://www.cleiss.fr/docs/regimes/regime_russie.html#assurancesociale>. Acesso em: 16 jun. 2019.

(21) Disponível em: <https://www.cleiss.fr/docs/regimes/regime_russie.html#assurancesociale>. Acesso em: 16 jun. 2019.

(22) Disponível em: <https://www.cleiss.fr/docs/regimes/regime_russie.html#assurancesociale>. Acesso em: 16 jun. 2019.

(23) Disponível em: <https://www.cleiss.fr/docs/regimes/regime_russie.html#assurancesociale>. Acesso em: 16 jun. 2019.

ções insuficientes; benefício social para o funeral de pensionistas falecidos que não se enquadram no regime de seguro social obrigatório para a incapacidade temporária e maternidade na data da morte.(24)

Existe, ainda, a figura do seguro-pensão, ou seja, quando o cidadão não atinge o período de contribuição exigido pela lei, mas existem contribuições pagas em sua conta individual, pode recebê-las em pagamento único quando atingir a idade mínima para aposentadoria(25).

O segurado pode combinar a permanência no emprego com a aposentadoria. Desde 2016, os aposentados ativos têm recebido a pensão do seguro e a taxa fixa básica sem se beneficiar, porém, das reavaliações planejadas. Em caso de retomada da atividade após a concessão da aposentadoria, o valor desta não será reduzido(26).

A pensão segurável inclui um componente básico fixo (que, antes de 1º de janeiro de 2010, constituía uma pensão completa) concedida no momento da reforma a todos os cidadãos com um determinado período de contribuição, independentemente do seu nível salarial. O período de contribuição mínimo exigido, que era de 5 anos até o final de 2014, aumentará gradualmente de 6 para 15 anos entre 2015 e 2024 (Lei Federal n. 400-FZ). O montante do componente básico, determinado pelo Estado, é reavaliado e indexado em intervalos regulares. A partir de 1 de janeiro de 2019, o montante é de 5.334,19 RUB por mês, equivalente a R$ 325,64(27).

Desde 1º de janeiro de 2015, o montante fixo básico vem sendo ajustado de acordo com a duração do seguro. Quando o período de seguro é superior a 30 anos para homens ou 25 anos para mulheres, o valor básico é aumentado em 6% por ano excedente a esse limite. Por outro lado, se o período de seguro for menor, o montante básico é reduzido em 3% por ano completo abaixo de 30 anos para homens e de 25 anos para mulheres. É aumentada para pensionistas com idade igual ou superior a 80 anos, bem como para inválidos da categoria I, pensionistas no Extremo Norte e províncias equiparadas, bem como pensionistas com membros dependentes da família que não são aptos para o trabalho(28).

É possível combinar o emprego com a aposentadoria, mas desde 2016 os aposentados ativos têm recebido a pensão de seguro e o componente de taxa fixa básica sem se beneficiar das reavaliações planejadas. Em caso de retomada da atividade após a abertura dos direitos previdenciários, o valor da aposentadoria não será reduzido(29).

Além do componente básico, até 31 de dezembro de 2014, a pensão de seguro era calculada com base no montante de capital de aposentadoria que o segurado acumulou e o período de tempo durante o qual ele deveria receber sua pensão. A reforma de 28 de dezembro de 2013 introduziu um método de cálculo por pontos. A partir de agora, o montante da pensão é obtido multiplicando o número de pontos adquiridos pelo valor do ponto em vigor no ano da liquidação da pensão.

O número anual de pontos obtém-se dividindo o montante das contribuições efetivamente pagas em nome do segurado pelo montante das contribuições correspondentes ao limite máximo do salário contributivo e multiplicando o resultado obtido por 10. O valor do ponto é definido anualmente por uma lei federal (87,24 RUB em 2019, equivalente a R$ 5,32)(30).

O número mínimo de pontos necessários para se qualificar para uma pensão de seguro aumentará progressivamente de 9 pontos em 2016 para 30 pontos em 2025, quando a reforma estará totalmente ampliada. Como resultado da reforma de 28 de dezembro de 2013, o direito à pensão segurável está sujeito a três condições: uma condição de idade; um requisito de período de contribuição mínimo (que atingirá 15 anos até 2024) e um requisito de número mínimo de pontos (30 pontos até 2025).(31)

(24) Disponível em: <https://www.cleiss.fr/docs/regimes/regime_russie.html#assurancesociale>. Acesso em: 16 jun. 2019.
(25) Disponível em: <https://www.cleiss.fr/docs/regimes/regime_russie.html#assurancesociale>. Acesso em: 16 jun. 2019.
(26) Disponível em: <https://www.cleiss.fr/docs/regimes/regime_russie.html#assurancesociale>. Acesso em: 16 jun. 2019.
(27) Disponível em: <https://www.cleiss.fr/docs/regimes/regime_russie.html#assurancesociale>. Acesso em: 16 jun. 2019.
(28) Disponível em: <https://www.cleiss.fr/docs/regimes/regime_russie.html#assurancesociale>. Acesso em: 16 jun. 2019.
(29) Disponível em: <https://www.cleiss.fr/docs/regimes/regime_russie.html#assurancesociale>. Acesso em: 16 jun. 2019.
(30) Disponível em: <https://www.cleiss.fr/docs/regimes/regime_russie.html#assurancesociale>. Acesso em: 16 jun. 2019.
(31) Disponível em: <https://www.cleiss.fr/docs/regimes/regime_russie.html#assurancesociale>. Acesso em: 16 jun. 2019.

Em 1 de janeiro de 2019, a pensão segurável foi aumentada em 7,05%, sendo o valor médio mensal da pensão de seguro de velhice de 15.430 em RUB (R$ 941,54)[32].

A pensão financiada (capitalizada) será fornecida apenas para os cidadãos nascidos a partir de 1967 (as primeiras pensões serão pagas em 2022, para as mulheres nascidas em 1967).

O governo da Federação Russa desenvolveu uma forma de capitalização individual, que substituirá a poupança para aposentadoria, atualmente administrada pelo Fundo de Pensões da Federação Russa. O sistema deve ser implementado agora em 2019[33].

As pessoas ainda indecisas sobre como construir suas economias de aposentadoria agora devem fazer uma escolha. Eles podem decidir se permanecem totalmente cobertos pelo sistema legal de seguro ou se começam a poupar para sua futura aposentadoria. Dependendo da opção escolhida, a parcela capitalizada será transferida para um fundo de previdência privada de sua escolha, ou será convertida em pontos e será parte integrante do componente de seguro. Em outras palavras, o Fundo de Pensões da Federação Russa não atuará mais como seguradora para a parte capitalizada da pensão[34].

O segurado é livre para escolher ou não este novo sistema, sabendo que ele será configurado por padrão. Em outras palavras, os segurados que não desejam se beneficiar terão que apresentar uma declaração de recusa (e não o contrário).

As pessoas que desejam aumentar seu capital de aposentadoria pessoal podem decidir alocar um percentual a sua escolha de seu salário para a constituição desse capital. Esta opção dá direito a benefícios fiscais. De fato, se a porcentagem do salário não exceder 6%, o valor correspondente não está sujeito ao imposto de renda.

Se o possuidor de uma poupança previdenciária for vítima de um infortúnio (por exemplo, se ficar doente, ficar incapacitado ou perder um parente), ele está autorizado a recuperar dinheiro economizado para atender às necessidades prioritárias (por exemplo, comprar remédios).

Quanto ao financiamento, os empregadores pagam uma contribuição igual a 20% do salário limitado a RUB 1 150 000 (equivalente a R$ 70.219,29) por ano, em 2019, mais 10% do salário que exceder a este limite máximo[35].

Pela lei de 3 de dezembro de 2012, os segurados foram convidados a escolher, até de 31 de dezembro de 2013, sua taxa de contribuição para a parte capitalizada: eles poderiam manter a alíquota de 6% (aplicável até então), baixá-lo para 2% e aumentar o valor pago à parte do seguro. A lei de 4 de dezembro de 2013, confirmando a orientação iniciada pela reforma de 2012, deu a possibilidade ao segurado renunciar completamente à pensão capitalizada a favor da pensão de seguro: tiveram que escolher, antes de 31 de dezembro de 2015, para manter a taxa de 6% ou para alocar este 6% para a pensão de seguro e renunciar totalmente à pensão financiada.

A lei estabelece três níveis de incapacidade. A categoria I (perda de 100% da capacidade de trabalho, com necessidade de assistência constante). A categoria II (perda de 100% da capacidade de trabalho, sem necessidade de assistência constante) e categoria III (perda de 50% capacidade de trabalho). O reconhecimento do estado de invalidez é feito por meio de um corpo pericial médico-social.

Se a incapacidade resultar de uma lesão não relacionada à atividade laborativa, a causa da atividade será definida como "doença geral".

Quando a deficiência é causada por um acidente de trabalho ou por uma doença profissional, a compensação é coberta pelo regime de acidente de trabalho e seguro de saúde, administrado pelo Fundo de Seguro Social da Federação Russa.

Uma criança é reconhecida como "deficiente", se preencher uma das categorias supra e esta condição rende-lhe direito previdenciário.

A pensão de invalidez é composta por duas partes: uma fixa e outra dependendo do número de pontos adquiridos. Para além da componente

(32) Disponível em: <https://www.cleiss.fr/docs/regimes/regime_russie.html#assurancesociale>. Acesso em: 16 jun. 2019.
(33) Disponível em: <https://www.cleiss.fr/docs/regimes/regime_russie.html#assurancesociale>. Acesso em: 16 jun. 2019.
(34) Disponível em: <https://www.cleiss.fr/docs/regimes/regime_russie.html#assurancesociale>. Acesso em: 16 jun. 2019.
(35) Disponível em: <https://www.cleiss.fr/docs/regimes/regime_russie.html#assurancesociale>. Acesso em: 16 jun. 2019.

básica, a pensão de invalidez é calculada de acordo com as mesmas condições que a pensão de seguro de velhice. Se o beneficiário da pensão de seguro de invalidez tiver um período de seguro de pelo menos 15 anos (tendo em conta as disposições transitórias aplicáveis à nova fórmula de cálculo) e a soma dos pontos não for inferior a 30 (tendo em conta as disposições transitórias), recebe a pensão beneficiários até a idade de 60 anos para mulheres e de 65 anos para homens, ou até a liquidação da pensão antecipada.

Se o beneficiário da pensão do seguro de invalidez não justificar um período de seguro de 15 anos (tendo em conta as disposições transitórias aplicáveis à nova fórmula de cálculo) ou se a quantidade exigida de pontos não for atingida ou é inferior a 30 (tendo em conta as disposições transitórias), recebe a pensão beneficiários até a idade de 65 anos para mulheres, 70 anos para homens ou até a liquidação da pensão antecipada[36].

Desde 1º de janeiro de 2015, a pensão por morte será concedido às seguintes pessoas: membros da família do falecido que estejam em situação de desemprego e financeiramente dependentes do falecido, independentemente da duração do período de seguro do segurado e da causa e data da morte. Os membros da família do falecido são reconhecidos como dependentes do falecido, desde que dependessem inteiramente dele ou recebessem assistência financeira dele como base de seus meios de subsistência; os pais e cônjuges desempregados que não dependiam do sustento do falecido, independentemente do período subsequente à morte, se fossem privados de um meio de subsistência; um dos pais, cônjuges, avô ou avó do falecido chefe de família, bem como seu irmão, irmã ou filho com 18 anos ou mais, se eles não estiverem trabalhando e se eles também cuida de filhos, irmãos, irmãs ou netos do falecido, que não tenham completado 14 anos e que tenham direito a uma pensão de sobrevivência (se houver vários filhos menores de 14 anos de idade), a pensão é paga até que o mais novo tenha 14 anos). Neste caso, o direito a este tipo de pensão de seguro é aberto independentemente de haver ou não um estado de dependência do sustento da família falecida.

O estado de dependência dos filhos de pais falecidos é presumido e não requer prova, com a exceção de crianças maiores de 18 anos ou declaradas legalmente capazes até aquela idade. A pensão do cônjuge sobrevivente é mantida se o cônjuge se casar novamente. Os pais adotivos têm direito a uma pensão de sobrevivência segurável na mesma base que os pais, bem como filhos adotivos, da mesma forma que os filhos biológicos, nas condições definidas anteriores.

Além disso, deve-se analisar se a pessoa que cuida de menores tem uma fonte permanente de renda. De fato, apenas pessoas sem renda própria podem se beneficiar dessa pensão. Se estas pessoas estão à procura de emprego ou registadas como desempregadas, mantêm o benefício desta pensão, entendendo-se que o subsídio de desemprego não é contabilizado como rendimento permanente.

Outras condições de elegibilidade para a pensão por morte: o falecido deve ter completado um período de seguro (mesmo que apenas por um dia); a morte do chefe da família não deve ser a consequência de uma ofensa criminal intencional cometida por um membro da família que seja incapaz de trabalhar e esteja sujeita a um julgamento. A pensão por morte é concedida enquanto o declarante for considerado incapacitado, inclusive permanentemente.

A pensão social, financiada pelo orçamento federal, é concedida a pessoas que residam permanentemente no território da Federação da Rússia e que não tenham adquirido o direito à pensão por velhice, invalidez ou sobrevivência. A pensão social não é paga durante o período da atividade remunerada.

O auxílio maternidade ("capital materno") é pago em parcela única para qualquer nascimento ou adoção do segundo filho, exclusivamente para pessoas de nacionalidade russa. É financiado pelo orçamento federal, mas é pago pelo Fundo de Pensões. Inicialmente, a quantidade de capital materno foi fixada em RUB 250.000 (R$ 15.257,73). Seu valor é reavaliado anualmente de acordo com a inflação. O capital pode ser utilizado, no todo ou em parte, para melhorar as condições de vida; para assegurar a instrução da criança; para constituir economias de aposentadoria (essa opção só está disponível para mulheres). Desde 2016, tem sido possível utilizar fundos de deste auxílio-maternidade (chamado de

(36) Disponível em: <https://www.cleiss.fr/docs/regimes/regime_russie.html#assurancesociale>. Acesso em: 16 jun. 2019.

"capital materno") para a compra de equipamentos e o financiamento de serviços para facilitar a integração social de crianças com deficiência(37).

Apesar das dificuldades em financiar este programa, que deveria ter terminado em 31 de dezembro de 2018, o Presidente da Federação Russa decidiu estender o esquema até 2021 inclusive. Os beneficiários agora têm a possibilidade de receber um pagamento em dinheiro mensal correspondente ao "mínimo de subsistência da criança" (da ordem de 10 000 RUB, em média, por mês, R$ 610,30) para a segunda ou a próxima criança até aos 18 meses, e usar o capital materno para cobrir o custo da creche no berçário ou jardim de infância sem esperar até que a criança chegue aos três anos de idade. O governo planeja ampliar as novas estruturas de acolhimento de crianças — que atualmente são escassas — e espera que essa medida atraia o apoio de muitos pais.

Em caso de incapacidade temporária decorrente da maternidade, as mulheres filiadas ao sistema social tem direito a 100% do salário médio ao longo dos dois anos civis que precedem o ano de aplicação do risco a que as contribuições para o seguro social.

Existem ainda o bônus de nascimento (auxílio natalidade) e benefício adoção. O benefício é pago até 100% do salário médio recebido durante os dois anos civis anteriores ao ano de realização do risco para o qual as contribuições sociais foram pagas ao Fundo. É pago por 70 dias corridos após a adoção (em outras palavras, é igual ao benefício de maternidade). Há também o benefício único para mulheres que fizeram uma declaração de gravidez às autoridades de saúde no início da gravidez, este benefício é pago a mulheres que declaram sua gravidez antes do final da 12ª semana de gravidez. Em 2019, o subsídio é de RUB 649,84 (cerca de R$ 39,67). Também existe o subsídio de gravidez e parto, este subsídio é calculado com base no salário médio recebido pela gestante nos últimos dois anos. A quantidade mínima de subsídio de gravidez e parto será ajustada em conformidade com as situações fáticas. Parto sem complicações, o período legal de pagamento do subsídio é equivalente a 140 dias(38).

2.4.3. A Reforma Previdenciária de outubro de 2018

A exemplo do que ocorre na maior parte do mundo ocidental, há uma política de elevação da idade de aposentadoria. Em 2017, houve um aumento na idade de aposentadoria dos funcionários públicos. O aumentar será gradual para 65 anos aos homens e 63 anos às mulheres, com uma taxa de 0,5 ano a cada ano(39).

No que tange aos trabalhadores do setor privado, o governo russo aprovou em outubro de 2018 que as mulheres aposentem-se a partir dos 60 anos idade, em vez dos 55 anos, e os homens com 65 anos, em vez dos 60 anos(40).

A idade da aposentadoria da mulher varia conforme o número de filhos que possui. Mães com três filhos podem se aposentar aos 60 anos, com quatro crianças aos 59 anos, e com cinco ou mais crianças aos 50 anos.

Paralelamente ao aumento da idade, a reforma tornou as condições de concessão da pensão mais rigorosas, por exemplo, aumentar gradualmente para 20 anos a duração mínima do seguro que dá direito à pensão de seguro (em vez dos 15 anos previstos em 2024); aumentar gradualmente o número mínimo de pontos de pensão para 52 (de 30 pontos até 2025); fixar em 68 a idade legal para beneficiar da pensão social paga a pessoas que não pagaram contribuições.

Ao mesmo tempo, a liquidação antecipada de pensões estará sujeita a condições ainda mais rigorosas (por exemplo: o período mínimo de seguro para médicos e professores beneficiarem de reformas antecipadas é aumentado para 35 anos em vez de 25 anos até agora).

Os empregos em condições penosas ou perigosas (em oficinas de alta temperatura, no subsolo etc.) permitem a liquidação antecipada dos direitos de pensão de velhice. Este direito é concedido, na maioria dos casos, aos homens que atingiram a idade de 50 ou 55 anos e às mulheres com idades entre 45 e 50 anos, desde que tenham acumulado um número suficiente de períodos de atividade cumpridos em condições normais e períodos de

(37) Disponível em: <https://www.cleiss.fr/docs/regimes/regime_russie.html#assurancesociale>. Acesso em: 16 jun. 2019.
(38) Disponível em: <https://www.cleiss.fr/docs/regimes/regime_russie.html#assurancesociale>. Acesso em: 16 jun. 2019.
(39) Disponível em: <https://www.cleiss.fr/docs/regimes/regime_russie.html#assurancesociale>. Acesso em: 16 jun. 2019.
(40) Disponível em: <https://www.dw.com/pt-br/russos-protestam-contra-reforma-da-previd%C3%AAncia/a-45421473>. Acesso em: 17 jun. 2019.

atividade realizados sob condições árduas ou perigosas. A lista de ocupações, setores de atividade, profissões, funções, especialidades e instituições, bem como as regras relativas à validação de períodos de atividade e à liquidação de pensões de velhice são estabelecidas por decreto governamental da Federação Russa[41].

3. *Conclusão*

Apesar de ter havido o aumento da idade mínima para a obtenção do benefício de aposentadoria na Rússia, este país ainda possui uma grande rede de proteção em face das contingências humanas. O maior problema é que o valor dos benefícios pagos nem sempre é suficiente para a manutenção de um patamar básico de subsistência. Em contrapartida, há facilidades, por exemplo, para a aquisição de imóveis, transporte e alimentação.

Várias são as situações que recebem cobertura previdenciária ou assistencial, tais como, desemprego, nascimento ou adoção de um segundo filho, deficiência, existência de muitos filhos, maternidade, morte, doença etc. A legislação referente ao sistema de saúde também é bastante abrangente.

Pelo presente trabalho, constata-se que a Federação Russa, assim, como a maior parte dos países do mundo, tem repensado a forma de financiamento do seu sistema de proteção social. A princípio, o sistema era completamente de repartição; em 2002 passou a ser de capitalização e, a partir de 2012 transformou-se num sistema misto, pois o sistema de capitalização mostrou-se deficiente e ineficaz, em razão do alto custo fiscal e administrativo.

Isto porque, com as poupanças individuais para aposentadorias, deixou de haver fonte de custeio para pagamento dos benefícios daqueles que já estavam aposentados quando ocorrência da mudança de sistema, motivo pelo qual o Estado teve que arcar com estes pagamentos com recursos próprios aumentando o gasto com a proteção social ao invés de diminuí-los.

Conclui-se que, a Rússia, a exemplo de outros países, está tentando diminuir os gastos com a seguridade social, por exemplo, com o aumento da idade mínima para a aposentadoria. Porém — por ora — ao menos no país estudado ainda há espaço para a manutenção de benefícios básicos de resgate da dignidade humana.

Referências bibliográficas

BERMAN, Marshall. *Tudo que é sólido desmancha no ar. A aventura da modernidade*. 9. ed. São Paulo: Companhia das Letras, 1992.

OGOROV, Oleg. *Russia Beyond*. Disponível em: <https://br.rbth.com/economia/82099-baixa-taxa-desemprego--russa>. Acesso em: 15 jun. 2019.

PEREIRA, Natália. Disponível em: <https://www.fatosdesconhecidos.com.br/como-era-vida-na-uniao--sovietica/>. Acesso em: 10 jun. 2019.

RUCK BUENO, Sérgio. *Valor Econômico*. Disponível em: <https://www.valor.com.br/politica/4025386/em--vigor-ha-20-anos-terceirizacao-sera-proibida-na-russia Publicado em 28 de abril de 2015>. Acesso em: 10 jun. 2019.

SEITZ, Max. *BBC Mundo*. Disponível em: <https://www.bbc.com/portuguese/internacional-38391137>. Acesso em: 8 jun. 2019.

Sites

Disponível em: <https://www.revistas.usp.br/rdisan/article/download/75517/92857/>. Acesso em: 15 jun. 2019.

Disponível em: <https://www.dw.com/pt-br/1905-domingo-sangrento-em-s%C3%A3o-petersburgo/a-400455>. Acesso em: 13 jun. 2019.

Disponível em: <https://www.historiadomundo.com.br/idade-contemporanea/urss.htm>. Acesso em: 13 jun. 2019.

Disponível em: <https://www.epochtimes.com.br/fome-uniao-sovietica-anos-20-pode-ter-forcado-camponeses-comer-carne-humana/>. Acesso em: 13 jun. 2019.

Disponível em: <http://www.rcdh.es.gov.br/sites/default/files/1918%20Declaracao%20dos%20Direitos%20do%20Povo%20Trabalhador%20e%20Explorado%20%28Rev%20Russa%29.pdf>. Acesso em: 13 jun. 2019.

Disponível em: <https://www2.senado.leg.br/bdsf/bitstream/handle/id/117561/1986_SETEMBRO_016e.pdf?sequence=3>. Acesso em: 13 jun. 2019.

Disponível em: <https://pt.wikipedia.org/wiki/Constitui%C3%A7%C3%A3o_Sovi%C3%A9tica_de_1924>. Acesso em: 13 jun. 2019.

(41) Disponível em: <https://oglobo.globo.com/mundo/uniao-sovietica-lentamente-desmontada-na-russia-de-putin-22947894>. Acesso em: 17 jun. 2019.

Disponível em: <https://www.marxists.org/portugues/stalin/biografia/ludwig/constituicao.htm>. Acesso em: 13 jun. 2019.

Disponível em: <file:///C:/Users/e90662/AppData/Local/Temp/31210-119015-2-PB.pdf>. Acesso em: 15 jun. 2019.

Disponível em: <http://www.professorregisprado.com/resources/constituicao-da-russia-em-portugues.pdf>. Acesso em: 15 jun. 2019.

Disponível em: <https://www.revistas.usp.br/rdisan/article/download/75517/92857/>. Acesso em: 15 jun. 2019.

Disponível em: <http://bibliotecadigital.fgv.br/ojs/index.php/fdesenvolvimento/article/viewFile/65344/63189>. Acesso em: 15 jun. 2019.

Disponível em: <http://bibliotecadigital.fgv.br/ojs/index.php/fdesenvolvimento/article/viewFile/65344/63189 Acesso em: 15 jun. 2019.

Disponível em: <https://www.cleiss.fr/docs/regimes/regime_russie.html#assurancesociale>. Acesso em: 16 jun. 2019.

Disponível em: <https://www.dw.com/pt-br/russos-protestam-contra-reforma-da-previd%C3%AAncia/a-45421473>. Acesso em: 17 jun. 2019.

Disponível em: <https://oglobo.globo.com/mundo/uniao-sovietica-lentamente-desmontada-na-russia-de-putin-22947894>. Acesso em: 17 jun. 2019.

8

Regime de Proteção Social na Ásia Oriental, Coreias do Sul e do Norte

Augusto Grieco Sant'Anna Meirinho[1]

1. Introdução

Escrever sobre a proteção social na Ásia Oriental é um desafio na medida em que os países a serem analisados não se encontram no eixo central de estudo em matéria de direitos fundamentais, sobretudo na seara da seguridade social.

Os estudiosos brasileiros se debruçam, primariamente, sobre os ordenamentos jurídicos da Europa e das Américas, deixando as demais regiões do mundo em segundo plano. A explicação para essa lacuna acadêmica é atribuída, em grande medida, ao eurocentrismo que se instaurou em nosso meio acadêmico.

Mais recentemente, o modelo anglo-saxão, sobretudo dos Estados Unidos da América, tem atraído a atenção dos estudiosos. Até mesmo os países latino-americanos acabam negligenciados, salvo exceções valorosas de quem se propõe a estudar seguridade social de forma holística, mormente em realidades sociais mais próximas do Brasil.

Com certeza essa primeira obra coletiva da Academia Brasileira de Direito da Seguridade Social (ABDSS) irá contribuir para que a literatura nacional possa ser contemplada com um estudo mais abrangente da proteção social no mundo, de natureza eminentemente científica.

Foi-nos reservado, pela coordenação da obra, o estudo de quatro países do Extremo Oriente, quais sejam, a China, o Japão e as duas Coreias (do Norte e do Sul). Dois países inclinados ao modelo comunista, embora a China tenha uma economia de mercado pujante, enquanto que o Japão e a Coreia do Sul se alinhem com o modelo capitalista ocidental, em função dos eventos históricos ocorridos ao término da Segunda Guerra Mundial.

Diante da escassez de estudos no Brasil sobre os sistemas de proteção social dos países asiáticos citados, buscou-se subsídios na literatura estrangeira mais recente, conforme se verifica das obras citadas ao final do presente estudo, e que podem servir de base para pesquisas mais aprofundadas.

O estudo ora empreendido, inserido na presente obra coletiva, justifica-se pelo momento peculiar por que passam os países, em flagrante crítica ao modelo de proteção social, em processo de introdução de alterações no campo social, tendencialmente flexibilizantes das normas de proteção ao trabalho.

Espera-se, com o presente estudo, contribuir para o entendimento de outros modelos existentes no mundo, mesmo que de forma bastante resumida, sobretudo se auxiliar na construção de um verdadeiro Estado de Bem-Estar Social no Brasil.

2. Desenvolvimento

2.1. Um Panorama Geral dos Sistemas de Proteção Social no Leste Asiático

A proteção social, há algumas décadas, vem se afirmando como tema de relevo na agenda da

(1) Possui Mestrado em Direito Previdenciário pela Pontifícia Universidade Católica de São Paulo (2007) e Doutorado pela Pontifícia Universidade Católica de São Paulo em Direito (2017). Procurador do Trabalho do Ministério Público da União. Professor de direito previdenciário visitante da Escola Paulista de Direito (EPD). Ocupa a cadeira n. 20 da ABDSS.

Organização das Nações Unidas (ONU) para o desenvolvimento.

Ao mesmo tempo em que os países se preocupam em enfrentar as desigualdades sociais e erradicar a pobreza no âmbito interno, deparam-se com o dilema do envelhecimento de suas populações, que pressionam os sistemas de previdência social. Essas questões são recorrentes e estão nas pautas das discussões nacionais, regionais e internacionais já há algum tempo. Não é diferente nos quatro países do Leste Asiático selecionados, sobretudo por atravessarem um processo de envelhecimento de suas populações, criando um desafio fiscal para os governos no sentido de manutenção da sustentabilidade sistêmica.

Mais recentemente, a ONU reconheceu que a erradicação da pobreza em todas as suas formas e dimensões é o maior desafio global e um requisito indispensável para o desenvolvimento sustentável(2) e adotou, em outubro de 2015, a Agenda 2030 para o Desenvolvimento Sustentável. A Agenda 2030 apresenta 17 objetivos e 169 metas, podendo-se identificar, entre os objetivos traçados, diversas metas ligadas a direitos inseridos no conceito de seguridade social(3).

Como se trata de um documento exortativo para o atingimento dessas metas até o ano de 2030, todos os países que integram a ONU são chamados para essa hercúlea tarefa. Nesse sentido, cabe destacar que os quatro países a serem apresentados no presente estudo são Membros da ONU(4). Contudo, a Agenda 2030 como um projeto desafiador para todos os países, revela-se como um conjunto de objetivos e metas programáticos, sem vinculação normativa no plano fenomênico.

O ponto de partida do presente estudo deve ser, portanto, a identificação de um instrumento normativo cogente de convergência na temática da proteção social. Esse instrumento é a Convenção n. 102 da Organização Internacional do Trabalho (OIT), adotada em 1952, sobre Normas Mínimas de Seguridade Social. Contudo, apenas o Japão a ratificou(5).

Não havendo uma norma convencional servindo de parâmetro normativo para o estabelecimento de sistemas de proteção nos países aqui analisados, salvo no caso do Japão, a metodologia passa pela apresentação, de forma resumida, das políticas sociais dos quatro países, sem a pretensão de maior profundidade nessa análise.

Antes disso, cabe uma constatação. Os quatros países da Ásia Oriental selecionados podem ser agrupados em pares: dois integrantes do grupo de países capitalistas e dois do grupo de países considerados comunistas(6).

Esse agrupamento pode ser explicado a partir da bilateralidade que se formou no mundo após o término da Segunda Guerra Mundial e que levou à denominada Guerra Fria, particularmente relevante para a região.

Como diz Mason M. S. Kim(7), a Guerra Fria "desempenhou um papel central no desenvolvimento das instituições políticas e da estrutura econômica"(8), o que levou os Estados do Leste Asiático, em especial os quatro aqui selecionados, por se encontrarem em um mesmo contexto político, a um desenvolvimento com forte intervenção estatal vocacionadas para um rápido crescimento econômico:

> Essa abordagem levou os governos e os setores empresariais a resistir fortemente a qualquer expansão do bem-estar social — exceto a saúde pública e a educação — que

(2) Disponível em: <https://nacoesunidas.org/wp-content/uploads/2015/10/agenda2030-pt-br.pdf>. Acesso em: 12 maio 2019.

(3) Seguridade Social deve ser entendida, no presente estudo, no mesmo sentido daquele conferido pela Constituição da República Federativa do Brasil de 1988, abrangendo os direitos inerentes à saúde, previdência social e assistência social, embora nem todos os países adotem essa visão sistêmica e harmônica inspirada em Beveridge. Wagner Balera, citando o Relatório Beveridge, diz que a seguridade social tempo objeto abolir o estado de necessidade (BALERA, Wagner. *Noções preliminares de direito previdenciário*. São Paulo: Quartier Latin, 2010. p. 86).

(4) A China é membro fundador da ONU, com ingresso em 24 de outubro de 1945; o Japão ingressou na ONU em 18 de dezembro de 1956, enquanto que as duas Coreias ingressaram na Organização no mesmo dia, em 17 de setembro de 1991.

(5) A Coreia do Norte não é membro da OIT.

(6) Com a ressalva feita à China na introdução.

(7) Mason M. S. Kim é Professor Assistente de Estudos Internacionais no *Spelman College*, nos Estados Unidos.

(8) "Cold War played a central role in the development of the political institutions and economic structure." (Traduções nossa). (KIM, Mason M. S. *Comparative Welfare Capitalism in East Asia. Productivist models of social policy*. New York: Palgrave Macmillan, 2016. p. 138).

acabaria por aumentar o custo do trabalho. Como tal, a política social no Leste da Ásia não se destinava à proteção social ou redistribuição de renda em si, mas sim à promoção da produtividade econômica.[9]

Apesar das críticas aos programas de proteção social tidos como dispendiosos para os governos, e como barreiras para o desenvolvimento econômico, e por criarem dependência cultural de parte da população, sobretudo os mais pobres, há quem defenda uma mudança de cenário. Kwong-leung Tang e James Midgley[10] destacam a importância dos estudos e pesquisas da academia no sentido de influenciar as mudanças de paradigmas no enfrentamento da pobreza.

A necessidade de intervenções de políticas sociais que abordem especificamente o problema da pobreza está sendo mais amplamente aceita no Leste Asiático, e vários governos já tomaram medidas para ampliar a segurança social. Neste novo clima, a pesquisa sobre intervenções de seguridade social que tenham um impacto positivo sobre a pobreza será extremamente importante. Os governos da EAS asiática têm sido altamente pragmáticos em seu uso de intervenções políticas e serão receptivos a pesquisas que mostrem quais intervenções são mais eficazes.[11]

O que se espera de todos os Estados, quer individualmente, quer em cooperação, independente da forma de organização política ou econômica, foi bem sintetizado pelo Ministro dos Negócios Civis da China, o Sr. Li Liguo, em um evento realizado em Beijing em novembro de 2015, na presença de mais de 70 países: "Erradicar a pobreza e melhorar o bem-estar das pessoas tem sido, e será por um longo período, uma tarefa importante e um sério desafio para os países em desenvolvimento, bem como as responsabilidades do governo para com seu próprio povo"[12].

Não sendo possível analisar com maior profundidade os sistemas de proteção social dos quatro países, buscar-se-á apresentar, de forma resumida, as principais características de cada um dos Estados selecionados, contextualizando, na medida do possível, aspectos históricos considerados relevantes para o entendimento das opções feitas ao longo da segunda metade do século XX.

2.2. China

Desde o final da Segunda Guerra Mundial, a China vem passando por mudanças profundas, deixando de ser um país eminentemente rural, para se tornar uma grande potência econômica, disputando a supremacia global, a partir do início do século XXI, com os Estados Unidos da América.

Apesar do elevado crescimento econômico, no campo social, a China apresenta acanhado índice de desenvolvimento humano[13] comparado com os países da OCDE. No *ranking* de 2018, a China ocupa a posição de n. 86 no índice de desenvolvimento

(9) "This approach led governments and business sectors together to strongly resist any social welfare expansion — except public health and education — that would have ultimately increased labor cost. As such, social policy in East Asia was not intended for social protection or income redistribution itself, but rather for promotion of economic productivity." (KIM, Mason M. S. *Op. cit.*, p. 139).

(10) Kwong-leung Tang é Diretor e Professor de Trabalho Social na *University of British Columbia*, no Canadá, e James Midgley é Professor de Serviços Sociais Públicos na *University of California*.

(11) "(...) the need for social policy interventions that specifically address the problem of poverty is being more widely accepted in East Asia, and a number of governments have already taken steps to expand social security. In this new climate, research into social security interventions that have a positivy impact on poverty will be critically important. The East Asian governments have been highly pragmatic in their use of policy interventions and will be receptive to research that shows which interventions are the most effective". (TANG, Kwong-leung; MIDGLEY, James. Introduction. Poverty and social policy responses in East Asia. In: TANG, Kwong-leung; MIDGLEY, James (ed.). *Social policy and poverty in east Asia. The role of social security*. Abingdon: Routledge, 2010. p. 14-15).

(12) "Eradicating poverty and improving people's well-being has been, and will be for quite a long period to come, an important task and a serious challenge for developing countries, as well as government's responsibilities for its own people". Disponível em: <http://pubdocs.worldbank.org/en/603551448987687432/SSLF-2015-Mr-Lis-speech-EN.pdf>. Acesso em: 15 maio 2019.

(13) O Índice de Desenvolvimento Humano (IDH) é uma medida que considera a média geométrica em três dimensões-chave do desenvolvimento humano: vida longa e saudável, conhecimento e padrão de vida decente. A China se encontra atrás do Brasil, que ocupa a posição 79, do Japão (posição 19) e da Coreia do Sul (posição 22). As Coreia do Norte não apresenta IDH apurado pela UNDP (*United Nations Development Programme*).

humano do Programa de Desenvolvimento das Nações Unidas[14].

O processo de mudanças que se deu a partir de meados da década de 1970, levou a China a passar de uma economia socialista para uma economia de mercado, com impactos diretos no sistema de bem-estar socialista. Conforme aponta Mason Kim, o aumento da "exposição aos mercados internacionais levou o governo chinês a reduzir uma parte substancial dos benefícios sociais dos trabalhadores que haviam sido concedidos na China socialista de Mao Zedong"[15].

Analisando os dados demográficos apresentados pela ONU em 2008, Stuart H. Leckie[16] conclui que, em função da política do "filho único" combinada com a melhoria da longevidade da população, a China se encontra atualmente em um rápido processo de transformação demográfica em direção a uma sociedade que está envelhecendo[17].

Escrevendo em 2015, Joe C. B. Leung e Yuebin Xu[18] apontam que a prioridade da reforma no sistema de proteção social da última década foi "a ampliação da cobertura do seguro social, de modo que agora há mais empregadores e empregados contribuindo para os fundos de previdência social, que, por sua vez, se tornam mais sustentáveis"[19].

Segundo o Boletim do Trabalho da China (*China Labour Bulletin*), os princípios básicos do sistema de seguridade social da China, nos termos da Lei de Seguro Social, são os seguintes:

> Todos os funcionários, incluindo trabalhadores migrantes rurais, devem ser cobertos pelo sistema de seguro social. Empregadores e empregados são obrigados a fazer contribuições (com alíquotas diferentes) para um fundo de pensão, fundo de seguro-desemprego e seguro médico, bem como o Fundo de Previdência de Habitação. Os empregadores, mas não os empregados, também são obrigados a contribuir para os fundos de seguro de acidentes e maternidade relacionados ao trabalho[20].

Cabe ressaltar, ainda, que os vários fundos de seguro são administrados pelos governos locais e são agrupados em fundos provinciais ou municipais, sendo que os fundos arrecadados só devem ser utilizados para o fim específico pretendido, ou seja, a prestação de seguro social para trabalhadores e aposentados.

2.3. Coreia do Norte

A formação das duas Coreias é decorrência dos acontecimentos do final da Segunda Guerra Mundial. Até 1945, a península da Coreia era governada pelo Japão, que havia instituído um controle colonial dessa região. O processo de paz levou os Estados Unidos e a então União Soviética a firmarem um acordo dividindo a península coreana na altura do Paralelo 38, ficando o norte desse paralelo sob a influência soviética e, depois, chinesa, e o sul na esfera norte-americana. Esse processo histórico é determinante dos modelos adotados pelos dois países.

Feitas essas considerações preliminares, pode-se afirmar que a Coreia do Norte é considerada um país comunista, governada por um regime não democrático e deveras fechada para o mundo.

---

(14) Disponível em: <http://hdr.undp.org/en/countries/profiles/CHN>. Acesso em: 18 maio 2019.

(15) "(...) increase exposure to international markets has led the Chinese government to reduce a substantial portion of workers' welfare benefits that had been taken for granted in Mao Zedong's socialist China." (KIM, Mason M. S. *Op. cit.*, p. 119).

(16) Stuart H. Leckie é presidente fundador da *Hong Kong Retirement Schemes Association*.

(17) LECKIE, Stuart H. The people's republic of China. Pension system overview and reform directions. In: PARK, Donghyun (ed.). *Pension systems and old-age income support in east and Southeast Asia. Overview and reform directions.* Abingdon: Routledge, 2011. p. 26.

(18) Joe C. B. Leung é Professor de Trabalho Social e Adminstração Social da *University of Hong Kong* e Yuebin Xu é Professor de Desenvolvimento Social e Política Pública da *Beijing Normal University*.

(19) "On extending social security coverage, so that there are now more employers and employees contributing to the social security funding pools, which, in turn, become more sustainable." (LEUNG, Joe C. B.; XU, Yuebin. *China's social eelfare*. Cambridge: Polity, 2015. p. 97).

(20) "The basic principles of China's social security system, as outlined in the Social Insurance Law, are as follows: All employees, including rural migrant workers, should be covered by the social insurance system. Both employers and employees are required to make contributions (at different rates) to a pension fund, unemployment insurance fund and medical insurance fund, as well as the Housing Provident Fund. Employers, but not employees, are also required to contribute to the work-related injury and maternity insurance funds." (Disponível em: <https://clb.org.hk/content/china%E2%80%99s-social-security-system>. Acesso em: 10 jun. 2019).

Como consequência, não há informações disponíveis acerca do sistema de proteção social existente no país.

As obras consultadas que tratam do Estado de Bem-Estar Social ou de sistemas de proteção social do leste asiático constantes das referências bibliográficas para a elaboração do presente estudo não se referem à Coreia do Norte, embora contemplem a Coreia do Sul.

Por sua vez, em pesquisa na rede mundial de computadores, os principais estudos encontrados nos sítios de busca acadêmica referem-se a questões de segurança, relações internacionais, defesa e, sob aspectos econômicos, questões envolvendo a aproximação das duas Coreias. Alguns artigos que poderiam trazer algumas informações sobre a proteção social na Coreia do Norte estavam escritos em coreano, o que inviabilizou a consulta.

2.4. Coreia do Sul

A Coreia do Sul seguiu um caminho diverso daquele seguido pela Coreia do Norte, no processo político seguido ao término da Guerra da Coreia, ocorrida entre os anos de 1950 e 1953. Apoiada pelos Estados Unidos, adotou o modo de produção capitalista, centrando-se no desenvolvimento industrial e conhecimento tecnológico.

Em 1988, foi introduzido na Coreia do Sul o regime nacional de pensões ("National Pension Scheme"). Antes disso, havia apenas um programa mínimo de assistência social para o público em geral, como um esquema de proteção de meios de subsistência, criado em 1960. Seong Sook Kim(21) observa que esse sistema anterior à instituição do NPS era composto:

> [...] de alguns benefícios em espécie e uma pequena quantia de dinheiro fixo. Houve, no entanto, um programa previdenciário introduzido no mesmo ano para funcionários do governo, dos quais a aposentadoria de militares foi separada em 1963. Em 1975, outra pensão ocupacional pública foi implementada, desta vez para o pessoal da escola particular.(22)

Diversos estudos apontam que as prioridades dos sucessivos governos sul-coreanos eram ligadas ao desenvolvimento econômico, ficando as questões sociais subordinadas aos interesses desenvolvimentistas. A mudança ocorre com o governo de Kim Dae Jung (1998 a 2003), que adotou o conceito de bem-estar produtivo (*productive welfare*) como um dos três pilares de seu governo(23), enfatizando maior proatividade do papel do bem-estar social, ao relacionar política social com desenvolvimento econômico.

Em 2008, Ahn Kye Choon and Chung Kyung Hee(24) destacaram que a Coreia do Sul era um país em progressivo envelhecimento, e que em 2019 já seria uma sociedade envelhecida.

> [...] o envelhecimento é muito mais do que um assunto de família e requer intervenção governamental. Apesar dos esforços do governo, no entanto, as políticas de assistência social para pessoas idosas não são suficientes em termos de orçamento, escopo e apoio institucional. Além disso, políticas e programas de assistência social para pessoas idosas ainda não são específicos o suficiente para atender às diferentes necessidades dos vários subgrupos de idosos. Ainda existem lacunas consideráveis nas necessidades de bem-estar dos idosos e na política governamental.(25)

---

(21) Seong Sook Kim era Chefe da Divisão de Estudos Previdenciários do *National Pension Research Institute* do NPS da República da Coreia quando escreveu o seu artigo.

(22) "It was composed of some in-kind benefits and small amount of flat rete cash. There was, however, a pension program introduced in the same year for government employees, from wich the military personnel pension was separated in 1963. In 1975, yet another public occupational pension was implemented, this time for private school personnel." (KIM, Seong Sook. The republic of Korea. Pension system overview and reform directions. In: PARK, Donghyun (ed.). *Pension systems and old-age income support in east and southeast asia. Overview and reform directions.* Abingdon: Routledge, 2011. p. 76).

(23) Os outros dois pilares, segundo Joon Yong Jo, seriam as políticas democráticas e a economia de mercado (JO, Joon Yong. Korea´s national basic livelihood programme and social development. In: TANG, Kwong-leung; MIDGLEY, James. (ed.). *Social policy and poverty in East Asia. The role of social security*. Abingdon: Routledge, 2010. p. 81).

(24) Anh Kye Choo é professor do Departamento de Sociologia da *Yonsei University*, em Seul (Coreia do Sul) e Chung Kyung Hee é pesquisador do *Korea Institute for Heath and Social Affairs*.

(25) "Ageing is much more than a family affair, and it requires government intervention. Despite the strenuous efforts of the government, however, welfare policies for older persons are not enough in terms of budget, scope, and institutional support. Also,

Atualmente, o país opera um sistema de seguro social contra contingências relacionadas a desastres, doenças, desemprego e morte. Em relação aos riscos sociais previdenciários propriamente ditos, os trabalhadores assinam o denominado Seguro de Acidentes Industriais contra acidentes, doenças ou morte relacionados ao trabalho.

Cabe ressaltar, ainda, que no sistema de proteção social coreano, é obrigatório que todas as pessoas se inscrevam no Seguro de Saúde.

Também existem outros dois tipos de seguros sociais na Coreia do Sul.

Os trabalhadores assinam o Seguro de Emprego. Quando um trabalhador inscrito é demitido, ele/ela tem direito a metade de seu salário por um determinado período de tempo e a treinamento para transferência de emprego. Os trabalhadores também assinam pensão de aposentadoria e planos de pensão nacionais. Além disso, os trabalhadores têm o direito de tirar uma licença de assistência infantil com um pagamento parcial de um ano. Funcionárias grávidas são elegíveis para 90 dias de licença de maternidade antes e depois do parto. Funcionários do sexo masculino também podem solicitar licença parental e de assistência infantil em relação à entrega e à criação de filhos da esposa. Desde 2013, o governo fornece subsídios de assistência infantil para todas as crianças com idade até cinco anos.[26]

O financiamento do sistema de proteção social na Coreia é tripartite, com compartilhamento do ônus dos prêmios dos seguros sociais entre os Indivíduos, as empresas e o governo.

2.5. *Japão*

Dos quatro países asiáticos selecionados para estudo, o Japão foi o que mais rápido se desenvolveu após a Segunda Guerra Mundial. Entre os fatores para a rápida recuperação, destaca-se a ajuda financeira dos Estados Unidos, que ocupou o território japonês entre 1945 e 1952, propiciando o desenvolvimento baseado no modelo de produção capitalista.

Durante o período de crescimento econômico, a previdência pública e o seguro de saúde foram expandidos para cobrir mais pessoas, no que ficou conhecido como "Cobertura Universal em planos públicos de saúde e seguro de saúde", tendo sido estendida a todos os cidadãos, a partir de 1961.

Segundo estudo realizado pelo Instituto Nacional de Pesquisa Populacional e Previdenciária (*National Institute of Population and Social Security Research*) do Japão,

> [...] a Lei do Serviço de Assistência Social para Idosos e a Lei de Bem-Estar Materno-Infantil também foram promulgadas em 1963 e 1964, respectivamente, e os benefícios de vários sistemas foram aprimorados. O sistema de seguridade social foi revisado durante o período de crescimento econômico estável desde o final da década de 1970. Enquanto isso, desenvolver um sistema de seguridade social em resposta ao envelhecimento da população tornou-se um desafio importante.[27]

Como os demais países do Leste Asiático, o Japão também se encontra em um processo de envelhecimento. Chia Ngee Choon, Yukinobu Kitamura e Albert Tsui K. C.[28] apontam que o Japão é o país que envelhece mais rapidamente devido à

---

welfare policies and programmes for older persons are not yet specific enough to meet the different needs of the various subgroups of older persons. There are still considerable gaps between welfare needs of older persons and the government policy." (CHOON, Ahn Kye; HEE, Chung Kyung. Ageing and ageing policies in the republic of Korea. In: GUAN, Lee Hock (ed.). *Ageing in Southeast and East Asia. Family, social protection and policy challenges*. Singapore: ISEAS, 2008. p. 64).

(26) "Workers subscribe to Employment Insurance. When a subscribed worker is dismissed, he/she is entitled to half of his/her wage for a given period of time and to job transfer training. Workers also subscribe to retirement pension and national pension plans. In addition, workers are entitled to take childcare leave with a year's partial pay. Pregnant employees are eligible for 90 days' maternity leave before and after giving birth. Male employees are also allowed to request parental and childcare leave in relation to their wife's delivery and childrearing. Since 2013, the government has provided childcare allowances for all children ages up to five years." Disponível em: <http://www.korea.net/AboutKorea/Society/Labor-Social-Welfare-System>. Acesso em: 8 jun. 2019.

(27) "The Act on Social Welfare Service for Elderly and the Maternal and Child Welfare Act were also enacted in 1963 and 1964 respectively, and benefits from various systems were enhanced. The social security system was reviewed during the period of stable economic growth since the late 1970s. Meanwhile, developing a social security system in response to the aging population became an important challenge." Disponível em: <http://www.ipss.go.jp/s-info/e/ssj2014/PDF/ssj2014.pdf>. Acesso em: 12 jun. 2019.

(28) Chia Ngee Choon é Professora Associada do Departamento de Economia da *National University of Singapore*, Yukinobu Kitamura é Professor de Economia do Instituto de Pesquisa Econômica da *Hitotsubashi University* e Albert Tsui K. C é Professor Associado do Departamento de Economia da *National University of Singapore*.

maior expectativa de vida, que era 78,36 anos, para homens nascidos em 2003. Segundo esses autores, "no Japão, quase 70% do total dos benefícios previdenciários são distribuídos aos idosos"[29].

Segundo o relatório Segurança Social no Japão[30] (*Social Security in Japan*, de 2014), no Japão basicamente há um sistema de pensões público para fornecimento de benefícios pecuniários para os idosos, os dependentes e pessoas com deficiência, além de sistemas de saúde pública constituídos dos sistemas de seguro de saúde, saúde pública e saúde materno-infantil. Também há um seguro de cuidados de longo prazo voltado para o bem-estar social dos idosos. Também existem políticas para pessoas com deficiência, que consistem em prestação de serviços de assistência e apoio financeiro. A assistência pública está disponível como parte do sistema de apoio financeiro para os pobres. Como parte do sistema para proteger os trabalhadores, há o seguro de emprego, seguro de acidentes de trabalho entre outros[31].

> Muitos esquemas de previdência social no Japão adotam o sistema de seguro social. Existem cinco sistemas de seguro social, nomeadamente a pensão pública, o seguro de saúde, o seguro de cuidados a longo prazo, o seguro de emprego e o seguro de acidentes de trabalho. Destes seguros, todos os cidadãos estão inscritos nos programas de pensão pública e de seguro de saúde. Essa cobertura universal nos planos de pensão públicos e de saúde é uma das principais características do sistema de previdência social japonês. Além disso, os cidadãos com 40 anos ou mais são cobertos pelo seguro de assistência de longo prazo e os funcionários são cobertos pelo seguro de emprego e pelo seguro de acidentes de trabalho.[32]

Por fim, considerando ser o Japão uma sociedade hiper-envelhecida (*hyper-aged society*), conforme ensinamentos de Masa Higo, Heike Schröder e Atsuhiro Yamada[33], há uma preocupação com as aposentações dos trabalhadores, reputada, entre diversos fatores, a uma generosidade do sistema no que tange aos benefícios, embora o país consiga reter os japoneses mais tempo no trabalho. Como dizem esses autores, no caso do Japão,

> *[...] o determinante mais significativo da aposentadoria no nível macro reside na* ampla prevalência de políticas corporativas obrigatórias de aposentadoria que a maioria dos funcionários em todo o país deixam seu local de trabalho aos 60 anos. Através das duas últimas grandes alterações ao LSEOP[34] (realizadas em 2004 e 2012), o governo tem como objetivo pressionar os empregadores a aumentar a idade mínima da aposentadoria compulsória para pelo menos 65 anos, se não a abolir completamente.[35]

---

(29) "In Japan, nearly 70 per cent of total social security benefits is distributed to the elderly." (CHOON, Chia Ngee, KITAMURA, Yukinobu; ALBERT TSUI, K. C. The pension system in japan and retirement needs of the Japanese elderly. In: GUAN, Lee Hock (ed.). *Ageing in Southeast and East Asia. Family, social protection and policy challenges.* Singapore: ISEAS, 2008. p. 1).

(30) Optou-se pela tradução usando a terminologia portuguesa "Segurança Social".

(31) Disponível em: <http://www.ipss.go.jp/s-info/e/ssj2014/PDF/ssj2014.pdf>. Acesso em: 12 jun. 2019.

(32) "Many social security schemes in Japan adopt the social insurance system. There are five social insurance systems, namely the public pension, health insurance, long-term care insurance, employment insurance, and work-related accident insurance. Of these insurances, all citizens are enrolled in the public pension and health insurance programs. This universal coverage in public pension and health insurance is a main characteristic of the Japanese social security system. Further more, citizens aged 40 and over are covered by the long-term care insurance, and employees are covered by the employment insurance and work-related accident insurance." National Institute of Population and Social Security Research (IPSS). *Social security in Japan.* Tokyo: IPSS, 2014. p. 7.

(33) Masa Higo é Professor na *Kyushu University* localizada em Fukuoka no Japão, Heike Schröder é conferencista no *Queen´s Management School* da *Queen´s University Belfast*, localizada na Irlanda do Norte, e Atsuhiro Yamada é Professor do Departamento de Economia da *Keio University* localizada em Tóquio.

(34) LSEOP significa *Law for Stabilization of Employment of Older Persons.*

(35) "The most significant determinant of retirement at the macrolevel rests in the wide prevalence of mandatory retirement corporate policies that the majority of employees across the country to leave their workplace at age 60. Through the last two major amendments to the LSEOP (carried out in 2004 and 2012), the government has aimed to pressure employers to increase the minimum age of mandatory retirement to at least 65 if not to abolish it altogether." (HIGO, Masa; SCHRÖDER, Heike; YAMADA, Atsuhiro. Japan: determinants of retirement in a hyper-aged society. In: HOFÄCKER, Dirk; HESS, Moritz; KÖNIG, Stefanie (ed.). *Delaying retirement. Progress and challenges of active ageing in Europe, the United States and Japan.* London: Palgrave Macmillan, 2016. p. 264).

3. *Conclusão*

Atualmente, observa-se um processo de reformas dos sistemas de proteção social em diversos países, como sendo uma etapa seguinte à denominada crise do Estado do Bem-Estar Social. Trata-se de um longo processo de desconstrução do *Welfare State*, intensificado, no Brasil, nos últimos três anos com a reforma trabalhista de 2017 e com as discussões da nova reforma previdenciária.

Numa proposta de estudo amplo dos sistemas de proteção social em diversas regiões do mundo, a ABDSS busca contribuir para a formação de conhecimento científico no Brasil, permitindo uma comparação, ainda que breve, com outros ordenamentos.

No presente artigo, foram analisados quatros países da Ásia Oriental, China, as duas Coreias e o Japão. Pelo exposto, percebe-se que os quatro países sofreram importantes influências do processo formado após a Segunda Guerra Mundial e da Guerra Fria, consolidando os seus desenvolvimentos econômicos espelhando nos modelos dos dois países hegemônicos do mundo naquela época. Apesar das influências fruto da bipolaridade mundial, as mudanças na ordem econômica global, mormente nas duas últimas décadas do século XX, impuseram caminhos próprios aos quatro países, refletindo nas opções de desenvolvimento econômico e, por via de consequência, nos sistemas de proteção social.

Considerando as peculiaridades de cada ordenamento jurídico, os quatro países estão inseridos em um contexto de envelhecimento de suas sociedades, que pressionam os orçamentos sociais, sobretudo no que tange à proteção aos idosos e os custos com a saúde pública. Nesse sentido, tanto na Ásia Oriental, como nos países ocidentais, incluindo o Brasil, há forte movimento para a introdução de mudanças em tais sistemas, privilegiando mecanismos de retardamento da aposentação. Nessa perspectiva, leva-se em conta os custos da população idosa para a população economicamente ativa e que é exposto para a sociedade como fator preponderante para as escolhas que devem ser adotadas para preservação do futuro dos sistemas previdenciários.

Entretanto, deve-se ter uma visão crítica a esses argumentos. É certo que não existe uma "peste grisalha" como pretendem alguns, e a escolha, portanto, não deve ser entre "nossos pais ou nossos filhos". Deve-se buscar a construção de um sistema de proteção social em que se assegure dignidade à pessoa humana, sem retrocesso que venha a erodir a exata dimensão estabelecida pelo Constituinte Originário para o Sistema de Seguridade Social.

Referências bibliográficas

BALERA, Wagner. *Noções preliminares de direito previdenciário*. São Paulo: Quartier Latin, 2010.

CHOON, Ahn Kye; HEE, Chung Kyung. Ageing and ageing policies in the republic of Korea. In: GUAN, Lee Hock (ed.). *Ageing in Southeast and East Asia. Family, social protection and policy challenges*. Singapore: ISEAS, 2008.

CHOON, Chia Ngee; KITAMURA, Yukinobu; ALBERT TSUI, K. C. The pension system in japan and retirement needs of the Japanese elderly. In: GUAN, Lee Hock (ed.). *Ageing in Southeast and East Asia. Family, social protection and policy challenges*. Singapore: ISEAS, 2008.

HIGO, Masa; SCHRÖDER, Heike; YAMADA, Atsuhiro. Japan: determinants of retirement in a hyper-aged society. In: HOFÄCKER, Dirk; HESS, Moritz; KÖNIG, Stefanie (ed.). *Delaying retirement. Progress and challenges of active ageing in Europe, the United States and Japan*. London: Palgrave Macmillan, 2016.

IPSS – National Institute of Population and Social Security Research. *Social Security in Japan*. Tokyo: IPSS, 2014.

JO, Joon Yong. Korea's national basic livelihood programme and social development. In: TANG, Kwong-leung; MIDGLEY, James (ed.). *Social policy and poverty in East Asia. The role of social security*. Abingdon: Routledge, 2010.

KIM, Mason M. S. *Comparative welfare capitalism in East Asia. Productivist models of social policy*. New York: Palgrave Macmillan, 2016.

KIM, Seong Sook. The republic of Korea. Pension system overview and reform directions. In: PARK, Donghyun (ed.). *Pension systems and old-age income support in East and Southeast Asia. Overview and reform directions*. Abingdon: Routledge, 2011.

LECKIE, Stuart H. The people's republic of China. Pension system overview and reform directions. In: PARK, Donghyun (ed.). *Pension systems and old-age income support in East and Southeast Asia. Overview and reform directions*. Abingdon: Routledge, 2011.

LEUNG, Joe C. B.; XU, Yuebin. *China's social welfare*. Cambridge: Polity, 2015.

TANG, Kwong-leung; MIDGLEY, James. Introduction. Poverty and social policy responses in East Asia. In: TANG, Kwong-leung; MIDGLEY, James (ed.). *Social policy and poverty in East Asia. The role of social security*. Abingdon: Routledge, 2010.

9

Sistema de Seguridade Social na Oceania

Denilson Victor Machado Teixeira[(1)]

1. Introdução

A Oceania [ou Oceânia] — Novíssimo Mundo — é uma das subdivisões das massas continentais, abrangendo quatro áreas distintas: Australásia, Melanésia, Micronésia e Polinésia, de tal modo que compreende o continente australiano e ilhas do Oceano Pacífico adjacentes. Destacam-se como países a Austrália e a Nova Zelândia, até porque os demais apresentam características de subdesenvolvimento.[(2)]

A comunidade da Austrália possui área de 7,69 milhões de km², população em torno de 24 milhões (dezembro de 2015), destacando-se Sydney com cerca de 5 milhões (junho de 2015), capital em Canberra, idioma principal o inglês e moeda o dólar australiano (AUD). Ademais, o Produto Interno Bruto (PIB) *per capita* é na ordem de US$ 64,600 (2013), com 11,9 milhões de trabalhadores (maio de 2016), e taxa de inflação de 1% a.a. (junho de 2016).[(3)] Destaque-se, também, que Melbourne foi eleita pela revista *The Economist*[(4)] como a melhor cidade do mundo para se viver.

Ademais:

A Austrália é uma nação estável, democrática e culturalmente diversificada, com uma força de trabalho altamente qualificada e uma das economias com desempenho mais forte do mundo. (...). A economia da Austrália é consistentemente classificada entre as economias mais avançadas da Organização para a Cooperação e Desenvolvimento Econômico. É a décima segunda maior economia do mundo e uma nação de alto desempenho em quase todas as medidas de excelências, da saúde à riqueza, da facilidade de fazer negócios à realização educacional. Com baixo desemprego, baixa inflação e uma força de trabalho altamente qualificada, e com fortes ligações com a região que mais cresce no mundo — o Indo-Pacífico — a economia da Austrália está pronta para prosperar no futuro.[(5)]

Já a Nova Zelândia possui área de 268.680 km², população em torno de 5 milhões (estimativa para 2018), destacando-se Auckland com cerca de 1,5 milhão (2014), capital em Wellington, línguas oficiais o inglês e o maori. Ademais, a moeda é o dólar da Nova Zelândia (NZD), e o Produ-

(1) Pós-Doutor em Democracia e Direitos Humanos pela Universidade de Coimbra (Portugal). Doutor em Direito pela PUC-SP. Mestre em Direito do Estado pela UNIFRAN. Professor Universitário. Membro Perpétuo e Secretário-Geral da Academia Brasileira de Direito da Seguridade Social (ABDSS). Ocupa a cadeira n. 14. Advogado.

(2) WIKIPÉDIA. *Oceania.* Disponível em: <https://pt.wikipedia.org/wiki/Oceania>. Acesso em: 2 jun. 2019.

(3) AUSTRALIA GOVERNMENT. *About Australia.* Disponível em: <https://dfat.gov.au/about-australia/pages/about-australia.aspx>. Acesso em: 8 jun. 2019.

(4) THE ECONOMIST. *Global liveability has improved for the first time in a decade.* Disponível em: <https://www.economist.com/graphic-detail/2017/08/16/global-liveability-has-improved-for-the-first-time-in-a-decade?zid=306&ah=1b164dbd43b0cb27ba0d-4c3b12a5e227>. Acesso em: 8 jun. 2019.

(5) AUSTRALIA GOVERNMENT. *About Australia.* Disponível em: <https://dfat.gov.au/about-australia/pages/about-australia.aspx>. Acesso em: 8 jun. 2019.

to Interno Bruto (PIB) *per capita* é na ordem de US$ 44,639 (2014).

Logo:

> A Nova Zelândia é um dos países mais desenvolvidos e industrializados do mundo, e que se posiciona muito bem em comparações internacionais sobre desenvolvimento humano, qualidade de vida, esperança de vida, alfabetização, educação pública, paz, prosperidade, liberdade econômica, facilidade de fazer negócios, falta de corrupção, liberdade de imprensa, democracia e proteção das liberdades civis e de direitos políticos. Suas cidades também estão entre as mais habitáveis do mundo.[6]

Portanto, observa-se que tanto a Austrália quanto a Nova Zelândia são países altamente desenvolvidos, principalmente no contexto econômico, democráticos, com força laborativa qualificada, e os Estados respeitam os direitos individuais e garantem os direitos sociais por meio de políticas públicas efetivas.

2. *Desenvolvimento*

A ordem e os direitos sociais, enaltecidos pelas Constituições do México[7] (1917) e da Alemanha[8] (Weimar, 1919), em seus arts. 25 e 151, respectivamente — evidenciando-se a passagem do Estado Liberal para o Estado Social —, conquanto pela Declaração Universal dos Direitos Humanos da ONU[9] (1948), em seu preâmbulo e artigos, assinalam a *preservação da dignidade humana* como ponto nevrálgico. Logo, "respeitá-la e protegê-la é obrigação de todo o poder público"[10].

Assim:

> Quando o texto Maior proclama a dignidade da pessoa humana, está consagrando um imperativo de justiça social, um *valor constitucional supremo*. (...). Seu acatamento representa a vitória contra a (...) exclusão social, (...). A dignidade humana reflete, portanto, um conjunto de valores civilizatórios incorporados ao patrimônio do homem.[11]

É, pois, a dignidade humana, o princípio dos princípios, de tal modo que o ser humano, enquanto pessoa, merece respeito, mormente pelo Estado, a fim de possibilitar uma vida digna, em que pesem as inúmeras mazelas sociais existentes.

Nesse desiderato, o Estado tem uma missão nevrálgica: cumprir a sua finalidade — o *bem comum*.

Aliás, nas palavras do Papa João XXIII:

> 46. A sociedade humana não estará bem constituída nem será fecunda a não ser que lhe presida uma autoridade legítima que salvaguarde as instituições e dedique o necessário trabalho e esforço ao bem comum. (...). 56. (...). Devem, pois, os poderes públicos promover o bem comum em vantagem de todos, sem preferência de pessoas ou grupos, (...). 58. Concordam estes princípios com a definição que propusemos na nossa encíclica *Mater et Magistra:* O bem comum "consiste no conjunto de todas as condições de vida social que consintam e favoreçam o desenvolvimento integral da personalidade humana". (...). 60. Hoje em dia se crê que o bem comum consiste sobretudo no respeito aos direitos e deveres da pessoa humana. Oriente-se, pois, o empenho dos poderes públicos sobretudo no sentido de que esses direitos sejam reconhecidos, respeitados, harmonizados, tutelados e promovidos tornando-se assim mais fácil o cumprimento dos respectivos deveres. "A função primordial de qualquer poder público é defender os direitos invioláveis da pessoa

---

(6) WIKIPÉDIA. *Nova Zelândia.* Disponível em: <https://pt.wikipedia.org/wiki/Nova_Zel%C3%A2ndia#cite_note-FMI-3>. Acesso em: 9 jun. 2019.

(7) ESTADOS UNIDOS MEXICANOS. *Constitución política de los Estados Unidos Mexicanos.* Disponível em: <https://web.archive.org/web/20110723210409/http://constitucion.rediris.es/principal/constituciones-mexico1917.htm>. Acesso em: 9 jun. 2019.

(8) DEUTSCHLAND. *Die Verfassung des Deutschen Reichs.* Disponível em: <http://goo.gl/WrtUlp>. Acesso em: 9 jun. 2019.

(9) UNITED NATIONS. *Universal declaration of human rights.* Disponível em: <https://www.ohchr.org/EN/UDHR/Pages/Language.aspx?LangID=por>. Acesso em: 9 jun. 2019.

(10) DEUTSCHLAND. *Grundgesetz der Bundesrepublik Deutschland.* Disponível em: <https://goo.gl/3YUBML>. Acesso em: 9 jun. 2019.

(11) BULOS, Uadi Lammêgo. *Curso de direito constitucional.* 2. ed. São Paulo: Saraiva, 2008. p. 392.

e tornar mais viável o cumprimento dos seus deveres". (...). 63. Por outro lado, exige o bem comum que os poderes públicos operem positivamente no intuito de criar condições sociais que possibilitem e favoreçam o exercício dos direitos e o cumprimento dos deveres por parte de todos os cidadãos. (...).(12)

Ademais, segundo o Banco Mundial:

A estrutura conceitual do Banco Mundial para avaliar os sistemas previdenciários e as opções de reforma avalia as condições iniciais e a capacidade de melhorar o ambiente propício e, em seguida, concentra-se na melhor forma de trabalhar dentro delas para alcançar os objetivos principais dos sistemas de pensão — proteção contra o risco de pobreza, velhice e suavizar o consumo da vida profissional para a aposentadoria. O Banco aplica uma abordagem de pilares múltiplos em relação às modalidades do sistema de pensões para responder às necessidades das populações-alvo, incluindo: (i) um "pilar zero" não contributivo que estende algum nível de segurança de rendimento de velhice a todos os idosos; (ii) um primeiro pilar obrigatório de tamanho adequado, com o objetivo de substituir parte da renda vitalícia antes da aposentadoria por meio de contribuições vinculadas a rendimentos; (iii) um segundo pilar de contribuição definida obrigatória financiado que normalmente fornece contas de poupança individual de gestão privada; (iv) um terceiro pilar voluntário financiado; e (v) um quarto pilar não financeiro. Os principais critérios de avaliação são a capacidade do sistema de manter a adequação, acessibilidade, sustentabilidade, equidade, previsibilidade e robustez. Os critérios secundários de avaliação são a capacidade do sistema de: minimizar as distorções do mercado de trabalho; contribuir para a mobilização de poupanças; e contribuir para o desenvolvimento do mercado financeiro. Como os benefícios de pensão são reivindicações contra a produção econômica futura, é essencial que, com o tempo, os sistemas previdenciários contribuam para o crescimento e a produção para sustentar os benefícios prometidos. No futuro, o Banco está se concentrando em fortalecer seu apoio em: (a) estabelecer um quadro de resultados mais claro para avaliar sistemas de pensões e reformas; (b) melhorar a gestão do conhecimento, incluindo pesquisa e aprendizado; e (c) melhorar a capacidade de implementação.(13)

Inclusive, segundo o Supremo Tribunal Federal (STF), as políticas públicas objetivam "a humanização das relações sociais, em cumprimento aos fundamentos da República de cidadania e dignidade da pessoa humana"(14).

Sendo assim, as *políticas públicas*, entendidas como "ações governamentais dirigidas a resolver determinadas necessidades públicas"(15), em sua vertente *política social*, onde se inclui a seguridade social (previdência social, assistência social e saúde), deve ser possibilitada e efetivada pelo Estado em prol da coletividade.

2.1. Seguridade social na Austrália

A *Commonwealth of Australia Constitution Act* (9.7.1900) prevê que:

51 Poderes Legislativos do Parlamento

O Parlamento deverá, sujeito a esta Constituição, ter poder para fazer leis para a paz, ordem e bom governo da *Commonwealth*(16) com relação a: (...);

(xxiii) pensões inválidas e de velhice;

(xxiiiA) a prestação de subsídios de maternidade, pensões de viuvez, donativos de crianças, desemprego, farmacêuticos, subsídios hospi-

(12) VATICANO. *Lettera Enciclica Pacem In Terris.* Disponível em: <http://goo.gl/x1yCGq>. Acesso em: 8 set. 2016.

(13) WORLD BANK. *Pension systems and reform conceptual framework.* Disponível em: <http://documents.worldbank.org/curated/en/716871468156888545/Pension-systems-and-reform-conceptual-framework>. Acesso em: 9 jun. 2019.

(14) BRASIL. Supremo Tribunal Federal. *Acórdão do Tribunal Pleno.* Ação direta de inconstitucionalidade n. 2.649 — DF. Relatora: Ministra Cármen Lúcia. Julgamento: 8 maio 2008. Disponível em: <http://goo.gl/ImM15w>. Acesso em: 10 set. 2016.

(15) DIAS, Reinaldo; MATOS, Fernanda. *Políticas públicas:* princípios, propósitos e processos. São Paulo: Atlas, 2012. p. 17.

(16) "(...), e Nós declaramos que no dia e após o primeiro dia de janeiro, Um mil novecentos e um, o povo de Nova Gales do Sul, Victoria, Austrália do Sul, Queensland, Tasmânia e Austrália Ocidental devem estar unidos em uma Comunidade Federal sob o nome de *Commonwealth of Australia.*" (AUSTRALIA GOVERNMENT. *Proclamation declaring the establishment of the Commonwealth,* 1900. Disponível em: <https://www.legislation.gov.au/Details/C2005Q00193>. Acesso em: 5 jun. 2019).

talares, serviços médicos e dentários (mas que não autorizem qualquer forma de serviço militar obrigatório), benefícios para estudantes e abonos de família; (...).[17]

Logo, no tocante à seguridade social australiana, *ab initio*, deve-se destacar que o Índice de Desenvolvimento Humano (IDH[18]) é muito alto (0,939), razão pela qual a Austrália encontra-se (2017) na terceira posição mundial, apenas atrás da Noruega e da Suíça.

Sendo assim, o sistema de saúde da Austrália se sobressai como um dos melhores desempenhos na expectativa de vida saudável e gastos *per capita*, conforme dados da Organização Mundial de Saúde (OMS[19]).

Nesse desiderato:

> O *Medicare* é o sistema de saúde pública da Austrália, oferecendo assistência hospitalar pública gratuita e subsídios para a atenção primária. O *Medicare* garante que todos os australianos tenham acesso a uma ampla gama de serviços de saúde de qualidade com pouco ou nenhum custo. O governo australiano fornece financiamento significativo para o sistema de saúde, trabalhando em estreita colaboração com os governos estaduais e territoriais, com responsabilidade pela prestação de serviços hospitalares no local. Um setor de saúde privado complementa o sistema público.
>
> A população australiana não indígena tem um estado de saúde geralmente bom, com uma esperança média de vida ao nascer de 83 anos (80 para homens e 84 para mulheres), uma das mais altas do mundo. Existem alguns grupos com problemas de saúde, e melhorar a expectativa de vida dos povos indígenas é uma prioridade nacional. Geralmente, o padrão de doença na Austrália é semelhante ao de outros países desenvolvidos. (...).
>
> Uma das instituições mais conhecidas e respeitadas da Austrália é o *Royal Flying Doctor Service*. O *Flying Doctor* é uma instituição de caridade que opera uma frota de 66 aviões e 48 veículos de 23 bases em todo o país. Todos os dias, médicos, enfermeiros e paramédicos voam grandes distâncias para atender pacientes ou conduzir clínicas em cidades pequenas ou em propriedades remotas. Frequentemente eles escoltam os pacientes de volta a centros maiores para tratamento hospitalar e médico. O *Royal Flying Doctor Service* começou em 1928 e todos os anos tem mais de 290.000 contatos de pacientes por ano — o equivalente a um a cada dois minutos.[20]

Já no contexto da previdência social, a *Social Security Act — SSA* (1991) prevê:

> Capítulo 2 — Pensões, benefícios e subsídios
>
> Parte 2.2 — Pensão por idade
>
> Parte 2.2A — Bônus de pensão
>
> Parte 2.2B — Pagamentos únicos aos australianos idosos e idosos
>
> Parte 2.3 — Pensão de apoio a pessoas com deficiência
>
> Parte 2.4 — Pensão de Esposa
>
> Parte 2.5 — Pagamento do cuidador
>
> Parte 2.5A — Pagamentos únicos a prestadores de cuidados elegíveis para pagamento de cuidadores
>
> (...)
>
> Parte 2.7 — Subsídio de Luto
>
> Parte 2.8 — Pensão da viúva B
>
> Parte 2.8A — Subsídio de viúva
>
> Parte 2.10 — Pagamento Parental
>
> Parte 2.11 — Subsídio para jovens
>
> (...)[21]

(17) AUSTRALIA GOVERNMENT. *Federal register of legislation.* Disponível em: <https://www.legislation.gov.au/Details/C2005Q00193>. Acesso em: 5 jun. 2019.

(18) UNITED NATIONS DEVELOPMENT PROGRAMME. *Human development indices and indicators.* Disponível em: <http://hdr.undp.org/sites/default/files/2018_human_development_statistical_update.pdf>. Acesso em: 8 jun. 2019.

(19) WORLD HEALTH ORGANIZATION. *World health statistcs.* Disponível em: <https://apps.who.int/iris/bitstream/handle/10665/272596/9789241565585-eng.pdf?ua=1>. Acesso em: 8 jun. 2019.

(20) AUSTRALIA GOVERNMENT. *Health care.* Disponível em: <https://dfat.gov.au/about-australia/society-culture/Pages/health-care.aspx>. Acesso em: 5 jun. 2019.

(21) AUSTRALIA GOVERNMENT. *Social security act 1991.* Disponível em: <https://www.legislation.gov.au/Details/C2019C00183>. Acesso em: 9 jun. 2019.

Por assim dizer, o *Superannuation* é um sistema que encoraja as pessoas na Austrália a acumular fundos que fornecerão um fluxo de renda ao se aposentarem. Os empregadores devem contribuir para a aposentadoria de seus empregados (*Superannuation Guarantee*), cuja taxa é, atualmente (até 30.6.2021), na alíquota de 9,5% (com aumento contínuo planejado da taxa de garantia de aposentadoria para 12% em 1º.7.2025)[22], sendo que as pessoas também podem suplementar as contribuições obrigatórias de aposentadoria com contribuições voluntárias (sacrifício salarial; porém, em contrapartida, farão jus a benefícios fiscais e sociais).

Enfim, o sistema australiano de renda previdenciária está balizado em três pilares: a pensão de velhice (*age pension*), a poupança compulsória por meio de aposentadoria garantida (*compulsory superannuation*) e a poupança de aposentadoria voluntária (*voluntary superannuation*).

É, pois, um sistema de segurança social que satisfaz as necessidades vitais mínimas, fornece capacidade para que as pessoas aumentem sua renda, mormente de aposentadoria, e, por fim, distribui os riscos entre os setores público e privado de modo fiscalmente responsável, até porque a Austrália é detentora de um dos maiores ativos de fundos de pensão do mundo.[23]

2.2. Seguridade social na Nova Zelândia

No que tange à seguridade social neozelandesa, a princípio, deve-se destacar que o Índice de Desenvolvimento Humano (IDH[24]) também é muito alto (0,917), razão pela qual a Nova Zelândia encontra-se (2017) na décima sexta posição mundial.

Em relação à saúde, o governo neozelandês oferece serviços e outros apoios para idosos, tais como: cuidados pessoais, enfermagem, culinária, alarme médico monitorado quando doente ou deficiente, cuidados de longa duração em casa de repouso ou hospital.[25]

Já no tocante à previdência social:

> (...). Percebendo que os neozelandeses não estavam economizando o bastante para sua aposentadoria através de meios privados, o governo instituiu o *KiwiSaver* em 1º de julho de 2007. O *KiwiSaver* é um plano voluntário de poupança-reforma subsidiado pelo governo com contribuições divididas entre empregados e empregadores. Os participantes do *KiwiSaver* recebem um valor único, em lugar da pensão, ao se aposentarem com 65 anos de idade ou mais. A taxa de contribuição predefinida aumentou de 4% para 6% dos rendimentos em 2013.
>
> Os empregados admitidos em um novo emprego são inscritos automaticamente, com opção de desistência. Antes da criação do plano *KiwiSaver*, a cobertura das poupanças para aposentadoria havia diminuído para menos de 10% da população em idade ativa.
>
> Cerca de 67% dos neozelandeses com idades entre 18 e 64 anos eram participantes ativos ou temporários do *KiwiSaver* em julho de 2014.[26]

Destarte, no *KiwiSaver*, a pessoa pode retirar todas as suas economias quando fizer 65 anos de idade, contanto que seja membro por pelo menos 5 anos, ou, também poderá sacar parte ou todo o dinheiro antes de completar 65 anos de idade, se estiver comprando sua primeira casa, se mudar para o exterior permanentemente, desenvolver doença ou sofrer sérios problemas financeiros. Ademais, se a pessoa continuar trabalhando depois de completar 65 anos de idade, ela poderá continuar pagando, mas as contribuições do governo e do empregador podem cessar. Outro benefício

---

(22) SUPERGUIDE. *Your simple guide to Superannuation Guarantee (SG) contributions.* Disponível em: <https://www.superguide.com.au/boost-your-superannuation/superannuation-guarantee-rate>. Acesso em: 9 jun. 2019.

(23) ASSOCIATION OF SUPERANNUATION FUNDS OF AUSTRALIA LIMITED. *Superannuation statistcs.* Disponível em: <https://www.superannuation.asn.au/resources/superannuation-statistics>. Acesso em: 9 jun. 2019.

(24) UNITED NATIONS DEVELOPMENT PROGRAMME. *Human development indices and indicators.* Disponível em: <http://hdr.undp.org/sites/default/files/2018_human_development_statistical_update.pdf>. Acesso em: 8 jun. 2019.

(25) NEW ZEALAND GOVERNMENT. *Help in your home.* Disponível em: <https://www.govt.nz/browse/health/help-in-your-home/>. Acesso em: 9 jun. 2019.

(26) ORGANISATION FOR ECONOMIC CO-OPERATION AND DEVELOPMENT. *New Zealand.* Disponível em: <http://www.oecdbetterlifeindex.org/pt/paises/new-zealand-pt/>. Acesso em: 9 jun. 2019.

neozelandês é o cartão *SuperGold*, o qual pode ser usado para obter descontos comerciais, serviços gratuitos ou com desconto na prefeitura e viagens gratuitas fora do pico em transporte público.[27]

3. Conclusão

Os sistemas de segurança social na Oceania, especificamente na Austrália e na Nova Zelândia, configuram como os melhores do mundo, até mesmo em razão do *very high human development*, de tal modo que as pessoas têm pleno acesso à saúde, à assistência social e à previdência social.

Nesse contexto, destaca-se a previdência social, onde aludidos países utilizam um regime financeiro de capitalização — na Austrália, sob a denominação de *Superannuation*, e, na Nova Zelândia, sob a nomenclatura de *KiwiSaver* —, cujos recursos são arrecadados por meio de contribuições (p. ex., do empregador e do empregado), além de certos subsídios pelos governos locais, de modo a acumular fundos que, no futuro, ensejarão um fluxo de renda para os aposentados.

Trata-se, pois, de um regime financeiro (capitalização) interessante e sustentável, porém, plausível apenas em países desenvolvidos, tais como a Austrália e a Nova Zelândia, os quais adotam modelos exemplares no contexto internacional, reconhecidos tanto pelas Nações Unidas e pelo Banco Mundial quanto por organizações e sociedade (civis e militares), até porque já prestam serviços públicos, mormente no contexto da seguridade social, de qualidade e eficiência aos seus cidadãos, com empregabilidade, rendas *per capita*, PIB e IDH relevantes.

Referências bibliográficas

ASSOCIATION OF SUPERANNUATION FUNDS OF AUSTRALIA LIMITED. *Superannuation statistcs.* Disponível em: <https://www.superannuation.asn.au/resources/superannuation-statistics>. Acesso em: 9 jun. 2019.

AUSTRALIA GOVERNMENT. *About Australia.* Disponível em: <https://dfat.gov.au/about-australia/pages/about-australia.aspx>. Acesso em: 8 jun. 2019.

_______ . *Federal register of legislation.* Disponível em: <https://www.legislation.gov.au/Details/C2005Q00193>. Acesso em: 5 jun. 2019.

_______ . *Health care.* Disponível em: <https://dfat.gov.au/about-australia/society-culture/Pages/health-care.aspx>. Acesso em: 5 jun. 2019.

_______ . *Proclamation declaring the establishment of the Commonwealth*, 1900. Disponível em: <https://www.legislation.gov.au/Details/C2005Q00193>. Acesso em: 5 jun. 2019.

_______ . *Social security act 1991.* Disponível em: <https://www.legislation.gov.au/Details/C2019C00183>. Acesso em: 9 jun. 2019.

BRASIL. Supremo Tribunal Federal. *Acórdão do Tribunal Pleno.* Ação direta de inconstitucionalidade n. 2.649 — DF. Relatora: Ministra Cármen Lúcia. Julgamento: 8 maio 2008. Disponível em: <http://goo.gl/ImM15w>. Acesso em: 10 set. 2016.

BULOS, Uadi Lammêgo. *Curso de direito constitucional.* 2. ed. São Paulo: Saraiva, 2008.

DEUTSCHLAND. *Die Verfassung des Deutschen Reichs.* Disponível em: <http://goo.gl/WrtUlp>. Acesso em: 9 jun. 2019.

_______ . *Grundgesetz der Bundesrepublik Deutschland.* Disponível em: <https://goo.gl/3YUBML>. Acesso em: 9 jun. 2019.

DIAS, Reinaldo; MATOS, Fernanda. *Políticas públicas:* princípios, propósitos e processos. São Paulo: Atlas, 2012.

ESTADOS UNIDOS MEXICANOS. *Constitución política de los Estados Unidos Mexicanos.* Disponível em: <https://web.archive.org/web/20110723210409/http://constitucion.rediris.es/principal/constituciones-mexico1917.htm>. Acesso em: 9 jun. 2019.

NEW ZEALAND GOVERNMENT. *Help in your home.* Disponível em: <https://www.govt.nz/browse/health/help-in-your-home/>. Acesso em: 9 jun. 2019.

_______ . *Tax, benefits and finance.* Disponível em: <https://www.govt.nz/browse/tax-benefits-and-finance/>. Acesso em: 9 jun. 2019.

ORGANISATION FOR ECONOMIC CO-OPERATION AND DEVELOPMENT. *New Zealand.* Disponível em: <http://www.oecdbetterlifeindex.org/pt/paises/new-zealand-pt/>. Acesso em: 9 jun. 2019.

SUPERGUIDE. *Your simple guide to Superannuation Guarantee (SG) contributions.* Disponível em: <https://www.superguide.com.au/boost-your-superannuation/superannuation-guarantee-rate>. Acesso em: 9 jun. 2019.

(27) NEW ZEALAND GOVERNMENT. *Tax, benefits and finance.* Disponível em: <https://www.govt.nz/browse/tax-benefits-and-finance/>. Acesso em: 9 jun. 2019.

THE ECONOMIST. *Global liveability has improved for the first time in a decade.* Disponível em: <https://www.economist.com/graphic-detail/2017/08/16/global-liveability-has-improved-for-the-first-time-in-a-decade?-zid=306&ah=1b164dbd43b0cb27ba0d4c3b12a5e227>. Acesso em: 8 jun. 2019.

UNITED NATIONS DEVELOPMENT PROGRAMME. *Human development indices and indicators.* Disponível em: <http://hdr.undp.org/sites/default/files/2018_human_development_statistical_update.pdf>. Acesso em: 8 jun. 2019.

UNITED NATIONS. *Universal declaration of human rights.* Disponível em: <https://www.ohchr.org/EN/UDHR/Pages/Language.aspx?LangID=por>. Acesso em: 9 jun. 2019.

VATICANO. *Lettera Enciclica Pacem In Terris.* Disponível em: <http://goo.gl/x1yCGq>. Acesso em: 8 set. 2016.

WIKIPÉDIA. *Nova Zelândia.* Disponível em: <https://pt.wikipedia.org/wiki/Nova_Zel%C3%A2ndia#cite_note-FMI-3>. Acesso em: 9 jun. 2019.

_______. *Oceania.* Disponível em: <https://pt.wikipedia.org/wiki/Oceania>. Acesso em: 2 jun. 2019.

WORLD BANK. *Pension systems and reform conceptual framework.* Disponível em: <http://documents.worldbank.org/curated/en/716871468156888545/Pension-systems-and-reform-conceptual-framework>. Acesso em: 9 jun. 2019.

WORLD HEALTH ORGANIZATION. *World health statistcs.* Disponível em: <https://apps.who.int/iris/bitstream/handle/10665/272596/9789241565585-eng.pdf?ua=1>. Acesso em: 8 jun. 2019.

10

Sistema de Proteção Securitária no Regime Anglo-Saxônico (Britânico e nos EUA) e Regime Canadense

Marcelo Fernando Borsio(1)

1. *Introdução*

Como diz Ha-Joon Chang(2), os países em desenvolvimento estão sofrendo enormes pressões, por parte de nações desenvolvidas e das políticas internacionais de desenvolvimento controladas por *establishment*, para que adotem 'boas políticas' e 'boas instituições' para promover o desenvolvimento econômico.

Tratam-se de políticas macroeconômicas restritivas, liberalização do comércio internacional, privatização de tudo, inclusive de previdência, e a completa desregulamentação. O que o autor busca esclarecer é que essas políticas foram adotadas por países desenvolvidos, mormente os anglo-saxões, quando ainda estavam em processo de desenvolvimento(3).

A Grã-Bretanha foi o primeiro país superpotência mundial graças à política de *laissez-faire*, e, do mesmo modo inglês, os Estados Unidos, depois, abandonaram o livre comércio em favor das tarifas protecionistas Smoot-Hawley.

Portanto, diz Chang que esses países desenvolvidos não seriam o que são hoje se tivessem adotado as políticas e as instituições que agora recomendam às nações em desenvolvimento. Fizeram essa expansão liberal e sem controle no outrora, mas, depois, contaram com suas políticas protecionistas de seus mercados e bancos para garantir suas divisas. Significa dizer que chegaram ao desenvolvimento com políticas protecionistas e agora pedem o livre comércio aos países em desenvolvimento, constrangendo-os de adotar protecionismos para si, ou seja, chegaram no topo do desenvolvimento e chutaram a escada para nenhum outro descobrir seus segredos de desenvolvimento(4).

Nesse parâmetro de desafio ao desenvolvimento, construiu-se nos itens subsequentes, utilizando-se de método analítico e descritivo-concreto, o arcabouço histórico da proteção social e a migração ao privado, bem como os modelos britânico, norte-americano e canadense de sistemas previdenciários públicos, privados e híbridos.

2. *Desenvolvimento*

2.1. Da construção da proteção social nos países anglo-saxões

Desde os primórdios da história até os presentes dias, há certos conceitos de que a miséria

(1) Professor Titular do UDF no Curso de Mestrado em Direito das Relações Sociais e Trabalhistas, nos créditos de Direito da Seguridade Social e Previdenciário. Pós-doutor em Direito da Seguridade Social e Professor Visitante, sob a orientação do Prof. José Luís Tortuero Plaza, pela Universidade Complutense de Madrid. Pós-doutor em Direito Previdenciário e Professor Visitante, sob a orientação do Professor Giuseppe Ludovico, pela Universidade de Milão. Doutor e Mestre em Direito Previdenciário pela Pontifícia Universidade Católica de São Paulo. Presidente do Conselho de Recursos da Previdência Social. Acadêmico perpétuo da ABDSS — cadeira n. 15.

(2) CHANG, Há-Joon. *Chutando a escada:* a estratégia do desenvolvimento em perspectiva histórica. Tradução de Luiz Antônio de Oliveira Araújo. São Paulo: Unesp, 2004. p. 11-14.

(3) *Idem.*

(4) *Idem.*

produzida pelo desenvolvimento da indústria em massa gera desintegração do tecido social, um verdadeiro divórcio entre a ordem jurídico-política.[5]

A explicação é que o capitalismo fez surgir centenas e milhares de novos ricos, e ao mesmo modo milhões de vulneráveis, que participaram como coadjuvantes nos processos de produção de riqueza e sem pertencerem a qualquer repartição dela. A Revolução Industrial do século XIX promoveu a mecanização e, também, fatores de dissolução social reflexos.

Para Eric. J. Hobsbawn, a promoção industrial revelou vencedores e vítimas, sendo as últimas infinitamente superiores aos primeiros, e, junto a elas, os pequenos comerciantes que não conseguiram acompanhar o ritmo de acumulação de capital, sendo expulsos do mercado[6], operando-se contra eles a mão invisível de Smith.

Essas transformações estiveram e estão baseadas na economia de mercado, supedâneo preambular para a Inglaterra, que permeia a história dessa grande nação, vivendo o entrechoque entre o tecido social e o liberalismo econômico[7].

O freio inicial do capitalismo avassalador do século XIX veio com uma construção necessária de alguma proteção social face ao enorme descontentamento dos operários e suas máculas sofridas diante da velocidade de produção e ausência de direitos[8].

Importante pontuar que a organização do trabalho na Inglaterra contou, mais efetivamente, com a 2ª Lei dos Pobres, em 1536, pois a primeira só protegia e assistia os hipossuficientes que pudessem trabalhar e não eram deficientes, e, depois com a Lei dos Artífices, em 1563. Uma capacitando e outra assistindo desprovidos, mas punindo os reabilitados que não queriam trabalhar.

Na virada para o século XX, pós-eclosão da revolução das máquinas, os Estados Unidos sofreram a maior depressão econômica de sua existência (1929 — queda de Bolsa de Valores de Nova Iorque), que acarretou desempregos e miséria em escala desconhecida pelo sistema de geração de riqueza americano.

Tal como na Inglaterra, o remédio encontrado foi a política do *New Deal* de Roosevelt, para dar nova marcha aos empregos e rendas, com a instituição de algumas políticas sociais, mas incapazes em plenitude de se imporem às disparidades e desequilíbrios gerados pela decadência econômica imposta[9].

Mas foi com o término da Segunda Guerra Mundial que a proteção social na Europa assiste a uma ampliação. Aquele *Welfare State* americano vê, nas mãos do economista inglês Lord William H. Beveridge[10], a pedido de T. Roosevelt e W. Churchill, o prisma de novo modelo socioeconômico capaz de trazer a estabilidade à toda população, garantindo padrão mínimo de cidadania, ainda não vista pelos países capitalistas: a estrutura de um sistema de seguridade social, dividido na contributividade versus prestação da previdência social, no amparo da assistência social aos mais vulneráveis e na saúde pública a todos.

E esse sistema previdenciário *beveridgiano*, que copiou o modelo de Otto V. Bismarck, da estrutura de contrapartidas contributivas ao direito do benefício, como modelo de repartição simples, em caixa único, passou a ser contraposto aos siste-

---

(5) CASTEL, R. *As metamorfoses da questão social*: uma crônica do salário. Petrópolis: Vozes, 1999. p. 32.

(6) HOBSBWAM, E. *A era das revoluções*: 1789-1848. Rio de Janeiro: Paz e Terra, 2005a.

(7) POLANYI, K. *A grande transformação*: as origens da nossa época. Rio de Janeiro: Campus, 1980.

(8) Até então, as políticas sociais eram periféricas e marginalizavam seus beneficiários. Em especial na Inglaterra — berço do capitalismo —, a principal política social — a Lei dos Pobres — era vista como uma punição por muitos daqueles que deveriam ser por ela assistidos. Importante evidenciar que foi justamente o nascimento do capitalismo e seus reflexos na estrutura social e fundiária britânica que fez surgir uma multidão de pobres vulneráveis e dependentes da caridade de outrem. SILVA, Wagner William. Do vagabundo ao cidadão: uma discussão sobre a construção da proteção social na Inglaterra. Disponível em: <http://repositorio.unicamp.br/handle/REPOSIP/286340>. Acesso em: 20 maio 2019.

(9) SAMY, L. The building society promise: building societies and home ownership, c. 1880-1913. In: *Discussion papers in economic and social history*. Inglaterra: University of Oxford, 2008. p. 113-115.

(10) Nesse sentido, o plano apresentado por Sir William Beveridge pode ser encarado como um divisor de águas, pois a noção de cidadania está implícita não apenas no Relatório Beveridge, mas em diversos textos e discursos do *lord* inglês. A publicação de seu relatório sobre proteção social, durante a Segunda Guerra Mundial, influenciou de tal modo as políticas sociais subsequentes que elas passaram a ter a construção da cidadania como uma de suas principais premissas, apesar da resistência de setores mais conservadores da sociedade.

mas de capitalização, quando passaram ao poder os líderes neoliberais R. Reagan (EUA) e Thatcher (GBR), na década de 1980, em contraste ao socialismo surgido na Rússia.

A Escola de Chicago[11], nos anos 1970, já dava sinais de mudança de conceito previdenciário, para as tais contas individuais, em modelo de poupança, não mais de cunho solidário de grupo, mas para aportes de contribuições no mercado financeiro. Um dos principais defensores foi o economista americano Milton Friedman, para quem a solução para todas as panaceias do mundo era a economia liberal e com pouco Estado na vida das pessoas.

A vitória de movimento socialistas na Rússia e em outros países despertou o sindicalismo e partidos ligados a trabalhadores pelo mundo. Mas com o flagelo desse modelo de alto custo, os Estados Unidos passam a exportar para a Europa seu novo padrão de desenvolvimento capitalista, em novos sistemas de produção, num movimento pós-guerras, cujo ápice do Welfare State encontra seu declínio na crise do petróleo em 1979. Instalava-se o neoliberalismo econômico, mormente e com veemência nos Estados Unidos, Inglaterra, Canadá, Austrália e outros anglo-saxões. Da queda de força do Estado do Bem-Estar Social, no fim dos anos 1970, que teve seu ressurgimento, depois de 1945, com reflexos neoconstitucionalistas em diversos diplomas nacionais, mostrou-se o capitalismo liberal a opção de países desenvolvimentistas[12].

Nesse espírito, surgiram novas previdências pelo mundo, não mais a de modelo estritamente solidário e de repartição simples, mas aquela de transição para contas individuais e aplicadas no mercado financeiro. Esse reflexo aparente demonstrou que o custo dos direitos sociais pesou na tomada de decisões econômicas. Há muita dúvida na consolidação restrita de um modelo ou de outro, qualquer que seja o país. A solução está na hibridez do sistema previdenciário, desde que seja sólido, gradual, de aplicação segura, passo a passo, com ponderadas transições, mantendo sólido regime de repartição aos cidadãos hipossuficientes, aplicando sistemas previdenciários de capitalização nas maiores rendas, não só das remunerações salariais apenas, com três pilares distintos[13].

Deste modo, importante estudar os modelos previdenciários nesses países anglo-saxões para se ter noção de como estão posicionados, frente à evolução econômica mundial e as tendências experimentadas por eles.

Focaremos, então, nos modelos previdenciários da Grã-Bretanha, Estados Unidos e Canadá.

2.2. *O modelo previdenciário britânico*

Notadamente, no Reino Unido, desde o início da década de 1980, objetivos econômicos e sociais mais amplos de progresso econômico coletivo e responsabilidade social pessoal têm desafiado os entendimentos tradicionais sobre a extensão das responsabilidades dos estados em fornecer uma rede de segurança universal de provisão socioeconômica, de acordo com as necessidades individuais[14].

---

(11) A Escola de Chicago é uma escola de pensamento econômico que defende o mercado livre e que foi disseminada por alguns professores da Universidade de Chicago. Os líderes dessa escola são George Stigler e Milton Friedman, ambos laureados com o Prêmio Nobel da Economia. Suas ideias são associadas à teoria neoclássica da formação de preços e ao liberalismo econômico, rejeitando o Keynesianismo em favor do monetarismo (até 1980, quando passou a defender a teoria das expectativas racionais), e rejeição total da regulamentação dos negócios, em favor de um *laissez-faire* quase absoluto. Em termos metodológicos, enfatiza a "economia positiva", isto é, estudos empíricos baseados no uso de estatísticas, dando menor ênfase à teoria econômica e maior importância à análise estatística de dados. A "Escola de Chicago" se notabiliza por sua ampla gama de interesses, dedicando-se a estudos que vão da regulamentação ao casamento, da escravidão à demografia. O termo "Escola de Chicago" foi concebido na década de 1950 para se referir aos professores que lecionavam no Departamento de Economia da Universidade de Chicago, bem como em áreas acadêmicas relacionadas como a Escola Superior de Administração e a Faculdade de Direito. Reuniam-se frequentemente e promoviam acaloradas discussões, que ajudaram a cristalizar uma opinião desse grupo de economistas acerca de assuntos econômicos, baseada na teoria dos preços.

(12) SILVA, Wagner Wiliam da. *Do vagabundo ao cidadão* — uma discussão sobre a construção da proteção social na Inglaterra.. Dissertação (Mestrado) — Universidade Estadual de Campinas. Campinas: Instituto de Economia, 2010. Disponível em: <http://www.repositorio.unicamp.br/handle/REPOSIP/286340>. Acesso em: 11 jun. 2019.

(13) IBRAHIM, Fábio Zambitte. *A previdência social na sociedade de risco* — solidariedade e financiamento — a garantia da renda mínima. Disponível em: <http://www.sinteseeventos.com.br/bien/pt/papers/fabiozambitteAprevidenciasocialnasociedadederisco.pdf>.

(14) Indiscutivelmente, o estado de bem-estar do Reino Unido passou para a categoria liberal tipificada pelos EUA, onde o universalismo é limitado, o teste de meios predomina e a provisão privada é encorajada. ARRIS, N. *Law in a complex state:* complexity in the law and structure of welfare. Oxfort: Hart, 2013. p. 5.

Mais sistemas previdenciários capitalistas passaram a predominar nas técnicas de seguro protetivo nas relações laborais.

Além disso, também é notável que, no Reino Unido, a manutenção do bem-estar dos cidadãos através da provisão de apoio financeiro, tornou-se a maior área de gastos do governo(15), tornando-a altamente sensível às pressões econômicas nacionais, bem como às forças ideológicas, dirigido a limitar o papel do estado. Pouco a pouco, o sistema de capitalização foi entrando em cena.

Portanto, nas últimas três décadas, as sucessivas reformas governamentais da seguridade social da Grã-Bretanha foram fortemente influenciadas, se não totalmente dirigidas, pelo desejo de conter e, quando possível, reduzir esses encargos crescentes sobre os cofres públicos.

A Reforma da Previdência Social do Reino Unido, em 2012, ecou por toda a Grã-Bretanha e demonstrou que a falta de acesso a benefícios do seguro social, com maior predominância ao privado, empurrou cidadãos ingleses e seus irmãos bretãos a curtas rendas familiares e vulnerabilidades(16).

Ao contrário de outros Estados europeus, os direitos socioeconômicos substantivos do tipo delineado nos arts. 9º a 14º do Pacto Internacional sobre os Direitos Econômicos, Sociais e Culturais (PIDESC) ou no art. 34º da Carta Europeia dos Direitos Fundamentais não têm proteção formal na Constituição não escrita do Reino Unido.

Assim, nas últimas três décadas, o Tribunal Europeu de Direitos Humanos vem enfrentando cada vez mais questões vindas dos tribunais do Reino Unido (como de outras jurisdições) sobre os limites das responsabilidades do Estado para atender às necessidades humanas básicas, como tratamento prolongado para pacientes terminais, instalações aumentar a capacidade das pessoas com deficiência de viver uma vida satisfatória na comunidade, ou de fazer provisões básicas, incluindo abrigo, para aqueles que sofreram privações extremas ou danos psicológicos como resultado da conduta do estado, seus agentes ou terceiros(17).

No Reino Unido, a habilitação para a aposentadoria ocorre aos 65 anos para homens e 62 para mulheres e veio aumentando até chegar aos 65 anos de idade em 2018, em ambos os sexos. A partir de 2019 mudou para 66 anos, em ambos os sexos, e com previsão de idade mínima igualitária de 67 anos, a partir de 2026-2028, também sem diferenciação por sexo. Além da idade é necessário ter no mínimo 30 anos de contribuição para a previdência(18).

O sistema contributivo inglês define que as contribuições previdenciárias dos trabalhadores são de 9,05% para salários entre 153 e 805 libras, sofrendo majoração de 1% para salários superiores.

A cotização patronal é de 11,9% dos salários acima de 155 libras semanais, valores de abril de 2017(19). Para percepção de aposentadoria, é obrigatória a contribuição dos trabalhadores autônomos também. Existe um benefício básico pago pelo Estado para pessoas que chegarem à idade de aposentadoria. Caso o trabalhador decida por prorrogar a percepção de seu benefício e se aposentar com idade superior ao mínimo exigido, ele terá uma suplementação deste. Trata-se de prestígio inglês, nos reflexos dos cálculos do benefício de aposentadoria, para quem passa da idade mínima e permanece trabalhando(20).

---

(15) LEVELL, Wenchao P.; PHILLIPS, A. D. *Pesquisa dos benefícios no Reino Unido*. London: Institute for Fiscal Studies, 2010.

(16) PALMER, Ellier. Um direito significativo à segurança social no reino unido: além das políticas e políticas de austeridade? In: *O direito à seguridade social nas Constituições do mundo:* ampliando o espaço moral e legal para a justiça social. Estudos Global da OIT. Genebra: Europa, 2016. v. 1, p. 297.

(17) CLEMENTS, L.; SIMMONS, A. European Court of Human Rights: sympathetic unease. In: *Langford, Social Rights Jurisprudence*, n. 5 *apud* PALMER, Ellier. *Protecting socio-economic rights through the European Convention on Human Rights:* trends and developments in the European Court of Human Rights. Erasmus Law, 2009. p. 397.

(18) SOCIALSECURITY ADMINISTRATION (SSA). *Social security programsroughout the world:* Europe, Washington, 2014. Disponível em: <https://www.ssa.gov/policy/docs/progdesc/ssptw/2014-2015/europe/ssptw14europe.pdf>. Acesso em: 15 jun. 2019.

(19) Para benefícios contributivos, como subsídio de candidato a emprego contributivo, a elegibilidade geralmente depende de o requerente ter pago as contribuições de seguro nacional (NICs) suficientes durante a sua vida. Os NICs são feitos por funcionários cujos ganhos estão acima de um limite (£ 155 por semana em 2016—17), embora o governo geralmente ampare aqueles que ganham entre o limite inferior de renda (LEL, £ 112 em 2016—17) e £ 155 por semana como se eles estivessem fazendo contribuições. Alguns benefícios, como subsídio de subsistência por invalidez, não são nem contributivos nem testados em termos de recursos e estão disponíveis universalmente para todas as pessoas que preenchem alguns critérios de qualificação.

(20) *Idem*.

A pensão por morte britânica era paga ao cônjuge sobrevivente se gravida ou com filhos, tendo seu valor acrescido em função do número de filhos. Talvez seja o novo modelo brasileiro de cotas de 10% a cada dependente (PEC n. 6/2019 — modelo da OCDE[21]). A pensão por morte era paga de modo vitalício se o beneficiário possui 55 anos ou mais e existe o pagamento de parte do valor para viúvos com mais de 45 anos. Além da pensão por morte, existe um seguro de prestação única (*Bereavement payment*) pago aos viúvos, como forma de pecúlio, caso assim faça a opção[22]. Mudanças na lei, trouxeram novas regras previdenciárias para a pensão por morte. A ver.

A Reforma Previdenciária de 2012, no Reino Unido, trouxe diversas modificações legais, mas desde 2010 tornou-se obrigatória a adesão para todos os trabalhadores ingleses, a partir de determinado nível de renda, a algum fundo de previdência privada[23], mas com a dificuldade de adesão primária, um a cada sete novos aposentados britânicos só passou a receber o valor básico de aposentação ofertada pelo governo, no pilar mínimo[24].

O citado benefício básico e mínimo foi alterado em 2015, e passou a ter um valor menor desde abril de 2016, o que representa que a Inglaterra e os demais países britânicos passaram a diminuir o ponto básico de apoio, praticamente assistencial, diante de dois fatores: primeiro, o alto custo da continuidade da sustentação financeira à assistência social pela solidariedade, cujo tesouro público demonstrou fragilidades; segundo, a reprimenda sem tamanho do povo britânico em continuar a população a bancar esses benefícios a custas dos trabalhadores nacionais, em grande parte em favor de estrangeiros imigrantes e desprovidos[25].

Estas mudanças mostram a tendência de fortalecimento dos regimes privados de capitalização em detrimento do regime público de aposentadorias na Inglaterra, traço característico da mais antiga economia liberal moderna.

O sistema inglês e britânico, em geral, único, está baseado em 4 pilares básicos de atenção à promoção social mínima, e que levou ao levante da sociedade laboral inglesa contra os altos gastos[26]: *Protetivo*: proporcionar alívio da privação (por exemplo, benefícios de renda, aposentadorias mínimas pelo Estado); *Preventivo*: evitar a privação (por exemplo, clubes de poupança, seguro social); *Promotivo*: aumentar as receitas e capacidades (por exemplo, entradas); e *Transformador*: equidade social e inclusão, empoderamento e direitos (por exemplo, leis trabalhistas)[27].

Os muitos elementos do sistema de benefícios previdenciários britânicos são atualmente administrados por várias organizações diferentes. O Departamento do Trabalho e Pensões (DWP — equivalente ao nosso INSS) é responsável pela maioria dos benefícios, as autoridades locais administram os benefícios de habitação e os esquemas de redução de impostos e o HMRC (Receita Federal britânica) administra o pagamento de benefício da criança, o do abono de guarda e o sistema de créditos tributários.

O DWP executa vários serviços, incluindo o Centro Mais Emprego e o Serviço de Cuidados Infantis, que são o principal ponto de contato para os candidatos a benefícios. Os potenciais requerentes entram em contato com esses prestadores de serviços para solicitar benefícios específicos e são obrigados a fornecer qualquer evidência que seja necessária para avaliar a elegibilidade de sua

(21) OCDE. *Pensions at a Glance:* public policies across OECD countries. OCDE, 2005.

(22) TAFNER, Paulo. Simulando o desempenho do sistema previdenciário e seus efeitos sobre pobreza sob mudanças nas regras de pensão e aposentadoria. *Texto para Discussão*, Rio de Janeiro, n. 1.264, 2007. Disponível em: <http://repositorio.ipea.gov.br/bitstream/11058/1794/1/TD_1264.pdf>. Acesso em: 15 jun. 2019.

(23) COLLINSON, Patrick. One in seven people retires with no private pension. *The Guardian Money*, 2014. Disponível em: <http://www.theguardian.com/money/2014/apr/09/retire-no-private-pension-prudential>. Acesso em: 17 jun. 2019.

(24) *Idem*.

(25) JONES, Harvey. How to maximise your state pension. *The Guardian Money*, 2015. Disponível em: <http://www.theguardian.com/money/2015/jun/30/how-to-maximise-state-pension>. Acesso em: 17 jun. 2019.

(26) Em 2015/16, mais de £ 200 bilhões foram gastos no sistema de bem-estar na Grã-Bretanha, tornando-se a maior área individual de gastos governamentais. HOOD, Andew; KEILLER, Agnes Norris. *Uma pesquisa do sistema de benefícios do Reino Unido. Instituto da Estudos Fiscais*, 2016. Disponível em: <https://www.ifs.org.uk/bns/bn13.pdf>.

(27) BROWNE, E. *Social protection:* topic guide. Birmingham: GSDRC, University of Birmingham, 2015.

reivindicação, como informações sobre sua renda atual. Quando um reclamante é aprovado, é de sua responsabilidade relatar quaisquer alterações nas circunstâncias que possam afetar seu direito ao provedor de serviços e os pagamentos de benefícios sejam ajustados de acordo[(28)].

Para imigrantes receberam benefícios do DWP, as regras de residência (ter a sua casa) e presença (estar fisicamente presente) na Grã-Bretanha variam entre diferentes benefícios e créditos fiscais. O direito à previdência social mínima depende do tempo de permanência dos requerentes na Grã-Bretanha, sua nacionalidade, estatuto de imigração e se estão abrangidos por disposições do direito europeu[(29)].

Com exceção da aposentadoria da Categoria D, todas as aposentadorias são pagas sem limite de tempo enquanto o reclamante estiver no exterior. No entanto, se o requerente já não residir habitualmente na Grã-Bretanha, só terá a sua aposentadoria aumentada todos os anos se for para outro Estado da Área Econômica Europeia (EEE) ou para um país que tenha um acordo de seguridade social com o Reino Unido.

Não há condições de residência ou de presença para pagamento estatutário de doença, maternidade, paternidade ou adoção.

O leque de benefícios britânicos se resume à seguinte lista[(30)]:

1. Créditos fiscais pessoais para crianças e trabalhadores[(31)] — não há semelhança no Brasil, pois são valores pagos a pais que deixaram de trabalhar porque há necessidade de cuidar de filhos, ou mesmo continuaram no trabalho, mas com redução de carga horária. Talvez, no Brasil, o que mais se pode aproximar desse benefício britânico, mas com boa distância é o salário-família, mas muito mais que isso, um apoio a natalidade no país, incentivando o aumento na base da pirâmide com o acréscimo espontâneo de filhos nas famílias britânicas. O auxílio-doença parental brasileiro lembra, em certa medida, um dos tipos de crédito fiscal pessoal para cuidados com familiares sãos e não sãos;

2. Benefícios para familiares com crianças[(32)] (incluindo benefício monoparental): subsídio ao guardião (pecúlio)[(33)], salário-materni-

(28) BARTH, J.; CAPRIO, G.; LEVINE, R. *Rethinking banking regulation:* till angels govern. Cambridge: Cambridge University, 2006. p. 98.

(29) *Idem.*

(30) Boa parte das notas de rodapé a seguir são fruto de interpretação das atuais regras britânicas do material consultado. Muito mais benefícios e regras são listados, mas por amor à brevidade que um artigo científico requer, fez-se um apanhado do mais significativo. Uma pesquisa sobre o sistema de benefícios do Reino Unido. In: HOOD, Andew; KEILLER, Agnes Norris. *Uma pesquisa do sistema de benefícios do Reino Unido. Instituto da Estudos Fiscais*, 2016. Disponível em: <https://www.ifs.org.uk/bns/bn13.pdf>.

(31) O crédito fiscal para o trabalho (WTC — Work Credit Tax) está disponível desde 6 de abril de 2003 e fornece apoio durante o trabalho para adultos trabalhadores com baixos salários. O WTC exige que o requerente (ou o seu parceiro) esteja em trabalho remunerado a tempo inteiro. Normalmente, os requerentes com 25 anos ou mais só são elegíveis se trabalharem pelo menos 30 horas por semana. Regras mais brandas aplicam-se a trabalhadores com deficiência, maiores de 60 anos, pais solteiros e casais com filhos. Os primeiros três destes grupos são elegíveis para o WTC desde que pelo menos um adulto no agregado familiar trabalhe 16 ou mais horas por semana. Para ser elegível para o WTC, os casais com filhos devem, além de atender a essa condição, trabalhar por um total combinado de pelo menos 24 horas. Este requisito adicional é dispensado se o parceiro de trabalho estiver incapacitado ou tiver 60 anos ou mais ou se o parceiro que não estiver trabalhando tiver direito ao subsídio de assistência, incapacitado ou na prisão. Estes são pagos pela Receita inglesa, a HMRC — Receita e Alfândega de Sua Majestade, pois são créditos fiscais pagos e não benefícios previdenciários.

(32) Há uma série de benefícios que são direcionados às famílias. Por exemplo, o subsídio/auxílio para filhos e o abono de guarda fornecem apoio quase universal para pais ou responsáveis pela criação de filhos. Os benefícios estatutários de maternidade, paternidade e adoção, bem como o subsídio de maternidade, são pagos quando há um novo acréscimo à família, para pessoas que trabalharam e acumularam direitos. Em contraste, como parte do Fundo Social, os subsídios de maternidade *Sure Start* são pagamentos únicos feitos a novas mães com base na necessidade. Além dos benefícios discutidos nesta seção, os benefícios que estão disponíveis para outros grupos podem incluir elementos que forneçam apoio financeiro extra para as famílias, como o prêmio da família de benefícios de moradia e abono de família. Estes são pagos pelo INSS britânico, digo o DWP, pois são benefícios previdenciários.

(33) O subsídio do guardião (GA — *Guardian's Allowance*) é um benefício pago além do benefício da criança para as famílias que criam um filho ou filhos cujos pais morreram. Se apenas um dos pais tiver morrido, o GA ainda poderá ser pago se o paradeiro do outro pai for desconhecido. O requerente não precisa ser o tutor legal da criança, mas a criança deve estar vivendo com o requerente ou o requerente deve estar fazendo contribuições para a manutenção da criança de pelo menos £ 16,55 por semana.

dade[34], salário-paternidade, parental compartilhado e pagamento por adoção, subsídio de maternidade (pecúlio)[35] e bolsa maternidade em pecúlio por certeza de início dela — *Sure Start* (auxílio-natalidade)[36].

3. Benefícios para pessoas desempregadas: Subsídio para candidatos a emprego com base no rendimento último[37], subsídio desemprego assistencial para pessoas de baixa renda (*Income-based jobseeker's allowance*)[38], novo subsídio para início do mercado de trabalho[39].

4. Benefícios para pessoas de baixa renda: renda de apoio[40], benefício habitação (para pessoas de baixa renda), pagamentos extras discricionários de habitação básica, auxílio funeral[41] e auxílio em climas frios[42].

Um pai adotivo não conta como pai e, portanto, pode receber o GA por criar um enteado se ambos os pais naturais tiverem morrido. Os pais adotivos contam como pais e, portanto, não podem receber o GA na maioria dos casos. As regras relativas a quem conta como criança são as mesmas que para o benefício da criança.

(34) O Salário Maternidade Inglês (SMP) é uma quantia mínima legal que **os empregadores devem pagar aos seus empregados durante a licença maternidade, embora quase todo o custo possa ser recuperado do governo (reembolso brasileiro, que se compensa integral)**. Muitas mulheres recebem mais do que o mínimo, mas isso é pago pelos empregadores e não pelo governo (diferente do Brasil). Para reivindicar, a mulher deve ter estado em emprego contínuo com o mesmo empregador por pelo menos 26 semanas, até e incluindo a 15ª semana antes da semana em que o bebê é devido. Ela também deve ter ganhado, pelo menos, o limite de rendimentos mais baixos para as contribuições do seguro nacional (£ 112 por semana em 2016-17), em média, durante as oito semanas, até e incluindo a 15ª semana antes da semana em que o bebê é devido. Para reivindicar o SMP, a mulher não precisa pretender voltar ao trabalho.

(35) O subsídio de maternidade (AM) pode ser pago a mulheres grávidas e a novas mães que não possam reivindicar o SMP. Para ser elegível para MA, os requerentes devem satisfazer tanto um teste de emprego como uma condição de salário. Para satisfazer o teste de emprego, o requerente deve ter sido empregado ou autônomo (não necessariamente continuamente ou pelo mesmo empregador) por pelo menos 26 das 66 semanas, até e incluindo a semana antes do nascimento do bebê (conhecido como emprego, período de teste (período de experiência)). Seria um salário-maternidade pago em forma de pecúlio para mulheres no período de graça brasileiro.

(36) Salário maternidade, paternidade, parental compartilhado e por adoção são benefícios britânicos tributáveis e contributivos, tão tributáveis quanto o salário-maternidade brasileiro, que incide sobre ele, por lei, apesar da jurisprudência variável, contribuições previdenciárias. O pagamento para a guarda, por ser pecúlio inglês, não é tributável nem contributivo.

(37) O subsídio de Desemprego (JSA — *Jobseeker Allowance*) substituiu o subsídio de desemprego e o subsídio de rendimento (IS) para desempregados desde 7 de outubro de 1996. Existem dois tipos principais de ACC: a contribuição-base é paga a indivíduos que satisfizeram as condições da Contribuição da Renda Nacional (NIC), ou seja, o seguro-desemprego britânico é contributivo; A JSA baseada em renda é paga a requerentes que satisfazem um teste de renda baseado na renda familiar. Para se qualificar para qualquer um dos tipos de JSA, o requerente deve ter 18 anos ou mais, mas abaixo da idade de aposentadoria do estado (SPA), pois não se cumula seguro-desemprego inglês com aposentadoria ou para exercício dela. Algumas pessoas de 16 e 17 anos podem se qualificar para a JSA em casos especiais. Além disso, o requerente não deve trabalhar por 16 horas ou mais por semana, e deve ser capaz de iniciar o trabalho imediatamente e estar ocupando ativamente mais de dois anos, por semana, para encontrar um emprego, como assistir a entrevistas, escrever pedidos ou procurar informações sobre o emprego.

(38) Aqueles que não se qualificam para JSA com base em contribuição, podem ser capazes de receber JSA baseada em renda se tiverem renda suficientemente baixa. Apenas um parceiro de um casal pode receber JSA baseada em renda, e o parceiro do reclamante não deve estar trabalhando por mais de 24 horas por semana (conforme descrito acima, ambas as formas de JSA exigem que o reclamante não trabalhe 16 horas ou mais por semana). Casais sem filhos devem reivindicar a JSA em conjunto. Isso significa que ambos geralmente precisam assinar e atender às condições de benefício.

(39) O novo subsídio corporativo faz parte da política do governo de ajudar as pessoas a encontrar e permanecer no trabalho. Se um indivíduo obtém certos benefícios e tem uma ideia de negócio viável, então pode ser que criar seu próprio negócio e se tornar autônomo seja um caminho efetivo de volta ao trabalho.

(40) O apoio ao rendimento (IS — *Income Support*) é um benefício pago a pessoas com baixos rendimentos, embora não esteja disponível para os desempregados (que podem solicitar subsídio para candidatos a emprego — JSA) ou para aqueles que trabalham em regime de tempo integral (que podem reivindicar crédito fiscal em funcionamento). O IS é, portanto, principalmente pago aos pais solteiros com uma criança menor de 5 anos e cuidadores (embora alguns outros indivíduos também sejam elegíveis). Os requerentes devem ter entre 16 e a idade em que eles podem obter crédito de pensão. O IS não pode ser reivindicado ao mesmo tempo que o JSA ou subsídio de emprego e apoio. O parceiro de um requerente do IS não pode reclamar JSA com base no rendimento — assistencial (incluindo JSA com reclamação conjunta).

(41) Os pagamentos de funeral podem ser concedidos a requerentes que sejam (por um bom motivo) responsáveis pela organização de um funeral, mas que sejam incapazes de cobrir uma despesa tão grande. O valor a pagar cobre os custos de enterro ou cremação, a documentação necessária para a liberação dos ativos do falecido, algumas despesas de viagem são de até £ 700, inclusive para outros custos (por exemplo, taxas de flores e diretores funerários).

(42) Os pagamentos em climas frios estão disponíveis para todos aqueles que recebem crédito previdenciário e certos subgrupos daqueles que recebem ESA relacionado à renda, JSA baseado em renda, suporte à renda ou crédito universal, principalmente aqueles com filhos deficientes ou com menos de cinco anos. Trata-se de extensão de benefícios assistenciais britânicos.

5. Benefícios para pessoas mais velhas[(43)]: aposentadoria básica estatal contributiva[(44)] (está em 65 anos e 6 meses para ambos os sexos e subindo igualmente); aposentadoria básica estatal não contributiva; aposentadoria estatal adicional; esquema de assistência financeira; crédito previdenciário[(45)]; pagamento de combustível em inverno.

6. Benefícios para pessoas doentes e deficientes: benefício por incapacidade; subsídio de emprego e apoio[(46)]; auxílio de incapacidade grave; pagamento de independência pessoal; subsídio de subsistência de incapacidade; subsídio de comparecimento; subsídio de cuidador (semelhante aos 25% a mais para a aposentadoria brasileira por invalidez); subsídio de mobilidade[(47)]; benefícios de lesões industriais[(48)]; aposentadoria de guerra; pecúlio para invalidados das forças armadas.

7. Benefícios para pessoas enlutadas[(49)]: be-

---

(43) A Lei de Aposentadorias de 2014 reviu o sistema de aposentadorias do Reino Unido. Existem atualmente grandes diferenças no nível de rendimentos de aposentadorias estatais recebidas por indivíduos diferentes. A aposentadoria estatal de nível único (STP) fixa um único nível de apoio às aposentadorias: a partir de 6 de abril de 2016, os indivíduos que atingirem a idade de reforma serão elegíveis para uma aposentadoria estatal fixa de £ 155.65 por semana, desde que tenham feito 'contribuições' por pelo menos 35 anos.

(44) A partir de abril de 2010, a idade de aposentadoria para as mulheres vem aumentando em um mês a cada dois meses, chegando a 63 em abril de 2016; aumentando, então, para 65 a uma taxa de três meses em cada mês. A partir de novembro de 2018, houve um único SPA para homens e mulheres. O SPA conjunto aumentará um mês em cada mês, de 65 até 66, em outubro de 2020, e atualmente há planos de aumento para 67 entre 2026 e 2028 e para 68 entre 2044 e 2046. Atualmente, existem três categorias de aposentadorias por idade estatais: Categoria A, com base no próprio registro de contribuição do Seguro Nacional do indivíduo (NIC); Categoria B com base no registro NIC de seu cônjuge ou parceiro civil ou cônjuge falecido ou parceiro civil; e Categoria D para pessoas com mais de 80 anos que não têm direito a nenhuma pensão do estado. Por exemplo, se apenas um membro de um casal tiver NICs suficientes, o outro cônjuge ou parceiro civil terá direito a £ 71,50.

(45) O crédito previdenciário (PC) foi introduzido em 6 de outubro de 2003 em substituição ao apoio à renda (IS) para a população aposentada (também conhecida como garantia de renda mínima, MIG), na tentativa de melhorar os incentivos para economizar para a aposentadoria. Antes do PC, os pensionistas com renda superior à pensão básica do estado, mas inferior à do MIG, enfrentavam uma taxa de retirada marginal de 100% (£ 1 de apoio perdido para cada £ 1 adicional de sua própria renda). O PC reduz esse desincentivo para economizar, introduzindo um crédito de poupança com uma taxa de retirada marginal de 40%.

(46) O Subsídio de Emprego e Apoio (ESA — semelhante ao BPC/LOAS deficiente no Brasil) substituiu o subsídio por incapacidade e subsídios relacionados com a deficiência para novos requerentes desde outubro de 2008. Tal como o subsídio para candidatos a emprego, existem duas formas de ESA: um formulário contributivo e um formulário relacionado com o rendimento. O ESA contributivo é pago apenas aos requerentes que satisfaçam as condições apropriadas do Seguro Nacional. Até abril de 2012, os jovens puderam reivindicar "ESA na juventude" — uma forma de ESA contributivo — sem atender aos critérios de contribuição, mas isso não está mais disponível. A ESA relacionada com o rendimento é paga a requerentes que não satisfizeram os critérios de contribuição, mas que passaram num teste de meios. Um aumento para os parceiros está incluído no SEC, relacionado com o rendimento, mas não no modelo contributivo do ESA. O processo de avaliação médica é chamado de "avaliação da capacidade de trabalho" (WCA), que é realizada por um provedor externo. Seu primeiro componente é a "capacidade limitada para testes de trabalho", que determina se o indivíduo pode ser premiado com o ESA ou se deve solicitar o subsídio do candidato a emprego. O segundo componente do WCA testa se o indivíduo tem "capacidade limitada para atividades relacionadas ao trabalho". Isso divide os reclamantes em dois grupos: o grupo de atividades relacionadas ao trabalho e o grupo de suporte. Após o WCA inicial, os reclamantes são reavaliados periodicamente para monitorar quaisquer mudanças em sua capacidade de trabalhar.

(47) Valores para comprar carros adaptados a pessoas com deficiência ou para adaptar os carros existentes já adquiridos pelos deficientes.

(48) Benefícios de lesões industriais são pagáveis a indivíduos que sofreram danos em um acidente industrial, ou que contraíram uma doença industrial durante o trabalho e, como resultado, sofrem perda de corpo docente e, consequentemente, são considerados pelo menos parcialmente incapacitados. O principal benefício é o de incapacidade para lesões industriais (IIDB). Vários benefícios podem ser pagos como aumentos para o IIDB, sendo o mais importante o subsídio de frequência constante e o subsídio de incapacidade excepcionalmente grave. O benefício realmente pago depende da extensão da incapacidade (avaliada em uma base percentual). Para se qualificar para o IIDB, a deficiência geralmente tem que ser de pelo menos 14%. Acima deste nível, o benefício é pago na fração adequada da taxa máxima, exceto que a incapacidade entre 14% e 20% é de 20%, e todas as avaliações acima de 20% são arredondadas para os 10% mais próximos (múltiplos de 5% são arredondado para cima). Assim, uma pessoa com 63% de deficiência receberia 60% da taxa máxima apropriada, enquanto 78% de incapacidade atraem 80% do máximo, e assim por diante.

(49) Quando uma pessoa morre, o governo fornece apoio ao cônjuge e/ou parentes. O pagamento de luto é um pagamento fixo único a ser reivindicado até 12 meses após a morte. Subsídio de luto é um pagamento semanal que substituiu a pensão da viúva. Se a pessoa enlutada teve filhos ou estava grávida no momento da morte, eles podem pedir o subsídio de pai viúvo, que substituiu o subsídio da mãe viúva. Há benefícios separados disponíveis para os sobreviventes de pessoas que morreram como resultado do serviço nas forças armadas, a saber, a pensão da viúva de guerra e o pagamento da renda garantida dos sobreviventes. O pagamento de luto é um pagamento único, de £ 2.000, disponível para viúvas e viúvos (incluindo parceiros civis sobreviventes)

nefícios da viúva e do luto[50]; benefício por morte na indústria;

8. Outros benefícios: bônus de natal[51] e crédito universal.[52]

Há uma lista fixa de doenças graves no Reino Unido, que se aproxima bem pouco da brasileira do Ministério da Saúde. O Ato de Pneumoconiose etc. (Compensação dos Trabalhadores) de 1979, forneceu subsídios a vítimas de certas doenças industriais relacionadas ao pó e ao amianto (proibido no Brasil, pelo STF). As doenças incluídas na lei são pneumoconiose, mesotelioma difuso, bissinose, espessamento pleural difuso e carcinoma primário de pulmão (câncer de pulmão) se acompanhado de asbestose ou espessamento pleural difuso.

Para ser elegível, a doença relacionada à poeira de um indivíduo deve ter sido causada por seu emprego e deve estar recebendo benefício por incapacidade de lesões industriais. Dependentes do sofredor podem ser capazes de reclamar se o sofredor morrer, mas as reclamações devem ser feitas dentro de 12 meses após a morte.

O Reino Unido migrou da repartição simples (com teto baixo) para a capitalização, mormente nos benefícios não básicos, mas boa gama de contribuições vertidas ao sistema previdenciário britânico são vertidas para o mercado financeiro para trazer mais amplitude, aproximando-se do regime nocional, em que as cotizações entram como repartição simples para garantir pagamentos dos atuais inativos, mas são friamente calculadas individualmente em contas capitalizadas, de modo virtual. Trata-se de um sistema híbrido obrigatório[53], que seguiu a corrente chilena, nos anos 1980.

O modelo híbrido britânico[54], que predomina hoje globalmente, tem um pilar de proteção social (bancado pelo governo, como os vários benefícios mínimos e básicos listados acima, e para os quais não é preciso ter contribuído para receber o benefício, demonstrando baixa renda), um de repartição (atual sistema brasileiro, onde os trabalhadores atuais bancam a aposentadoria dos inativos) e um de capitalização híbrido obrigatório nocional (modelo sueco[55]).

---

que reivindicam dentro de 12 meses da morte do cônjuge. Os requerentes devem estar em idade de reforma quando o cônjuge/companheiro falecer, a menos que este não tenha direito a uma pensão do Estado da categoria A.

(50) O subsídio de luto (BA) substituiu a pensão de viúva a partir de 9 de abril de 2001 e é pagável a homens e mulheres viúvos a partir dessa data. Diferentes regras se aplicam a homens e mulheres viúvos antes dessa data. A partir de 5 de dezembro de 2005, os parceiros civis sobreviventes são tratados da mesma forma que os viúvos para efeitos do pagamento de benefícios de luto. Os requerentes devem estar em idade de aposentadoria, mas com idade mínima de 45 anos, quando o cônjuge falecer. O cônjuge ou parceiro falecido deve ter satisfeito as condições da NIC ou ter morrido como resultado de uma lesão ou doença industrial. BA é pagável por até 52 semanas após a data da morte, a menos que o reclamante se case novamente nesse tempo (caso em que o direito cessa).

(51) O bônus de Natal é o único benefício nacional não incluído em nenhuma dessas seções. Trata-se de um pagamento único, isento de impostos, de 10 libras esterlinas aos beneficiários de determinados benefícios na semana que se inicia na primeira segunda-feira de dezembro. Apenas um bônus pode ser recebido por pessoa, embora em casais em que ambos os parceiros recebam benefícios qualificados, dois pagamentos separados podem ser feitos. Se ambos os parceiros estiverem acima da idade de aposentadoria do estado, ambos receberão o bônus de Natal sob certas condições, mesmo se apenas um receber um benefício qualificado. O gasto total com o bônus de Natal foi estimado em £ 160 milhões em 2015/2016, com cerca de 16 milhões de requerentes.

(52) O crédito universal (UC) é um novo benefício para aqueles de baixa renda. Afeta as pessoas que estão dentro e fora do trabalho (incluindo as que estão doentes ou cuidadoras), mas não altera diretamente o apoio comprovado em termos de recursos para adultos ao longo da idade de reforma do Estado (SPA). Benefícios e créditos para o trabalho destinados a adultos em idade ativa: apoio ao rendimento, subsídio para candidatos a emprego com base no rendimento (ACS), subsídio de emprego e apoio ao rendimento (ESA), subsídio de alojamento, crédito fiscal por criança e crédito fiscal. Embora se pretenda, eventualmente, ser nacional, o UC está sendo introduzida em etapas graduais. Seria um suposto renda mínima.

(53) Outras propostas se referem a tornar a poupança individual automática — ou seja, fazer com que parte do salário seja automaticamente depositada numa conta bancária. No Reino Unido, 8% da remuneração será descontado desta forma a partir de 2019. Disponível em: <https://www.bbc.com/portuguese/internacional-45269015>. Acesso em: 18 jun. 2019.

(54) HARDY, Stephen. *Social security law in the United Kingdow*. 3. ed. London: Wolters Kluwer Law International, 2018. p. 125.

(55) Suécia e Itália têm sistemas previdenciários enormes e graves problemas demográficos. Em 2000, a Itália era o país com maior proporção de idosos no mundo, e a Suécia seguia os italianos de perto. Ao mesmo tempo, o sistema previdenciário italiano tem uma taxa de reposição de 88%. Uma reversão demográfica dessa natureza, acoplada a um programa de BD financiado por repartição com tal gigantismo, deveria levar a um impacto fiscal de tal magnitude que inviabilizaria o Estado italiano. No entanto, a Itália em 2050 estará gastando com benefícios 0,3% do PIB a menos do que gasta hoje, pelas projeções da OCDE. A Suécia, por sua vez, estará gastando 1,6% do PIB a mais, o que é muito pouco comparado com o que França e Alemanha gastarão. Qual é o segredo? Suécia e Itália implementaram reformas que mantêm a característica de repartição, mas criam vínculos estreitos entre

Os Estados Unidos e o Canadá têm semelhantes modelos. A ver.

2.3. O modelo previdenciário norte-americano

O sistema previdenciário dos Estados Unidos é tanto ou mais rígido que o brasileiro no que se refere ao tempo de contribuição, o modelo contributivo e o prazo de resgate do valor contributivo acumulado. Lembre-se que nos Estados Unidos há uma forte presença da previdência privada de capitalização, por isso o instituto do resgate[56].

Numa essência muito apertada, o sistema norte-americano se divide em dois planos: a) o público de previdência conhecido como *Social Security* e o modelo privado conhecido como Plano 401K (esse nome advém do código fiscal americano ao qual o plano está inserido)[57].

No famoso modelo 401K, as empresas e trabalhadores contribuem em conjunto para constituir uma reserva financeira. No lugar da empresa, descontar o valor usual para o fisco americano, faz a aplicação do montante em um fundo 401k em benefício do trabalhador[58].

Esse fundo varia de acordo com o perfil do risco do investidor americano, e, em regra, começa com um perfil mais arriscado, isso mesmo, a fim de potencializar o retorno dos participantes e, tem como tendência, a se tornar mais conservador com o passar do tempo e próximo da jubilação.

O valor acumulado é administrado por um gestor especializado contratado pela empresa, mas os trabalhadores têm a opção de si próprios administrarem os ativos de seus investimentos.

Quer funcionários sazonais e de pouca duração no trabalho, como assentou a consultoria Payscale[59], em 2013, nas empresas Google e Amazon, quer os mais tradicionais e mais longevos nas empresas General Motors, Kodak e Assurant Inc, no Plano 401k, ambos são administrados por sistemas de capitalização, posto que os antigos precisam respeitar longos prazos de resgate (aos 70 anos de idade), enquanto os sazonais, com 60 anos, já podem optar pelo resgate. A penalidade do resgate prévio e fora do prazo é a multa administrativa sobre o montante (em média de 10%), fora o imposto progressivo incidente sobre o valor. Lembram um pouco o PGBL brasileiro, com possibilidade de dedução do imposto de renda proporcional ao total contribuído[60].

O imposto, no Plano 401k, possui dois modelos de incidência: a) apenas o montante aportado é fato gerador, sendo que os rendimentos são de aplicação livre de tributos (chamado Roth Count 401); b) o fato gerador é o montante inicial mais o rendimento[61].

No modelo público *Social Sevurity*, há a solidariedade e pacto entre gerações (ativos trabalham e contribuem para os inativos atuais receberem). O sistema contributivo funciona em face de acúmulo de créditos que o trabalhador consegue ao longo da vida laboral, recebendo um crédito a cada trimestre trabalhado[62].

Nesse interessante sistema, para o trabalhador estar apto ao recebimento da aposentadoria, necessita de 40 créditos ao todo, ou seja, necessita de

---

contribuição e benefício. Os casos de crise no sistema de BD não capitalizado, especificamente os casos da Alemanha, do Japão, da França e dos Estados Unidos, têm optado por um sistema novo, equilibrado atuarialmente, baseado em CD. Sistemas de CD capitalizados estão realmente sujeitos a riscos de mercado. Uma alternativa para sociedades muito avessas ao risco é a instituição de CD, mas com a manutenção da base de repartição, e, portanto, sujeita ao risco demográfico e de performance econômica do país. Isso pode ser feito através de contas nacionais previdenciárias, como feito na Suécia e na Itália, entre outros países. O sistema previdenciário sueco que vigorava até o ano 2000 era um típico sistema de BD financiado com base em repartição. O sistema pagava benefícios generosos, e sua sustentação dependeria de um ajuste futuro da carga tributária de 18,5% para 30%. Em 2000, a Suécia modificou o sistema, transformando-o em um sistema de contribuição definida nocional (CDN). Cerca de seis anos depois, o sistema está sendo adotado por seis países (incluindo Itália e Polônia) e tem sido objeto de estudo de diversos especialistas no assunto. FERREIRA, Sérgio Guimarães. *Sistemas de previdência em países industrializados:* a crise e suas soluções. Disponível em: <http://www.ipea.gov.br/portal/images/stories/PDFs/livros/Arq11_Cap04Sistemasprevidencia__21.pdf>. p. 165.

(56) DIAMOND, P.; GRUBER, J. Social security in the United States. In: GRUBER, W. (ed.). *Social security and retirement around the world.* Chicago: University of Chicago, 1999. p. 81.

(57) *Idem.*

(58) *Idem.*

(59) GLYNN, Timothy P. *Social security law in the United States.* 2. ed. London: Wolters Kluwer Law International, 2018. p. 88.

(60) *Idem.*

(61) *Idem.*

(62) *Idem.*

pelo menos 10 anos acumulando créditos, mas não com qualquer remuneração. Existe um salário-base elegível ao crédito, que é o salário mínimo americano, corrigido anualmente pelo índice de inflação americano (*Consumer Price Index*)[(63)].

Tudo isso parece ter início na Grande Depressão de 1929, com as economias americanas em ruínas após o *downcrash* do mercado financeiro. O presidente Theodor Roosevelt criou o Social Security Act, em 1935, tendo como escopo a repartição simples e o pacto entre gerações de ativos e inativos, com caixa único de sustentação para as dificuldades e alternativa à obrigação estatal em preservar a integridade das pessoas: seguro ao cônjuge e filhos na morte do segurado, seguro-desemprego, seguro invalidez, benefícios a veteranos de guerra etc.

Com a grande expansão da demografia no topo da pirâmide, a cada ano, com menos natalidade e mais expectativa de vida e sobrevida, a alternativa de Roosevelt, inspirada no seu criador essencial, Otto Von Bismarck, tornou-se e torna-se problema a ser solucionado.

Mas nos anos de 1940 a 1960, os Estados Unidos viveu um grande *baby boomer* de nascimentos de crianças (80 milhões de norte-americanos prontos a consumir e a se desenvolver na sociedade e no mercado). Isso foi ótimo nos anos de 1980 e 1990, época em que esses mesmos passaram a trabalhar, produzir, receber remunerações e contribuir.

Ocorre que nos anos 2000 em diante essas crianças de outrora começaram a se aposentar, e com número insuficientes de novos trabalhadores contribuindo para o equilíbrio financeiro e atuarial do sistema.

Assim se define a pirâmide demográfica norte-americana, em 2016[(64)]:

Há certo equilíbrio entre o número de homens e mulheres no país, além de um número razoável entre pessoas na idade de vinte a cinquenta anos contribuindo para uma população acima dos cinquenta anos, prestes a obter o benefício da aposentadoria.

Mas a projeção para o ano de 2045, percebe-se o aumento da longevidade, com maior período de pagamento de benefícios, e os ativos tendo que trabalhar por mais tempo, e, assim, contribuindo, para manter a população mais velha, produto dos *baby boomers*. Vejamos[(65)]:

Um traço importante a se destacar é que a seguridade social dos Estados Unidos engloba os atendimentos em hospitais (em plano muito melhor que o sistema SUS — apesar de não estar em melhor nível — sendo privado), tratamentos médicos e recebimento de remédios (diferente de farmácia Popular — mais efetivo). Tudo isso dentro do *Social Security*.

Houve uma época no Brasil que somente tinha direito aos atendimentos médicos da União, pelo INAMPS, quem era segurado da Previdência Social.

Nos Estados Unidos, ao que se verifica, segurados previdenciários têm direito a um grande pacote de saúde.

O *Medicare*[(66)] (semelhante, em termos, ao Ministério da Saúde) é responsável pela parte que administra o uso de unidades hospitalares e centros

(63) *Idem*.

(64) Disponível em: <https://www.populationpyramid.net/pt/estados-unidos/2016/>.

(65) Disponível em: <https://www.populationpyramid.net/es/estados-unidos/2045/>.

(66) Disponível em: <https://www.medicare.gov/>.

de atendimento médico utilizados pelos americanos. Atualmente, existem quatro tipos de planos para os que necessitam deste sistema de saúde:

a) Part A (público): *Medicare Basic* — utilizados por aposentados, com isenção de taxas.

b) Part B (privado): *Medical Insurance* (seguro médico), com mensalidade (proporcionais ao ganho anual em salário) para usufruir tudo o que o Part A confere, mais exames e consultas médicas, bem como cirurgias. Quem utiliza são pessoas com enfermidades específicas. Há necessidade de expressa não opção em estar no plano. Se o interesse é posterior, é cobrado 10% ao ano e por toda a vida sobre o valor cobrado.

c) Part C (público e privado): No *Medicare Advantage Plans*, o usuário contrata um plano privado de saúde, porém tem os mesmos benefícios oferecidos pelo "Part A" e "Part B". Este serviço é recomendado àqueles que querem dar um *upgrade*, permitindo ao contribuinte personalizar seu "pacote médico". O valor cobrado varia de acordo com as necessidades de cada cidadão.

d) Part D: O *Prescription Drug Coverage* é o modelo contratado à parte pelos usuários do sistema de saúde pública o qual é utilizado como um auxílio na compra de medicamentos.

No atual modelo previdenciário dos EUA, para ter direito à aposentadoria, é necessário cumprir o requisito etário de 62 anos, sem diferença e gênero, inclusive com redução do valor do benefício se a renda anual for superior a US$ 17.040 (2019). Entretanto, para pessoas nascidas entre 1943-1954, a idade para aposentadoria é de 66 anos completos e para nascidos após 1960 a idade de aposentadoria é de 67 anos quando o trabalhador recebe o benefício sem descontos independentemente de sua renda(67).

Existem três grandes subsistemas na seguridade social americana. Um, ainda não citado, é o de natureza assistencial e não contributiva, o *Old Age Assistance* (OAA) e o *Old Age Survivors and Disability Insurance* (OASDI) — paralelos ao BPC/LOAS, idoso de 65 anos e deficiente, no Brasil, tendo como financiamento alíquota de 6,2% para empregado e empregador. Diferentemente do modelo brasileiro, esses sistemas cobrem, além de benefício por idade, um outro por acidente e deixa pensão por morte ao cônjuge sobrevivente. Esses benefícios são pagos pelo INSS norte-americano, chamado de *Social Security Administration* (SSA)(68).

Para o segurado ter acesso à pensão por morte, o cônjuge sobrevivente (ou divorciado, caso o casamento tenha durado mais de dez anos) deve possuir mais de 50 anos (semelhante do britânico) e pode ser interrompida em caso de o beneficiário contrair um novo matrimônio (semelhante ao britânico).

Podem receber pensão também os órfãos com menos de 18 anos, os genitores com mais de 62 e dependentes do instituidor. O valor da pensão é de 75% do valor segurado e pode variar de acordo com a idade do instituidor e a existência de filhos menores de 16 ou incapacitados para o trabalho(69).

Nos Estados Unidos, o benefício previdenciário, em média, substitui 51% do salário médio do indivíduo ao longo da vida, e a riqueza previdenciária líquida representa 7,3 vezes o salário anual.

Para a pesquisa de Sérgio Ferreira Guimarães(70), em função do porte relativamente menor do programa previdenciário americano, os problemas fiscais resultantes do impacto demográfico do *baby boom* são bem menores do que os de Japão, França e Alemanha. Para o autor, o sistema paga somente 4,4% do PIB de benefícios estritamente previdenciários (comparado com o dobro no Japão, e o triplo na Alemanha e na França). O aumento da taxa de dependência só levará a crescimento de 2,4% nesses benefícios até 2050. As distorções sobre o mercado

(67) SOCIALSECURITY ADMINISTRATION (SSA). Publication n. 05-10003-PE.2015. Disponível em: <https://www.ssa.gov/pubs/PE-05-10003.pdf>. Acesso em: 19 jun. 2019.

(68) FERREIRA, Sérgio Guimarães. Sistemas previdenciários no mundo: sem "almoço grátis". In: TAFNER, P.; GIAMBIAGI, F. (ed.). *Previdência no Brasil:* debates, dilemas e escolhas. 2007. Disponível em: <http://www.en.ipea.gov.br/agencia/images/stories/PDFs/livros/Arq08_Cap02Sistemas_21.pdf>. Acesso em: 19 jun. 2019.

(69) TAFNER, Paulo. Simulando o desempenho do sistema previdenciário e seus efeitos sobre pobreza sob mudanças nas regras de pensão e aposentadoria. *Texto para Discussão*, n. 1264, Rio de Janeiro, 2007. Disponível em: <http://repositorio.ipea.gov.br/bitstream/11058/1794/1/TD_1264.pdf>. Acesso em: 19 jun. 2019.

(70) FERREIRA, Sérgio Guimarães. *Op. cit.*, p. 152-154.

de trabalho são mínimas (em contraposição com as elevadas perdas de peso morto na França e na Alemanha), principalmente porque a idade de elegibilidade mínima de 62 anos e esquemas de seguro-desemprego com fortes condicionalidades fazem com que as pessoas não se aposentem antes disso. Mais do que isso, de todos os sistemas de BD da OCDE, o americano é o mais próximo da justiça atuarial.

Para Ferreira, a explicação mais condizente para a questão americana é:

> Algumas características específicas importantes fazem do sistema dos Estados Unidos um esquema de BD melhor que os dos outros três países analisados até aqui. Primeiro, o regime é parcialmente capitalizado, tendo sido acumulado um fundo lastreado por títulos públicos (*trust fund*) cujo rendimento financia parcialmente os benefícios atuais. Segundo, os Estados Unidos adotam testes de rendimento (para a faixa de 62 a 65 anos de idade) no seu segundo pilar, mas sujeitos à devolução atuarialmente justa quando o indivíduo faz 70 anos. Terceiro, uma forte rede de incentivos fiscais à poupança previdenciária pode servir de experiência para países como o Brasil.[(71)]

A seguir, alguns benefícios do sistema SSA dos Estados Unidos[(72)]: Servidores Públicos — O Sistema de Aposentadoria do Serviço Civil (CSRS — criado em 1920) é de benefício definido (BD) e sistema de aposentadoria contributiva. Empregados e agências compartilham as despesas das anuidades as quais os empregados têm direito. São cinco tipos de benefícios dos servidores públicos: opcional (5 anos de contribuição e 62 anos de idade); opcional especial (para controladores de voo, policiais e bombeiros, aos 25 anos de serviço/contribuição); opcional antecipada (transformação ou mudança do órgão para ser administrado por outro, com anuidades reduzidas se o segurado tiver menos de 55 anos); serviço descontinuado (extinção do órgão) e por incapacidade (o servidor deve estar incapacitado para um serviço útil e eficiente em sua posição atual e qualquer outra posição vaga no mesmo nível ou nível de pagamento dentro da sua área de deslocamento e da agência atual para a qual você está qualificado. A deficiência deve ter início antes da aposentadoria e deve durar pelo menos um ano.

Novo sistema federal de servidores públicos civis (criado em 1986 e passando a valer em 1987) — com três pilares (básico, o seguro social dos servidores e o de capitalização (TSP). Os dois pilares últimos podem acompanhar o servidor onde for trabalhar. Há forma bipartida de contribuições: servidor e governo federal americano. Existem quatro espécies de benefícios: imediato, antecipado, diferido e por incapacidade.

Plano de Pensão de Benefícios Definidos — são contribuições pagas pelos aposentados para garantir o pagamento dos benefícios em regime de repartição simples. É uma proteção ao seguro.

Benefícios do seguro social para crianças: quando um dos pais fica inválido ou morre, e está em conformidade com os critérios contributivos do plano. A criança deve ser solteira, dependente do pai, ter menos de 18 anos, ou, se estudante em tempo integral até a 12ª série, com idade de 18 a 19 anos, ou, com mais de 18 anos, com deficiência que tenha começado antes dos 22 anos.

Benefícios do Seguro Invalidez pagos pela SSA — deve o segurado estar com tempo contributivo equivalente, ter uma condição médica que impeça o trabalho (deficiência não parcial) ou que impeça o segurado de trabalhar por pelo menos 12 meses ou que acabe falecendo. Estudos norte-americanos demonstram que um jovem de 20 anos tem 25% de chances de se tornar inválido antes da data da aposentadoria.

Os Benefícios do Cônjuge Divorciado por Sobrevivência pagos pela SSA. Estes benefícios são pagos ao cônjuge divorciado sobrevivente em face de uma deficiência do segurado que tenha adquirido os créditos contributivos suficientes da Previdência Social. Os requisitos devem ser: divórcio antes do óbito, ter pelo menos 50 anos de idade, e menos que 60 anos, ter tido um casamento ou convivência de, pelo menos, 10 anos antes da data do divórcio, o segurado instituidor deve ter a deficiência, conforme critérios legais[(73)], não ter

(71) FERREIRA, Sérgio Guimarães. *Op. cit.*, p. 163.

(72) SOCIAL SECURITY ADMINISTRATION. Disponível em: <https://www.benefits.gov/benefit/4593>.

(73) KUBITSCHEK, Carolyn A.; DUBIN, Jon C. *Social security disability* — law and procedure in federal court. West Clak: Boardman Callaghan, 2012. p. 97.

casado de novo, não ter direito a uma aposentadoria própria pela SSA igual ou maior que sua remuneração.

Benefícios pagos à viúva deficiente de um segurado falecido que tenha recebido os créditos contributivos suficientes da Previdência Social. Os requisitos são: ter pelo menos 50 anos e menos que 60 anos de idade, casada com o segurado instituidor há pelo menos 9 meses (prova mínima de convivência, sem prova de dependência econômica), não tenha casado novamente e não ter direito a uma aposentadoria própria pela SSA igual ou maior que sua remuneração.

Benefícios do cônjuge divorciado de trabalhador que estão recebendo ou aptos a receber benefícios da SSA (Previdência Social americana). São requisitos: ter pelo menos 62 anos e não ser casada de novo, seja divorciada do segurado instituidor que recebia aposentadoria ou benefício de invalidez da SSA, ter sido casado com essa pessoa por pelo menos 10 anos antes do divórcio definitivo (prestigia-se a longa convivência, sem prova de dependência econômica), não ter direito a uma aposentadoria própria pela SSA igual ou maior que sua remuneração.

Benefício independentemente dos benefícios do cônjuge divorciado. Trata-se de uma pensão por morte comum e os requisitos são: ter 62 anos e não ser casado de novo; ser divorciado de uma pessoa que tenha pelo menos 62 anos e tenha os créditos da Previdência Social; ter sido casada com o segurado instituidor por pelos menos 10 anos e divorciada pelo menos dois anos contínuos; não ter direito a uma aposentadoria própria pela SSA igual ou maior que sua remuneração.

Benefício de pagamento por morte (pecúlio) pago à cônjuge ou filho sobrevivente em quantia especial de US$ 225, conforme requisitos. Devem estar morando na mesma casa, entre outros critérios.

Benefícios pagos ao pai ou mãe do segurado da SSA e deve ter, no mínimo, 62 anos, não ter se casado, recebia apoio financeiro do filho, quando em vida (dependência econômica a provar).

Benefícios da 2ª Guerra Mundial, que serviram entre 16 de setembro de 1940 a 24 de julho de 1947.

Entre outros pagos pela SSA.

Vale salientar os inúmeros incentivos fiscais à poupança previdenciária nos Estados Unidos, mormente em relação às Contas Previdenciárias Individuais — *Individual Retirement Account s (IRA).* Foi instituído em 1974 para pessoas sem acesso a nenhum fundo de pensão fechado. As contribuições ao IRA eram dedutíveis do imposto de renda. Em 1998, foi criada a Roth IRA, com contribuição não dedutível, mas com saque isento de imposto de renda sobre os juros compostos na acumulação. Tal incentivo, permite o sistema estatal de benefício definido (BD), em repartição simples, manter-se sempre menor. Há uma taxa de reposição de 61% para indivíduos ganhando metade da média salarial e 35% ganhando 2,5 vezes a média. Ou seja, quase um esquema estatal de benefício definido de regime capitalizado(74).

A Previdência Social americana enfrenta um déficit sobre o futuro indefinido de US $ 13,6 trilhões em termos de valor presente, um valor igual a 3,5% das folhas de pagamento tributáveis futuras. Deve-se observar a lacuna em um horizonte mais curto fornece apenas informações limitadas sobre a situação financeira do programa(75).

A Previdência Social americana pode ser permanentemente solvente apenas reduzindo o valor presente dos benefícios programados e/ou aumentando o valor presente das receitas fiscais programadas. Outras mudanças no programa podem ser desejáveis, mas somente essas mudanças podem restaurar a solvência permanentemente(76).

Atrasar as mudanças na Previdência Social americana reduz o número de cortes sobre as quais a carga da reforma pode ser distribuída. Não tomar medidas é, portanto, injusto para as gerações futuras. Este é um custo significativo de atraso. Por si só, o crescimento econômico mais rápido não resolverá o desequilíbrio financeiro do Seguro Social americano(77).

(74) GLYNN, Timothy P. *Op. cit.*, p. 204.
(75) U.S. DEPARTMENT OF THE TREASURY. Social security reform: the nature of the problem. *Issue Brief* n. 1, 2018.
(76) *Idem.*
(77) *Idem.*

2.4. O modelo previdenciário canadense

Os canadenses assumiram o compromisso de ajudar os necessitados a fornecer-lhes "seguro social".

O Departamento de Finanças canadense define seguridade social como: "O compromisso da sociedade em cuidar de seus cidadãos mais vulneráveis (por exemplo, pessoas sem trabalho, pais solteiros com meios limitados lutando para criar uma família, crianças na pobreza e pessoas que enfrentam barreiras ao emprego devido à deficiência ou doença)".[78]

A "rede de segurança social" compreende uma ampla gama de programas federais, provinciais e conjuntos federais-provinciais: a velhice Segurança, Suplemento de Rendimento Garantido, Plano de Pensões do Canadá, Emprego Seguro, o Benefício Fiscal para Crianças do Canadá e o Benefício Nacional da Criança.

As primeiras leis canadenses de proteção social foram em 1927, com assistência à velhice, em 1937, com assistência à cegos, e em 1955, com assistência a deficientes. Em 1952, a lei da aposentadoria universal. Em 1965, o real seguro social previdenciário, e, em 1967, a renda mínima suplementar. A proteção social canadense tem três pilares: universal, seguro social e sistema de assistência social[79].

Os dois de natureza assistencial somente são destinados a pessoas legalmente residentes no Canadá.

O seguro social canadense se divide em: Plano de Aposentadoria Canadense — Canada Pension Plan — CPP — e Plano de Aposentadoria de Quebec — Quebec Pension Plan — QPP — e são destinados a trabalhadores e autônomos em exercício no Canadá. Uma província pode optar por sair do programa federal de seguro social (CPP) se estabelecer um programa comparável, o QPP; e os benefícios são portáteis entre os dois planos[80].

Não há contributividade individual para benefícios dos pilares: universal e de assistência social, em modelo lógico de proteção. Para o seguro social previdenciário canadense, a alíquota do segurado é de 4,95% (aumentando gradualmente para 5,95% de 2019 a 2023) dos rendimentos abrangidos, se tiverem entre 18 e 64 anos idade (no CPP) ou 5,4% dos lucros cobertos em qualquer idade (QPP). No CPP, as contribuições são voluntárias se os segurados estiverem entre 65 e 69 anos e já recebem a aposentadoria[81].

No Canadá, o salário mínimo anual usado para calcular as contribuições é de C$ 3.500. Os ganhos mínimos não são ajustados anualmente, o que demonstra a ausência de proteção ao valor real, posto que a inflação canadense é quase que nula. Os ganhos anuais máximos utilizados para calcular as contribuições são de C$ 55.300 (C$ 55,900 em 2018) (ajustados anualmente de acordo com as mudanças no salário médio das indústrias).

No caso dos autônomos canadenses (individuais), a alíquota do trabalhador é de 9,9% (aumentando gradualmente para 11,9%, de 2019 a 2023) dos rendimentos cobertos com idade entre 18 e 64 anos (CPP) ou 10,8% dos rendimentos cobertos em qualquer idade (QPP). As contribuições para o CPP são voluntárias se tiverem entre 65 e 69 anos e receberem a aposentadoria do sistema.

O governo canadense arca com todas as prestações de assistência social e do pilar universal, mas não participa do custeio do seguro social, como ocorre na forma tripartite brasileira. Apenas quem contribui é o trabalhador e o empregador[82].

A aposentadoria por velhice canadense tem como critérios: 65 anos de idade, com pelo menos 10 anos de residência no Canadá, após os 18 anos de idade. Existe a aposentadoria diferida até os 70 anos. Para o benefício universal de velhice, há pagamento no exterior se o beneficiário residiu no Canadá por pelo menos 20 anos, após os 18 anos de idade, sendo pago no máximo em 6 meses até cessar.

O subsídio de baixa renda canadense (de natureza assistência social) tem como requisitos: ter entre 60 a 64 anos de idade com pelo menos

(78) Disponível em: <www.fin.gc.ca/gloss/employ>.
(79) MARSH, Leonard. *Report on social security for Canada*. McGill-Queen's University, new edition, 2018. p. 95.
(80) *Ibidem*, p. 97.
(81) *Ibidem*, p. 98.
(82) HICK, Steven. *Social welfare in Canada:* understanding income security. 3. ed. Thompson Educational, 2012. p. 112.

10 anos de residência Canadá, após os 18 anos de idade, e o cônjuge ou parceiro de direito comum do requerente (do mesmo sexo ou do sexo oposto) pode estar recebendo a pensão universal ou renda garantida de baixa renda suplementar. O subsídio de baixa renda cessa na aposentadoria normal por idade e é substituído pela aposentadoria universal de velhice (OEA) e, dependendo da renda, pela renda baixa garantida.

A aposentadoria por idade canadense se dá aos 65 anos de idade, com pelo menor uma contribuição anual validade. O emprego pode até continuar. Há a aposentadoria proporcional, com idade de 60 a 64 anos, podendo ser diferida até os 70 anos, com aumento atuarial. Esse benefício é pago pelo CPP e QCP(83).

Se o aposentado continuar trabalhando, há um pagamento de benefício (pós no CPP e suplemento no QCP) enquanto recebe o benefício. Há um limite para o trabalhador do CPP pedir o benefício que é aos 70 anos(84).

Como visto, a idade mínima para se aposentar no país é com 60 anos de idade. Porém, caso o cidadão opte por esta idade, ele terá uma redução no valor pago da aposentadoria, que é de menos 0,6% ao mês antes da idade de 65 anos. Já o limite máximo para o canadense dar entrada na aposentadoria é com 70 anos, sendo que neste caso o indivíduo consegue um acréscimo de 0,7% ao mês no tempo que passou dos 65 anos(85).

Como visto, o benefício máximo pago pelo governo não chega aos C$ 1,2 mil mensais, sendo que a média de todas as aposentadorias pagas gira em torno de C$ 650. Além disso, a aposentadoria por invalidez no Canadá é permanente, ou seja, o benefício só é concedido ao cidadão que não tem nenhuma condição de exercer qualquer tipo de trabalho.

A aposentadoria por invalidez canadense e em Quebec é concedida diante de incapacidade grave e prolongada que impede o labor. No CPP é necessário que haja contribuições nos 4 dos últimos 6 anos, para aqueles com pelo menos 25 contribuições. No QPP, deve o segurado ter contribuições em pelo menos dois dos últimos três anos e cinco nos últimos 10 anos, ou metade do período de 18 anos até o mês que o segurado está avaliado como inválido, e pelo menos dois anos de contribuições. O benefício de invalidez cessa na idade para a aposentadoria por idade.

Na aposentadoria por invalidez contributiva (CPP/QPP), o valor mensal consiste numa quantia de C$ 478,03 (2018) (CPP) ou C $ 478,00 (US $ 485,17 (2018) (QPP) mais 75% do seguro social de velhice.

A pensão por morte canadense e em Quebec é pago quando o segurado falecido tenha pelo menos 10 anos de contribuição, ou pelo menos um terço de contribuições do período desde os 18 anos de idade até o óbito, com pelo menos 3 anos de contribuições, sendo elegíveis a viúva ou parceiro do mesmo sexo, além de crianças e jovens até 18 anos (25 anos extensível para estudante em tempo integral — no CPP)(86).

O benefício assistencial social e o universal são de 0,0025 vezes a aposentadoria mensal máxima regular a cada ano de residência no Canadá, após os 18 anos de idade, até os 40 anos. O valor mensal de 2019 é de C$ 601,45.

O auxílio incapacidade temporária canadense demanda que o segurado deva ter pelo menos 600 horas de emprego em 52 semanas antes do requerimento, representando uma redução de 40% nos ganhos semanais. Já para os autônomos, devem pagar contribuições a pelo menos um ano e que tenham remunerações médias anuais de C$ 6.947 em 2017 para créditos pagos em 2018 (pelo menos C$ 3.760 para pescadores independentes nas 31 semanas anteriores).

O salário maternidade canadense exige da segurada pelo menos 600 horas de emprego em 52 semanas antes do requerimento e ter pelo menos uma redução de 40% nos ganhos semanais, tanto para o CPP quanto para o QPP.

Há muitos outros benefícios contributivos e não contributivos, e, em comparação, a lista de opções é infinitamente maior, assim como é na Grã-Bretanha e nos Estados Unidos. Reflexo de

(83) MARSH, Leonard. *Op. cit.*, p. 134.
(84) *Idem.*
(85) *Ibidem*, p. 145.
(86) *Ibidem*, p. 146.

países desenvolvidos, mesmo em estado de alerta nas contas previdenciárias e assistenciais.

Importante saber que 55% dos canadenses investem na previdência privada, segundo dados de 2015 da *Financial Consumer Agency of Canada* (FCAC).

Segundo Paulo Moulatlet[87], as estatísticas canadenses revelam que um casal que tenha cerca de 65 anos de idade cada um, que já tenha a casa própria quitada, e quiser manter um estilo de vida bom e confortável, precisa ter uma renda que gire em torno de $ 65 mil CAD por ano. E este valor está longe do máximo pago pelo governo canadense aos aposentados, afirmando que "O *Canada Pension Plan* cobre somente cerca de 25% do valor estimado".

3. *Conclusão*

Por todo o mundo, a grande discussão que tem permeado é sobre as alterações demográficas no país, a manutenção ou não do regime de repartição simples, a implementação integral ou não da capitalização, ou soluções paralelas com sistemas híbridos, com pilar básico e universal, outro previdenciário misto com regime de repartição nocional virtual obrigatório e somente um de previdência privada opcional.

Alguns países, como a Suécia, Noruega, Dinamarca, Canadá e Inglaterra conseguiram implementar esses sistemas mistos para fazer valer os benefícios mínimos repartidos e ao mesmo tempo tornar individuais os aportes para virtualmente serem capitalizados no mercado financeiro.

Percebe-se que o sistema britânico está com mais estabilidade financeira, entre os três analisados, apenas do número excessivo de concessões assistenciais e universais não contributivas. Isso é reflexo do contexto europeu, que ao longo de anos sempre primou pelo assistencialismo a pessoas estrangeiras hipossuficientes em seus países. Fruto de peso na consciência por anos de exploração colonial dessa gente.

O sistema previdenciário dos Estados Unidos enfrenta problemas de transição da repartição do *Social Security* para o modelo 401k, em que muitos trabalhadores estão migrando obrigatoriamente para o novo espectro, mas precisa haver aportes para sustentar quem permaneceu apenas na repartição simples.

O Canadá possui, também, os 3 pilares, sendo que o sistema nocional foi bem adotado e de pouca tensão financeira na transição, pois a pouca população e segregação de massa no país deixa margem para manobras atuariais, que tem gerado algum controle financeiro presente e expectado ao futuro.

Esses países possuem lista interminável de benefícios previdenciários e assistenciais, em seus sistemas diversos em pilares, o que demonstra que estão sempre atentos à proteção pública ou privada em diversos contextos de risco e contingências. Um exemplo a ser notado e perseguido.

Referências bibliográficas

BARTH, J.; CAPRIO, G.; LEVINE, R. *Rethinking banking regulation:* till angels govern. Cambridge: Cambridge University, 2006.

BROWNE, E. *Social protection:* topic guide. Birmingham: GSDRC, University of Birmingham: 2015.

CASTEL, R. *As metamorfoses da questão social*: uma crônica do salário. Petrópolis: Vozes, 1999.

CLEMENTS, L.; SIMMONS, A. European Court of human rights: sympathetic unease. *Langford, Social Rights Jurisprudence*, n. 5 *apud* PALMER, Ellier. *Protecting socio-economic rights through the European convention on human rights:* trends and developments in the European Court of Human Rights. 2 Erasmus Law, 2009.

COLLINSON, Patrick. One in seven people retires with no private pension. *The Guardian Money*, 2014. Disponível em: <http://www.theguardian.com/money/2014/apr/09/retire-no-private-pension-prudential>.

DIAMOND, P.; GRUBER, J. Social security in the United States. In: GRUBER, W. (ed.). *Social security and retirement around the world.* Chicago: University of Chicago, 1999.

FERREIRA, Sérgio Guimarães. *Sistemas de previdência em países industrializados:* a crise e suas soluções. Disponível em: <http://www.ipea.gov.br/portal/images/stories/PDFs/livros/Arq11_Cap04Sistemasprevidencia__21.pdf>.

______. Sistemas previdenciários no mundo: sem "almoço grátis". In: TAFNER, P.; GIAMBIAGI, F. (ed.). *Previdência no Brasil:* debates, dilemas e escolhas, 2007.

(87) Disponível em: <https://www.immi-canada.com/como-funciona-aposentadoria-no-canada/>.

Disponível em: <http://www.en.ipea.gov.br/agencia/images/stories/PDFs/livros/Arq08_Cap02Sistemas_21.pdf>.

GLYNN, Timothy P. *Social security law in the United States*. 2. ed. London: Wolters Kluwer Law International, 2018.

HARDY, Stephen. *Social security law in the United Kingdow*. 3. ed. London: Wolters Kluwer Law International, 2018.

HARRIS, N. *Law in a complex state:* complexity in the law and structure of welfare. Hart: Oxford, 2013.

HICK, Steven. *Social welfare in Canada:* understanding income security. 3. ed. Thompson Educational, 2012.

HOBSBAWM, E. *A era das revoluções*: 1789-1848. Rio de Janeiro: Paz e Terra, 2005a.

HOOD, Andew; KEILLER, Agnes Norris. *Uma pesquisa do sistema de benefícios do Reino Unido.* Instituto da Estudos Fiscais, 2016. Disponível em: <https://www.ifs.org.uk/bns/bn13.pdf>.

IBRAHIM, Fábio Zambitte. *A previdência social na sociedade de risco* — solidariedade e financiamento — a garantia da renda mínima. Disponível em: <http://www.sinteseeventos.com.br/bien/pt/papers/fabiozambitteA-previdenciasocialnasociedadederisco.pdf>.

JONES, Harvey. *How to maximise your state pension. The Guardian Money,* 2015. Disponível em: <http://www.theguardian.com/money/2015/jun/30/how-to-maximise-state-pension>.

KUBITSCHEK, Carolyn A.; DUBIN, Jon C. *Social security disability* — law and procedure in federal court. West Clak: Boardman Callaghan, 2012.

LEVELL, Wenchao P.; PHILLIPS, A. D. *Pesquisa dos Benefícios no Reino Unido.* London Institute for Fiscal Studies, 2010.

MARSH, Leonard. *Report on social security for Canada.* McGill-Queen's University, new edition, 2018

OCDE. *Pensions at a glance:* public policies across OECD countries. OCDE, 2005.

PALMER, Ellier. Um direito significativo à segurança social no Reino Unido: além das políticas e políticas de austeridade? In: *O direito à seguridade social nas Constituições do mundo:* ampliando o espaço moral e legal para a justiça social. Estudos Global da OIT. Genebra, 2016. v. 1.

POLANYI, K. *A grande transformação*: as origens da nossa época. Rio de Janeiro: Campus, 1980.

SAMY, L. The building society promise: building societies and home ownership, c.1880-1913. *Discussion Papers in Economic and Social History*. Inglaterra: University of Oxford, 2008.

SOCIAL SECURITY ADMINISTRATION. Disponível em: <https://www.benefits.gov/benefit/4593>.

______. Publication n. 05-10003-PE.2015. Disponível em: <https://www.ssa.gov/pubs/PE-05-10003.pdf>.

SILVA, Wagner Wiliam da. *Do vagabundo ao cidadão* — uma discussão sobre a construção da proteção social na Inglaterra. Dissertação (Mestrado) — Universidade Estadual de Campinas. Campinas: Instituto de Economia, 2010. Disponível em: <http://www.repositorio.unicamp.br/handle/REPOSIP/286340>.

TAFNER, Paulo. Simulando o desempenho do sistema previdenciário e seus efeitos sobre pobreza sob mudanças nas regras de pensão e aposentadoria. *Texto para Discussão,* n. 1264, Rio de Janeiro, 2007. Disponível em: <http://repositorio.ipea.gov.br/bitstream/11058/1794/1/TD_1264.pdf>.

U.S. DEPARTMENT OF THE TREASURY. Social security reform: the nature of the problem. *Issue Brief* n. 1, 2018.

Sites:

<https://www.populationpyramid.net/pt/estados-unidos/2016/>.

<https://www.populationpyramid.net/es/estados-unidos/2045/>.

<https://www.immi-canada.com/como-funciona-aposen<tadoria-no-canada/>.

<https://www.medicare.gov/>.

<www.fin.gc.ca/gloss/employ>.

<https://www.bbc.com/portuguese/internacional-45269015>.

11

O Sistema da Seguridade Social na África

Milton Vasques Thibau de Almeida[(1)]

1. *Introdução*

Os sistemas constitucionais de seguridade social e os regimes legais de previdência social no continente africano são muito pouco conhecidos e difundidos no Ocidente. Há uma grande diversidade cultural, social, econômica e política entre os 54 países que estão situados no continente africano, o que se reflete, naturalmente, no edifício da proteção social.

Na presente pesquisa, utilizamos os métodos comparativo e analítico-dedutivo, com o objetivo de apresentar um diagnóstico sucinto das experiências nacionais dos países africanos com a proteção social da sua população, pois a brevidade do tempo e a limitação do espaço editorial não permitem a abordagem de todos os sistemas de proteção social africanos.

2. *Desenvolvimento*

2.1. Os sistemas de proteção social nos países africanos

O continente africano possui quase 900 milhões de habitantes, cerca de 14% da população mundial, e tem a maior taxa de crescimento demográfico (2,3% no período de 2005/2010), a maior taxa anual de natalidade (4,0%) e a maior taxa anual de mortalidade (2,0%), de acordo com o Fundo de População das Nações Unidas (FNUAP). A distribuição da população pelo espaço do continente é muito irregular. O vale do Nilo, por exemplo, possui densidade demográfica de 500 habitantes por quilômetro quadrado, enquanto os desertos e as florestas são praticamente despovoados. Outros pontos de alta densidade demográfica são o Golfo da Guiné, as áreas férteis em torno do Lago Vitória e alguns trechos nos extremos norte e sul do continente. As regiões das savanas, de maneira geral, são áreas de densidade demográfica média. Os países mais populosos são a Nigéria, o Egito, a Etiópia, a República do Congo, a África do Sul, a Tanzânia e o Sudão[(2)].

2.2. Os sistemas de proteção social nos países da África Subsaariana

Um dos grandes problemas dos sistemas de seguridade social dos países que integram a África Subsaariana é a expansão do mercado de trabalho informal. Como assinalou o Relatório da Organização para a Cooperação e Desenvolvimento Econômico, intitulado *Social Protection in East Africa: Harnessing the Future* (OCDE, 2017), as baixas taxas de cobertura da proteção social no setor informal da África Oriental é um dos sete grandes desafios a serem enfrentados nos próximos 50 anos. Muitos países em desenvolvimento na África Subsaariana são pobres e vulneráveis há anos, e com

(1) Doutor em Direito pela UFMG. Pós-doutor em Direito pelo IGC/Universidade de Coimbra. Professor Associado da Faculdade de Direito da UFMG. Professor do Programa de Mestrado e Doutorado em Direito da Universidade de Itaúna. Desembargador do Trabalho do TRT da 3ª Região. Ocupa a cadeira n. 4 da ABDSS, sendo diretor social e membro do conselho consultivo.

(2) África — Geografia humana — população, organização social, economia, indústria e transportes. Disponível em: <https://educacao.uol.com.br/disciplinas/geografia/africa---geografia-humana-populaca...>. Acesso em: 15 maio 2019.

altas taxas de informalidade em seus mercados de trabalho, sendo a maioria integrante da população rural, que trabalha na agricultura, e os pobres urbanos, que trabalham no setor informal.

Os mecanismos de proteção social do setor público continuam fracos ou são, até mesmo, inexistentes, pelo que a responsabilidade pela proteção social da população contra os riscos sociais e os choques econômicos repousa nas próprias famílias e nas comunidades, principalmente em relação às mulheres, que formam o maior contingente dos trabalhadores no mercado informal. Ao longo da última década, vários esforços foram envidados no sentido de ampliar a cobertura da previdência social para além dos trabalhadores do setor formal, a exemplo da instituição da Pensão Mbao, para trabalhadores informais no Quênia, e iniciativas de proteção social para trabalhadores no setor informal e rural (incluindo uma no Zâmbia), com o apoio da Organização Internacional do Trabalho (OIT) e o Governo da Finlândia, assim como uma iniciativa similar na Tanzânia(3).

2.3. A previdência social na República de Camarões

A República de Camarões possui um sistema de aposentadoria para os trabalhadores do setor privado: o Fundo Nacional de Previdência Social (CNPS). Esse Fundo administra a assistência médica em geral, cirúrgica e hospitalização. O Código Trabalhista de Camarões impõe um percentual de contribuição de 2,8% sobre os salários dos empregados, que somado à contribuição da empresa perfaz 7%. Existe um teto salarial fictício de aproximadamente US$ 640,00 mensais, que representa um valor baixo, sobre o qual é calculado o valor das aposentadorias.

A cobertura previdenciária abrange um número reduzido de trabalhadores; cerca de 53,3% dos 21 milhões de habitantes do país tem idade entre os 16 e 64 anos, mas apenas 10% deles está coberto pelo CNPS, pois muitas empresas não cumprem a legislação trabalhista. A alta taxa de desemprego no país (cerca de 30%) favorece a informalidade, pois a maioria das empresas não está disposta a contratar empregados formalmente, ou declaram uma quantidade menor de empregados para evitar a contribuição previdenciária, o que é um fenômeno comum em muitos países africanos(4).

2.4. A previdência social na Tanzânia

A Tanzânia, assim como vários países da África Subsaariana, possui um sistema de previdência social que oferece cobertura apenas aos trabalhadores do mercado de trabalho formal. O problema é ampliar a cobertura previdenciária ao setor informal.

Nos últimos anos, na Tanzânia, os esquemas contributivos da aposentadoria foram ampliados para também cobrir os trabalhadores do setor informal por meio de contribuições voluntárias. Não obstante, as taxas de cobertura no setor informal continuaram muito baixas, devido a vários fatores. Um deles é o desconhecimento da disponibilidade de planos contributivos voluntários e a elegibilidade de trabalhadores informais para tais esquemas.

Em geral, as populações rurais agrícolas têm baixo nível de escolaridade e acesso limitado à informação. Por outro lado, muitos trabalhadores se sentem desestimulados a aderir aos esquemas de contribuição voluntária, devido à baixa qualidade de vida dos aposentados, alguns deles ainda mais pobres e vulneráveis do que antes de se aposentarem. Para a maioria dos aposentados, os níveis dos benefícios são baixos demais para poder tirá-los da pobreza. Desta forma, o fator mais importante para o desestímulo à adesão foi o alto nível de pobreza que parecia crescer com o tempo; muitos trabalhadores sequer conseguiam garantir as próprias refeições diárias. Dentre os trabalhadores que aderiram às contribuições voluntárias, a inadimplência se tornou crescente, e muitos deles, especialmente os jovens, gostariam de poder resgatar o valor das contribuições em caso de necessidade(5).

(3) MYAMBA, Flora. *Trabalhadores no setor informal e esquemas contributivos de previdência social* — o caso da Tanzânia. 2017. Disponível em: <https://www.ipc-undp.org/.../OP363PT_Trabalhadores_no_setor_informal_e_esquema...>. Acesso em: 15 maio 2019.

(4) ANA MARIA. *África precisa de proteção social para o seu desenvolvimento humano.* 2014. Disponível em: <http://envolverde.cartacapital.com.br/africa-precisa-de-protecao-social-para-seu-desen...>. Acesso em: 28 abr. 2019.

(5) MYAMBA, Flora. *Trabalhadores no setor informal e esquemas contribuitivos de previdência social* — o caso da Tanzânia. 2017. Disponível em: <https://www.ipc-undp.org/.../OP363PT_Trabalhadores_no_setor_informal_e_esquema...>. Acesso em: 15 maio 2019.

2.5. A previdência social na África do Sul

A África do Sul é o país mais desenvolvido industrialmente na África Subsaariana, sendo, portanto, o que mais tem condições materiais de estruturar o seu sistema de proteção social, mas ainda carrega distorções no campo social, resquícios da antiga política do Apartheid.

A África do Sul apresenta uma estratégia de proteção social que não visa atrair contribuintes do mercado informal, mas que é eficiente na promoção de um pilar não contributivo que cumpre o papel de proteger a vasta parcela de sua população desprovida de capacidade contributiva, sobretudo os desempregados[(6)].

A Constituição da África do Sul assegura a todos os cidadãos o direito a serviços de saúde, inclusive acompanhamento para gravidez, a ninguém podendo ser recusado o tratamento médico de emergência. Também garante o acesso à comida e água suficientes, assim como à seguridade social, que inclui assistência social apropriada[(7)].

A característica central do sistema de seguridade social do país é a predominância quase absoluta dos benefícios assistenciais não contributivos destinados aos grupos em situação de vulnerabilidade (*State Old Age Pension; Disability Grant; Child Suport Grant; Care Dependency Grant*). A provisão estatal no campo dos seguros é composta por apenas dois benefícios contributivos, concedidos aos trabalhadores formais: o seguro-desemprego (*Unemployment Insurance Fund* — UIF) e o seguro contra acidentes do trabalho (*Worker's Compensation Fund*).

O seguro-desemprego é de curtíssima duração, cobrindo menos de 10% dos desempregados, pois apenas uma ínfima parte dos desempregados consegue cumprir os critérios de elegibilidade para o seu recebimento. Em contrapartida, há uma forte presença do mercado de seguros privados ocupacionais, principalmente nas áreas de saúde e de previdência. O governo financia o sistema previdenciário através de dois mecanismos: a) as receitas dos impostos para financiar as aposentadorias não contributivas; b) as isenções fiscais para os indivíduos que contribuem para os fundos privados de pensão[(8)].

2.6. Os sistemas de proteção social nos países do Norte da África

Os sistemas de proteção social no Norte da África oferecem uma cobertura de riscos sociais que é mais abrangente do que nos demais países da África Subsaariana, havendo países, a exemplo da Tunísia, que concedem vários benefícios sociais não contributivos para a sua população, assim como países, como o Egito, que modernizou o seu sistema de previdência social nos moldes do modelo Sueco das "contas nocionais".

Os países do Norte da África estão crescendo relativamente bem, tentando diversificar as suas economias e colocar em ordem as suas contas, mas a boa performance econômica não tem sido suficiente para amainar a insatisfação social. Uma conjunção de desemprego galopante na população mais jovem, alta do preço dos alimentos e o sentimento de que poucos estão se beneficiando desse crescimento econômico se tornou comum entre os cidadãos dos países situados no Norte da África, o que explica, em parte, a onda de protestos que assolou a região contra os regimes ditatoriais[(9)].

2.6.1. A seguridade social na Tunísia

A Tunísia tinha, em 2016, uma população de 11,4 milhões de pessoas, das quais 28% eram menores de 18 anos e 9% menores de 5 anos. O Índice de Desenvolvimento Humano era de 0,725, acima da média de 0,704 da região do Oriente Médio e

(6) ARRUDA, Pedro Lara de; MACLENNAN, Mary. *Observações preliminares sobre os sistemas de Seguridade Social e Saúde dos países do BRICS*. 2015. Disponível em: <https://www.ipc.undp.org/pub/port/OP294PT_Observacoes_preliminares_sobre_os_sistemas_de_Seguridade_Social_e_Saude_dos_paises_do_BRICS>. Acesso em: 28 abr. 2019.

(7) GODOY, Arnaldo Sampaio de Moraes. *Constituição reconciliadora:* perdão é argamassa social na África do Sul. 2010. Disponível em: <https://www.conjur.com.br/2010-out-10/constituicao-estrutura-perdao-argamassa-soci...>. Acesso em: 15 maio 2019.

(8) LANZARA, Arnaldo Provasi. Capacidades estatais, trabalho e seguridade social: África do Sul, Argentina e Brasil em perspectiva comparada. *2052 Texto Para Discussão/Instituto de Pesquisa Econômica Aplicada*. Brasília/Rio de Janeiro: IPEA, p. 20-21, mar. 2015. Disponível em: <https://www.ipea.gov.br/portal/images/stories/PDFs/Tds/td_2052g.pdf>. Acesso em: 15 maio 2019.

(9) INSTITUTO HUMANITAS UNISINOS. Norte da África. *Economia vai bem, mas o povo vai mal*. 2011. Disponível em: <http://www.ihu.unisinos.br/noticias/40270-norte-da-africa-economia-vai-bem-mas-o-p...>. Acesso em: 15 maio 2019.

do Norte da África, ocupando a 97ª posição entre os 188 países.

O país apresenta uma grande disparidade entre as regiões costeira e interior, o que se reflete em taxas de pobreza e de insegurança alimentar significativamente mais altas nas zonas rurais e no leste. Após a Revolução de 2011, a Tunísia iniciou um processo de reconstrução do Estado e ainda enfrenta grandes desafios econômicos e de segurança, com conflitos que ainda comprometem a estabilidade política do país.

O sistema de proteção social da Tunísia é um dos mais abrangentes da região. Inclui benefícios contributivos, benefícios não contributivos e políticas de mercado de trabalho. A segurança social também tem sido prioridade nacional na Tunísia, tendo sido instituída uma renda mensal de um salário mínimo para as pessoas em condições de vulnerabilidade, ao mesmo tempo em que foi procedida uma revisão do sistema de contribuição para a previdência social, para torná-lo mais sustentável financeiramente, sem comprometer o pagamento dos benefícios(10).

A área de ação da assistência social tunisiana é composta por regimes contributivos, regimes não contributivos, ou políticas públicas que atuam na segurança alimentar, na segurança energética, na assistência médica e no incentivo à educação, sob a gestão dos Ministérios de Assuntos Sociais, da Educação e da Saúde. Os principais programas não contributivos, excluídos os subsídios universais à alimentação e à energia, são os programas de ajuda às famílias necessitadas, a assistência médica gratuita, as ajudas escolares e a merenda escolar.

O *Programme National d'Aide aux Families Nécessiteuses* (PNAFN) foi instituído em 1986, como um programa de transferência de renda não condicional mensal, e tem por destinatários as pessoas incapazes de trabalhar em razão da idade avançada, deficiência ou doença crônica, e as pessoas que não podem ser sustentadas pelas suas famílias. Esse programa também distribui cartões para serviços de saúde gratuitos — o *Assistance Médicale Gratuite* (AMG I). O *Programme d'Allocations Scolaires*, que é um programa de transferência de renda mensal adicional para as famílias do PNAFN com crianças em idade escolar, que foi instituído em 2007, com visos a estimular o acesso das crianças à educação.

O *Back-to-School Educational Benefit* (BTS), que é um programa de transferência de renda que auxilia estudantes de baixa renda no início do ano escolar. O *Assistance Médicale Gratuite* (AMG), que é o programa de proteção social não contributivo mais abrangente da Tunísia, que foi instituído em 1998, está fundamentado na renda familiar e concede taxas reduzidas (AMG II) ou isenção total de taxas (AMG I) para o acesso aos serviços médicos nos centros de saúde públicos. Desde 2015, o AMG I passou a englobar as famílias beneficiárias do PNAFN. A assistência médica pelo AMG II é contributiva (uma pequena contribuição fixa anual).

O *National School Meals Programme* é um programa de alimentação escolar, que foi lançado em 1997, e fornece alimentação saudável com o objetivo de melhorar o estado nutricional das crianças, estabilizar a frequência escolar e evitar a evasão escolar, especialmente nas áreas rurais. Além disso, esse programa fomenta a produção agrícola de pequenos grupos de produtores locais e apoia a educação nutricional e ambiental(11).

2.6.2. A seguridade social no Marrocos

A proteção social no Marrocos é prestada por um regime financeiro de repartição: a *Caisse Nationale des Organismes de Prévoyance Sociale* (CNOPS). Também existe um regime de financiamento por capitalização — a *Caisse Nationale de Sécurité Sociale* (CNSS) — e dois regimes menores para os funcionários públicos locais e para os trabalhadores temporários — a *Caisse Marocaine de Retraite* (CMR), que administra uma série de regimes não contributivos de pensões para antigos combatentes da resistência, as pensões de invalidez civis e militares e outros benefícios especiais que estão sendo gradativamente eliminados. A cobertura desses regimes de previdência se restringe a apenas cerca de 24% da população(12).

(10) CENTRO INTERNACIONAL DE POLÍTICAS PARA O CRESCIMENTO INCLUSIVO. *Proteção social não contributiva sob a perspectiva da infância e da equidade:* Tunísia. 2018. Disponível em: <https://ipcig.org/pub/port/OP407PT_Protecao_social_nao_contributiva_sob_a_perspectiva_da_infancia_e_da_equidade>. Acesso em: 15 maio 2019.

(11) CENTRO INTERNACIONAL DE POLÍTICAS PARA O CRESCIMENTO INCLUSIVO. *Proteção social não contributiva sob a perspectiva da infância e da equidade...*

(12) *Segurança Social em Casablanca, Trabalho em Marrocos.* Disponível em: <https://www.easyexpat.com/pt/guides/morocco/casablanca/trabalho/seguranca-social.htm>. Acesso em: 15 maio 2019.

O regime de previdência social (*Caisse Nationale des Organismes de Prévoyance Sociale* — CNOPS) assegura cobertura da proteção social para os trabalhadores assalariados e para os aprendizes na indústria, comércio, silvicultura, cooperativas agrícolas, associações, artesãos, certas categorias de trabalhadores não assalariados e certas categorias de pescadores. Os trabalhadores autônomos não são cobertos por esse regime de previdência social. O financiamento da CNOPS é feito com contribuições de 3,96% dos rendimentos brutos mensais dos segurados, incidente sobre o salário mínimo mensal de 1.433 dirhams no setor agrícola e de 2.028 dirhams no setor não agrícola, limitado ao valor máximo de 6.000 dirhams.

Os empregadores contribuem com um percentual de 7,93% sobre a mesma base de incidência. Tal regime de previdência social assegura os benefícios de aposentadoria por velhice, no valor de 50% do ganho médio mensal dos últimos 96 meses, acrescido de 1% para cada período de 216 dias de seguro superior a 3.240 dias, até o limite de 70% da referida média. Os benefícios são pagos de forma mensal ou trimestral, no valor mínimo de 600 dirhams e máximo de 6.000 dirhams, sendo reajustado periodicamente. São requisitos para a obtenção da aposentadoria por velhice, ter idade mínima de 60 anos; ter trabalhado ao menos 5 anos nas minas subterrâneas; ter cumprido o mínimo de 3.240 dias de trabalho, e deixar de ser empregado(13):

> Também há a cobertura do auxílio desemprego, que poderá ser pago por até seis meses, e não excede 100% do salário mínimo, que é de 2.110 dirhams. Durante o período de recebimento do auxílio desemprego, o segurado também receberá o abono de família, será acobertado pelo seguro-saúde e poderá contar com ajuda de reinserção no mercado de trabalho, pela Agência Nacional para a Promoção do Trabalho e Competências.(14)

3. Conclusão

O continente africano é organizado politicamente por muitos países que apresentam uma grande diversidade étnica, cultural, social e econômica, mas do ponto de vista da proteção social se assemelham em dois aspectos: a) a cobertura dos riscos sociais beneficia uma pequena parte da população, situada no topo da organização social, especialmente os empregados do setor formal e os servidores públicos; b) convivem com altas taxas de informalidade no mercado de trabalho, o que gera exclusão da cobertura e evasão de contribuições sociais.

Referências bibliográficas

ANA MARIA. *África precisa de proteção social para seu desenvolvimento humano*, 28 jul.2014. Disponível em: <http://envolverde.cartacapital.com.br/africa-precisa-de-protecao-social-para-seu-desen...>. Acesso em: 28 abr. 2019.

ARRUDA, Pedro de Lara. Observações preliminares sobre os sistemas de Seguridade Social e Saúde dos países do BRICS. *One Pager*, Brasília, n. 294, jun. 2015. Disponível em: <https://ipc.undp.org/pub/port/OP294PT_Observacoes_preliminares_sobre_os_sistemas_de_Seguridade_Social_e_Saude_dos_paises_do_BRICS>. Acesso em: 28 abr. 2019.

BENEFÍCIOS de Desemprego em Casablanca; Trabalho em Marrocos. Disponível em: <http://www.easyexpat.com/pt/guides/morocco/casablanca/trabalho/beneficios-de-dese>. Acesso em: 15 maio 2019.

CABO VERDE. INPS — *Instituto Nacional de Providencias Sociais*. Disponível em: <https://www.inps.cv/index.php?option=com_content&view=featured&limitstart=20>. Acesso em: 15 maio 2019.

CENTRO INTERNACIONAL DE POLÍTICAS PARA O CRESCIMENTO INCLUSIVO. Proteção social não contributiva sob a perspectiva da infância e da equidade: Tunísia. *One Pager*, Brasília, n. 407, nov. 2018. Disponível em: <https://ipcig.org/pub/port/OP407PT_Protecao_social_nao_contributiva_sob_a_perspectiva_da_infancia_e_da_equidade>. Acesso em: 15 maio 2019.

GODOY, Arnaldo Sampaio de Moraes. *Constituição estrutura perdão como argamassa social na África do Sul*. 10 out. 2010. Disponível em: <https://www.conjur.com.br/2010-out-10/constituicao-estrutura-perdao-argamassa-soci...>. Acesso em: 15 maio 2019.

(13) *Pensão em Casablanca, Trabalho em Marrocos*. Disponível em: <https://www.easyexpat.com/pt/guides/morocco/casablanca/trabalho/pensao.htm>. Acesso em: 15 maio 2019.

(14) *Benefícios de Desemprego em Casablanca; Trabalho em Marrocos*. Disponível em: <http://www.easyexpat.com/pt/guides/morocco/casablanca/trabalho/beneficios-de-dese>. Acesso em: 15 maio 2019.

INSTITUTO HUMANITAS UNISINOS. *Norte da África — Economia vai bem, mas o povo vai mal*. Disponível em: <http://www.ihu.unisinos.br/noticias/40270-norte-da-africa-economia-vai-bem-mas-o-p...>. Acesso em: 15 maio 2019.

LANZARA, Arnaldo Provasi. Capacidades estatais, trabalho e seguridade social: África do Sul, Argentina e Brasil em perspectiva comparada. *2052 Texto Para Discussão*/Instituto de Pesquisa Econômica Aplicada. Brasília/Rio de Janeiro: IPEA, mar. 2015. Disponível em: <http://www.ipea.gov.br/portal/images/stories/PDFs/Tds/td_2052g.pdf>. Acesso em: 15 maio 2019.

MYAMBA, Flora. Trabalhadores no setor informal e esquemas contributivos de previdência social — o caso da Tanzânia. *One Pager*, Brasília, n. 363, set. 2017. Disponível em: <https://www.ipc-undp.org/.../OP63PT_Trabalhadores_no_setor_informal_esquema...>. Acesso em: 15 maio 2019.

SEGURANÇA Social em Casablanca; Trabalho em Marrocos. Disponível em: <http://www.easyexpat.com/pt/guides/morocco/casablanca/trabalho/segurança-social.htm>. Acesso em: 15 maio 2019.

PENSÃO em Casablanca; Trabalho em Marrocos. Disponível em: <http://www.easyexpat.com/pt/guides/morocco/casablanca/trabalho/pensao.htm>. Acesso em: 15 maio 2019.

12

A Proteção Social na Ásia Central — Japão e China

Miguel Horvath Júnior[1]

1. *Introdução*

O presente artigo tem como finalidade analisar o sistema de proteção social efetivado na Ásia, em específico no Japão e na China. Partindo-se de dados estatísticos da Organização Internacional do Trabalho acerca do estágio de proteção social no mundo até a análise do modelo de proteção social implementado nestes países, identificando a razão do atraso na sua consecução. Far-se-á uma análise panorâmica acerca da proteção disponibilizada à população japonesa e chinesa.

2. *Desenvolvimento*

2.1. Modelo de proteção asiática e razões do atraso na implementação dos sistemas protetivos

A proteção social na Ásia central se mostra tardia em razão do lento processo de independência e soberania que somente ocorreu a partir da metade do século XX. Isso, de início, soa estranho uma vez que neste espaço geográfico viveram as civilizações mais antigas do planeta.

A seguridade social deve ser entendida como política pública que garante os mínimos sociais, impedindo que os integrantes da sociedade e suas famílias caiam na pobreza absoluta (miséria).

Segundo Kwon, o modelo de proteção social adotado nos países do leste asiático se enquadra, em sua maioria, na modalidade de "Bem-Estar Social desenvolvimentista" (*Welfare Developmentalism*), ou seja, o Estado tende a dar cobertura social seletiva, favorecendo os atores sociais importantes e estratégicos para a consecução do desenvolvimento econômico proposto e buscado[2]. O Estado desempenha um papel central na consecução das políticas públicas sociais que se caracterizam por sua utilização estratégica para o atingimento das metas de crescimento.

A OIT considera a avaliação dos sistemas de seguridade social com base nas prestações: de doença, de desemprego, de idade, de acidente do trabalho, de proteção às famílias (contingências familiares), maternidade, invalidez e de sobrevivência (pensão por morte).

A proteção social pode se materializar através do uso da técnica de seguro social mediante pagamento de contribuições e/ou por meio da entrega de prestações de assistência social (proteção não contributiva direta).

Segundo o Relatório Mundial sobre a Proteção Social 2017-2019 da OIT (Organização Internacional do Trabalho)[3], a ausência de sistemas de proteção social deixa a população exposta à desigualdade, à pobreza e à exclusão social durante seu ciclo vital,

(1) Mestrado em Direito e Doutorado em Direito pela Pontifícia Universidade Católica de São Paulo. Professor do Departamento de Direito Público da PUC-SP (admitido em 2000). Integrante do Programa de Pós-graduação em Direito da PUC-SP. Procurador Federal (Membro da Advocacia Geral da União). Professor do Programa de Pós-graduação *Stricto Sensu* da PUC-SP. Professor Assistente Doutor da Pontifícia Universidade Católica de São Paulo. Ocupa a cadeira n. 25 da ABDSS.

(2) KWON, H.; MKANDAWIRE, T.; PALME, J. Introduction: social policy and economic development in ate industrializers. *International Journal of Social Welfare*, v. 18, p. S1-S11, abr. 2009.

(3) ORGANIZAÇÃO INTERNACIONAL DO TRABALHO. *Relatório mundial sobre a proteção social 2017-2019*. Disponível em: <https://www.social-protection.org/gimi/gess/RessourcePDF.action?ressource.ressourceId=54894>. Acesso em: 17 jun. 2019.

constituindo-se em um forte obstáculo ao desenvolvimento social e econômico. Apesar de todo o esforço na expansão da proteção social, o acesso à proteção social atinge apenas 45% população mundial, isto se considerarmos essa proteção na dimensão de pelo menos uma prestação social. Enquanto o restante, 55% da população mundial, cerca de 4.000.000.000 (quatro bilhões) de pessoas, não tem qualquer proteção.

Na região da Ásia e Pacífico, somente 38,9% da população usufrui de cobertura efetiva de pelo menos uma prestação de proteção social na modalidade de benefício (prestação paga em dinheiro), embora possam registrar avanços fortes na expansão dos sistemas protetivo e no desenvolvimento de pisos de proteção social.

O grande desafio passa pela necessidade do incremento da despesa pública dos países para expandir a proteção social, em especial nos países da África, Ásia e Estados Árabes.

Karim *et al.* (2010) afirmam que o modelo do leste asiático se caracteriza principalmente pelo Estado desempenhar um papel residual, com baixos níveis de investimento público na área social e nos serviços públicos, e pelo papel central desempenhado pelas famílias e voluntários na provisão de bem-estar. Para esses autores, o modelo similar mais próximo na tipologia de Esping-Andersen seria o liberal, que não se encaixa, contudo, porque no leste asiático o Estado exerceria um papel mais forte, especialmente como regulador da provisão por outros agentes e como planejador econômico.

Kwon *et al.* (2009), por sua vez, destacam o papel da provisão de bem-estar no desenvolvimento econômico dos países do leste asiático, configurando o chamado "Bem-Estar Desenvolvimentista"[(4)] (*Welfare Developmentalism*, no original). Em tal sistema, cujas origens remontam a Bismarck, conforme abordado anteriormente, o Estado desenvolvimentista desempenha papel central e as políticas sociais se caracterizam por sua utilização estratégica como instrumento para alcançar a meta de crescimento econômico. Assim, o Estado de bem-estar desenvolvimentista tende a ser seletivo em sua cobertura, favorecendo especialmente os atores importantes para o processo de crescimento econômico.

Destacamos que, pelos Objetivos de Desenvolvimento Sustentável (ODS) adotados pela Assembleia Geral das Nações Unidas em 2015, os países se comprometem a implementar, ao nível nacional, medidas e sistemas de proteção social adequados a todos para reduzir a pobreza na mesma linha da Recomendação n. 202 da OIT, que trata dos pisos de proteção social adotada em 2012 pelos governos, trabalhadores e empregadores de todos os países membros. Aqui podemos perceber a atuação da solidariedade social internacional no sentido de envidar esforços no sentido do asseguramento do piso básico e proteção social para o maior número de pessoas. No ambiente ideal, a busca da proteção social para todos.

Em 1952, foi aprovada em Genebra a Convenção n. 102 da Organização Internacional do Trabalho (OIT) conhecida como Norma Mínima de Seguridade social.

Em que pese a ampla definição atribuída pela Convenção n. 102 da Organização Internacional do Trabalho (OIT), notadamente em decorrência da liberalidade dos países para elaboração do seu direito positivo, o Sistema Social do Estado-membro que ratificou a aludida Convenção deve ser implementado em consonância com as normas mínimas estabelecidas.

O art. 2º da Convenção n. 102 da Organização Internacional do Trabalho (OIT) estabeleceu algumas obrigações advindas da ratificação:

> Art. 2º Qualquer Membro para o qual a presente convenção estiver em vigor deverá:
>
> a) aplicar:
>
> I) a Parte I;
>
> II) três ao menos das Partes II, III, IV, V, VI, VII, VIII, IX e X, compreendendo uma ao menos das Partes IV, V, VI, IX e X;
>
> III) as correspondentes disposições das Partes XI, XII e XIII;
>
> IV) a Parte XIV;
>
> b) especificar na ratificação quais dentre as Partes II a X cujas obrigações decorrentes da convenção aceita.

Portanto, o Estado-Membro que ratificar a Convenção n. 102 da Organização Internacional do

(4) KWON, H.; MKANDAWIRE, T.; PALME, J. Introduction: social policy and economic development in ate industrializers. *International Journal of Social Welfare*, v. 18, p. S1-S11, abr. 2009.

Trabalho (OIT) deverá adotar as normas mínimas de Seguridade Social e, consequentemente, aplicar, no mínimo, três das partes que compreendem os serviços médicos (Parte II), auxílio-doença (Parte III), prestações de desemprego (Parte IV), aposentadoria por velhice (Parte V), acidentes de trabalho e doenças profissionais (Parte VI), prestações de família (Parte VII), prestações de maternidade (Parte VIII), aposentadoria por invalidez (Parte IX) e pensão por morte (Parte X), como também deverá aplicar as demais obrigações.

Neste sentido, é interessante destacar o sinal e gesto da República Federativa do Brasil ao assinar e ratificar em 2008 a Convenção n. 102 da OIT que trata das Normas Mínimas de Seguridade Social com a edição do Decreto Legislativo n. 269, de 19 de setembro de 2008.

Apesar da ratificação tardia, o Brasil já havia implementado e, inclusive, ampliado as normas mínimas de seguridade social através da Constituição Federal de 1988 e demais legislações vigentes.

Boa parte dos países asiáticos ainda estão em processo de desenvolvimento, razão pela qual os programas de proteção social ganham uma dimensão amplificada. Já que é pela implementação destes programas que se combaterá a pobreza e a miséria.

Destacamos que o Japão ratificou a Convenção n. 102 da Organização Internacional do Trabalho (OIT) em 2 de fevereiro de 1976, porém, aceitou somente as partes III a VI, ou seja, aceitou as partes que compreendem o auxílio-doença (Parte III), as prestações de desemprego (Parte IV) e a aposentadoria por velhice (Parte V), tendo em vista que a parte dos acidentes de trabalho e doenças profissionais (Parte VI) não é mais aplicável em decorrência da ratificação da Convenção n. 121 da Organização Internacional do Trabalho — OIT.(5)

A Organização para a Cooperação e Desenvolvimento Econômico (OECD)(6) elaborou importante banco de dados dos beneficiários sociais contendo informações, durante o período de referência de 2007 a 2016, acerca dos principais programas de substituição de renda nas áreas de desemprego, assistência social, deficiência e idosos, bem como do número de pessoas que recebem benefícios em dinheiro.

No tocante aos programas do Japão, foram reportados no relatório da Organização para a Cooperação e Desenvolvimento Econômico (OECD) seis (6) programas relacionados à velhice, detalhadamente o novo sistema: pensão básica para idosos; o sistema antigo: pensão nacional (pensões para idosos); o sistema antigo: pensão nacional de bem-estar; o sistema antigo: pensão nacional (pensão agregada para idosos); o novo sistema: pensão dos empregados para idosos; e o sistema antigo: seguro de pensão dos empregados (pensões para idosos).(7)

O relatório da Organização para a Cooperação e Desenvolvimento Econômico (OECD) constatou ainda cinco (5) programas relacionados a pensões de sobreviventes, mais especificadamente o novo sistema: pensão básica do sobrevivente; o sistema antigo: pensão nacional (pensão de sobrevivência); o novo sistema: pensão dos empregados do sobrevivente; o sistema antigo: seguro de pensão dos empregados (pensões de sobreviventes); e o sistema antigo: seguro de pensão dos empregados (pensão agregada de sobrevivente)(8).

Seguindo análise do relatório da Organização para a Cooperação e Desenvolvimento Econômico (OECD), foram constatados quatro (4) programas relacionados a pensões para pessoas com deficiência, dois programas relacionados a pensões (acidentes de trabalho e doenças), seis programas relacionados ao pagamento de licença médica, cinco programas relacionados ao pagamento de licença-maternidade e parental, um programa re-

(5) INTERNATIONAL LABOUR ORGANIZATION. *Ratifications for Japan.* Disponível em: <https://www.ilo.org/dyn/normlex/en/f?p=1000:11200:0::NO:11200:P11200_COUNTRY_ID:102729>. Acesso em: 7 jun. 2019.

(6) A Organização para a Cooperação e Desenvolvimento Económico (português europeu) ou Econômico (português brasileiro) (OCDE) é uma organização internacional de 36 países que aceitam os princípios da democracia representativa e da economia de mercado, que procura fornecer uma plataforma para comparar políticas econômicas, solucionar problemas comuns e coordenar políticas domésticas e internacionais. A maioria dos membros da OCDE é composta por economias com um elevado PIB per capita e Índice de Desenvolvimento Humano e são considerados países desenvolvidos.

(7) OECD, Social Benefit Recipients Database (SOCR). Disponível em: <http://www.oecd.org/social/recipients.htm>. Acesso em: 7 jun. 2019.

(8) OECD, Social Benefit Recipients Database (SOCR). Disponível em: <http://www.oecd.org/social/recipients.htm>. Acesso em: 7 jun. 2019.

lacionado a compensações pelo desemprego e um programa social relacionado à assistência social (assistência de subsistência).[9]

2.2. Da proteção social no Japão

A proteção social em relação aos riscos velhice, invalidez e morte estão previstos no Japão desde 1940.

Quanto à proteção da saúde, desde 1922, o Japão prevê um seguro médico, expandindo-se para o seguro médico nacional em 1938.

Hodiernamente, no Japão, os serviços de saúde são fornecidos pelos governos nacional e locais. O pagamento de serviços médicos pessoais é oferecido através de um sistema de seguro universal de saúde que oferece uma relativa igualdade de acesso, com taxas fixadas por uma comissão do governo. As pessoas sem seguro, através dos empregadores, podem participar de um programa nacional de seguro de saúde administrado pelos governos locais. Desde 1973, todas as pessoas idosas têm sido cobertas pelo seguro patrocinado pelo governo. Os doentes são livres para escolher médicos ou instalações de sua preferência. O país possui a maior expectativa de vida do mundo (de acordo com estimativas da ONU e da OMS) e a terceira menor taxa de mortalidade infantil

O Japão tem 127 milhões de habitantes sendo que 26,3% da população tem mais de 65 anos. A expectativa de vida ao nascer para os homens é de 80,5 anos e para as mulheres de 86,8 anos.

O Japão tem dois programas de proteção social: o Programa Nacional de Pensões (NP) e o Programa de Seguro de Pensão dos Empregados (EPI) com regras de acesso diferenciadas.

Os requisitos legais exigidos para a concessão da aposentadoria por idade são: carência e idade mínima.

A idade para a aposentadoria é de 65 anos para ambos os gêneros com, pelo menos, 40 anos de contribuição, podendo haver concessão de aposentadoria parcial para quem tenha 65 anos de idade e, pelo menos, 10 anos de contribuição.

No Japão, as pessoas maiores de 20 anos de idade e residentes têm obrigação de contribuir para a previdência, independentemente de nacionalidade.

Os trabalhadores empregados contribuem para o ***shakai hoken* (seguro social).** Os que não trabalham ou trabalham com negócio próprio devem efetivar sua contribuição através do ***kokumin nenkin* (previdência nacional básica)**.

A previdência no Japão é dividida em 2 faixas: o *kousei nenkin* e o *kiso nenkin*.

O *kiso nenkin* é a pensão básica para a qual todos os cidadãos maiores de 20 anos de idade são obrigados a contribuir. O *kousei nenkin* só é pago por quem estiver inscrito no *shakai hoken*.

Seguro de pensão dos empregados *kousei nenkin* vinculados ao *shakai hoken* (seguro social).

Quanto ao financiamento, há de se observar que a pessoa inscrita no *shakai hoken* já contribui automaticamente para o *kiso nenkin* e o *kousei nenkin*, pois a taxa de contribuição é descontada de forma embutida no valor da contribuição ao *shakai hoken*. Portanto, ao aposentar-se, o titular do *shakai hoken* receberá duas aposentadorias.

A pensão nacional paga pela previdência nacional básica: *kokumin nenkin*.

O *kokumin nenkin* é a previdência básica, na qual todos os cidadãos acima de 20 anos de idade devem estar inscritos, estando ou não empregados. A inscrição é feita na prefeitura e a taxa mensal é calculada e determinada anualmente pelo governo japonês.

O financiamento da previdência social no Programa Nacional de Pensões (NP) corresponde a 16,340 ienes por mês (valores vigentes de abril de 2018 a março de 2019).

O financiamento do Programa de Seguro de Pensões de Empregados (EPI) se dá com a contribuição de 9,15% incidentes sobre o salário mensal, com base em 31 classes salariais (inclusive os mineiros e marinheiros).

O Estado contribui para o Programa Nacional de Pensões (PN) com 50% do custo dos benefícios e o custo total da administração.

Já para o Programa de Seguro de Pensões dos Empregados (EPI), o Estado arca com o

(9) OECD, Social Benefit Recipients Database (SOCR). Disponível em: <http://www.oecd.org/social/recipients.htm>. Acesso em: 7 jun. 2019.

custo total de administração e contribui como empregador.

2.3. Da aposentadoria por idade

Para se ter acesso à aposentadoria por idade em ambos os sistemas previdenciários japoneses (*kokumin nenkin* e/ou *kousei nenkin*) é necessário ter contribuído por no mínimo 10 anos. Para receber o valor integral da previdência, é necessário ter contribuído por 40 anos[(10)] e ter atingido a idade mínima de 65 anos tanto para mulher como para homens. É possível solicitar a aposentadoria por idade antecipada (antes de se completar 65 anos de idade), porém, o valor do benefício será reduzido proporcionalmente. Como também pode se adiar o recebimento da aposentadoria para aumentar o valor do benefício.

No caso de aposentadoria antecipada para aqueles nascidos em, ou após, 2 de abril de 1941, a pensão é reduzida em 0,5%, multiplicada pelo número de meses entre a aplicação e um mês antes dos 65 anos. Para aqueles nascidos antes de 2 de abril de 1941, a pensão é reduzida de 11% a 42%, dependendo da idade em que a pensão é concedida.

Para aqueles nascidos em, ou após, 2 de abril de 1941, a pensão é aumentada em 0,7% multiplicada pelo número de meses entre a aplicação e um mês antes dos 65 anos. Para aqueles nascidos antes de 2 de abril de 1941, a pensão é aumentada de 12% a 88%, dependendo da idade em que a pensão é concedida.

A aposentadoria por idade pelo Programa de Seguro de Pensão aos Empregados (EPI) exige idade de 62 anos (homens, subindo gradualmente aos 65 anos até 2025) e 61 anos (mulheres, subindo aos 65 anos até 2030), ou 61 anos (marinheiros e mineiros) com pelo menos 10 anos de contribuições pagas ou creditadas (incluindo quaisquer períodos em que o segurado estivesse isento de contribuições, como períodos de baixa renda).

O contribuinte que completou a idade para se aposentar, mas não completou o tempo mínimo de contribuição, tem as seguintes opções para tornar-se elegível para solicitar a aposentadoria por idade:

1. Fazer a inscrição facultativa ao Sistema Nacional de Pensão — 60 até 65 anos de idade para aumentar o tempo de contribuição (Pessoas nascidas antes de 1º de abril de 1965 podem fazer a inscrição facultativa até os 70 anos de idade).

2. Utilizar o sistema de pagamento retroativo dos períodos não pagos à previdência (*kounou seido*). O sistema permitiu o uso desta opção de contribuir até 5 anos retroativos para quem aderiu a ela até 30 de setembro de 2018.

3. Utilizar o Acordo da Previdência Social Brasil-Japão[(11)]: "Sistema de contagem do tempo de contribuição" em cada país.

4. Utilizar o *kara kikan* — "Período vazio" do Sistema Nacional de Pensão para completar a carência necessária.

Aqueles que completaram a idade, mas não pretendem continuar contribuindo à previdência para atingir o tempo mínimo de contribuição, podem recorrer aos dois últimos sistemas mencionados acima.

1 — Acordo da Previdência Social Brasil/Japão

Se o contribuinte tiver pago para a previdência brasileira e cumprir alguns critérios, ele poderá pedir a aposentadoria japonesa através do Acordo utilizando o "Sistema de contagem do tempo de contribuição" em cada país — Contagem por Totalização.

Contagem por totalização é soma dos períodos de contribuições efetuadas no Brasil e no Japão, em "períodos diferentes", utilizada para completar a carência necessária para obter o direito ao benefício.

Se a soma dos períodos contribuídos no Brasil e no Japão for igual ou maior a 10 anos, o contribuinte terá direito ao benefício japonês. Se for igual ou maior a 15 anos, ele também terá direito ao benefício brasileiro, ou seja, ele terá direito a duas aposentadorias, a do Brasil e do Japão.

(10) A medida da redução do tempo mínimo de contribuição — de 25 anos para 10 anos — entrou em vigor em 1º de agosto de 2017.

(11) O ACORDO DE PREVIDÊNCIA SOCIAL ENTRE O JAPÃO E A REPÚBLICA FEDERATIVA DO BRASIL assinado no dia 29 de julho de 2010, entrou em vigor no dia 1º de março de 2012.

Porém, o valor do benefício será calculado de forma proporcional. Exemplo: se a pessoa contribuiu 10 anos no Brasil e 5 anos no Japão — a previdência brasileira calculará o valor do benefício sob os 10 anos contribuídos no Brasil e a previdência japonesa sob os 5 anos contribuídos no Japão.

Para a utilização do Acordo Brasil-Japão, o tempo mínimo de contribuição exigido no Brasil é de 15 anos e, quanto ao critério etário, 60 anos para mulheres e 65 anos para homens. Se o requerente residir no Japão, deve dirigir-se ao Escritório de Pensão (*Nenkin jimusho*) mais próximo de sua residência.

Se o requerente residir no Brasil, poderá fazer o requerimento em qualquer agência do INSS, informando que se trata do Acordo Brasil-Japão. A Agência da Previdência Social de Atendimento Acordos Internacionais — São Paulo APSAISP — é, atualmente, a responsável pelo processamento dos pedidos referentes ao Acordo Brasil/Japão e está localizada na Rua Santa Cruz, 747, 1º Subsolo, Vila Mariana — São Paulo (SP) — CEP 04.121-000.

2 — *Totalização de tempo Gassan Taishou Kikan conhecido como "Período vazio" Kara Kikan*[12]

Como mencionado anteriormente, a regra geral para aposentadoria básica por idade é ter idade de 65 anos e, no mínimo, 10 anos de contribuição.

Se na soma do período de contribuição e do período de isenção/adiamento do pagamento da taxa da previdência o contribuinte atingir o tempo mínimo de contribuição, 10 anos, ele estará "qualificado" para solicitar a aposentadoria.

Porém, se a soma dos dois períodos não atingir o tempo mínimo, o contribuinte poderá utilizar o Kara Kikan — "Período vazio" — para complementar o tempo exigido.

Os critérios para se usufruir do Kara Kikan são: 1) a pessoa ter obtido cidadania japonesa ou o visto de residência permanente antes de completar 65 anos e; 2) o período de estadia no exterior ser posterior a 1º de abril de 1961. Será considerado como "período qualificado", o período que a pessoa maior de 20 até 59 anos residiu no exterior após o dia 1º de abril de 1961, até 1 dia antes de obter a cidadania japonesa ou o visto permanente.

Para a utilização do período de Kara Kikan (período vazio), para completar o requisito para aposentadoria por idade, o requerente deverá apresentar documentos que comprovem o período vivido fora do Japão, daí a importância da guarda dos passaportes antigos como instrumento de prova das entradas e saídas do Japão. Alternativamente a esta forma de comprovação, pode-se requisitar junto ao Ministério da Justiça histórico dos registros de saída, entrada e retorno (*shutsu nyuu kikoku kiroku*).

Em relação aos estrangeiros, o período de Kara Kikan entre março de 1961 e dezembro de 1981 não é habilitável posto que até dezembro de 1981 os estrangeiros residentes no Japão não podiam ingressar ao Sistema de Nacional de Pensão, exceto os residentes permanentes especiais (*tokubetsu eijûsha*) como coreanos *zainichi.*

O Sistema Nacional de Pensão entrou em vigor em 1º de abril de 1961, mas até o final de 31 de dezembro de 1981, apenas cidadãos japoneses podiam se inscrever na Previdência Nacional. Após 1º de janeiro de 1982, estrangeiros residentes no Japão adquiriram o direito a inscrição.

A seguir, exemplificamos como se dá a contagem do tempo de contribuição utilizando o Kara Kikan (período vazio):

> Contribuinte de 60 anos de idade, com visto permanente que chegou ao Japão com 30 anos de idade e contribuiu 7 anos à previdência japonesa.
>
> — Kara Kikan: 10 anos (o período que residiu no exterior, contado a partir de 20 anos de idade a 30 anos).
>
> — Período de contribuição: 7 anos.
>
> — Período qualificado: 17 anos.
>
> Elegível para pedir a aposentadoria por idade.

O aposentado por idade pode continuar exercendo sua atividade laboral. O valor do trabalho é prestigiado, porém o valor da aposentadoria é reduzida se o segurado continuar trabalhando além da idade da aposentação e a soma de seus

(12) Kara Kikan refere-se ao período sem contribuições reconhecido pela legislação japonesa e concedido ao contribuinte o direito de computar o "Período vazio" como "período qualificado" (período complementar) para completar a carência necessária para obter o direito à aposentadoria. Porém, esse período não será usado para o cálculo do valor do benefício.

rendimentos combinados e de aposentadoria ultrapassasse 280.000 ienes (se menores de 65 anos) ou 460.000 ienes (se tiverem 65 anos ou mais).

A pensão é baseada no salário médio mensal do segurado ao longo de toda a carreira multiplicado por um coeficiente determinado pela data de nascimento do segurado e multiplicado pelo número de meses de cobertura. A pensão é paga a cada dois meses.

Para os aposentados com idade entre os 60 e os 64 anos, a pensão completa é paga se os seus rendimentos mensais combinados e os rendimentos da pensão por velhice não excederem 280.000 ienes; se o total mensal combinado for superior a 280.000 ienes, mas a pensão de velhice não exceder 280.000 ienes e os ganhos mensais não excederem 460.000 ienes, a pensão será reduzida em 50% do valor superior a 280.000 ienes; se os ganhos mensais excederem 460.000 ienes por mês, a pensão é reduzida ainda mais. Para os pensionistas com 65 anos ou mais, se os rendimentos mensais combinados e as pensões de reforma ultrapassarem 460.000 ienes, a pensão é reduzida em 50% do montante superior a 460.000 ienes.

Caso o aposentado por idade tenha cônjuge dependente economicamente, terá direito a receber um suplemento no valor de sua aposentadoria até que o cônjuge atinja 65 anos quando poderá ser habilitar a uma aposentadoria por direito próprio junto ao programa Nacional de Pensões (NP) ou tenha filhos menores até atingir 18 anos ou 20 anos.

2.4. Da aposentadoria por invalidez

Para se ter acesso à aposentadoria por invalidez junto ao Programa Nacional de Pensões (NP), o segurado deve ser avaliado por perícia médica e tendo acesso ao benefício de incapacidade os que forem enquadrados no Grupo I (incapacidade total e requer atendimento constante) ou Grupo II (incapacidade severamente restrita de viver independentemente). Para tanto, deve ter qualidade de segurado no momento do primeiro exame médico e ter pago contribuições em 66,7% do período desde a idade de 20 anos até dois meses antes do mês do primeiro exame médico (incluindo quaisquer períodos isentos de requisitos de contribuição, tais como períodos de baixa renda). Alternativamente, pode ter pago contribuições contínuas (incluindo quaisquer períodos em que o segurado estivesse isento de contribuições, tais como períodos de baixa renda) por um ano antes do período de dois meses antes do mês do primeiro exame médico (até março de 2026).

A aposentadoria por invalidez poderá ter adicional caso o segurado tenha filhos até 18 anos ou 20 anos se inválidos.

A aposentadoria por invalidez para os segurados vinculados ao Programa de Seguro de Pensão dos Empregados (EPI) será devida se o segurado foi avaliado como integrante do Grupo I (incapacidade total e requer atendimento constante de outra pessoa) ou do Grupo II (capacidade severamente restrita de viver de forma independente) ou Grupo III (incapacidade que imponha severas restrições ao desempenho das atividades do dia a dia e severas restrições ao trabalho). Para tanto, deve ter qualidade de segurado no primeiro exame médico e ter pago contribuições em 66,7% do período desde a idade de 20 anos até dois meses antes do mês do primeiro exame médico (incluindo quaisquer períodos isentos de requisitos de contribuição, tais como períodos de baixa renda). Alternativamente, deve ter pago contribuições contínuas (incluindo quaisquer períodos isentos de exigências de contribuição, tais como períodos de baixa renda) por um ano antes do período de dois meses antes do mês do primeiro exame médico (até março de 2026).

É previsto adicional ao dependente do aposentado por invalidez para um cônjuge dependente com idade inferior a 65 anos (cessando quando atinge 65 anos e se habilita a receber uma pensão por direito próprio no âmbito do Programa Nacional de Pensões (PN)).

2.5. Do auxílio acidente ou subsídio por invalidez

Prestação na modalidade de benefício de pagamento único pago os segurado vinculados ao Programa de Seguros de Pensão de Empregados (EPI) e corresponde a um montante de 200% da pensão por idade que o segurado recebeu ou tinha direito a receber. Nos casos de verificação de capacidade de trabalho reduzida, sem que haja a habilitação à aposentadoria por invalidez. Para sua concessão, o segurado deve ter contribuição em 66,7% do período de 20 anos de idade a dois meses antes do mês do primeiro exame médico (incluindo quaisquer períodos em que o segurado estivesse isento de contribuições, tais como períodos de baixa renda). Alternativamente, deve ter pago contribuições contínuas (incluindo quaisquer períodos em que o segurado estivesse isento de contribuições, tais como períodos de baixa renda) por um ano antes do período de dois meses antes do mês do primeiro exame médico (até março de 2026).

2.6. Da pensão por morte

A pensão por morte do segurados vinculados ao Programa Nacional de Pensões (NP) será devido aos dependentes do segurado que falecer em gozo de aposentadoria do Programa Nacional, ou não, com idade entre 60 e 64 anos, com contribuições pagas durante 66,7% do período de 20 anos de idade a dois meses antes do mês da morte (incluindo quaisquer períodos isentos de exigências de contribuição como baixa — períodos de descanso); ou era segurado e tinha menos de 60 anos, ou um residente do Japão de 60 a 64 anos, com contribuições contínuas pagas por um ano antes do período de dois meses antes do mês da morte.

Os dependentes que podem se habilitar à pensão por morte são: a viúva vivendo e cuidando dos filhos do falecido até atingirem 18 anos ou 20 anos se inválidos; para órfãos, a pensão será devida até atingirem 18 anos ou 20 anos se inválidos.

A viúva sem filhos terá direito à pensão por morte se tiver entre 60 a 64 anos de idade e desde que casada com o segurado falecido há pelo menos dez (10) anos e se o segurado não estava em gozo de aposentadoria por idade e tivesse pelo menos dez anos de contribuições (incluindo quaisquer períodos em que o segurado estivesse isento de contribuições, tais como períodos de baixa renda). O valor da pensão à viúva sem filhos (programa nacional de pensões) corresponde a 75% da aposentadoria por idade que o falecido recebia ou teria direito a receber. Os benefícios são pagos a cada dois meses.

2.7. Da proteção social na China

O sistema de proteção social na China teve em 1950 a proteção dos trabalhadores desempregados, uma vez que o problema do desemprego era um dos mais agudos herdados da China Antiga. A regulamentação do seguro de trabalho promulgado em 1951 previa cobertura quanto à aposentadoria, invalidez, assistência médica e acidentes do trabalho, além de pensão por morte. Posteriormente, incluiu proteção diante do atingimento por catástrofes naturais. Destacamos que no início década de 1980, a China restringiu a proteção basicamente às áreas urbanas concentrando-se a proteção em relação aos trabalhadores vinculados às empresas de propriedade do Estado. A partir de meados da década de 1980, reformas foram e implementadas a saber: em 1984, teve início a reforma do sistema de seguridade social com a reforma da aposentadorias dos trabalhadores de empresas. Em 1986, se estabeleceu o sistema de seguro desemprego urbano.

Em 1994, 1996 e 1998 foram efetivadas alterações no sistema de proteção à maternidade, no sistema de proteção contra acidentes do trabalho, e se iniciou a reforma do sistema de proteção do seguro saúde.

A partir do final da década de 1990, o governo chinês efetivou reforma no sistema de proteção de saúde, restabelecendo-se o atendimento à população urbana e rural, visando reverter a situação de penúria vivida nas décadas de 1980 e 1990.

Em 2002, teve início o sistema de cooperativa médica rural.

De acordo com as novas políticas públicas de saúde implementadas, o investimento em saúde passou de 16% do total de gastos com saúde em 2001 para 30% em 2014. Os gastos sociais foram de 24,1% para 38,05% entre esses anos, enquanto os gastos individuais com saúde da população passaram de 60% para 32% no mesmo período segundo dados estatísticos oficiais (*China Statistical Yearbook*, 2015).

O sistema atual de seguros sociais de saúde é configurado por três principais, sendo eles: o *New Rural Cooperative Medical System (NRCMS)*, que cobre a população de regiões rurais, o *Urban Employee Basic Medical Insurance (UEBMI)*, responsável pelo atendimento aos trabalhadores formais urbanos, e o *Urban Resident Basic Medical Insurance (URBMI)*, cuja população atendida são os residentes urbanos que não participam do mercado de trabalho formal. A grande crítica reside no fato de que os sistemas que abrangem pessoas com mais capacidade econômica têm padrão de cobertura mais elevado.

O seguro de saúde privado vem sendo estimulado com a redução de restrições regulatórias e incentivos fiscais aos nacionais que aderem a este tipo de proteção na área de saúde. Os dados revelam que este incentivo tem projetado efeitos na medida em que o mercado de saúde suplementar cresceu 60% entre 2014 e 2015.

As reformas com viés de aumento de proteção social teve um papel importante e de destaque na promoção do desenvolvimento econômica e na estabilidade social.

A China adota um sistema de seguro social contributivo e um sistema não contributivo de assistência social[13], um sistema de proteção social e um sistema de cuidados especiais e colocação e um sistema de assistência mútua.

No sistema de proteção social, o governo administra fundos para garantir o sustento de pessoas de idade avançada, órfãos e pessoas com deficiência cujas condições seja extraordinariamente difíceis.

Por intermédio do sistema de cuidados especiais e colocação, o governo compensa, reconhece e apoia grupos especiais das pessoas que tenham prestado serviços relevantes e meritórios ao Estado e à sociedade, como os soldados.

No sistema de assistência mútua, o Governo estimula e administra apoio aos grupos sociais e a seus membros para que organizem e levam a cabo atividades com o fim de ajudar os pobres e necessitados. As atividades atuais consistem em serviços prestados pelos sindicatos, associações de mulheres, ligas de jovens e outras associações doadores e de caridade de grupos não governamentais e de assistência mútua organizada de maneira voluntária

Em função da extensão da proteção social sem precedentes, a China recebeu prêmio trienal da Associação Internacional de Seguridade Social (AISS) durante o Foro Mundial de Seguridade Social celebrado na Cidade do Panamá em 2016. Expansão que alcançou as aposentadorias, seguro saúde e outras formas de proteção social. Segundo dados da OISS, a China ampliou a cobertura do seguro saúde de 315 milhões de pessoas em 2005 para mais de 1.300 milhões em 2015. Entre os anos de 2008 a 2015 houve o incremento de investimento público em ritmo superior a 20% anual.

A cobertura previdenciária do gigante asiático aumentou de 360 milhões de pessoas em 2010 para 858 milhões em 2015, representando um crescimento anual médio de 19%.

A China é um país com 1.371,2 milhões de habitantes e 9,6% da população tem 65 anos ou mais de idade. A esperança de vida ao nascer é de 74,3 para homens e 77,3 para mulheres.[14]

Desde julho de 2011, os programas de seguridade social regionais e locais existentes, incluindo acordos de agrupamento, estão gradualmente sendo unificados sob a primeira lei nacional do país sobre seguro social. O governo pretende estabelecer um sistema previdenciário abrangente, equitativo e unificado que cubra tanto os residentes urbanos quanto os rurais até 2020.

Na China, o programa básico de seguro de pensão tem dois componentes: uma pensão de seguro social e contas individuais obrigatórias.

Os regimes de pensões para residentes urbanos rurais e não assalariados têm dois componentes: uma pensão não contributiva e contas individuais.

O seguro social e a conta individual obrigatória (seguro básico de aposentadoria) dão cobertura aos:

— Empregados (incluindo estrangeiros e migrantes legalmente empregados e empregados em regime de meio período) em empresas urbanas e instituições urbanas gerenciadas como empresas.

— Autônomos e pequenos empresários sem empregados.

(13) A assistência social tem como público-alvo aquelas pessoas que não tenham capacidade laboral e não tenham como se manter ou aqueles com renda mas em níveis inferiores ao mínimo legalmente estabelecido e os que podem trabalhar, porém cuja renda tenha sido perdido temporariamente por causa de um acidente ou de uma catástrofe natural.

(14) *O Banco Mundial, Indicadores de Desenvolvimento Mundial.* Disponível em: <http://data.worldbank.org/data-catalog/world-development-indicators>; Agência Central de Inteligência dos EUA. *The World Factbook.* Washington: Agência Central de Inteligência. Disponível em: <https://www.cia.gov/library/publications/resources/the-world-factbook/index.html>; os resumos do país na publicação: ISSA; SSA. Programas de seguridade social em todo o mundo — Ásia 2016 (Washington e Genebra).

— Trabalhadores casuais e alguns funcionários públicos.

O sistema de conta não contributiva e individual (regimes de pensões para residentes urbanos rurais e não sazonais) dá cobertura aos residentes urbanos rurais e não assalariados com 16 anos ou mais[(15)].

2.8. Da pensão por idade no Seguro Básico de Aposentadoria

A pensão é constituída por uma pensão de seguro social e por uma conta individual obrigatória.

Para se obter a aposentadoria no seguro básico, a idade mínima é de 60 anos tanto para homens quanto para mulheres que exerçam atividade profissional e 55 anos de idade para mulheres assalariadas não profissionais ou 50 anos para outras categorias de mulheres, com pelo menos 15 anos de contribuições (carência).

No caso de empregados que desenvolvam trabalho árduo ou insalubre, a idade para aposentadoria é de 55 anos (homens) ou 45 anos (mulheres) com pelo menos 15 anos de contribuições.

Para previsão da aposentadoria antecipada no caso da presença de incapacidade total exigir-se-á 50 anos (homens) ou 45 anos (mulheres) com pelo menos 10 anos de contribuições ou 55 anos (homens) ou 45 anos (mulheres) com oito a 10 anos de contribuições contínuas para empregados que desenvolvam trabalho árduo ou insalubre.

Os segurados que atingirem a idade normal de aposentação com menos de 15 anos de contribuições podem continuar a contribuir até completar os 15 anos ou transferirem os seus direitos de pensão para os regimes para residentes urbanos rurais e não assalariados.

Aqueles que aderirem ao programa básico de seguro de pensão antes de 2011 e tenham pelo menos 10 anos, mas menos de 15 anos de contribuições na idade normal de aposentadoria, podem fazer uma contribuição total para se tornarem elegíveis para a pensão básica.

No sistema de conta individual obrigatória com diretrizes determinadas pelo governo central, a idade para se aposentar é de 60 anos (homens e mulheres profissionais), 55 anos (mulheres assalariadas não profissionais) ou 50 anos (outras categorias de mulheres), com pelo menos 15 anos de contribuição.

Para empregados que desenvolvam atividade com trabalho árduo ou insalubre, exigir-se-á 55 anos (homens) ou 45 anos (mulheres) com pelo menos 15 anos de contribuições se empregados em trabalho árduo ou insalubre.

Também neste sistema é prevista a aposentadoria antecipada com 50 anos (homens) ou 45 anos (mulheres) com pelo menos 10 anos de contribuições e avaliados com uma incapacidade total e 55 anos (homens) ou 45 anos (mulheres) com oito a 10 anos de contribuições contínuas se empregados em trabalho árduo ou insalubre.

Pensão de velhice (seguro básico de reforma): A pensão é constituída por uma pensão de seguro social e por uma conta individual obrigatória.

O valor da aposentadoria por idade é o salário médio mensal local no ano anterior mais o salário mensal individual médio usado para calcular as contribuições, dividido por dois. O resultado é multiplicado por 1% para cada ano de contribuições.

O salário mensal individual médio usado para calcular as contribuições é o salário médio mensal do segurado indexado ao salário local médio mensal.

A aposentadoria mínima combinada do seguro social e da conta individual obrigatória corresponde normalmente de 40% a 60% do salário médio mensal local no ano anterior, dependendo da região.

Na aposentadoria por idade antecipada, seu valor é baseado no salário médio mensal local do ano anterior, no salário mensal individual médio usado para calcular as contribuições e no número de anos de contribuições.

A aposentadoria por idade no sistema da conta individual obrigatória (diretrizes do governo central) corresponde ao total de contribuições dos empregados mais juros acumulados, dividido pelo mês atuarial.[(16)]

(15) Exclusões: estudantes e pessoas abrangidas pelo regime básico de seguro de pensão.

(16) O mês atuarial varia de 56 a 233, dependendo da idade do segurado, e é ajustado periodicamente com base na expectativa de vida média da população urbana e da taxa de juros. O mês atuarial para uma pessoa segurada que se aposenta aos 60 anos

A aposentadoria por idade mínima combinada do seguro social e da conta individual obrigatória é normalmente de 40% a 60% do salário médio mensal local durante o ano anterior, dependendo da região. No caso de aposentadoria antecipada, o benefício mensal corresponde ao total de contribuições dos empregados acrescido de juros, dividido pelo mês atuarial.

Com menos de 15 anos de cobertura, uma quantia total do saldo da conta é paga se o segurado não transferir o saldo da conta para os esquemas para residentes urbanos rurais e não assalariados.

2.9. Da pensão por idade no Regime de Aposentadorias para residentes urbanos rurais e não sazonais)

A aposentadoria consiste numa pensão não contributiva e numa conta individual.

A aposentadoria não contributiva será concedida ao segurado com 60 anos, não gerando direito a uma aposentadoria por idade de seguro social do Programa Básico de Seguro de Aposentadoria.

O valor da aposentadoria por idade não contributiva corresponderá a pelo menos 88 *yuans* por mês. O montante da aposentadoria aumenta com a idade em algumas áreas.

A aposentadoria por idade em conta individual requer a idade de 60 anos com pelo menos 15 anos de contribuições e sem direito a uma conta individual de aposentadoria por idade do Programa Básico de Seguro de Aposentadoria.(17)

O valor da aposentadoria por idade no sistema da conta individual corresponde ao valor total do segurado e as contribuições do governo mais juros acumulados, divididos pelo mês atuarial.(18)

2.10. Aposentadoria por invalidez (seguro básico de aposentadoria)

A aposentadoria por invalidez consiste em uma pensão de seguro social e uma conta individual obrigatória.

A aposentadoria por invalidez concedida pelo seguro básico é regido pelas diretrizes do governo central. É concedida ao segurado em que se verifique a presença de incapacidade total para o trabalho e que ainda não atenda aos requisitos para a concessão da aposentadoria antecipada por idade de responsabilidade do Programa Básico de Seguro de Aposentadoria. A incapacidade laboral é aferida por peritos médicos que integram o Comitê de Avaliação de Capacidade para o Trabalho.

Pela conta individual obrigatória, segundo as diretrizes do governo central, nenhum benefício (prestação em pecúnia) é fornecido.

O valor da aposentadoria por invalidez corresponde a 40% do salário médio mensal do segurado no ano anterior pago. O valor da aposentadoria mínima é definida pelos governos provinciais e locais com base no padrão de vida local.

2.11. Pensão por morte pelo seguro básico de pensão

A pensão consiste em uma pensão de seguro social e uma conta individual obrigatória.

Para a concessão da pensão por morte, o segurado falecido deveria estar em fruição de aposentadoria ou em emprego coberto pelo sistema de proteção no momento da morte, ou seja, exige-se a qualidade de segurado no momento do fato gerador da prestação.

Os dependentes que podem se habilitar à pensão são a viúva e os filhos e pais dependentes do segurado falecido.

é 139. Os governos locais fornecem arranjos transitórios para trabalhadores que começaram a trabalhar antes da introdução de contas individuais obrigatórias em 1997 e que se aposentaram em, ou após, 1º de janeiro de 2006.

Após os benefícios mensais, a conta individual obrigatória está esgotada, os benefícios são pagos a partir de um fundo de *pool* local.

(17) Para possibilitar o acesso à aposentadoria, os segurados que completarem 60 anos com menos de 15 anos de cobertura podem continuar contribuindo para a conta individual até que se tornem elegíveis ou fazer uma contribuição de montante fixo para se tornarem elegíveis para a pensão de velhice do residente urbano rural ou não assalariado.

(18) O mês atuarial é de 139 e é ajustado periodicamente com base na expectativa de vida média da população urbana e da taxa de juros. Depois que os benefícios mensais da conta individual forem esgotados, os benefícios serão pagos por um fundo de *pool* local.

O valor da pensão por morte pago pelo seguro social corresponde a uma quantia total de 6 a 12 meses do último salário mensal do falecido, dependendo do número de dependentes sobreviventes.

No caso de pensão por morte regida pela conta individual obrigatória, o valor devido corresponderá a uma quantia do total de contribuições do trabalhador acrescida de juros acumulados. Se o segurado falecer antes da idade normal de aposentadoria, o saldo de quaisquer contribuições do empregador feitas à conta individual do falecido antes de 1º de janeiro de 2006 será transferido para um fundo de investimento local.

2.12. Auxílio-funeral

Pago aos dependentes quando o segurado ou um familiar imediato do segurado morre no sistema de conta individual obrigatória segundo diretrizes do governo central. Um dos exemplos de dependente elegível é o herdeiro legal do falecido.

O valor do auxílio-funeral corresponde ao valor de dois meses do salário local médio mensal no ano anterior. Os dependentes habilitáveis são a viúva, os filhos, os pais e os avós.

No caso de morte de um familiar imediato que dependia do segurado, o valor do auxílio-funeral corresponderá a uma média de 33% a 50% do salário médio mensal local ou empresarial no ano anterior é pago com base na idade do falecido.

2.13. Auxílio-pensão

Regimes de pensões para residentes urbanos rurais e não sazonais, conta individual.

Será devido aos dependentes do falecido que recebeu ou tinha direito a receber uma aposentadoria por idade para residentes urbanos rurais ou não assalariados. Dentre os dependentes elegíveis, temos os herdeiros legais do falecido. O valor corresponde a um montante fixo do total de pessoas seguradas e de contribuições do governo, acrescido de juros acumulados menos os pagamentos anteriores ao falecido.

3. *Conclusões*

Devemos aprender com o Japão e utilizarmos a janela de tempo que ainda resta em termos demográficos para a criação e execução de políticas públicas integradas pela seguridade social para a proteção dos idosos. No Japão, a taxa de pessoas com mais de 65 anos já é de 25,1% e a proteção do idoso é um problema social.

Devemos aprender com a China a lição de que é possível se romper com estado anterior de desproteção ou de baixo nível de proteção aliando-se vontade política e recursos públicos para se efetivar um aumento considerável na cobertura da proteção social da população introduzindo diferentes programas de seguridade social. Utilizando-se de planos pela administração e cumprimento eficientes, criou-se um ambiente que permitiu que a seguridade social se transformasse de uma série de planos discrepantes de poucos grupos em um sistema verdadeiramente universal.

A conduta adotada na China oferece ensinamentos úteis para que outros países coloquem em prática uma estratégia de cobertura eficaz em um ambiente complexo e optem por ações adequadas às diferentes questões. As medidas políticas e administrativas do país tiveram influência nos níveis de cobertura de vários setores:

> Políticas públicas voltadas para a proteção dos idosos. Embora os trabalhadores urbanos e servidores públicos em geral sejam cobertos pelos fundos de pensão do serviço público (que abrange cerca de 40 milhões de trabalhadores) ou pelos planos de pensão básica (atendendo a mais de 280 milhões), ainda há um número considerável de trabalhadores que não se enquadram em nenhum destes dois planos. Desde 2005, mais de 30 milhões trabalhadores migrantes rurais, além de 5 milhões de trabalhadores de empreendimentos coletivos que antes eram excluídos, foram incluídos no plano de pensão básica. Mas foi preciso realizar uma abordagem mais sistemática. Em 2009, criou-se um novo plano de pensão rural voluntário subsidiado pelo governo com baixas taxas de contribuição, e em 2011, criou-se um plano voluntário semelhante para os habitantes urbanos que não eram cobertos em outros planos. Ao permitir certa flexibilidade na fixação dos níveis de benefícios e contribuições de algumas regiões, de modo a refletir as realidades econômicas locais, os dois novos planos conseguiram cobrir um total de 432 milhões de indivíduos até o final de agosto 2012. Em consequência disso,

o sistema de cobertura integral de pensões foi realizado 8 anos antes do previsto.

A ação adotada para ampliar a cobertura de assistência médica também foi executada com ênfases diferentes nos habitantes rurais e urbanos. Atualmente, existem quatro planos que cobrem os funcionários urbanos, os residentes urbanos (ou seja, a população urbana que não faz parte da mão de obra) e os residentes rurais, além de um plano de assistência médica financiado pelo orçamento para os necessitados que não são cobertos por nenhum dos outros três planos.

Referencias bibliográficas

INTERNATIONAL LABOUR ORGANIZATION. *Ratifications for Japan*. Disponível em: <https://www.ilo.org/dyn/normlex/en/f?p=1000:11200:0::NO:11200:P11200_COUNTRY_ID:102729>. Acesso em: 7 jun. 2019.

INTERNATIONAL SOCIAL SECURITY ASSOCIATION. Disponível em: <https://www.issa.int/en/country=-details?countryId=JP&regionId=ASI&filtered-false>. Acesso em: 7 jun. 2019.

KARIM, S. A.; BAMBRA, C.; EIKEMO, T. A. Welfare states regimes and population health: integrating the East Asian welfare states. *Health Policy*, v. 94, n. 1, p. 45-53, jan. 2010.

KWON, H.; MKANDAWIRE, T.; PALME, J. Introduction: social policy and economic development in late industrializers. *International Journal of Social Welfare*, v. 18, p. S1-S11, abr. 2009.

OECD. *Social Benefit Recipients Database* (SOCR). Disponível em: <http://www.oecd.org/social/recipients.htm>. Acesso em: 7 jun. 2019.

ORGANIZAÇÃO INTERNACIONAL DO TRABALHO — OIT. *Convenção n. 102* — Normas mínimas da Seguridade Social. Genebra, 1952. Disponível em: <https://www.ilo.org/brasilia/convencoes/WCMS_235192/lang--pt/index.htm>. Acesso em: 18 mar. 2019.

______ . *Relatório mundial sobre a proteção social 2017-2019*. Disponível em: <https://www.social-protection.org/gimi/gess/RessourcePDF.action?ressource.ressourceId=54894>. Acesso em: 17 jun. 2019.

Parte III

Proteção Social na América Latina

A América Latina, continente de evidentes desigualdade sociais, desafia regimes ou sistemas de seguridade mais adequados à realização do bem-estar humano e da justiça social.

Nesta parte, os estudos científicos abordam os regimes de seguridade no Peru, Venezuela, Cuba e Nicarágua; Argentina, Bolívia, Chile, Colômbia, Uruguai, Paraguai, Equador, Costa Rica, Haiti; México, República Dominicana e Guatemala. Os estudos sobre a proteção social no continente latino-americano foram feitos a partir das constituições nacionais, documentos importantes que servem para demonstrar como cada país organiza seu regime constitucional de proteção aos direitos humanos.

13

La Seguridad Social en el Perú, Venezuela, Cuba y Nicaragua

Dante Martin Paiva Goyburu[(1)]

1. *Introducción*

En el presente artículo, exponemos acerca de la situación del derecho a la seguridad social en Perú, Venezuela, Cuba y Nicaragua, países de Iberoamérica, sobre la base de una lectura de sus normas fundamentales, y como reconocen e implementan políticas para asegurar la vigencia y prestación efectiva del referido derecho.

Conforme a los desafíos que aparecen con los nuevos tiempos, es pertinente realizar una reflexión respecto a los derechos de carácter social, y como los mismos se tutelan en los sistemas jurídicos del siglo XXI, periodo en el cual, a pesar de los avances notables en la ciencia, técnica e informática, aún la humanidad está expuesta a diversos riesgos que vulneran la vida digna que le asiste a todo individuo, y en los casos más extremos, afectar la supervivencia de nuestra especie.

Por lo tanto, resulta indispensable hacer un revisión y análisis sobre las normas vigentes relativos al derecho a la seguridad social, para que a partir del marco jurídico se pueda considerar decisiones a adoptarse que hagan posible el cabal cumplimiento de los objetivos de la seguridad social y el bienestar de la ciudadanía.

2. *Desarrollo*

2.1. Concepto de la seguridad social

Dentro de los postulados del Estado Social y Democrático de Derecho, que definen a las sociedades del siglo XXI, se encuentra el promover el bienestar general entre sus integrantes. Al respecto, la seguridad juega un papel esencial para el cumplimiento de esta meta.

En este sentido, cotidianamente, necesitamos de seguridad personal, lo cual demanda la existencia de un sistema de orden y control interno para enfrentar las diversas amenazas que existen, evitando lesiones a las personas, algunas que incluso pueden tener consecuencias letales; así también tenemos a la seguridad jurídica, la cual se concretiza con la existencia de un sistema jurídico sustentado en normas debidamente emitidas, razonables y cuyos cambios respondan solo a necesidades comprobadas en el tiempo, asegurando la legalidad en los distintos actos de la vida diaria.

Ahora bien, la seguridad social también juga un papel esencial dentro del objetivo y promoción del bienestar, que deben asumir los gobiernos de manera activa y responsable. Para entender su real dimensión, así como sus alcances, corresponde dar una definición sobre la misma.

Con relación al concepto de seguridad social, en el Diccionario del Español Jurídico encontramos dos acepciones, por un lado, en un sentido estricto, se le considera como la *"institución jurídica constituida para atender las prestaciones por desempleo, incapacidad, jubilación y otras situaciones socio-laborales de necesidad de las personas"*; mientras que en un sentido amplio, se refiere al *"sistema o conjunto organizado de prestaciones destinadas a atender las*

(1) Abogado. Magíster en Derecho con mención en Derecho Constitucional y Derechos Humanos. Doctor en Derecho y Ciencia Política por la Universidad Nacional Mayor de San Marcos. Miembro de la Asociación Peruana de Derecho Constitucional, de la Comisión Consultiva y de la Comisión de Estudio de Derecho Constitucional y Derecho Procesal Constitucional del Ilustre Colegio de Abogados de Lima (2018-2019). Académico honorario de la ABDSS.

situaciones de necesidad de las personas, que incluye la Seguridad Social en sentido estricto y la acción social".

De lo antes expuesto, podemos considerar que la seguridad social está constituida por los mecanismos con los que cuentan las personas para enfrentar sucesos adversos que puedan ocurrir, sean por cuestiones fortuitas, dificultades derivadas de problemas de salud o de una edad avanzada, y le permitan mantener una condición digna de vida.

Ahora bien, la fuente o sustento de la seguridad social puede estar en las providencias adoptadas por las propias personas, o también provenir de un apoyo o respaldo estatal. Para ampliar un poco más en torno a esta condición, corresponde analizar a la seguridad social como derecho.

2.2. La seguridad social como derecho

Con el surgimiento del Estado de Derecho y su posterior difusión y consolidación en todo el mundo, a partir de Revolución Francesa (1789), el desarrollo de los derechos de carácter universal para el género humano ha sido progresivo, teniendo avances diferentes en distintas latitudes, en las cuales se han podido recoger experiencias para analizarse y de ser el caso adoptarse en otras sociedades, con el fin de dotar de mejores condiciones de vida a los distintos pueblos.

Precisamente, en el año 1948, en el seno de la Organización de las Naciones Unidas, se dio la Declaración Universal de los Derechos Humanos, la misma que recogió en su artículo 22º, como un derecho humano, el siguiente:

> Artículo 22.
>
> Toda persona, como miembro de la sociedad, tiene derecho a la seguridad social, y a obtener, mediante el esfuerzo nacional y la cooperación internacional, habida cuenta de la organización y los recursos de cada Estado, la satisfacción de los derechos económicos, sociales y culturales, indispensables a su dignidad y al libre desarrollo de su personalidad.

Al respecto, advertimos que la seguridad social es considerada dentro del sistema universal de los derechos humanos como un derecho de la más alta jerarquía, con lo cual obliga a los gobiernos del mundo a adoptar acciones efectivas para apoyar a quienes padecen de desventajas o limitaciones derivados de acciones que no se pudieron controlar o donde operan factores como la edad y el detrimento fisiológico.

Ampliando en torno a este derecho, es preciso citar lo expuesto por la Organización Internacional del Trabajo, la cual considera que el derecho a la seguridad social comprende:

> (...) la protección que una sociedad proporciona a los individuos y los hogares para asegurar el acceso a la asistencia médica y garantizar la seguridad del ingreso, en particular en caso de vejez, desempleo, enfermedad, invalidez, accidentes del trabajo, maternidad o pérdida del sostén de familia.[2]

En el caso del Perú, el Tribunal Constitucional, máxima jurisdicción en materia de tutela de derechos fundamentales, ha establecido respecto del derecho a la seguridad social, lo siguiente:

> (...) la seguridad social es un derecho humano fundamental que supone el derecho que le asiste a la persona para que la sociedad provea instituciones y mecanismos a través de los cuales pueda obtener recursos de vida y soluciones para problemas preestablecidos, de modo tal que pueda obtener una existencia en armonía con la dignidad, teniendo presente que la persona es el fin supremo de la sociedad y del Estado.[3]

Por otro lado, el Tribunal Constitucional también ha realizado una precisión en torno a las finalidades que se manifiestan en el derecho a la seguridad social, precisando al respecto:

> El artículo 10º de la Constitución Política del Estado garantiza a toda persona el derecho universal y progresivo a la seguridad social, derecho constitucional que tiene una doble finalidad: por un lado, proteger a la persona frente a determinadas contingencias, y por el otro, elevar su calidad de vida, 10 cual se concreta a través de los distintos regímenes de pensiones que pudieran establecerse, así como de la pensión que, en este caso, resulta ser el medio fundamental que permite alcanzar dichos fines.[4]

---

(2) ORGANIZACIÓN INTERNACIONAL DEL TRABAJO: *Hechos Concretos sobre la Seguridad Social*. Ginebra: OIT, 2003. p. 1. Disponible en: <http://www.ilo.org/wcmsp5/groups/public/---dgreports/---dcomm/documents/publication/wcms_067592.pdf>.

(3) Sentencia emitida por el Tribunal Constitucional, recaída en el expediente n. 008-96-I/TC.

(4) Sentencia emitida por el Tribunal Constitucional, recaída en el expediente n. 1396-2004-AA/TC.

Conforme a lo expuesto, advertimos que el derecho a la seguridad social contiene un marco de protección amplio y universal, considerando su categoría de derecho humano, e incorporado en el plexo de los derechos fundamentales de las legislaciones de los distintos países, cuyo objeto se vincula con establecer, por parte de los gobiernos y el Estado en general, mecanismos que favorezcan los recursos de vida accesibles a las personas en las circunstancias que los necesiten.

3. *Importancia de la seguridad social en el siglo XXI*

El siglo XXI para la humanidad presenta una serie de condiciones materiales nunca antes vistas en los siglos precedentes. El desarrollo y avances en las tecnologías han incidido en lograr condiciones mejores condiciones de vida, así como la inclusión de aquellas personas que discapacidades o habilitados distintas que en tiempos anteriores sufrían de una proscripción legal y social vergonzosa.

No obstante, en estos tiempos de tantas mejoras en las condiciones materiales de vida, aún persisten enfermedades, conflictos, abusos y muchas veces, dichas adversidades ganan terrenos por la indiferencia y egoísmo de un sistema en donde la preservación de las ventajas individuales se vuelve prioritario y el único interés.

Precisamente, en el difundido Índice de Desarrollo Humano (IDH), correspondiente al año 2018, se da cuenta de lo siguiente:

> A pesar del progreso general, siguen existiendo grandes focos de pobreza y exclusión. La desigualdad y los conflictos están en aumento en muchos lugares. El cambio climático y otros problemas ambientales están minando el desarrollo hoy y para las generaciones futuras.(5)

En este sentido, aún existiendo distintas amenazas para las sociedades, con consecuencias nocivas que arriesgan la propia supervivencia de la especie, es indispensable que los gobiernos del mundo sigan impulsando programas y acciones efectivas que aseguren la seguridad social llegue a todos quienes la necesiten.

4. *La seguridad social en América Latina*

Para abordar la situación de la seguridad social en la región, nos enfocaremos en el Perú, Venezuela, Cuba y Nicaragua. Específicamente, nos centraremos en lo previsto en sus constituciones vigentes, y algunos datos en torno a la realidad socio-demográfica de dichos países.

4.1. El caso peruano

La República del Perú, conforme al último censo realizado en el año 2017, tiene una población de aproximadamente 31 millones de habitantes.

La Constitución vigente, del año 1993, establece con relación al derecho a la seguridad social, lo siguiente:

> Artículo 10. Derecho a la Seguridad Social
>
> El Estado reconoce el derecho universal y progresivo de toda persona a la seguridad social, para su protección frente a las contingencias que precise la ley y para la elevación de su calidad de vida.
>
> En este sentido, se advierte que en el Perú la tutela del derecho a la seguridad social parte de su norma suprema, como tal, se trata de un derecho fundamental de carácter social, y como tal su plena prestación es garantizada de forma progresiva.

Ahora bien, en aspectos más específicos, la seguridad social en el Perú aún es materia de programas algo dispersos, enfocados principalmente en la salud y en la jubilación, aunque esto último es más desarrollado por el derecho previsional.

Precisamente, se cuenta en el país con el Seguro Social de Salud, dependiente del Ministerio de Trabajo y Promoción del Empleo, el cual se sustenta a partir de las contribuciones que realizan las empresas sobre cada trabajador que tienen debidamente empleado y atiende a los trabajadores y sus familias (conocidos como derecho habientes) en procedimientos médicos que pudieran requerir, subsidios por enfermedades y embarazo, así como tratamientos que sean necesarios para restaurar su salud.

No obstante, para aquellas personas que no cuentan con un empleo formal, el Poder Ejecutivo

(5) PROGRAMA DE LAS NACIONES UNIDAS PARA EL DESARROLLO (PNUD): *Índices e indicadores de desarrollo humano. Actualización estadística de 2018*. p. iii. Disponible en: <http://hdr.undp.org/sites/default/files/2018_human_development_statistical_update_es.pdf>.

ha impulsado los últimos años el Seguro Integral de Salud, el cual para la población en situación de pobreza o extrema pobreza es gratuito (subsidiado), mientras que para otros pacientes se tiene una tarifa de pago más accesible respecto de los centros médicos privados.

4.2. El caso venezolano

La República Bolivariana de Venezuela atraviesa una crisis ampliamente conocida desde hace algunos años, la cual ha representado un desafío humanitario muy agudo para los países a donde se han refugiado millones de migrantes.

Precisamente, la BBC ha ofrecido una serie de gráficos donde da cuenta de manera resumida, los factores que originaron el "éxodo venezolano"[(6)], reduciéndose la cantidad de población de los 30 millones de habitantes con los que contaban en 2016 aproximadamente, cuando inició esta situación.

La Constitución actual de este país se encuentra vigente desde 1999, y con relación al derecho a la seguridad social encontramos, en su artículo 80º, lo siguiente:

> Artículo 80. El Estado garantizará a los ancianos y ancianas el pleno ejercicio de sus derechos y garantías. El Estado, con la participación solidaria de las familias y la sociedad, está obligado a respetar su dignidad humana, su autonomía y les garantizará atención integral y los beneficios de la seguridad social que eleven y aseguren su calidad de vida. Las pensiones y jubilaciones otorgadas mediante el sistema de Seguridad Social no podrán ser inferiores al salario mínimo urbano. A los ancianos y ancianas se les garantizará el derecho a un trabajo acorde con aquellos y aquellas que manifiesten su deseo y estén en capacidad para ello.

Conforme se distingue, la mención a la seguridad es amplia en la Constitución venezolana, abordando aspectos relativos a la calidad de vida y cuestiones previsionales, e invocando el principio de solidaridad para lograr que el Estado en conjunto con las familias logren el objetivo establecido.

4.3. El caso cubano

Con relación a la República de Cuba, debe tenerse en cuenta que este país atraviesa en los últimos años una serie de cambios producto de la culminación del régimen castrista, y que mantienen a la expectativa a sus 11 millones de habitantes y al mundo entero en general.

Ha sido a partir del inicio de la gestión de Miguel Mario Díaz-Canel Bermúdez, desde abril de 2018, que se han ejecutado una serie de medidas para reintegrar a la isla a la comunidad internacional. Dentro de estas medidas encontramos una nueva Constitución para Cuba.

Si bien históricamente Cuba ha tenido varias normas fundamentales, la Constitución del año 2019 es la primera del siglo XXI, sancionada en reemplazo de la de 1976. Con relación al derecho a la seguridad social establece lo siguiente:

> Artículo 68. La persona que trabaja tiene derecho a la seguridad social. El Estado, mediante el sistema de seguridad social, le garantiza la protección adecuada cuando se encuentre impedida de laborar por su edad, maternidad, paternidad, invalidez o enfermedad.

Asimismo, de conformidad con la ley, el Estado protege a los abuelos u otros familiares del menor de edad, en función del cuidado y atención a este.

En caso de muerte de la persona que trabaja o se encuentra pensionada, el Estado brinda similar protección a su familia, conforme a lo establecido en la ley.

Tal como puede apreciarse, lo establecido en la actual Constitución de Cuba ofrece un amplio panorama sobre el apoyo y respaldo que se brinda a quienes lo requieren, principalmente a la maternidad, paternidad, invalidez o enfermedad, así como a los menores de edad.

Si bien Cuba es reconocida internacionalmente por sus avances en la medicina, el deporte y la nutrición, aún existen problemas estructurales por solucionar. Del mismo modo, se hace indispensable evaluar si el régimen cubano podrá superar la transición conforme a lo esperado sin afectar los avances obtenidos.

4.4. El caso nicaragüense

En la República de Nicaragua encontramos una Constitución del siglo XX, vigente desde 1987

(6) Disponible em: <https://www.bbc.com/mundo/noticias-america-latina-45262411>.

y que ha tenido algunas reformas. Su población alcanza aproximadamente los 6 millones de habitantes.

Con relación a la seguridad social, ubicamos un artículo muy breve el mismo que expresa los términos siguientes:

> Artículo 61. El Estado garantiza a los nicaragüenses el derecho a la seguridad social para su protección integral frente a las contingencias sociales de la vida y el trabajo, en la forma y condiciones que determine la ley.

La redacción del artículo tiene bastante semejanza con la fórmula considerada en la Declaración Universal de Derechos Humanos, enfatizando que la seguridad social sirve para hacer frente a las contingencias, dando a la ley la tarea de definir la manera en que se hará efectivo el apoyo.

5. Conclusiones

La seguridad social es una institución jurídica de amplia difusión y que constituye una permanente preocupación para los Estados, debido a los riesgos y amenazas que, aun con todos los avances tecnológicos, la población sigue expuesta.

El derecho a la seguridad social es un derecho humano, que también se encuentra incorporado en las normas fundamentales de los distintos países, y que en el siglo XXI siguen reconociendo a este derecho.

Los riesgos y adversidades a los que se encuentra expuesta la población, asociadas con los problemas de salud o deterioro fisiológico por motivo de la edad y accidentes que conllevan a discapacidades, también encuentran nuevos tipos de agentes, como lo es el cambio climático, la contaminación ambiental y las guerras que aún no parecen culminar.

Dentro de los sistemas de seguridad social, en los casos de Perú, Venezuela, Cuba y Guatemala aún se aprecia una relevante participación del Estado, pero el compromiso se asocia sobre todo a los aspectos de salud y previsionales; con relación a las contingencias laborales, no existe mayor avance, como lo sería un seguro de desempleo o una renta básica.

Referencias bibliográficas

DIAZ, Elías. *Estado de derecho y sociedad democrática.* 9. ed. Madrid: Taurus, 2010.

GARCÍA TOMA, Víctor. *Los derechos fundamentales en el Perú*. Lima: Jurista, 2008.

ORGANIZACIÓN INTERNACIONAL DEL TRABAJO. *Hechos Concretos sobre la Seguridad Social*. Ginebra: OIT, 2003. Disponible en: <http://www.ilo.org/wcmsp5/groups/public/---dgreports/---dcomm/documents/publication/wcms_067592.pdf>.

PROGRAMA DE LAS NACIONES UNIDAS PARA EL DESARROLLO (PNUD). *Índices e indicadores de desarrollo humano.* Actualización estadística de 2018. Disponible en: <http://hdr.undp.org/sites/default/files/2018_human_development_statistical_update_es.pdf>.

14

Sobre os Regimes de Seguridade na Argentina, Bolívia e Chile

Leone Pereira da Silva Junior[1]

1. *Introdução*

Atualmente, em âmbito mundial, um dos principais temas de preocupação é a Seguridade Social e como adaptá-la à evolução da sociedade.

Em tese, as regras plasmadas nos sistemas mundiais de Seguridade Social estão sendo reformadas, com fulcros em diversos fatores econômicos, sociais, políticos, jurídicos, históricos, culturais, científicos etc.

A Seguridade Social brasileira apresenta um panorama constitucional e infraconstitucional, abaixo consignado.

Nos termos do art. 194 da Constituição Cidadã de 1988 e do art. 1º da Lei n. 8.212/1991, a Seguridade Social compreende um conjunto integrado de ações de iniciativa dos Poderes Públicos e da sociedade, destinadas a assegurar os direitos relativos à saúde, à previdência e à assistência social.

Assim, compete ao Poder Público, nos termos da lei, organizar a seguridade social, com base nos seguintes objetivos:

I — universalidade da cobertura e do atendimento;

II — uniformidade e equivalência dos benefícios e serviços às populações urbanas e rurais;

III — seletividade e distributividade na prestação dos benefícios e serviços;

IV — irredutibilidade do valor dos benefícios;

V — equidade na forma de participação no custeio;

VI — diversidade da base de financiamento;

VII — caráter democrático e descentralizado da administração, mediante gestão quadripartite, com participação dos trabalhadores, dos empregadores, dos aposentados e do Governo nos órgãos colegiados.

Já o art. 2º da Lei n. 8.212/1991 aduz que a saúde é direito de todos e dever do Estado, garantido mediante políticas sociais e econômicas que visem à redução do risco de doença e de outros agravos e ao acesso universal e igualitário às ações e serviços para sua promoção, proteção e recuperação.

Com efeito, as atividades de saúde são de relevância pública e sua organização obedecerá aos seguintes princípios e diretrizes:

a) acesso universal e igualitário;

b) provimento das ações e serviços através de rede regionalizada e hierarquizada, integrados em sistema único;

c) descentralização, com direção única em cada esfera de governo;

---

(1) Sócio e Advogado do Escritório PMR (Pereira, Marineli e Rodrigues) Sociedade de Advogados. Pós-Doutor pela Universidade de Coimbra/Portugal. Pós-Doutor pela Universidade de Santiago de Compostela/Espanha. Doutor e Mestre pela PUC/SP. Especialista pela Universidade Cândido Mendes. Professor de Direito do Trabalho, de Direito Processual do Trabalho e Prática Trabalhista. Autor de obras e artigos jurídicos. Palestrante. Coordenador da Área Trabalhista e Professor do Damásio Educacional. Titular da cadeira n. 19 da Academia Brasileira de Direito da Seguridade Social (ABDSS).

d) atendimento integral, com prioridade para as atividades preventivas;

e) participação da comunidade na gestão, fiscalização e acompanhamento das ações e serviços de saúde;

f) participação da iniciativa privada na assistência à saúde, obedecidos os preceitos constitucionais.

O art. 3º da Lei n. 8.212/1991 vaticina que a Previdência Social tem por fim assegurar aos seus beneficiários meios indispensáveis de manutenção, por motivo de incapacidade, idade avançada, tempo de serviço, desemprego involuntário, encargos de família e reclusão ou morte daqueles de quem dependiam economicamente.

Nesse contexto, a organização da Previdência Social obedecerá aos seguintes princípios e diretrizes:

a) universalidade de participação nos planos previdenciários, mediante contribuição;

b) valor da renda mensal dos benefícios, substitutos do salário de contribuição ou do rendimento do trabalho do segurado, não inferior ao do salário mínimo;

c) cálculo dos benefícios considerando-se os salários de contribuição, corrigidos monetariamente;

d) preservação do valor real dos benefícios;

e) previdência complementar facultativa, custeada por contribuição adicional.

O art. 4º da Lei n. 8.212/1991 aduz que a Assistência Social é a política social que provê o atendimento das necessidades básicas, traduzidas em proteção à família, à maternidade, à infância, à adolescência, à velhice e à pessoa portadora de deficiência, independentemente de contribuição à Seguridade Social.

Com efeito, a organização da Assistência Social obedecerá às seguintes diretrizes:

a) descentralização político-administrativa;

b) participação da população na formulação e controle das ações em todos os níveis.

No presente artigo, teceremos algumas considerações sobre a Seguridade Social vigente nos seguintes países da América Latina: Argentina, Bolívia e Chile.

2. *Desenvolvimento*

2.1. Seguridade social na Argentina

O sistema de Seguridade Social na Argentina é composto dos seis componentes:

— o sistema previdenciário;

— as obras sociais;

— o seguro desemprego;

— o sistema de risco de trabalho;

— o PAMI, que fornece cobertura médica para os idosos; e

— o sistema de abono de família, que concede subsídios múltiplos.

Não obstante cada um dos componentes da seguridade social seja bem complexo e mereça uma análise própria, vale ressaltar que a análise conjunta do sistema é a metodologia apropriada para compreender de forma abrangente os problemas da política social.

Nessa toada, a eleição dos seis regimes descritos responde ao fato de todos terem características comuns que os diferenciam do resto das políticas sociais.

Com efeito, eles possuem um estatuto legal de Direito, denotando que o ramo legislativo tenha participado na respectiva aprovação e concepção.

Qualquer tentativa de reforma deságua no consenso do Congresso. Esse aspecto é uma diferença central em relação aos "programas sociais" que em sua grande maioria têm decreto ou outra espécie normativa, permitindo ao Poder Executivo maior discrição ou flexibilidade na gestão dos recursos.

Ademais, a Segurança Social difere do resto da política social pela sua contribuição. Para acessar os benefícios, a pessoa deve ter a entrada e contribuições sobre a folha de pagamento.

Essa característica a diferencia de todas as outras políticas sociais, tendo em vista o fato de que as prestações contributivas não são estritamente ligada às contribuições feitas.

Segundo os regulamentos, Segurança Social é um regime progressivo, embora o grau de escalada depende do componente a ser analisado.

Nesse sentido, os componentes sensoriais devem ser reunidos em grupos:

— aqueles que têm lucro possuem proteção pessoal: sistema de pensões de capitalização e proteção contra riscos ocupacionais.

— as prestações familiares constituem um sistema de distribuição altamente puro progressivo; e

— o PAMI, a repartição de pensões, o seguro-desemprego e as obras sociais estão em uma categoria intermediária, na qual o lucro depende positivamente da contribuição feita, mas que, por sua vez, inclui componentes de suporte importantes, tais como assegurar ao beneficiário um mínimo na quantidade de benefícios.

No que concerne às origens do sistema, e com fulcro em debates públicos em torno dele, pode-se argumentar o escopo dos legisladores foi implementar um sistema que fornece cobertura a toda a população trabalhadora e seus dependentes.

Malgrado, muitos especialistas argumentam que o sistema de Segurança Social argentina é "bismarckiano", ou seja, a sua intenção era privilegiar a cobertura do assalariado formal, em vez de ser direcionada para os setores que estão fora do mercado de trabalho.

De outra sorte, o sistema "beveridgiano" oferece cobertura à toda a população, independentemente da sua situação de emprego. Em tese, essa tem sido a verdadeira intenção dos legisladores, pelo menos em seus discursos que vaticinaram a sua intenção de que o sistema irá fornecer cobertura para todos os trabalhadores.

Por derradeiro, deve-se notar que a segurança social é um dos principais instrumentos de política social, embora o grau e o tipo de envolvimento do Estado difere dependendo do componente que está sendo analisado.

Em alguns casos, a autoridade do Estado fica limitada ao controle e fiscalização, descentralizando a terceira prestação dos serviços como o componente de capitalização do sistema de pensões, os riscos de regime de trabalho e obras sociais. Os componentes restantes no Estado exercem todas as funções.

Como evidência da magnitude do sistema, vale ressaltar que, no ano 2000, o gasto social público consolidado foi 60 bilhões de dólares, dos quais 33,3 bilhões de dólares correspondem à Previdência Social.

A maior parte dos recursos é administrada pelo governo nacional da Administração Nacional de Seguridade Social (ANSES). Os aludidos recursos representam 40,3% da despesa total da Administração Nacional e 7% do PIB.

Assinala-se que 55% da população argentina não possui a cobertura provida pela Previdência Social para o risco de velhice, morte, acidentes de trabalho, desemprego, maternidade e apoio escolar.

Esse segmento da população, que em sua grande maioria está localizado nos níveis de renda mais baixo, não recebe nenhum benefício dos mais de 30 bilhões de dólares que o Estado destina à Seguridade Social.

Ademais, a Previdência Social é, em grande parte, financiada com recursos gerais, como parte do imposto de renda, valor agregado e combustível, no qual contribuem para os mais necessitados.

Os trabalhadores informais com menos recursos, os desempregados e seus dependentes só têm acesso à cobertura financiada por meio de programas sociais que representam 3 bilhões de dólares, menos de 10% do valor destinado à Previdência Social.

Como conclusão, os números apresentados, indubitavelmente, destacam a falta de equidade intrageracional e intergeracional das políticas atuais.

Além disso, resultam em ideários pautados em reformas e sistemas alternativos.

Não existem soluções simples, sendo complexo implementar o princípio da responsabilidade individual em conjunto com o princípio da redistribuição.

2.2. Seguridade social na Bolívia

Em 1920, foi criado o sistema boliviano de Seguridade Social, em resposta ao desenvolvimento da rede ferroviária que apresentava altas taxas de acidentes.

Durante as décadas de 1940 e 1950, a proteção do trabalhador e de seu ambiente familiar foi generalizada.

Isso foi formalizado em 1956, quando emitido o Código da Previdência Social, que envolve três atores no funcionamento do sistema: o Estado, os trabalhadores e os empregadores.

De acordo com o Código de Segurança Social boliviana, promulgada em 14 de dezembro, de 1956, e rege o funcionamento dos Fundos de Saúde, o sistema é baseado em "princípios de solidariedade econômica e social, de âmbito universal, contingenciamento coberto, pessoas protegidas, unidade legislativa e de gestão".

Ele incorpora "oito das nove Recomendações da Convenção n. 102 da OIT sobre o padrão mínimo de contingências de segurança social: doença, maternidade, riscos profissionais, invalidez, velhice, morte, abonos de família e habitação social".

Desde a sanção desse Código até o presente, mudanças profundas afetaram a operação do sistema, que envolveu, entre outros aspectos, a separação do seguro de saúde dos fundos de pensão (atualmente definidos como esquemas de curto e longo prazo, respectivamente).

Nessa linha de raciocínio, o escopo de cobertura do sistema era restrito no âmbito da população efetivamente atendida e na seara do pacote de serviços efetivamente prestados.

De outra sorte, os mecanismos de coordenação e a competição com o sistema público dependente do Ministério da Saúde permanecem difusos, gerando benefícios cruzados e subsídios implícitos, o que afeta a cobertura, eficiência e sustentabilidade de ambos os subsistemas.

A aplicação do Código de Segurança Social é obrigatório para todos os nacionais ou estrangeiros, de ambos os sexos que trabalham na Bolívia e "fornecer serviços pagos por outra pessoa singular ou coletiva, por nomeação, contrato de trabalho ou de aprendizagem, quer privado ou público, expresso ou presumido" (Bolívia, Código da Previdência Social).

Ao revés, não estão sujeitos ao Código, os trabalhadores que "exercem ofícios estranhos à atividade ordinária do empregador, desde que a sua duração não exceda 15 dias; pessoas afiliadas a uma instituição oficial estrangeira para fins de seguro de invalidez, velhice e morte; pessoas estrangeiras empregadas por agências diplomáticas, consulares e internacionais que são lotadas na Bolívia, que gozam de imunidades e privilégios diplomáticos e sendo pagos em moeda estrangeira até o valor especificado pelo regulamento" (Bolívia, *op. cit.*).

Nesse contexto, *freelancers*, artesãos, agricultores, sindicatos e outros podem aplicar para se juntar aos benefícios da segurança social desde que as contribuições sejam cobradas, ficando salvos das dificuldades técnicas, administrativas e financeiras que impedem a incorporação dos quais estavam impedidos.

Assim, enquanto os fundos da segurança social originais estavam entre seus membros para grupos homogêneos em termos de fonte de emprego e relativos salários, atualmente, isso não é necessariamente assim, sendo possível que diferentes grupos de empregados por empresa ou indústria se juntaram para qualquer um dos Bancos de Poupança existentes.

Com efeito, pessoas abrangidas por fundos de saúde incluem não só o contribuinte segurado, mas também os seguintes membros da família: cônjuge ou convivente, marido deficiente, crianças até aos 19 anos de idade, o pai inválido e mãe que não têm renda para sua subsistência, irmãos órfãos ou cujos pais não recebem rendimentos e vivem à custa do segurado até à idade indicada para os filhos.

Em 30 de setembro de 1959, o Decreto Supremo n. 5.315 regulamenta o Código da Segurança Social, que afirma que a gestão, implementação e aplicação de regimes de segurança social será encarregado de cinco caixas: ferroviárias, Militar Segurança Social, banca, petróleo e Fundo Nacional de Saúde (FNS).

Os trabalhadores incluídos no campo de aplicação do Código serão assegurados ao respectivo Fundo, de acordo com o ramo de atividade econômica preponderante ao qual a sua empresa pertence.

O FNS estaria encarregado da cobertura dos funcionários da Administração Pública e de todos os outros grupos não incluídos explicitamente nos outros Bancos de Poupança.

Em 1970, o Conselho Técnico da Previdência Social propôs duas modificações no sistema: por um lado, a recriação do Instituto Nacional de Seguridade Social com funções de alta direção, planejamento e supervisão; e, por outro lado, uma racionalização das contribuições trabalhistas, do empregador e do Estado para enfrentar a falta de liquidez e os *déficits* financeiros apresentados por algumas instituições.

O Decreto-Lei n. 9.195 prevê que o Ministério da Previdência Social e Saúde Pública pode assumir as funções de supervisão sobre as instituições de segurança social, subsecretários de Saúde são criados, a Previdência Social se fortalece como categoria e, em seguida, no dia 30 de abril de 1970, surgem Vice-Ministérios.

Em 28 de março de 1972, foi promulgado o Decreto-Lei n. 10.173, conhecido como Racionalização da Seguridade Social. Aborda três aspectos fundamentais: o desenvolvimento de novos estatutos orgânicos que regulam a gestão dos bancos de poupança existentes e potenciais, o aumento das bases salariais diárias e mensais para o cálculo dos benefícios temporários por incapacidade e outros benefícios, e o estabelecimento de um esquema de percentual de contribuição ao sistema: contribuição do empregador de 15%, contribuição do trabalho de 3,5% e contribuição estadual de 1,5% sobre o valor total das remunerações de todos os trabalhadores obrigatoriamente incorporados ao campo de aplicação do Código Previdenciário.

A partir de 1987, e após a crise inflacionária de 1984-1985, surge a necessidade de reformar o Sistema Previdenciário.

O Estado está enfrentando uma situação crítica, com grandes dívidas para o sistema de bancos de poupança.

A partir da Lei n. 924, de 14 de abril de 1997, e de seu Decreto Regulamentar (n. 21.637) de junho do mesmo ano, o atual presidente Paz Estenssoro reforma o sistema de Seguridade Social, separando os sistemas de pensões (regime de longo prazo) e de saúde (regime de curto prazo).

Até aquela data, havia uma contribuição tripartite de 1% pelo Estado, de 3,5% a 5,5% pelo empregador e entre 5,5% e 9% pelo empregado.

Desse total, aproximadamente 35% foram destinados a despesas com saúde e o restante foi utilizado para constituição de fundos de pensão. Esses fundos foram investidos pelos Bancos de Poupança em imóveis, campos e ações, de cuja administração eles eram responsáveis.

Basicamente, o Fundo Nacional de Saúde e a Caja Petrolera têm um alto grau de integração vertical na prestação de serviços, ou seja, possuem uma grande parte dos centros de saúde, hospitais e policlínicas que utilizam para provisão, e parte do pessoal médico interveniente é permanente, situação que difere nos mais recentes Bancos de Poupança (*Private Banking, University Insurance*) com um nível mais elevado de subcontratação de serviços ao setor privado.

Do ponto de vista do financiamento do setor, os bancos de poupança originais absorvem o risco da prestação de serviços, um elemento-chave na reestruturação do sistema de seguro de saúde e na reconversão de suas estruturas.

A partir da nova lei, são estabelecidas diretrizes orçamentárias para o financiamento de cada um dos regimes de cobertura dos fundos de seguridade social.

Assim, as taxas de contribuição para o financiamento dos benefícios dos sistemas básico e complementar de seguridade social serão uniformes e de mesmo nível para todos os setores.

O regime de doença, maternidade e riscos ocupacionais de curto prazo será financiado integralmente com a contribuição do empregador de 10% do valor total do segurado. Sua administração ficaria a cargo dos Bancos de Poupança.

Já o regime básico e complementar de invalidez, velhice, morte e riscos profissionais de longo prazo será financiado com a contribuição de 5% de mão de obra e 5% de empregador sobre o total ganho de seus segurados. A administração de regimes básicos e complementares ficará a cargo dos Fundos Complementares.

Por fim, a contribuição do Estado de 1% do total de segurados no país será utilizada para financiar os desequilíbrios orçamentais que eventualmente surgem nos diferentes órgãos de gestão estabelecidas, restando ao Instituto da Segurança Social boliviano a gestão destes recursos, como o exercício das funções de Superintendência do sistema previdenciário. Suas atribuições serão técnicas, de direção, planejamento, supervisão, controle e avaliação em todas as instituições gestoras da área.

Em 1996, a Railway Savings Bank (CFSS) se separou, uma das maiores entidades do sistema de seguridade social. Recebeu as contribuições de duas redes ferroviárias: a ocidental e a oriental. Depois que a falência foi declarada, a maior parte dos empregados foi para a Caja Petrolera (Rede

Oriental, Santa Cruz) e para a CNS (Rede Oriental, La Paz).

A origem do INASES (Instituto Nacional de Seguro Saúde) vem da promulgação do Decreto-lei n. 10.776, de 23 de março de 1973, que cria o Instituto Boliviano de Seguridade Social, com funções de planejamento, coordenação, controle, fiscalização, formulação e direcionamento da política do setor.

Essa situação se mantém até 1994, quando o Decreto Supremo n. 23.716 determina a criação do Instituto Nacional de Seguro Saúde (INASES) como entidade pública descentralizada, com personalidade jurídica, autonomia de gestão e patrimônio próprio, sob órbita da Secretaria Nacional de Saúde, através do subsecretário de Seguro de Saúde para a gestão do regime de curto prazo (PC).

O Decreto Supremo n. 25.055, de 23 de maio de 1998, restabelece a opinião do Ministério da Saúde Pública sobre o INASES mediante a criação do Vice-Ministério da Previdência Social.

Em dezembro de 1998, o Decreto Supremo n. 25.265 foi promulgado, dando origem ao Seguro Básico de Saúde, com o objetivo de proporcionar acesso universal à saúde da população do país.

O benefício é gratuito em qualquer estabelecimento público e seguridade social do país, estabelecendo uma primeira tentativa de coordenar recursos e infraestrutura entre os dois subsistemas.

O pagamento aos Bancos de Poupança seria feito por meio de um valor de benefício definido, que reembolsaria a segurança social pelos custos incorridos através de transferências dos estados e municípios.

O estabelecimento destes valores terá o escopo de, inicialmente previsto apenas para instalações públicas, excluir para o pagamento de taxas de proporção, que são pagas pela prefeitura diretamente, mediante delegação pelo Ministério da Saúde e Bem-Estar Social, com fulcro na Lei de Participação Popular de 1994.

Isso gerou a reivindicação dos Bancos de Poupança de Saúde, que não se sentem cobertos por esses valores em benefício das despesas de pessoal de suas instituições.

O Decreto Supremo n. 25.186, de 30 de setembro de 1998, regulamenta a Lei n. 1.886 *Medical Old Age Security*, que prevê o direito a uma cesta de benefícios bolivianos de ambos os sexos com 60 anos de idade e não está seguro no Seguro Social Obrigatório ou outro Seguro de Saúde.

Nesta oportunidade, o sistema de Seguro Saúde é incorporado ao seguro por meio de uma cota de beneficiários cedidos anualmente a cada caixa, em troca de um pagamento em boliviano equivalente a 56 dólares. Os municípios são as instâncias designadas para identificar os idosos sem cobertura, que são atribuídos a uma instituição mutuante.

Finalmente, o Decreto Supremo n. 25.798, de 2 de junho de 2000, define o novo quadro institucional da INASES dando o posto de instituição pública descentralizada com a competência para supervisionar o Sistema de Segurança Social nacional e alocação global da avaliação e supervisão dos órgãos de gestão, delegados de seguros: seguro gratuito velhice e seguro de saúde básico, ao abrigo dos regulamentos atuais para benefícios de saúde são concedidos no esquema CP em sua doença, maternidade e riscos ocupacionais CP oportuna, eficiente e econômico.

Após essa inovação, o INASES conseguiu implementar, em coordenação com as instituições, uma série de padrões endossados pelo Ministério da Saúde e Assistência Social. São o Regulamento de Controle Médico em Bancos de Poupança e Seguro Saúde em Seguros de Curto Prazo; a Política de Afiliação, Desassociação e Reafiliação para os Segurados; o Regulamento para Avaliação e Monitoramento do Programa Operacional Anual; a Lista Básica de Medicamentos e a estruturação de normas básicas para a atenção nas especialidades de Medicina, Cirurgia, Obstetrícia-Ginecologia e Pediatria.

Atualmente, o sistema de Seguro Saúde possui sete Bancos de Poupança: o Fundo Nacional de Saúde, o Banco de Poupança do Petróleo, o Fundo de *Private Banking*, o Fundo Bancário Estadual, o antigo Fundo Boliviano de Desenvolvimento (hoje Cordes), a Caja de Caminos e o seguro universitário.

Ainda, há caso de Pessoal Militar (COSSMIL). Este Fundo é o único que permanece integrado (não separou o seguro de saúde do sistema de pensões) e reporta diretamente ao Ministério da Defesa.

2.3. Seguridade social no Chile

Não obstante o Sistema Previdenciário público chileno tenha sido privatizado antes que o país fosse atingido pela crise da dívida dos anos 1980, seus problemas estruturais já eram emergenciais na década de 1970.

Com efeito, em 1971, mais de cem programas previdenciários operavam independentemente e sem qualquer coordenação efetiva entre eles, privilégios e injustiças eram difundidos, as alíquotas incidentes sobre a folha de pagamento para o total dos programas de seguridade social chegaram a 65% dos salários brutos, os subsídios estatais cobriam 30% do gasto e as despesas totais alcançaram 17% do PIB.

A reforma do Sistema Previdenciário chileno ocorreu em duas fases: durante um primeiro estágio, em 1979, foram tomadas medidas importantes para eliminar privilégios, uniformizar e unificar as condições de elegibilidade.

Ademais, a idade da aposentadoria passou para 60 e 65 anos, para mulheres e homens, respectivamente.

Em maio de 1981, o governo militar deu início à reforma radical do sistema previdenciário; procurou-se estabelecer uma separação rígida entre os benefícios de seguro financiados pela contribuição dos segurados e aqueles da assistência social pública, financiada por impostos.

O novo sistema é compulsório para os trabalhadores com vínculo empregatício e funcionários públicos, ao passo que os afiliados do antigo sistema e os autônomos podem afiliar-se voluntariamente; os militares e a polícia mantiveram seus privilegiados sistemas de antes.

O novo sistema substitui o público a médio prazo, pelo fato de ser obrigatório para aqueles que ingressam no mercado de trabalho.

O sistema reformado corresponde ao modelo de três pilares do Banco Mundial e tem os seguintes princípios operacionais básicos, abaixo consignados.

O primeiro pilar do Sistema Previdenciário chileno consiste em uma garantia de aposentadoria mínima (financiada pelos impostos) para o segurado com pelo menos vinte anos de contribuição, e cujo saldo acumulado não garanta o financiamento de uma aposentadoria mínima.

Adicionalmente, após avaliação das condicções financeiras e sem levar em conta tempo de serviço, um número limitado de pessoas recebe benefícios de assistência social.

O núcleo do sistema previdenciário chileno é o segundo pilar, baseado na capitalização individual administrada por empresas privadas com fins lucrativos (as Administradoras de Fundos de Pensões — AFP).

A alíquota de contribuição, 10% do salário bruto dos empregados, é transferida para uma administradora de fundos de pensão eleita pelo segurado (é permitida a mudança para outra AFP).

Adicionalmente, a AFP cobra uma taxa de administração e um prêmio de seguro por invalidez e desemprego (aproximadamente 3,2% do salário bruto).

A administradora de fundo de pensão investe o capital do fundo de acordo com normas de investimento específicas estabelecidas pelo Estado (há diversas modalidades de investimentos autorizados, com limites máximos por modalidade) e credita a respectiva rentabilidade à conta individual.

Contribuições voluntárias são possíveis a partir de um terceiro pilar. Todas as contribuições (poupanças voluntárias com um limite máximo) e juros auferidos possuem tratamento tributário favorecido, enquanto os lucros estão sujeitos ao imposto de renda.

Nessa toada, sendo atingida a idade de aposentadoria de 60/65 anos (mulheres e homens, respectivamente), os benefícios são financiados pelo capital acumulado, individualmente, e o segurado pode optar entre três modos de saque diferentes; cada um é calculado em base atuarial estrita e sem elementos redistributivos: I) uma anuidade vitalícia de uma companhia de seguros; II) retiradas mensais programadas; ou III) uma combinação dos dois.

Para garantir a segurança do sistema compulsório das AFP, criou-se uma nova agência de supervisão (Superintendência de AFP—SAFP).

As políticas de investimento e as informações ao público são estritamente reguladas; o capital do segurado deve ser mantido pelos administradores e é legal e financeiramente separado da AFP; uma reserva de capital próprio equivalente a 1% do total dos ativos (ENCAJE) deve ser investida com o mesmo portifólio das reservas pertencentes aos segurados; a rentabilidade mínima em relação ao desempenho médio de todos os fundos de pensão (pelo menos 50% de retorno médio ou não menos que 2 pontos abaixo da média) durante um período de doze meses deve ser garantida; e, por fim, o rendimento excedente deve ser depositado em uma reserva de flutuação.

O Estado assegura a rentabilidade mínima e, no caso de falência das AFP ou das companhias de seguro, também garante 100% da aposentadoria mínima e 75% do capital acumulado do segurado, quando acima da aposentadoria mínima, até um limite máximo.

O aumento de 11% do salário líquido graças à eliminação da contribuição patronal às AFP garantiu a adesão ao novo sistema.

Além disso, as contribuições passadas são reconhecidas e pagas, na aposentadoria, em forma de título de reconhecimento, com uma taxa real de juros de 4% ao ano.

2.4. Seguridade social no Mercosul

A internacionalização da previdência social configura uma necessidade decorrente da integração econômica, política e social dos países e das próprias sociedades em desenvolvimento.

Na Argentina, os acordos internacionais de seguridade social são realizados pela Secretaria de Seguridade Social do Ministério do Trabalho, Emprego e Seguridade Social, junto com o Ministério das Relações Exteriores e da Administração Nacional de Seguridade Social (ANSES).

Em sentido amplo, no Brasil, os acordos internacionais inserem-se no contexto da política externa brasileira, conduzida pelo Ministério das Relações Exteriores — MRE. Em matéria de previdência social, os acordos são realizados em coordenação com a Secretaria de Previdência do Ministério da Fazenda — SPrev/MF.

No Paraguai, o Ministério das Relações Exteriores é responsável por realizar os trâmites relacionados aos acordos internacionais em matéria de seguridade social, os quais são coordenados e supervisionados pela Direção-Geral da Seguridade Social do Ministério do Trabalho, Emprego e Seguridade Social, que é a autoridade competente nessa matéria.

Depois da assinatura do documento, é dado início aos procedimentos legais para a incorporação do acordo ao direito positivo paraguaio por meio da aprovação do Congresso Nacional que é dada por Lei da República e, consequentemente, com a troca e/ou o depósito do Instrumento de Ratificação, dependendo do caso, até a entrada em vigor do documento, com a qual se dá o cumprimento das disposições previstas na Constituição Nacional.

No Uruguai, os acordos internacionais de seguridade social são processados pelo Setor de Convenções Setoriais e Assuntos Internacionais do Banco da Previdência Social, em coordenação com o Ministério das Relações Exteriores e da Direção Nacional de Seguridade Social do Ministério do Trabalho e da Seguridade Social. Uma vez que são definidos os termos do acordo, o Poder Executivo submete ao Legislativo para aprovação por uma lei.

O principal objetivo do acordo internacional de previdência social é garantir a totalização dos períodos de contribuição ou seguro cumpridos num país e em outro país acordante, para fins de assegurar os direitos de previdência social previstos no texto do acordo aos respectivos trabalhadores e dependentes legais, residentes ou em trânsito. Tal premissa se aplica também aos acordos multilaterais, embora em maior escala, pois são celebrados por mais de dois países.

Dessa maneira, os acordos internacionais de previdência revelam-se como importantes mecanismos de proteção para indivíduos que trabalham ou trabalharam no exterior, na medida em que permitem a totalização do tempo de contribuição ou seguro cumprido em diferentes países, estendendo a proteção social estatal a tais trabalhadores e suas famílias, tanto em seu país de origem quanto nos países onde exercem atividade.

Na Argentina, o Acordo Multilateral de Seguridade Social e o respectivo Regulamento Administrativo foram aprovados pela Lei n. 25.655, promulgada em 18 de setembro de 2002.

No Brasil, o Decreto Legislativo n. 451, de 14 de novembro de 2001, aprovou o texto do Acordo Multilateral de Seguridade Social do Mercado Comum do Sul e seu Regulamento Administrativo, celebrados em Montevidéu, em 15 de dezembro de 1997, em vigor de forma multilateral desde 1º de junho de 2005.

No Paraguai, com a promulgação da Lei n. 2.513, de 13 de dezembro de 2004, e o depósito do documento, a partir de 1º de junho de 2005, o Acordo Multilateral do Mercosul e seu Regulamento entraram em pleno vigor.

No Uruguai, o acordo foi aprovado pela Lei n. 17.207, de 24 de setembro de 1999.

O Acordo Multilateral do Mercosul emana da vontade de seus signatários de estabelecer normas que regulem as relações de Seguridade Social entre os países integrantes do Mercosul.

O significado do termo "seguridade", neste contexto, decorre do idioma espanhol, que utiliza a expressão "seguridad social" para se referir à ideia de proteção social voltada, principalmente, para o futuro.

Contudo, independentemente da palavra utilizada, a regra geral é que o trabalhador permaneça vinculado apenas à legislação do país em que exerce sua atividade, possibilitando que o tempo de contribuição ou seguro cumprido em outro país seja utilizado no país de origem, e vice-versa, para fins de cumprimento da carência exigida e demais requisitos para o benefício requerido.

Na Argentina, a Seguridade Social é garantida principalmente pelo art. 14 bis da Constituição Nacional, assim como os pactos e convenções com *status* constitucional, como a Declaração Americana dos Direitos e Deveres do Homem e a Declaração Universal dos Direitos Humanos.

No Brasil, nos termos estabelecidos pela Constituição de 1988, a expressão "Seguridade Social" exprime a ideia de proteção social mais ampla que engloba três diferentes programas sociais: Saúde, Assistência e Previdência Social.

Portanto, para fins do Acordo Multilateral do Mercosul, objeto desta cartilha, o termo Seguridade Social se aplica aos benefícios previstos neste Acordo, já que estão incluídos os benefícios de assistência médica apenas para deslocamento temporário.

Da mesma forma, no Paraguai, o art. 95 da Constituição Nacional afirma que o Sistema de Seguridade Social será obrigatório e integral para os trabalhadores e suas famílias, será estabelecido por lei e será estendido a todos os setores da população. A mesma Carta Magna, no art. 141, estabelece que os tratados internacionais validamente celebrados, aprovados por lei do Congresso e cujos instrumentos de ratificação tenham sido trocados ou depositados, fazem parte do ordenamento legal interno com a hierarquia determinada pelo art. 137. A Lei n. 5.115/2013 que cria o Ministério do Trabalho, Emprego e Seguridade Social faculta, a esse órgão do Estado, o zelo e a aplicação estrita dos Acordos e Convênios celebrados pelo Paraguai nas áreas de sua competência.

No Uruguai, o direito à Seguridade Social é considerado um direito humano fundamental reconhecido pelos arts. 67, 72 e 332 da Constituição da República.

Enquanto perdurar o acordo, estabelece-se uma relação entre os Países Acordantes que garante o acesso aos benefícios previdenciários, sem modificar a legislação vigente de cada país. Os pedidos de benefícios e a decisão quanto ao deferimento ou indeferimento do benefício devem observar a legislação do país que analisa o requerimento.

3. Conclusão

Não obstante o fato dos paradigmas de reformas serem apresentados como se fossem universais, mais uma vez ficou demonstrado, na América Latina, que apenas soluções específicas para cada país são politicamente aceitáveis e viáveis a longo prazo.

Nessa linha de raciocínio, os casos latino-americanos demonstram que as reformas estruturais dos sistemas de seguridade social são possíveis quanto ao processo político e ao financiamento da transição, embora os efeitos a longo prazo não possam ser julgados na fase atual.

Na América Latina, a confiança nos antigos sistemas previdenciários administrados pelo Estado foi gravemente abalada em consequência do abuso no uso das reservas pelos governos, que concederam diversos privilégios para grupos de interesse poderosos e raramente pagaram benefícios de aposentadoria legalmente determinados.

Com efeito, esses fatos, frequentemente considerados como características genuínas do sistema previdenciário público e financiados em repartição, deságuam ser o resultado da evolução específica dos sistemas previdenciários na América Latina.

As etapas da pré-reforma no Chile e na Argentina revelam que é possível melhorar a situação financeira e a equidade dos sistemas anteriores.

Reformadores em oito outros países, porém, optaram por reformas estruturais e introduziram um pilar capitalizado, para favorecer soluções de mercado para o seguro-aposentadoria.

Isso consubstancia a ruptura paradigmática nos países considerados: o Estado concentra-se nas medidas para o alívio da pobreza e nas funções reguladoras, e enfatiza-se a responsabilidade individual pela seguridade social e uma relação contribuição-benefício rígida.

Os reformadores acreditavam que as reformas radicais eram mais apropriadas para recuperar a credibilidade, o que isolou os sistemas previdenciários da influência política.

Da análise dos modelos de reforma chileno e argentino, podemos extrair a ilação de que os objetivos econômicos tiveram grande influência na formulação dos projetos de reforma. De outra sorte, os objetivos sociais tiveram importância secundária: embora a introdução de um pilar de capitalização individual possa ser interpretada como uma diversificação de riscos para o segurado, pois esta também conduz a uma individualização de riscos e à eliminação de elementos positivos de redistribuição para objetivos socialmente desejáveis.

Os benefícios futuros em sistemas de contribuição definida dependem da rentabilidade e da estabilidade do setor financeiro, que faz que o bom funcionamento do primeiro pilar público seja uma condição necessária para a criação de segurança social.

Por derradeiro, teremos que acompanhar a evolução das seguintes indagações: I) se os benefícios das futuras aposentadorias permitirão um padrão de vida adequado para a geração dos mais velhos; II) se o problema da universalização da cobertura pode ser resolvido; e III) se o Estado disporá de recursos suficientes para cobrir os custos da transição sem corroer, a longo prazo, os benefícios, as garantias e outras despesas cobertas pelo primeiro pilar.

Referências bibliográficas

ALONSO. *Política y seguridad social en la Argentina de los noventa.* FLASCO, 2000.

ASAP. *La reforma previsional em Argentina:* el impacto macroeconómico y la Organización del Mercado de las AFJP. ASAP y FIEL, 1998.

BERTÍN, Hugo D.; PERROTTO, Andrea M. Los nuevos regímenes de capitalización en América Latina: Argentina, Chile, Colombia, Costa Rica, México, Perú y Uruguai. *SAFJP, Serie Estudios Especiales,* n. 9, Buenos Aires, 1997.

COLINA, J. Propuesta para la Reconversión de la Caja Nacional de Salud de Bolivia. *Informe Final de Consultoría,* Banco Interamericano de Desarrollo, 2001.

MACEIRA, D. *Gasto Social, Equidad y Descentralización em Bolívia.* Banco Interamericano de Desarrollo, 2001.

MESA-LAGO, Carmelo. Las reformas de las pensiones en América Latina y la posición de los organismos internacionales. *Revista de la Cepal,* n. 60, 1996.

15

Sistemas de Seguridade Social na Colômbia, Uruguai e Paraguai

Ivani Contini Bramante[1]

1. *Introdução*

O Direito possui um caráter bifronte, é um mecanismo indispensável para a convivência entre os povos e os membros de dada sociedade, como forma de limitação do poder e, ao mesmo tempo, tem por objetivo a proteção dos direitos civis e políticos, econômicos, sociais e culturais. De outro revés, o Direito comparado sempre foi de suprema importância para os juristas, como meio de compreender os princípios e regras, e a respectiva evolução na aplicação, eficácia e aprimoramento.

Diante do cosmopolitismo e a globalização das informações, bem como da massificação e liquidez cultural, afigura-se mais fácil o acesso e a verificação da eficácia e efetividade dos institutos e mecanismos jurídicos implementados por outros países, para que se evitem erros e se adotem os acertos rumo à realização da justiça.

2. *Desenvolvimento*

2.1. Importância do Direito comparado

Desde os primórdios da civilização já havia meios de proteção social aos idosos e necessitados. A família romana, pelo instituto do *pater familias,* tinha a obrigação de prestar a seus servos e clientes, assistência, em forma de associação, mediante contribuição de seus membros, para ajudar aos mais necessitados.

Em 1344, surgiu a primeira proteção contra infortúnio, quando ocorreu a celebração do primeiro contrato marítimo, e posteriormente a cobertura contra incêndios. Em 1601, na Inglaterra, pela Lei dos pobres, a Rainha Isabel editou a primeira lei sobre assistência social, pela qual o indigente tinha o direito de ser auxiliado pela Paróquia. Foi criada para auxiliar as crianças, os pobres, proporcionar trabalho aos desempregados, e amparar idosos e inválidos. Em 1897, na Inglaterra, através do *Workmen´s Compensation Acordo Coletivo de Trabalho,* criou-se o seguro obrigatório contra acidentes do trabalho, tendo sido imposta ao empregador a responsabilidade objetiva, sendo este responsável pelo infortúnio, mesmo sem ter agido com dolo ou culpa. Em 1908, o *Old Age Pension Act* concedeu pensões aos maiores de 70 anos, independentemente de contribuição, e em 1911, criou um sistema compulsório de contribuições sociais, que ficavam a cargo do empregador, do empregado e do Estado.

Em 15 de junho de 1883, na Alemanha de Otto Von Bismarck, foi editada a Lei do seguro-doença, custeado por contribuições dos empregados, empregadores e Estado. Em 1884, a Lei do acidente do trabalho, que organizou o seguro contra acidentes do trabalho, custeado pelos empresários. Em 1889, foi editada a Lei seguro invalidez e velhice, custeado pelos trabalhadores, empregadores e pelo Estado. A Constituição alemão de Weimar, de 1919, determinou que ao Estado incumbia prover a

(1) Desembargadora Federal do Trabalho. Mestre e Doutora em Direito do Trabalho pela PUC/SP. Especialista em Relações Coletivas Comparada pela OIT/Torino — Itália. Professora Titular de Direito Processual do Trabalho na Faculdade de Direito de São Bernardo do Campo. Professora da COGEAE-PUC/SP. Professora convidada na Escola Paulista de Direito, da Escola Superior da Advocacia e da Escola da Magistratura Estadual. Ocupa a cadeira n. 6 da ABDSS.

subsistência do cidadão alemão, caso não pudesse proporcionar-lhe a oportunidade de ganhar a vida com um trabalho produtivo.

Na França, em 1898, foi promulgada a lei de assistência à velhice e aos acidentes de trabalho. No século XX, a Constituição do México de 1917 inclui o seguro social como norma constitucional, dando-lhe maior proteção e eficácia.

A OIT, em 1921, aprovou o programa sobre previdência social, através das Convenções n. 12 sobre acidentes do trabalho na agricultura e n. 17 sobre a indenização por acidente do trabalho, entre outras, a Convenções n. 102, sobre a norma mínima para a seguridade. A Declaração dos Direitos do Homem, de 1948, na mesma linha, inscreve entre os direitos fundamentais da pessoa humana, a proteção previdenciária e seu art. 85 determina que:

> todo homem tem direito a um padrão de vida capaz de assegurar a si e a sua família saúde e bem-estar, inclusive alimentação, vestuário, habitação, cuidados médicos e os serviços sociais indispensáveis, o direito à seguridade social no caso de desemprego, doença, invalidez, viuvez, velhice, ou outros casos de perda dos meios de subsistência em circunstâncias fora de seu controle.

E o art. 22 dispõe que:

> toda pessoa, como membro da sociedade, tem direito à segurança social e à realização, pelo esforço nacional, pela cooperação internacional de acordo com a organização e recursos de cada Estado, dos direitos econômicos, sociais e culturais indispensáveis à sua dignidade e ao livre desenvolvimento de sua personalidade.

Observa-se de forma clara, do breve histórico na Seguridade Social no mundo, que desde priscas eras, há uma preocupação constante com o homem contextualizado, traduzido na famosa máxima do filosofo espanhol Ortega y Gasset: "O homem é o homem e a sua circunstância" (*Uma Crítica da Razão Pedagógica*. Juan Guillermo Droguett. Rio de Janeiro: Vozes, 2002).

Desta feita, nota-se em matéria de Direito Social, a adoção da teoria do antropocentrismo, que coloca "o homem contextualizado" no centro do sistema jurídico e a sua respectiva proteção nos momentos de dificuldades, de condições de vulnerabilidade e ou de contingencias sociais, de modo a assegurar o direito à vida com dignidade.

2.2. Seguridade social na Colômbia

A Constituição da Colômbia traz regras de Seguridade Social como um e ver do Estado e da Sociedade, *verbis*:

> Artículo 46. El Estado, la sociedad y la familia concurrirán para la protección y la asistencia de las personas de la tercera edad y promoverán su integración a la vida activa y comunitaria. El Estado les garantizará los servicios de la seguridad social integral y el subsidio alimentario en caso de indigencia.
>
> Artículo 47. El Estado adelantará una política de previsión, rehabilitación e integración social para los disminuidos físicos, sensoriales y psíquicos, a quienes se prestará la atención especializada que requieran.
>
> Artículo 48. La Seguridad Social es un servicio público de carácter obligatorio que se prestará bajo la dirección, coordinación y control del Estado, en sujeción a los principios de eficiencia, universalidad y solidaridad, en los términos que establezca la Ley. Se garantiza a todos los habitantes el derecho irrenunciable a la Seguridad Social. El Estado, con la participación de los particulares, ampliará progresivamente la cobertura de la Seguridad Social que comprenderá la prestación de los servicios en la forma que determine la Ley. La Seguridad Social podrá ser prestada por entidades públicas o privadas, de conformidad con la ley. No se podrán destinar ni utilizar los recursos de las instituciones de la Seguridad Social para fines diferentes a ella. La ley definirá los medios para que los recursos destinados a pensiones mantengan su poder adquisitivo constante.

O sistema de Seguridade Social colombiano atual foi instituído pela Lei n. 100, de 1993, e colhe-se a importância do princípio da dignidade da pessoa humana, especialmente contra as contingências da vida referentes à saúde e capacidade econômica. Nota-se que é um serviço público obrigatório, dirigido e coordenando pelo Estado, e prestado por entidades públicas e privadas. O objetivo é evitar ou reduzir as desigualdades econômicas e sociais, principalmente com tutela das enfermidades, morte, acidentes, idade avançada, maternidade e desemprego.

Nos termos do art. 1º da Lei n. 100/93,

> el sistema de seguridad social integral tiene por objeto garantizar los **derechos irrenunciables** de la persona y la comunidad para obtener la calidad de vida acorde con la dignidad humana,

mediante la protección de las contingencias que la afecten.

Trata-se de importante garantia às pessoas, o que impede a supressão do direito por ato voluntário do beneficiário ou pelo seu não exercício, diversamente da previsão no Brasil que contempla os institutos da decadência de prescrição.

2.2.1. *Sistema Geral de Pensões*

O Sistema Geral de Pensões colombiano tem como finalidade garantir à população proteção contra as contingências sociais decorrentes da velhice, invalidez e morte, através do pagamento de pensões e prestações previstas na Lei n. 100/03. O sistema é composto pelos seguintes regimes: a) o primeiro, o Regime Solidário de primeira medida com prestação definida, de caráter público e administrado por uma entidade; b) o segundo é o Regime de Poupança Individual, de caráter privado e solidário, e operado pelas administradoras de fundos de pensão.

2.2.3. *Sistema Geral de Seguro Social em Saúde*

O Sistema Geral de Seguro Social em Saúde colombiano tem como objetivo regular o serviço público essencial de saúde e criar condições de acesso ao serviço à toda a população. É operado pelas Entidades Promotoras de Saúde e está a cargo das Instituições Prestadores de Serviços de Saúde.

2.2.4. *Sistema Geral de Riscos Trabalhistas*

O Sistema Geral de Riscos Trabalhistas colombiano é o conjunto de entidades públicas e privadas, normas e procedimentos destinado a tutelar o trabalhador em casos de doenças e acidentes do trabalho, de contribuição é obrigatória e tem o valor fixado pela renda e classificação do risco.

2.2.5. *Serviços Sociais Complementares — Colombia mayor*

Através dos Serviços Sociais Complementares se busca tutelar as pessoas idosas que se encontram desamparadas, não possuem pensão ou vivem como indigentes ou em extrema pobreza.

2.2.6. *Demais proteções previdenciárias*

a) Cesantías

As denominadas *cesantías* constitem em prestação social aos empregados dos setores público e privado, em caso de desemprego, para proporcionar seu sustento, pagamento de educação superior e habitação. As *cesantías* são administradas por fundos privados e pelo *Fondo Nacional del Ahorro*, para os servidores do Poder Público.

b) Subsidio Familiar

O subsídio familiar consiste em prestação social que objetiva aliviar as cargas econômicas que recaem sobre a entidade familiar (art. 343 do Código de Trabalho). Não possui natureza de salário, mas de direito decorrente do parentesco com o trabalhador, em caso de convivência ou dependência econômica, fornecido através de bens, serviços e ajuda financeira.

c) Benefícios Econômicos Periódicos

Trata-se de programa de adesão voluntária para tutela da idade avançada, que permite aos colombianos a cotização para recebimento de uma pensão, recebível quando atingida determinada idade. Por se tratar de benefício facultativo, admite flexibilidade no montante ao ser recebido, periodicidade e cobertura.

2.3. Seguridade Social no Uruguai

2.3.1. *Introdução*

O sistema Uruguaio de Seguridade Social é fulcrado nos arts. 22 e 25 da Declaração Universal de Direitos do Homem de 1948. Objetiva a tutela das contingências sociais e é administrada pelo Estado, entidades públicas não estatais e entidades privadas.

A Constituição do Uruguai estabelece que:

> Artículo 44. El Estado legislará en todas las cuestiones relacionadas con la salud e higiene públicas, procurando el perfeccionamiento físico, moral y social de todos los habitantes del país. Todos los habitantes tienen el deber de cuidar su salud, así como el de asistirse en caso de enfermedad. El Estado proporcionará gratuitamente los medios de prevención y de asistencia

tan sólo a los indigentes o carentes de recursos suficientes.

No âmbito estatal, são responsáveis pela administração de tais direitos os Ministérios do Trabalho e Seguridade Social, da Defesa, do Interior e da Saúde Pública, Instituto de Seguridade Social, Banco de Seguros do Estado e Banco Central do Uruguai. As entidades públicas não estatais são a Caixa de Aposentadorias e Pensões, Caixa Notarial de Seguridade Social e a Caixa de Aposentadorias e Pensões dos profissionais de educação universitária.

Os entes privados responsáveis pela tutela dos direitos sociais são a Administradora de Fundos de Poupança, Empresas Seguradoras, Caixas de Auxílio e Seguros Convencionais, Instituições de Assistência Médica Coletiva e Seguros Integrais de Saúde, Sociedade Administradora de Fundos Complementares da Seguridade Social e Instituições de Ensino, Tratamento e Reabilitação

2.3.2. Financiamentos

A Seguridade Social uruguaia é regida pelos princípios da solidariedade, universalidade, isonomia, obrigatoriedade, responsabilidade do Estado e administração democrática. Assim, é financiada pelas contribuições sociais dos trabalhadores e empregadores, tributos destinados a tal fim, quais sejam imposto de Assistência à Seguridade Social (IASS) e sete pontos da arrecadação do IVA e fundos de rendas gerais transferidos pelo Estado.

As pessoas que nasceram após 1956 ou que ingressaram no mercado de trabalho após abril de 1996, e têm renda mensal de mais de aproximadamente US$ 1500, são obrigadas a contribuir para o regime de capitalização individual. Os que nasceram antes de abril de 1956 ou que têm renda mensal inferior a aproximadamente US$ 1500 podem contribuir voluntariamente. As pessoas que trabalham por conta própria também contribuem ao regime de seguridade social e aqueles que possuem renda inferior a aproximadamente US$ 1500 podem alocar até 50% de sua contribuição para uma conta individual.

A contribuição à seguridade social equivale a 15% da renda, até o teto da previdência, sendo obrigatória para contas individuais de 15% de renda entre UYU 49 mil a UYU 147 mil, o que corresponde a aproximadamente US$ 4500 ao mês. O que sobejar o valor de UYU 147 mil, se torna facultativo

As contribuições para as contas individuais incluem uma média de 2,47% da renda para o pagamento de seguro contra invalidez e morte e, em média, 0,97% para cobrir custos administrativos. Os empregadores devem contribuir com 7,5% incidente sobre o salário, limitado ao teto de UYU 147 mil, para o sistema de seguridade social, não havendo contribuição do empregador para o sistema de capitalização.

2.3.3. Aposentadorias

No Uruguai, os segurados podem se aposentar pelo regime de Seguridade Social com idade mínima de 60 anos e 30 anos de contribuição. A idade mínima para mulheres é reduzida em 1 ano por cada filho natural, limitado a 5 anos. A aposentadoria, no máximo, pode ocorrer até que o segurado atinja 70 anos ou 35 anos de contribuição, o que ocorrer primeiro.

Aposentados que optarem por retornar ao mercado de trabalho com horas reduzidas têm a possibilidade de receber aposentadoria parcial pela Seguridade Social. A aposentadoria pela Seguridade Social corresponde a 45% da renda de referência do segurado, mais 1% para cada ano a mais de contribuição (de 31 a 35 anos) e mais 0,5% para cada ano adicional de contribuição (de 35 a 40 anos). A renda de referência corresponde à renda média dos últimos 10 anos ou 105% da renda média mensal ajustada pela inflação dos 20 anos com renda de contribuição mais elevada, o que for menor. A aposentadoria é elevada em 3% para cada ano de adiamento após a idade mínima, com 35 anos de contribuição, até o limite de 30%, ou 2% por ano se o aposentado tiver menos do que 35 anos de contribuição.

Pelo Regime de Capitalização Individual, a idade mínima para a aposentadoria é de 60 anos e 30 anos de contribuição; ou 65 anos sem restrição quanto ao número de anos de contribuição. Segurados que contribuíram para a capitalização individual devem adquirir uma anuidade de uma Companhia de Seguros ao se aposentarem. Na prática, recebem uma aposentadoria pelo sistema de Seguridade mais a anuidade adquirida com os recursos poupados no Regime de Capitalização Individual.

2.4. Seguridade social no Paraguai

2.4.1. Introdução

Na última década, o Paraguai avançou na tutela da pessoa humana, mediante uma pauta de direitos sociais e edição de normas e ações governamentais voltadas a garantir os direitos de seguridade social, educação e trabalho digno e, demais direitos fundamentais destinados a conferir proteção às pessoas e as famílias, que se encontrem em situação de vulnerabilidade, pobreza ou extrema pobreza. A Constituição do Paraguai trata do direito à saúde e ao bem-estar social, *verbis*:

> Artículo 68 — DEL DERECHO A LA SALUD: El Estado protegerá y promoverá la salud como derecho fundamental de la persona y en interés de la comunidad. Nadie será privado de asistencia pública para prevenir o tratar enfermedades, pestes o plagas, y de socorro en los casos de catástrofes y de accidentes. Toda persona está obligada a someterse a las medidas sanitarias que establezca la ley, dentro del respeto a la dignidad humana.
>
> Artículo 69 — DEL SISTEMA NACIONAL DE SALUD: Se promoverá un sistema nacional de salud que ejecute acciones sanitarias integradas, con políticas que posibiliten la concertación, la coordinación y la complementación de programas y recursos del sector público y privado.
>
> Artículo 70 — DEL RÉGIMEN DE BIENESTAR SOCIAL: La ley establecerá programas de bienestar social mediante estrategias basadas en la educación sanitaria y en la participación comunitaria.

2.4.2. Principais programas sociais no Paraguai

a) Programa Abrazo

Consiste em programa de prevenção, intervenção e proteção a crianças e adolescentes que realizam atividade econômicas em espaços públicos, agricultura etc. Tem como intuito reduzir e, enfim, extinguir o trabalho infantil, através do monitoramento das atividades das crianças e do tempo que ficam na rua, com concessão de benefício financeiro às famílias, que se comprometem a tutelar a saúde e educação dos filhos.

b) Programa Tekoporã

Objetiva, através do Programa Tekoporã, extinguir ou reduzir a pobreza. O plano foi implementado em 2005 e conduzidos pela Secretaria de Ação Social, cujo objetivo consiste na transferência de recursos financeiros às mulheres chefes de família, para que seus filhos possam frequentar escolas, realizem exames regulares e para que as mulheres possam fazer pelo menos quatro consultas médicas no período pré-natal.

c) Programa Tenonderã

Como continuação do Programa Tekoporã, atende as famílias que saíram de tal plano para que mantenham uma economia estável e possam se manter fora do estado de pobreza e miserabilidade, através da capacitação sobre temas como educação financeira, negócios, autoestima, comunicação e negociação. Fornece, ainda, meios necessários para início de atividade econômica ou seu fortalecimento, de modo a garantir o sustento da entidade familiar e permitir o crescimento seguro de sua atividade.

d) Pensão alimentícia

Trata-se de pensão mensal concedida aos cidadãos paraguaios com mais de 65 anos e que vivem em condições de pobreza e não recebem salário, pensão ou qualquer outro benefício público ou privado.

e) Programa de fomento para produção de alimentos por agricultura familiar

O programa de fomento para produção de alimentos por agricultura familiar é financiado pelo Ministério da Agricultura e Pecuária e concede benefícios e serviços destinados à inclusão social e tutela aos jovens que atuam no âmbito rural.

f) Capacitação para o trabalho

Consiste em meio de tutela dos direitos do trabalhadores em relação às condições de trabalho, proteção do emprego e seguridade social. Atualmente, possui quatro programas de capacitação: centro de desenvolvimento do empreendedor; o micro e pequenos empreendedores; pequenos produtores rurais e; serviço nacional de promoção profissional.

g) Dados estatísticos

Atualmente, 457.174 pessoas são beneficiárias dos principais programas sociais do Paraguai, sendo que o programa Abrazo tutela 9.170 crianças e adolescentes. De acordo com os dados oficiais do governo paraguaio, 88.741 pessoas recebem assistência financeira e técnica para o desenvolvimento de agricultura familiar e 10.584 cidadãos receberam benefício para construção ou manutenção de suas residências.

Quanto à proteção ao idoso, 150.267 pessoas com mais de 65 anos recebem pensão que equivale a 25% do salário mínimo vigente. Comparação de distribuição percentual da população do país, da população em extrema pobreza e beneficiários de direitos sociais.[2]

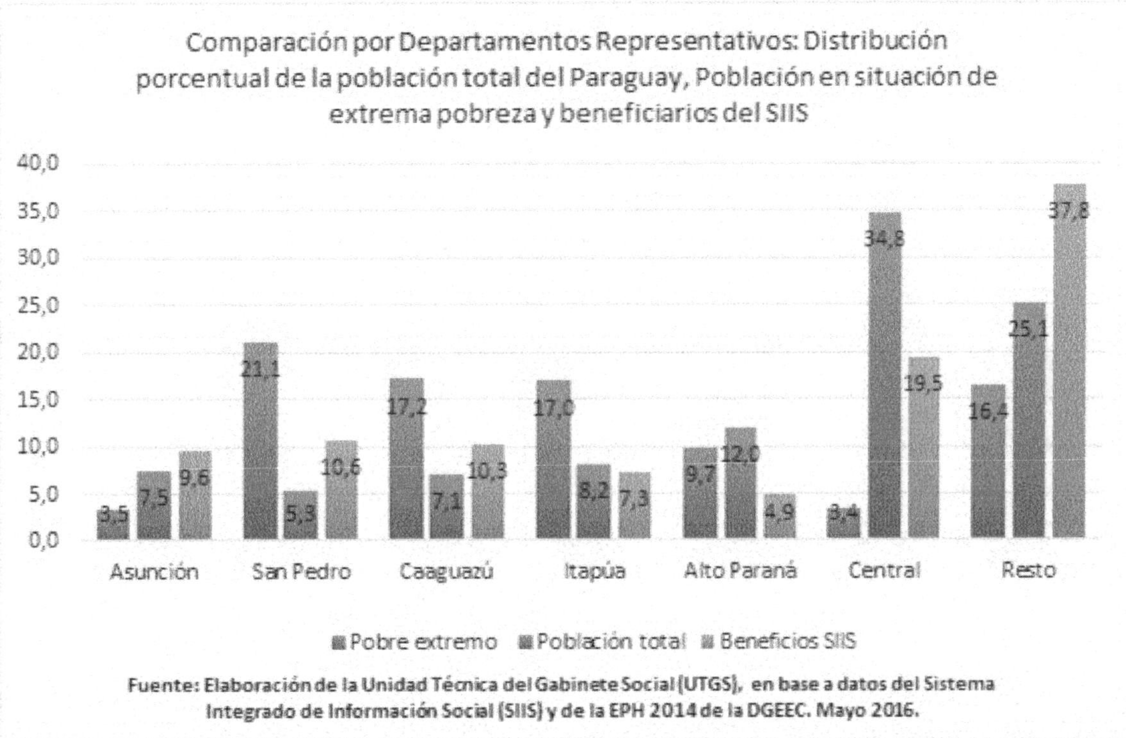

3. *Conclusão*

O ideário do Direito, em todas as formas de manifestação, é a preservação da *dignidade da pessoa humana*, mediante concretização dos princípios da *liberdade, igualdade, fraternidade e respectivas dimensões retratadas pelos direitos humanos fundamentais e direitos conexos sociais, econômicos e culturais*. Segundo magistral lição de Miguel Reale, *"o homem é o valor fundamental, algo que vale por si mesmo"* e *"o ser do homem é seu dever ser"*[3].

Destarte, na área do Direito Social devem imperar os postulados do constituinte originário e a base interpretativa firme da Constituição brasileira fundada na dignidade da pessoa humana e no bem comum, sempre atentos às experiências das nações, cujas condições políticas, histórias e jurídicas podem se assemelhar ou servir de paradigmas, para fins de colher lições dos acertos e dos erros. Cita-se, como exemplo, a caso do Chile, país pioneiro na privatização da previdência e que, após o fracasso do sistema, passou a proceder a uma reforma da reforma[4].

Observa-se, pois de forma clara, da análise do direito comparado, que há diversas circunstâncias e fatores que podem ser estudados para a aplicação no Brasil. Justifica-se, assim, a busca incessante de novos paradigmas, aptos a realizar as expectativas populares, rumo à concretização dos direitos humanos fundamentais encravados na Carta Magna.

(2) Disponível em: <https://www.siis.gov.py/estadisticas-siis/boletines-2/la-proteccion-social-en-paraguay>.

(3) REALE, Miguel. *Filosofia do direito*. 20. ed. 3. tir. São Paulo: Saraiva, 2000. p. 210-11.

(4) Disponível em: <ttps://www1.folha.uol.com.br/mercado/2018/10/exemplo-de-guedes-chile-tem-contrarreforma-da-previdencia.shtml>. Acesso em: 15 jun. 2019.

Referências bibliográficas

REALE, Miguel. *Filosofia do direito*. 20. ed. 3. tir. São Paulo: Saraiva, 2002.

Sites

<https://www.siis.gov.py/estadisticas-siis/boletines-2/la-proteccion-social-en-paraguay>.

<https://www1.folha.uol.com.br/mercado/2018/10/exemplo-de-guedes-chile-tem-contrarreforma-da-previdencia.shtml>. Acesso em: 15 jun. 2019.

16

Sistema de Seguridade Social na Costa Rica e no Equador

Vitor Salino de Moura Eça[1]

1. *Introdução*

O estudo do direito estrangeiro nos oferece a grata satisfação de compararmos os sistemas alienígenas com o nosso, evidenciando os pontos de exuberância e aqueles outros onde precisamos investir mais, num intercâmbio multilateral no qual todos os pesquisadores saem ganhando, portanto, o conhecimento compartilhado é fator de desenvolvimento científico.

2. *Desenvolvimento*

2.1. Sistema de Seguridade Social na Costa Rica

A fonte primeira da Seguridade Social é a Constituição Política da República de Costa Rica, sendo que a Carta atual está em vigor desde 1949. Nela, o Estado se autoproclama uma república democrática, livre e independente, comprometendo-se ainda a buscar o bem-estar de todos os habitantes do país, organizando e estimulando a produção e a partição adequada das riquezas, tendo todos direito a um meio ambiente saudável e ecologicamente equilibrado.

A família como elemento estrutural da sociedade goza de proteção do Estado, assim como as mães, as crianças, o idoso, bem como as pessoas portadoras de deficiência.

O art. 73 da Constituição da Costa Rica institucionaliza o seguro social em prol dos trabalhadores manuais ou intelectuais, mediante um sistema de contribuição obrigatória por parte do Estado, empregadores e trabalhadores, a fim de protegê-los contra os riscos de enfermidades, incapacidades, maternidade, velhice, morte e demais contingências que a lei estabeleça.

A regulamentação e a gestão dos seguros sociais está a cargo de uma instituição autônoma, denominada *Caja Costarricense de Seguro Social,* sendo que a prevenção e a indenização dos riscos de acidentes de trabalho seguem leis específicas e estão a cargo dos empregadores e dos tomadores de serviços.

Os direitos atinentes à seguridade social são irrenunciáveis, e o rol apresentado na Constituição não exclui outros que derivem de justiça social e sejam criados por lei, com vistas a uma política permanente de solidariedade.

Anote-se ainda que o trabalho é um direito e uma obrigação para com a sociedade, segundo dispõe a Carta Magna, cabendo ao Estado promover políticas públicas para que todos tenham uma ocupação *honesta* e *útil,* devidamente remunerada, e impedir, por meio delas, que se estabeleçam condições que de algum modo aviltem a liberdade ou a dignidade da pessoa, degradem o seu trabalho ou o equiparem a uma mercadoria[2].

---

(1) Mestrado em Direito e Doutor em Direito Processual pela PUC-Minas (2002). Pós-doutorado em Direito Processual Comparado na Universidad Castilla-La Mancha, na Espanha (2012). Pós-doutorado em Derecho Processual Internacional, na Universidad de Talca, Chile (2019). Magistrado em Minas Gerais. Ocupa a cadeira n. 27 da ABDSS.

(2) A Constituição afirma a duração máxima do trabalho, assim como a remuneração digna, folga semanal, férias anuais pagas, seguro-desemprego, além de liberdade sindical, direito ao reconhecimento das convenções coletivas de trabalho e à greve.

O regime geral de seguridade social na Costa Rica é regido pela Lei n. 17, de 22 de outubro de 1943, que institui a *Caja Costarricense de Seguro Social*, que se ocupa com os riscos de enfermidades, invalidez, velhice e desemprego involuntário, além de se ocupar com a família, em especial a maternidade, a viuvez, a orfandade e abonos para os funerais. A regência da *Caja* é coadjuvada por vários *Reglamentos*, por ela criados, que disciplinam os assuntos previdenciários por setor, tais como a saúde, a aposentadoria, e assim por diante.

A integração ao sistema é obrigatória para todos os trabalhadores com vínculo empregatício e facultativa para os trabalhadores autônomos.

O sistema de seguridade social costarricense é dos mais generosos da região centro-americana, com altos graus de integração e cobertura. A assistência à saúde é feita completamente pelo seguro social, e é composto de dois tipos de proteção: uma contributiva, para os segurados ativos e aposentados, e outra *não contributiva*, para as pessoas em situação de vulnerabilidade, mas em ambos os grupos a cobertura é extensiva aos familiares(3).

A aposentadoria é permitida a partir dos sessenta e cinco anos de idade, desde que o contribuindo tenha pago, ao menos, trezentas cotas mensais. Quem atingir a idade, mas não cumprir todas as cotas, desde que tenha cento e oitenta contribuições, poderá se aposentar com proventos proporcionais.

A aposentadoria por invalidez pressupõe um mínimo de cento e oitenta contribuições mensais (com um mínimo de doze cotas nos últimos vinte e quatro meses), e declaração de incapacidade para o trabalho firmada por junta de peritos médicos. Após cinco anos de contribuição, ainda que não tenha o limite de cotas integralizado, o segurado também pode se aposentar proporcionalmente(4).

A pensão por morte é paga a quem comprovar o matrimônio ou a convivência com o segurado falecido e a dependência econômica, ainda que esta não seja "absoluta ou total". São exigidos ao menos três anos consecutivos de convivência e coabitação.

Nos casos de separação judicial com pagamento de pensão alimentício em vida, a previdência segue o pensionamento. E nos casos de separações de fato, será paga pensão pela seguridade pública caso o supérstite recebesse, ao menos, cinquenta por cento de sua renda de subsistência do contribuinte falecido.

Os filhos menores de dezoito anos do segurado falecido também têm direito a pensão por morte, situação que poderá se estendida até os vinte e cinco anos, desde que os jovens se mantenham solteiros e ostentem a condição de estudantes regularmente matriculados em estabelecimento de ensino e comprovem semestralmente essa realidade.

Os filhos inválidos também são pensionados enquanto perdurar a incapacidade para o trabalho. E inexistindo cônjuge habilitado para a pensão, os filhos do segurado maiores de cinquenta e cinco anos, que não tenham salário ou recebam outra pensão, poderão requerer o benefício.

O sistema costarricense contempla com pensão por morte os pais do contribuinte que falecerem sem deixar cônjuge ou dependentes menores, desde que dependentes economicamente. E na ausência de pais, outros dependentes que viviam comprovadamente às expensas do segurado, sendo que este benefício pode também amparar os irmãos portadores de deficiências.

As aposentadorias são calculadas tomando-se por base as últimas duzentas e quarenta contribuições, com atualização por um índice semelhante ao nosso INPC, levando-se em conta o número de contribuições, obedecem a uma tabela de escalonamento estabelecida pela *Caja* — entidade gestora da previdência social. É importante notar que a menor pensão jamais poderá ser inferior a 50% do salário mínimo, e a máxima não poderá exceder a 70% do salário do segurado. No entanto, sendo mais de um pensionado, este limite será ultrapassado, podendo chegar ao máximo de 100% da remuneração do segurado falecido.

Observe-se ainda que as pensões e outros benefícios jamais poderão ser cumulativos, e é facultado beneficiário escolher a remuneração que

(3) Um indicativo do êxito do sistema preventivo de saúde é que a expectativa de vida na Costa Rica é de oitenta anos, uma das mais altas do hemisfério sul.

(4) A condição de incapacidade pressupõe enfermidade física ou mental, que impeça a pessoa de desempenhar sua profissão ou atividade laborativa, nem mesmo em função de capacitação residual, devendo o fato ser atestado por perícia.

lhe for mais vantajosa caso tenha direito a duas ou mais.

O regime geral é obrigatório, mas os interessados podem instituir, mediante recursos próprios, organismos previdenciários complementares, os quais também se submetem às regras estabelecidas pela *Caja* e por leis extravagantes.

O custeio é feito por dotações do Estado, contribuições de empregados e empregadores, além das devidas por autônomos, contribuintes facultativos e dos frutos de investimentos feitos pelo fundo gestor.

A contribuição é devida no importe de 10,50% do salário do trabalhador segurado, cabendo ao empregador a importância correspondente a 5,75%; ao empregado 3,50% e ao governo a alíquota remanescente, ou seja, 1,25% do salário devido. Os autônomos e contribuintes facultativos também partem de 10,50% da renda mensal, sendo 1,25% de responsabilidade do prestador de serviços, e 9,25% é aportado pelo Estado.

As cotas de contribuição previdenciárias não são devolvidas em nenhuma hipótese, ficando os respectivos valores incorporados ao fundo gestor.

Anote-se que o sistema já passou por diversas regulamentações, usualmente respeitando regras de transições para os segurados prestes a completar os períodos aquisitivos de benefícios mais vantajosos, mas está expressamente assentado que os benefícios somente serão pagos consoante as regras vigentes na ocasião em que requeridos.

Por fim, convém destacar que a Costa Rica dispõe de uma estrutura judiciária especializada em matéria laboral e previdenciária, tendo na base o *Jugado de Trabajo,* como tribunal intermediário os *Tribunales de Conciliación y Arbitraje,* e na cúpula o *Tribunal Superior de Trabajo,* sem embargo das questões constitucionais poderem ser submetidas à *Sala de Cassación de la Corte Suprema de Justicia.* Entretanto, como a *Caja Costarricense de Seguro Social* é um organismo de direito público, há necessidade de prévia submissão de qualquer pendenga ao organismo administrativo de conciliação estatal.

2.2. *Sistema de Seguridade Social no Equador*

A fonte primeira da Seguridade Social é a Constituição da República do Equador, sendo que a Carta atual está em vigor desde 2008, onde o país se autoproclama um Estado Constitucional de direitos e justiça, social, democrático, soberano, independente, unitário, intercultural, plurinacional e laico. Se organiza como uma república e se governa de forma descentralizada.

A seguridade social está assegurada como um dever primordial do Estado, cabendo-lhe ainda promover o desenvolvimento sustentável e a redistribuição equitativa dos recursos para permitir que se viva bem.

Os direitos e garantias constitucionais, assim como os tratados internacionais de direitos humanos, têm aplicação direta e imediata por parte dos órgãos públicos, de ofício ou a requerimento dos interessados, sendo que nenhuma norma jurídica poderá restringir-lhes. E mais, na aplicação da norma, a Carta equatoriana recomenda aos agentes políticos que sempre ofereçam interpretação favorável à efetividade dos direitos e garantias constitucionalmente afirmados. E mais, proclama que nestas matérias a jurisprudência há de ser sempre progressiva, ou seja, veda o retrocesso social.

O art. 34 da Constituição da República afirma que o direito à seguridade social é um direito irrenunciável de todas as pessoas, e será dever e responsabilidade primordial do Estado. Se regerá pelos princípios de solidariedade, obrigatoriedade, universalidade, equidade, eficiência, transparência e participação, para assistência às necessidades individuais e coletivas. O Estado garante ainda dar efetividade ao pleno exercício do direito à seguridade social às pessoas que realizam trabalho não remunerado nos lares, em atividades rurais de subsistência, aos trabalhadores autônomos e aos desempregados.

É assegurada ainda atenção prioritária aos grupos vulneráveis, tais como anciãos, crianças e adolescentes, gestantes, pessoas incapacitadas, presidiários e os portadores de doenças graves, que devem ter assistência prioritária nos órgãos públicos e privados. Estão também sob distinto abrigo as pessoas em situação de risco, as vítimas de violência doméstica e sexual, maltrato infantil, e em casos de desastres naturais.

O Estado afirma ainda que prestará *especial* proteção a quem se encontrar em situação de múltiplas vulnerabilidades[5]. E mais, se afirma que a saúde é um direito garantido pelo Estado, cuja fruição se vinculada a outros direitos assegurados, entre eles a água, a alimentação, a educação, a cultura, o trabalho, a seguridade social, aos ambientes saudáveis e outros que proporcionem o bem viver.

Esta disponibilidade se faz mediante políticas econômicas e sociais, culturais, educativas e ambientais, com acesso permanente aos respectivos programas, ações e serviços.

O regime geral de seguridade social do Equador é regido pela Lei n. 55, de 30 de novembro de 2001 — *Ley de Seguridad Social*, que se ocupa com o seguro geral obrigatório, que é gerenciado pelo *Instituto Ecuatoriano de Seguridad Social* — IESS, parte integrante de seu sistema securitário, estruturado na solidariedade, obrigatoriedade, universalidade, equidade, eficiência, subsidiariedade e na suficiência.

A solidariedade é compreendida como o apoio entre todas as pessoas seguradas, sem distinção de nacionalidade, etnia, residência, idade, condição física, educação, profissão, com o objetivo de financiar conjuntamente as prestações básicas do seguro social obrigatório.

A obrigatoriedade importa na proibição de qualquer vedação, diminuição, alteração ou supressão do dever de solicitar e no direito de receber a assistência do seguro social obrigatório.

A universalidade é a garantia de igualdade de oportunidade a todos os segurados para dispor das prestações do seguro social obrigatório, sem qualquer distinção.

A equidade, para efeito de seguridade equatoriana, significa a entrega das prestações do seguro social obrigatório em proporção direta das contribuições e a necessidade de amparar aos segurados, em função do bem comum.

A eficiência é a melhor utilização econômica das contribuições e demais recursos do seguro social obrigatório, para garantir a entrega em tempo adequado das prestações aos beneficiários.

A subsidiariedade neste sistema é o auxílio obrigatório do Estado para robustecer as atividades de seguridade, complementando o financiamento das prestações cuja arrecadação dos segurados não sejam suficientes para o custeio.

A suficiência é a entrega oportuna dos serviços, das pensões e demais benefícios do seguro social obrigatório, segundo o grau de incapacidade laboral e de inserção do mercado de trabalho.

Neste sistema, são contribuintes obrigatórios todas as pessoas que prestem serviços remunerados, independente de vínculo trabalhista, e estão sujeitos à proteção securitária o trabalhador com vínculo obrigatório; o trabalhador autônomo; o empresário; o empreendedor unipessoal, e o trabalhador doméstico. E podem também participar do regime os trabalhadores rurais, os pescadores e os desempregados.

Os contribuintes têm proteção social nos casos de enfermidade, maternidade, acidentes de trabalho, velhice, morte e invalidez, inclusive temporária e desemprego. O sistema se ocupa do segurado, seu cônjuge ou companheiros, assim como os filhos até dezoito anos de idade. E podem seguir protegidos também os aposentados.

O custeio do seguro social obrigatório é feito por intermédio da contribuição individual dos empregados e empregados e empregadores, sejam eles públicos ou privados, desde com vínculo empregatício; servidores públicos; do Poder Público; contribuição de aposentados; dos juros e atualização monetária dos devedores da previdência; por aportes legalmente estabelecidos e heranças, legados e doações, com alíquota 10% de remuneração mensal do trabalhador.

O período de carência é de seis meses, com contribuições ininterruptas para as enfermidades em geral, e a percepção de pensão por incapacidade laboral, e de doze meses para serviços neonatais. E a perda da condição de segurado ocorre com a interrupção do pagamento das contribuições por dois meses consecutivos, qualquer que seja a causa.

A proteção social se ocupa com a saúde clínica e odontológica, com assistência preventiva e curativa, incluindo a internação em hospitais, o fornecimento de medicamentos e a reabilitação

(5) Observe-se que o Equador garante aos idosos assistência médica e medicamentos gratuitos, trabalho remunerado que considere suas limitações, aposentadoria universal, descontos em serviços públicos e privados de transporte e diversão, isenções tributárias e de serviços notariais, bem como acesso à moradia digna.

funcional. Além da assistência médica, os segurados contam também como uma pensão, enquanto a enfermidade lhes tornar incapacitados para o trabalho.

Nos três primeiros dias de incapacidade, o abono pecuniário correspondente fica a cargo do empregador, e daí por diante, do Seguro Social. No entanto, o empregador seguirá como responsável pelo pagamento, caso o trabalhador segurado se veja privado de perceber a pensão devida por conta de inércia do empregador. E mais, ainda, sendo o caso de moléstia profissional, caso o empregador não tenha ultrapassado a carência securitária, o empregador deverá pagar-lhe o valor correspondente a 50% da pensão que lhe seria devida, nos moldes do art. 42 do Código do Trabalho do Equador.

A cobertura inclui ainda o tratamento das morbidades decorrentes de eventos catastróficos, sempre que o Estado certificar o fato como de abalo à saúde pública, como aporte suplementar obrigatório dos segurados, mas, sobretudo, do poder público.

As atividades ligadas à prevenção de riscos laborais conta com um seguro exclusivo, mas também a cargos do IESS, protegendo tanto o segurado como o seu empregador, fortemente voltado para a prevenção dos sinistros. A cobertura envolve os eventos acidentários ocorridos na prestação de serviços, assim como os fatos de percurso, e as prestações envolvem os serviços médicos, próteses e pensão por incapacidade, seja ela temporária, seja ela permanente.

O financiamento do seguro de riscos tem uma cota patronal de meio por cento do salário do empregado. E se a prestação de serviços se der sem vínculo empregatício, consoante o percentual fixado pela seguradora, conforme o risco da atividade do tomador de serviços.

O regime de pensões envolve além da incapacidade para o trabalho, cobertura por idade avançada e velhice, viuvez e orfandade, sem embargo da aposentadoria regular.

O direito à aposentadoria por idade se implementa aos sessenta anos, com um mínimo de 480 contribuições mensais previdenciárias ao regime geral, podendo tais condições se alterar quando a média de sobrevida após a aposentadoria ultrapassar quinze anos de inatividade. A apuração das condições de sustentabilidade do sistema se faz a cada cinco anos, considerando-se a expectativa de vida e os cálculos atuariais que suportam o suportam.

Anote-se que as pessoas podem igualmente se retirar do serviço ativo ao completar setenta anos de idade, desde que somem 120 contribuições mensais previdenciárias.

A aposentadoria por invalidez exige a comprovação da incapacidade permanente para o trabalho, com um mínimo de sessenta contribuições previdenciárias mensais, ou seja, a condição de segurado por cinco anos.

O benefício previdenciário por incapacidade laboral é temporário, pressupõe 60 contribuições mensais, das quais, pelo menos, seis devem ser em data imediatamente anterior à incapacidade. Ademais, o beneficiário tem o dever de participar de sessões de fisioterapia destinada à sua reabilitação.

A lei previdenciária equatoriana exclui expressamente a percepção de benefício previdenciário por incapacidade os segurados que se vitimarem por acidentes decorrentes de embriaguez; sob ação de psicotrópico ou narcótico, salvo se por prescrição médica; autolesões; tentativas de suicídio, ou de evento de ação dolosa e ilegal perpetrada pelo segurado.

A pensão por viuvez exige o mínimo de 60 contribuições previdenciárias mensais, o matrimônio ou a união estável comprovada com o segurado, desde que em união livre e monogâmica e por coabitação por mais de dois anos anteriores à morte, sendo que esta última condição desaparece ante a existência de filhos comuns.

Há também uma pensão destinada aos filhos menores de dezoito anos do segurado falecido até que esta idade se implemente, salvo se o beneficiário for incapaz para o trabalho.

Na organização judiciária equatoriana, a matéria trabalhista e previdenciária é julgada pela justiça comum, consoante disposição contida no Código Orgânico da Função Judicial, de 2009, entretanto com recurso para turmas especializadas, que apreciam os temas de jurisdição social[6].

3. *Conclusão*

Esta pesquisa de levantamento normativo nos permitiu um giro nos interessantes sistemas de seguridade social da Costa Rica e do Equador, com o fito de despertar o interesse dos estudiosos em direito comparado, como forma de densificar o estudo correlato na doutrina brasileira.

Como se trata de uma pesquisa descritiva, não emerge lógica em se ofertar conclusões, mas sim um apontamento dos fatos mais relevantes em cada acervo legislativo.

Referências bibliográficas

COSTA RICA. *Constitución Política de la República de Costa Rica*. San José: Gaceta Oficial,1949.

______. *Ley 17. Ley Constitutiva de la Caja Costarricense de Seguro Social*. San José: Gaceta Oficial, 1943.

EÇA, Vitor Salino de Moura. *Direito processual do trabalho*. São Paulo: LTr, 2019.

EQUADOR. *Código Orgánico de la Función Judicial. Registro Oficial Suplemento 544*. Quito, 2009.

______. *Constitución Política de la República del Ecuador*. Quito: Gaceta Constitucional, 1998.

______. *Decreto Supremo n. 40. Registro Oficial n. 15*. Quito, 1970.

(6) Sobre o tema da jurisdição social no direito estrangeiro, confira *Direito Processual do Trabalho*, de Vitor Salino de Moura Eça, LTr Editora, 2019.

17

Regimes de Seguridade: México, República Dominicana e Guatemala

Marcelo Barroso Lima Brito de Campos[1]

1. *Introdução*

O presente ensaio analisa os regimes de seguridade social no México, República Dominicana e Guatemala. Os três países da América Central, em que pese a proximidade geográfica, possuem regimes de seguridade social bem distintos, a despeito de possuírem problemas comuns, tais como a transição demográfica e os altos índices de trabalho informal.

O México possui o sistema de seguridade social mais antigo, baseado em sua histórica e vigente Constituição de 1917. A República Dominicana concebeu seu sistema de Seguridade Social somente em 2001. A Guatemala possui um sistema de seguridade social desde 1946.

Dos três regimes, o México reformou sensivelmente seu sistema de seguridade social, a Guatemala ainda não promoveu reformas estruturais e a República Dominicana, devido ao seu neófito sistema, também não foi reformado.

A compreensão dos referidos regimes de seguridade social é importante para entender a onda reformista lastreada no ideário neoliberal, que serve de inspiração para a reforma previdenciária no Brasil, protagonizada pela Proposta de Emenda à Constituição n. 6/2019.

Seguem, então, alguns apontamentos sobre cada um dos referidos regimes de seguridade social.

2. *Desenvolvimento*

2.1. Seguridade no México

O conjunto normativo que disciplina o regime de seguridade social mexicano é composto, dentre outros instrumentos legais, pela Constituição Mexicana e pela denominada *Ley del Seguro Social*.

A Constituição Mexicana promulgada em 5 de fevereiro de 1917, famosa por inaugurar juntamente com a Constituição de Weimar de 1919, o constitucionalismo social e o paradigma de Estado Social de Direito, por meio da constitucionalização de direitos sociais, se encontra em pleno vigor no México. Referida Constituição que já foi objeto de várias reformas, especialmente nos anos de 1972 e 1974, trata a seguridade social no Título Sexto *Del Trabajo y de la Previsión Social,* dispondo nos incisos do art. 123 sobre os direitos sociais.

A Constituição Mexicana prevê que a *seguridad social* é responsável pela cobertura de acidentes e doenças profissionais, doenças não profissionais e maternidade, aposentadoria, invalidez, idade avançada e morte, proteção ao trabalho da mulher grávida, assistência à saúde dos dependentes

---

(1) Doutor em Direito (PUC-MINAS). Mestre em Administração Pública (FJP). Professor (FUMEC, UNI-BH e IEPREV). Procurador do Estado (MG). Advogado. Membro do IBDP, do IAMG, da Comissão de Previdência da OAB/MG, da OABPrev e da PREVCOM-MG. Acadêmico Perpétuo da Academia Brasileira de Direito da Seguridade Social (ABDSSS). Ocupa a cadeira n. 13.

do segurado e habitações baratas aos trabalhadores.

A *Ley del Seguro Social* define que a *seguridad social* tem por finalidade garantir o direito à saúde, à assistência médica, a proteção dos meios de subsistência e os serviços sociais necessários para o bem-estar individual e coletivo, assim como a concessão de uma pensão garantida pelo Estado. Esta lei prevê dois regimes de seguro social: o regime obrigatório e o regime voluntário.

O regime obrigatório compreende os riscos do trabalho, enfermidades e maternidade, invalidez e vida, inatividade, indenização por idade avançada e velhice, creches e prestações sociais. Os segurados obrigatórios são os trabalhadores em geral, salvo o doméstico. A lei prevê que determinadas pessoas possam se filiar ao regime obrigatório voluntariamente, como é o caso do doméstico.

O regime voluntário permite o incremento do seguro de saúde para a família, dos seguros adicionais, do seguro de vida e outros.

Com o lema *seguro trabajas mejor*, o Instituto Mexicano de Seguridade Social — IMSS, fundado em 1943, constitui-se na instituição responsável pelos serviços públicos, de caráter nacional, na área de saúde e previdência social dos trabalhadores mexicanos, bem como suas famílias.

Os servidores públicos federais e da Cidade do México estão vinculados ao *Instituto de Seguridad y Servicios Sociales de los Trabajadores del Estado (ISSSTE).*

No que se refere estritamente à Previdência Social mexicana, a principal norma de regência é a *Ley de los Sistemas de Ahorro para el Retiro,* de 1996, que criou o novo *Sistema de Ahorro para el Retiro (SAR).* Com efeito, o sistema previdenciário mexicano passou por uma reforma estrutural iniciada em 1995 e implementada em 1997, com forte inspiração advinda da reforma ocorrida no Chile (1981). O sistema passou a ser de contribuição definida, migrando da repartição simples para o sistema de capitalização, em que os recursos arrecadados no custeio não são mais destinados a um fundo comum, mas a contas individualizadas. Nesse novo sistema, a administração dessas contas deixa de ser responsabilidade do IMSS e passa a ser responsabilidade de instituições financeiras, denominadas de *Afore — Administradoras de Fondos para el Retiro,* reguladas pela *Comisión Nacional del Sistema de Ahorro para el Retiro (CONSAR).*

Cada *Afore* disputa no mercado os fundos individuais dos trabalhadores. O SAR, que nada mais consiste em um sistema de poupança para aposentadoria, possui multifundos de acordo com o ciclo de vida. As *Siefores,* sociedades de investimentos especializadas em fundos de aposentadoria, administra cincos fundos de forma que quanto mais jovem a pessoa, mais diversificados e arrojados são seus investimentos, ao passo que quanto mais idosa a pessoa, menos diversificados e mais conservadores são os investimentos, já que, nessa fase da vida deve minimizar os riscos de suas aplicações previdenciárias, eis que em breve deverão garantir o pagamento de proventos de inatividade.

O Brasil e o México tem em comum os altos índices de trabalho informal. No México, o governo preferiu implementar o sistema de capitalização, de contribuição definida, com contas individualizadas e retirando a gestão de órgão público (IMSS) e passando para instituições financeiras (Afore) ao invés de promover políticas públicas de inclusão social, a fim de incentivar que os trabalhadores informais se vinculem ao IMSS e continuassem a custear os benefícios dos inativos (sistema *pay as you go*). Por isso, esse modelo mexicano, para os adeptos do neoliberalismo, serve de inspiração para uma possível reforma no Brasil, pois reduziria significativamente os problemas ocasionados pela chamada transição demográfica, que ocorre em todo o mundo, consistente na diminuição das taxas de natalidade e pelo aumento da expectativa de vida.

A reforma mexicana não alcançou todos os servidores públicos, as forças armadas e os empregados da Petroleira Pemex. Entendo que um dos maiores desafios global para equilibrar os regimes de seguridade social seja vencer a resistência dos chamados regimes especiais, formado pelos servidores públicos de alto escalão, militares, políticos, dentre outros.

Decorridos mais de 20 anos da reforma mexicana, os resultados não foram satisfatórios:

> Há ainda o consenso de que o sistema CD não pode fazer frente à dura realidade de que um grande número de trabalhadores não tem condições de contribuir efetivamente para a previdência, a exemplo dos profissionais au-

tônomos, temporários e aqueles cuja situação de emprego muda frequentemente. Portanto, mesmo que essas pessoas possam, em algum momento de suas vidas, ser filiadas a uma Afore, seu período contributivo ativo será limitado, na maioria dos casos, ao recebimento de um salário formal.(2)

Por isso, o atual governo mexicano estuda nova reforma no seu sistema de seguridade social.

2.2. Seguridade na República Dominicana

A República Dominicana se situa em uma ilha caribenha dividida com o Haiti e atualmente conta com cerca de 10 milhões de habitantes. A despeito de ter obtido sua independência desde 1821, somente em 2001 implantou o seu sistema de seguridade social.

Com efeito, o *Sistema Dominicano de Seguridad Social (SDSS)* foi criado pela *Lei n. 87-01*. A *Constitución de la Republica Dominicana,* de 10 de junho de 2015, recepcionou a referida lei e determinou em seu art. 57 que o Estado garantirá os serviços de seguridade social integral e em seu art. 60 dispôs que a seguridade social deve garantir acesso universal a uma adequada proteção na doença, deficiência, desemprego e velhice.

O *Consejo Nacional de Seguridad Social (CNSS),* composto por 17 membros representando o governo, os empregadores, os trabalhadores, a saúde, os profissionais e técnicos, os trabalhadores de microempresas, os desempregados e os indigentes é o órgão gestor e superior do *Sistema Dominicano de Seguridad Social (SDSS).* Trata-se de uma entidade descentralizada, de caráter público e autônomo, cuja missão é oferecer proteção social suficiente, oportuna e universal à população.

A *Tesorería de la Seguridad Social (TSS)* consiste em um órgão independente do CNSS e tem como objetivo fundamental administrar o *Sistema Único de Información e Recaudo* (SUIR) para garantir o registro universal dos beneficiários do SDSS.

A saúde é de responsabilidade do *SISALRIL Superintendencia de Salud y Riesgos Laborales* que visa garantir à população a proteção da saúde e dos riscos do trabalho, no âmbito do SDSS.

A *Superintendencia de Pensiones (SIPEN)* constitui-se em uma entidade estatal, autônoma, com personalidade jurídica e patrimônio próprio, que tem a função de controlar a solvência financeira das *Administradoras de Fondos de Pensiones (AFP).*

Nos termos da legislação de seguridade social dominicana existem três regimes de financiamento: a) um regime contributivo; b) um regime subsidiado; e c) um regime contributivo subsidiado. Cada regime abrange um universo definido de trabalhadores de acordo com a capacidade de cada um de prover ou não o custeio do sistema e prevê benefícios distintos conforme a capacidade/necessidade.

O sistema de seguridade social dominicano é mais um dos sistemas que receberam forte influência neoliberal. A implementação do SDSS seguiu a mesma linha das reformas de seguridade ocorridas no Chile (1981), Bolívia (1997), México (1997) e El Salvador (1998). O regime dominicano implementou o modelo de capitalização individual, mediante a concessão de benefícios baseados no sistema de contribuição definida e gestão privada dos recursos, sob a regulação de um órgão público.

2.3. Seguridade na Guatemala

A *Constitución Política de la Republica de Guatemala* prevê no Capítulo II, Dos Direitos Sociais, na Seção Sétima, a disciplina da saúde, da seguridade e da assistência social.

O art. 100 da Constituição Guatemalteca dispõe que o Estado reconhece e garante o direito à seguridade social para benefício dos habitantes da nação. O regime de seguridade é considerado função pública, de forma nacional, unitária e obrigatória.

À exceção das universidades, os empregadores, o Estado e os trabalhadores cobertos pelo regime são obrigados a custear o regime de seguridade social e terão direito a participar da direção.

A Constituição prevê que compete ao *Instituto Guatemalteco de Seguridade Social (IGSS),* dotado de autonomia, com personalidade jurídica, patrimônio e funções próprias, a gestão do regime de

(2) *Revista da Previdência Complementar — Revista da ABRAPP, ICSS, SINDAPP, Uniabrapp,* ano XXXVIII, n. 421, p. 34-35, Caderno Especial: Reforma da Previdência. México vê urgência em reformar modelo capitalizado, mar./abr. 2019.

seguridade social na Guatemala, devendo atuar em coordenação com os demais institutos de saúde.

A *Ley Orgánica del Instituto Guatemalteco de Seguridad Social* consiste no Decreto n. 295, de 1946, e prevê os seguintes benefícios em razão de: acidente de trabalho e doenças profissionais; maternidade; doenças em geral; invalidez; orfandade; viuvez; velhice; morte (gastos de sepultamento) e outros que os regulamentos determinar.

O sistema funciona desde a sua origem pelo regime de repartição simples (*pay as you go*), com concessão de benefícios pelo sistema de benefício definido e mediante gestão pública, não tendo se submetido ainda a reformas estruturais.

Importante observar que a República da Guatemala sofreu uma guerra civil no período de 1964 a 1996, que certamente contribuiu para a estagnação do seu sistema de seguridade social. Com a retomada democrática e o desenvolvimento econômico, espera-se que o país promova reformas em sua seguridade social. Resta saber qual modelo adotará, se manterá um sistema universal social ou de influência neoliberal, como muitos países da América Latina.

3. *Conclusão*

Os três modelos de seguridade social analisados — México, República Dominicana e Guatemala —, guardam distinções e semelhanças.

As semelhanças consistem nos mesmos problemas por que passam, especialmente a transição demográfica e os altos índices de trabalho informal. Nesse sentido, torna-se consenso, a necessidade de (re)estruturar uma seguridade social que possa amparar efetivamente os seus segurados em momento de infortúnio.

As distinções entre os modelos reside no fato de que cada um dos Estados deu um tratamento diverso para equacionar os mesmos problemas. O México reformou seu sistema de seguridade social, influenciado pela onda neoliberal que aponta uma receita básica para todos: transformar o sistema de BD (Benefício Definido) para CD (Contribuição definida), fortalecer o sistema de contas individuais capitalizado e retirar das mãos do Estado a gestão da seguridade social, passando para a iniciativa privada, especialmente para instituições financeiras. Na República Dominicana, a neófita seguridade social já se estrutura sob essa influência neoliberal e na Guatemala a reforma deve ser iminente, a partir da pacificação daquela nação.

Nota-se que a onda neoliberal ainda ecoa sobre esses sistemas de seguridade social, repercutindo para outros Estados como o Brasil. A tendência é se basear especialmente nas reformas chilena (1981) e mexicana (1997), para promover a reforma no Brasil, pois esse é o desenho original da Proposta de Emenda Constitucional n. 6/2019, que segue a receita neoliberal de reforma da seguridade social.

Entretanto, é certo que nem a reforma chilena nem a reforma mexicana conseguiram eliminar os seus problemas originais (transição demográfica e altos índices de informalidade), o que, a meu sentir, demonstra que o remédio neoliberal não é eficiente.

Compartilho o entendimento de que reformas de seguridade social são sempre necessárias, eis que deve ser um processo permanente, constante e evolutivo, pois a manutenção do equilíbrio financeiro e atuarial dos regimes deve compatibilizar com os câmbios naturais das variáveis envolvidas. Também compartilho do entendimento de que o modelo de Contribuição Definida é mais justo, social e economicamente. A gestão do regime pode ser de instituições privadas, mas depende de forte regulação estatal. Aqui diferencio regulação e regulamentação, aquela na forma de controle do Estado sobre as atividades privadas e esta seria o próprio Estado gerindo, o que não considero recomendável. Porém, ao meu sentir, o equívoco da receita neoliberal é entregar os recursos de seguridade social diretamente para as instituições financeiras, que visam lucro para os seus proprietários. A seguridade social não deve ser lucrativa, os resultados positivos devem ser reaplicados na própria seguridade social.

O modelo ideal de reforma para a seguridade social deve prever a criação de órgãos privados de gestão, com controle (regulação) forte de órgãos estatais, mediante aplicação de instrumentos de *accountability*, governança, transparência, responsividade e responsabilidade fiscal, administrativa, penal, tributária e civil dos gestores, dentre outros. Os recursos da seguridade social devem ser geridos por estas instituições de seguridade. As instituições financeiras seriam os agentes financeiros responsáveis pela guarda dos recursos. Estes recursos, capitalizados, em contas individuais, seriam destinados enquanto não utilizados ao fomento da produção nos diversos setores, daqui viria o lucro, ou seja, da produção e do desenvolvimento, que por sua vez gera emprego e renda, permitindo que o segurado tenha trabalho e condições de contribuir para o sistema. Com a produção, a economia se desenvolve, retornam os recursos às instituições financeiras, que serão remuneradas pelos seus serviços, que retornam os recursos com resultados positivos para as instituições de seguridade para garantir as prestações aos segurados no momento de contingência. Com esse ciclo virtuoso, todos ganham e a seguridade social fortalece.

Nenhum dos modelos ora analisados — México, República Dominicana e Guatemala — abordaram esse viés reformista, tendo se rendido, talvez pela inércia, ao modelo neoliberal fortalecedor das instituições financeiras e não das instituições de seguridade social.

Infelizmente, o Brasil pretende surfar a mesma onda reformista neoliberal e igualmente não solucionará o problema da seguridade social brasileira.

Referências bibliográficas

BOSCHETTI, Ivanete. *A seguridade social na América Latina após o dilúvio neoliberal*. Disponível em: <https://ibase.br/userimages/seguridade1.pdf>. Acesso em: 11 jun. 2019.

MESA-LAGO, Carmelo; MULLER, Katharina. Política e reforma da previdência na América Latina. In: COELHO, Vera (org.). *A reforma da previdência social na América Latina*. Rio de Janeiro: FGV, 2003.

REVISTA da Previdência Complementar — *Revista da ABRAPP, ICSS, SINDAPP*, Uniabrapp, ano XXXVIII, n. 421, Caderno Especial: Reforma da Previdência, México vê urgência em reformar modelo capitalizado, mar./abr. 2019.

Sites

<https://es.wikisource.org/wiki/Constituci%C3%B3n_de_Guatemala#SECCI%C3%93N_S%C3%89PTIMA_-_Salud,_Seguridad_y_Asistencia_Social>. Acesso em: 11 jun. 2019.

<file:///C:/Users/User/Downloads/Constituci%C3%B3n%20Dominicana%202015.pdf>. Acesso em: 11 jun. 2019.

<http://www.knowledgeatwharton.com.br/article/a-previdencia-social-do-mexico-esta-realmente-em-crise/>.

<https://ipea.gov.br/agencia/images/stories/PDFs/mercadodetrabalho/180502_bmt_64.pdf>.

<http://melissafolmann.com.br/conteudos/artigos/o-regime-de-capitalizacao-do-mexico-a-reforma-da-previdencia-de-1997-e-desafios-quanto-a-cobertura-previdenciaria/>.

<https://www.tss.gov.do/quienes-somos.html>. Acesso em: 11 jun. 2019.

<https://www.sipen.gov.do/index.php/sobre-nosotros2>. Acesso em: 11 jun. 2019.

<http://www.sisalril.gov.do/>. Acesso em: 11 jun. 2019.

Parte IV

Presente e Futuro da Seguridade no Brasil e no Direito Comparado

Esse capítulo dedica especial atenção ao problema presente da seguridade no Brasil e investiga as perspectivas da proteção securitária no direito comparado, tudo na perspectiva de encontrar uma resposta: a dignidade humana está em primeiro lugar nos respectivos sistemas de seguridade pesquisados.

No conjunto dos artigos a seguir, o leitor encontrará a resposta: "Desenvolvimento da seguridade social como direito humano no Brasil", "Como a natureza da globalização econômica está mudando o regime de previdência no Brasil ", "O problema atual da seguridade social no Brasil ", "A efetividade dos direitos sociais na jurisprudência do STF em matéria orçamentária", "Qual modelo de seguridade social que o Brasil precisa na Era da globalização econômica" e "Por que o Estado deve prover o sistema de seguridade social".

18

Perspectivas da Proteção Securitária no Direito Comparado Europeu
A Dignidade Humana em Primeiro Lugar

Wagner Balera[1]

1. Introdução

O Sistema Europeu de Seguridade Social tem por objetivo harmonizar os encargos sociais dos países membros, tendo em vista o encorajamento dos respectivos integrantes a que desenvolvam os respectivos sistemas particulares.

Estabelecida pelo Conselho da Europa, disciplina o sistema do Código Europeu de Seguridade Social, adotado pelo Comitê de Ministros do Conselho da Europa em 11 de março de 1964. O Código, assim como o respectivo protocolo adicional, entrou em vigor em 17 de março de 1968 e, posteriormente, foi complementado por diversos adendos. Ampla revisão do Código foi levada a efeito em 1990.

Considerando que um dos objetivos do programa social do Conselho da Europa consiste em encorajar todos os membros a desenvolver cada vez mais o respectivo sistema de segurança social; reconhecendo a oportunidade de harmonizar os encargos sociais dos países membros.

A finalidade precípua do Código consiste no fornecimento de cobertura universal na proteção social e, nesse particular, pode ser comparada ao escopo estampado no inciso I do Parágrafo único do art. 194 da Constituição de 1988, que garante a <u>universalidade da cobertura e do atendimento</u>.

Os termos da universalidade, cumpre dizer desde logo, foram bem situados historicamente.

Seus delineamentos, em termos mínimos, se acham estabelecidos pela Convenção n. 102, editada pela Organização Internacional do Trabalho em 1952, amplamente aceita e ratificada pelos países europeus que lideraram o processo de implantação dos sistemas desde o início dessa modelagem institucional.

Os países da Europa querem ter unificados os respectivos patamares de proteção social.

O Brasil, por seu turno, conquanto tenha relutado longamente para aderir à Convenção n. 102, acabou por albergar aquele histórico documento em seu sistema jurídico a partir da edição do Decreto Legislativo n. 269, de 18 de setembro de 2008.

Portanto, o objetivo consiste na garantia da isonomia em tema da proteção social do tipo securitário.

Em sede de seguridade, a fixação da moldura genérica das prestações básicas é essencial.

Todos que fiquem expostos às mesmas situações de risco social fazem jus a prestações previdenciárias vazadas nos mesmos moldes.

Isonomia no elenco das prestações e isonomia dentre os integrantes do universo protegido.

Enfim, ambos os enfoques atendem ao postulado da isonomia e o respectivo implemento faz progredir os patamares de proteção ao lugar de destaque que tais direitos devem ter no quadro mais abrangente dos diretos sociais no seu todo considerados.

---

(1) Professor Titular de Direitos Humanos; Coordenador do Núcleo de Direitos Humanos e Líder do Grupo de Pesquisa sobre Direito e Direitos dos Refugiados na PUC/SP; Doutorado em Direito das Relações Sociais e Livre-Docência em Direito Previdenciário. Coordenador da Revista Brasileira de Direitos Humanos. Decano da Academia Brasileira de Direito da Seguridade Social, ocupando a cadeira n. 3 da ABDSS, sendo decano e membro do conselho consultivo.

Este estudo atentou para a questão que René David levantou em sua obra seminal: "o desenvolvimento do direito comparado foi uma reação contra a nacionalização do direito que se produziu no século XIX".[(2)]

Reformulemos a questão lançada há cinquenta anos pelo célebre comparatista e verifiquemos como ganha novo favor, e deveria, hoje em dia, ser formulada nos seguintes termos: "será que a globalização econômica, da qual a normatividade jurídica será um subproduto não imporá a revitalização dos estudos do direito comparado?".

A comparação quer verificar dois modelos normativos e detectar as respectivas semelhanças e diferenças.

Como o marco referencial é a dignidade humana, subjacente à comparação estará sempre presente o propósito do aperfeiçoamento. É como se o esforço perene da proteção social seja o de marchar para o máximo de proteção.

Todavia este estudo, e de certo modo, como que adiantando a conclusão, demonstra que o sistema mais avançado do planeta ainda não conseguiu ultrapassar as barreiras das normas mínimas de proteção fixadas pela Organização Internacional do Trabalho em 1952.

E que o modelo brasileiro, objeto de comparação com o sistema europeu, conquanto contemple as prestações básicas em boa extensão, tampouco atende ao ideal da humanidade.

Cumpre avançar em termos de qualificação dos direitos de seguridade social como partes integrantes dos Direitos Humanos.

Cumpre interpretar esses direitos à luz do bem maior da dignidade humana.

2. *Desenvolvimento*

2.1. O elenco das prestações no Código Europeu, se encontram assim definidas

- Prestações médicas;
- Subsídio de doença;
- Prestações de desemprego;
- Prestações de velhice;
- Prestações em caso de acidentes do trabalho ou doenças profissionais;
- Prestações familiares;
- Prestações de maternidade;
- Prestações de invalidez;
- Prestações de sobrevivência.

2.1.1 *No direito brasileiro, relativamente ao Regime Geral de Previdência Social, as prestações são catalogadas segundo o respectivo beneficiário, assim considerados os segurados, os dependentes e, ainda, aquelas que são devidas aos dois sujeitos de direitos*

2.1.1.1. *Quanto ao segurado*

- aposentadoria por invalidez;
- aposentadoria por idade;
- aposentadoria por tempo de contribuição;
- aposentadoria especial;
- auxílio-doença;
- salário-família;
- salário-maternidade;
- auxílio-acidente.

2.1.1.2. *Quanto ao dependente*

- pensão por morte;
- auxílio-reclusão.

2.1.1.3. *Quanto ao segurado e dependente*

- serviço social;
- reabilitação profissional.

(2) DAVID, René. *Os grandes sistemas do direito contemporâneo:* direito comparado. 2. ed. Tradução do Dr. Hermínio A. de Carvalho. Lisboa: Meridiano, 1978. p. 2. A edição Princeps: *Les grands systems de droit contemporaines:* droit comparè, editada pela Dalloz, veio à estampa em 1969.

3. *Os termos da cobertura*

3.1. Prestações médicas no Código Europeu

O Código Europeu de Seguridade Social explicita as prestações médicas no art. 10.

Tais prestações compreendem: a) Assistência de médicos de clínica geral, incluindo as visitas domiciliárias; b) Assistência de especialistas prestada em hospitais ou fora deles a pessoas hospitalizadas ou não; c) Concessão dos produtos farmacêuticos essenciais, mediante receita médica ou de outro profissional qualificado; d) Hospitalização, quando necessária; e) Em caso de gravidez, parto e suas sequelas; f) Assistência pré-natal, durante o parto, e pós-natal, prestada quer por um médico quer por uma parteira diplomada; g) Hospitalização, quando necessária.

O direito brasileiro, em termos comparativos, no que constitui o escopo dos estudos de direito comparado, observados os comandos estampados na Constituição de outubro de 1988, se dispôs a oferecer todo o elenco de prestações aqui referido.

Com efeito, a diretriz essencial que anima o funcionamento do sistema único de saúde é a do atendimento integral.

Como se recorda, essa linguagem fora empregada pela primeira vez na célebre Conferência de Alma-Ata, de 1978, na qual adquiriu a seguinte conotação:

> VI) Os cuidados primários de saúde são cuidados essenciais de saúde baseados em métodos e tecnologias práticas, cientificamente bem fundamentadas e socialmente aceitáveis, colocadas ao alcance universal de indivíduos e famílias da comunidade, mediante sua plena participação e a um custo que a comunidade e o país possam manter em cada fase de seu desenvolvimento, no espírito de autoconfiança e automedicação.
>
> Fazem parte integrante tanto do sistema de saúde do país, do qual constituem a função central e o foco principal, quanto do desenvolvimento social e econômico global da comunidade. Representam o primeiro nível de contato dos indivíduos, da família e da comunidade com o sistema nacional de saúde, pelo qual os cuidados de saúde são levados o mais proximamente possível aos lugares onde pessoas vivem e trabalham, e constituem o primeiro elemento de um continuado processo de assistência à saúde.[3]

3.1.1. O subsídio de doença no Código Europeu, se encontram assim estabelecidas

O risco coberto é o da incapacidade para o exercício do trabalho decorrente de doença que implique em suspensão da remuneração.

A prestação se concede por todo o tempo de duração da eventualidade, com a ressalva de a duração da prestação poder ser limitada a 26 semanas, em cada caso de doença, com a possibilidade de não ser concedida pelos 3 primeiros dias de suspensão de remuneração.

O cálculo dessa prestação, assim como das demais, obedece a um critério genérico.

É definido um beneficiário tipo, assim entendido o trabalhador casado com dois filhos.

É estabelecido um piso mínimo, como tal concebido o valor da remuneração de um trabalhador braçal menos qualificado.

O subsídio por doença será calculado a partir da somatória da prestação básica acrescida das eventuais prestações familiares que o trabalhador perceba.

E a prestação básica poderá ser calculada, conforme o modelo legal de cada país membro, segundo um dos seguintes critérios:

- Prestação em função da renda do trabalhador, na qual se considera a remuneração efetivamente auferida e se acrescem as prestações familiares. Sobre esse montante é aplicado o percentual de 45% (quarenta e cinco por cento) que definirá o valor do subsídio mensal.
- Prestação fixa (denominada *fourfetaire*) regida pela remuneração padrão dos operários correspondentes à categoria com o maior número de trabalhadores e cuja remuneração está fixada por acordos coletivos ou pelo costume.
- Prestação genérica ou padronizada, cujo montante deve assegurar condições saudáveis e dignas de vida, nos termos do art. 67 do Código.

(3) Disponível em: <http://www.opas.org.br/coletiva/uploadArq/Alma-Ata.pdf>.

3.1.2. No direito brasileiro, se encontram da seguinte forma

A prestação é o denominado auxílio-doença e será concedida a quem é considerado incapaz para o exercício do respectivo trabalho durante certo período. Será devida a partir do décimo sexto dia do afastamento do trabalho, cumprida a carência de doze contribuições mensais.

O valor da prestação corresponderá a 91% da média apurada com base nos 80% melhores salários de contribuição, considerado todo o período contributivo.

3.2. Prestação por desemprego no Código Europeu

No Código Europeu, o risco coberto é o da perda da remuneração devido à impossibilidade de obtenção de emprego adequado pelo trabalhador apto e disponível para o trabalho.

Consoante o nível de cobertura fornecido pelo sistema, isto é, os assalariados que abranjam pelo menos cinquenta por cento desse grupo ou, então, todos os residentes cujas receitas não atinjam os níveis de subsistência estabelecidos pelo Código.

O valor da prestação é calculado segundo o modelo anteriormente mencionado, que leva em conta, conforme o caso, a remuneração anteriormente percebida, sobre a qual será fixada a alíquota de 50% para o indivíduo considerado isoladamente ou a alíquota de 65% para quem seja responsável pelo sustento de dois dependentes.

É, ainda, estabelecido um período de espera de sete dias.

Quanto ao período de fruição, depende do perfil do grupo protegido. Se forem protegidos somente os assalariados, o benefício será devido por 13 semanas, durante um período de 12 meses. Se forem protegidos todos os residentes, o período de duração será de 26 semanas. Pode ser, ainda, estabelecido que o período variável em função do número de contribuições vertido ou, ainda, em razão de percepção anterior da mesma prestação.

3.2.1. Prestação por desemprego no direito brasileiro

O risco coberto é a perda da remuneração em razão da falta de outro emprego condizente com a qualificação do trabalhador, registrada ou declarada, e conforme com a remuneração anteriormente percebida.

O valor mensal do seguro-desemprego é estabelecido em três faixas, consoante com a média das remunerações percebidas nos últimos três meses anteriores ao afastamento. E a duração leva em conta o número de meses trabalhados e as vezes em que tenha sido pleiteada a prestação.

Serão devidas até cinco parcelas e o valor respectivo varia entre o valor do salário mínimo e um valor teto que, em junho de 2019, corresponde a R$ 1.735,29.

3.3. Prestações por velhice no Código Europeu

A idade não deve ser superior a 65 anos. No entanto, poderá ser estabelecida idade superior se o número de residentes que tenham atingido essa idade não for inferior a 10% do número total de residentes com idade superior a 15 anos e inferior à idade estipulada.

A carência exigida será de 30 anos de contribuição, como regra ou de 20 anos de residência.

Porém, a prestação poderá ser concedida em montante reduzido desde que tenham sido vertidas pelo menos 15 anos de contribuição ou emprego e, ainda mais reduzida, se tiverem sido vertidos 10 anos de contribuição e cinco anos de residência.

O montante da prestação, se recebida individualmente, será calculado em conformidade com a modelagem já exposta, em percentual de 50%, enquanto se o beneficiário tiver um dependente, esse percentual será estabelecido em 65%.

3.3.1. No direito brasileiro é a aposentadoria por idade

Devida ao homem, quando completa a idade de 65 anos, e à mulher, aos 60 anos de idade, cumprida a carência de cento e oitenta contribuições.

O valor do benefício é calculado com base nos 80% melhores salários de contribuição, considerado todo o período contributivo. Sobre essa média, será aplicado o percentual de 70% do valor do "Salário de Benefício", acrescido de 1% para cada grupo de 12 contribuições (cada ano completo de trabalho) até o limite de 100% do "Salário de Benefício".

Para essa modalidade de benefício pode ser aplicado o fator previdenciário somente se desse vetor resultar benefício mais vantajoso para o beneficiário.

3.4. Prestações em caso de acidentes do trabalho ou doenças profissionais, no Código Europeu

O acidente ou a doença profissional poderão gerar incapacidade temporária e, nesse caso, o beneficiário fará jus a uma prestação de 50% do valor apurado em conformidade com o modelo estabelecido de modo genérico.

Se o beneficiário tem dois dependentes fará jus a 65% daquele valor.

Se o acidente ou a doença profissional gerarem incapacidade permanente e mais a necessidade de assistência permanente de outra pessoa, o montante do benefício atingirá 70% do valor base.

Se a incapacidade permanente atingir aquele que tem dois menores como dependentes, o percentual será de 80% do valor estabelecido no modelo.

Em caso de falecimento do segurado que é arrimo de família, o conjunto de dependentes fará jus a 50% do valor modelar e;

Sendo um o dependente, este fará jus ao acréscimo de 20%.

Sendo dois os dependentes, estes merecerão o total de 65%.

3.4.1. No direito brasileiro é a aposentadoria por invalidez acidentária

O valor da prestação corresponde a 100% do salário de benefício.

Na hipótese de o segurado depender da assistência permanente de outra pessoa, em conformidade com o risco que o vitimou, o benefício será acrescido de 25%.

3.5. Prestações familiares, no Código Europeu

As prestações podem ser de um desses três tipos:

- Um pagamento periódico atribuído a todas as pessoas protegidas que tenham cumprido o período de garantia prescrito ou;
- A concessão às crianças de alimentação, vestuário, alojamento, colônias de férias ou assistência domiciliar. Idade não deve ser superior a 65 anos. No entanto, poderá ser estabelecida idade superior se o número de residentes que tenham atingido essa idade não seja inferior a 10% do número total de residentes com idade superior a 15 anos e inferior à idade estipulada.
- A combinação das prestações antes referidas.
- O cálculo da prestação familiar leva em conta o salário médio de um trabalhador tipo. Esse valor é multiplicado pelo número de crianças de todos os residentes e, sobre esse vetor, será aplicado o percentual de 1,5%.

3.5.1. No direito brasileiro, a prestação familiar de tipo previdenciário é o salário-família. Devido aos trabalhadores de baixa renda que tenham filhos menores de quatorze anos ou inválidos de qualquer idade

O valor-base para o cálculo desse benefício é estipulado em duas faixas.

A primeira faixa corresponde a um valor de R$ 46,54 para o segurado, cuja remuneração não seja superior a R$ 907, 77.

A segunda faixa, cuja cota é de R$ 32,80, será concedida aos segurados com remuneração superior a R$ 907,77 (novecentos e sete reais e setenta e sete centavos) e igual ou inferior a R$ 1.364,43 (um mil trezentos e sessenta e quatro reais e quarenta e três centavos).

3.6. Prestações de maternidade, no Código Europeu

As prestações de maternidade compreendem a assistência médica em toda a sua extensão, além de pagamentos periódicos.

O valor da prestação será calculado em conformidade com o modelo geral. Mas o montante pode ser reduzido a partir do período de fruição que vier a ser adotado.

O período deve cobrir todo o tempo de duração, podendo ter início antes do parto, conforme o critério médico. No entanto, os pagamentos periódicos podem ser limitados a 12 semanas, salvo se a lei nacional estipule outro prazo.

3.6.1. No direito brasileiro é o salário-maternidade

Benefício devido à segurada gestante, que cobre o período de afastamento do trabalho e cujo prazo total é de cento e vinte dias, a ser gozado antes e depois do parto.

O valor do benefício corresponde à remuneração integral da segurada empregada ou trabalhadora avulsa, sem qualquer limite.

Se o valor da remuneração for variável deverá ser considerada a média aritmética simples dos seis últimos salários.

A empregada doméstica faz jus ao benefício no valor correspondente ao respectivo salário de contribuição.

A segurada especial perceberá um salário-mínimo por mês. E se efetuar contribuições de modo facultativo, o valor da prestação mensal corresponderá a 1/12 avos da soma dos 12 últimos salários de contribuição apurados em um período não superior a 15 meses.

Os demais segurados — **contribuinte individual, facultativo e desempregada em período de graça,** o valor corresponderá a 1/12 avos da soma dos últimos 12 salários de contribuição apurados em período não superior a 15 meses.

3.7. Prestações de invalidez, no Código Europeu

O risco coberto consiste na incapacidade para exercer uma atividade profissional de grau prescrito, quando se constate que é de cunho permanente ou quando subsistir mesmo após a concessão do subsídio por doença.

O benefício exige um período de carência de 15 anos de contribuição ou de 10 anos de residência. No entanto, quando todas as pessoas estiverem protegidas, esse período será reduzido para três anos.

Será, ainda, concedida de modo proporcional, e, portanto, com valor reduzido, quando o interessado tiver cumprido 5 anos de contribuição, emprego ou residência.

O valor do benefício para o homem corresponderá a 50% da base já antes definida. Se for responsável pelo sustento de esposa e dos filhos o montante será elevado para 65% da base.

3.7.1. No direito brasileiro, a Aposentadoria por invalidez será devida a quem fique incapacitado definitivamente para o trabalho e terá início a partir do décimo sexto dia do afastamento do trabalho, ou findo o auxílio-doença, cumprida a carência de doze contribuições mensais

É exigida a carência de 12 contribuições mensais.

O valor do benefício é calculado com base na média dos salários de contribuição relativos a 80% de todo o período contributivo e corresponderá a 100 % (cem por cento) dessa média, podendo ser acrescido de 25% (vinte e cinco por cento), se o segurado inválido necessitar da assistência permanente de outra pessoa.

3.8. Prestações de sobrevivência, no Código Europeu

São as prestações decorrentes do falecimento do trabalhador que, em consequência, geram a perda da subsistência de seus dependentes — viúva ou filhos.

Consoante o preceito do Código, relativamente à viúva, a mesma deve demonstrar que não está apta a prover suas necessidades pessoais.

Quando forem protegidas todas as pessoas ativas, a carência será de três anos de contribuição.

Se, no entanto, só forem protegidos os assalariados, a carência será de 15 anos de contribuição ou 10 anos de residência.

Pode ser concedida uma prestação reduzida, conforme o tempo de vinculação do segurado falecido ao sistema.

O conjunto dos sobreviventes perceberá 50% do valor calculado na forma já antes referida.

Havendo um filho, o acréscimo será de 20%.

Havendo dois filhos, o acréscimo será de 15%.

3.8.1. No direito brasileiro, a Pensão por Morte

Benefício devido ao conjunto dos dependentes do segurado falecido e que corresponderá a 100% (cem por cento) do valor da aposentadoria que o segurado percebia ou a que teria direito no momento do falecimento.

Com relação ao cônjuge ou ao companheiro, com o advento da Lei n. 13.135, de 2015, a pensão pode cessar nas seguintes condições:

a) se inválido ou com deficiência, pela cessação da invalidez ou pelo afastamento da deficiência, respeitados os períodos mínimos decorrentes da aplicação das alíneas "b" e "c";

b) em 4 (quatro) meses, se o óbito ocorrer sem que o segurado tenha vertido 18 (dezoito) contribuições mensais ou se o casamento ou a união estável tiverem sido iniciados em menos de 2 (dois) anos antes do óbito do segurado;

c) transcorridos os seguintes períodos, estabelecidos de acordo com a idade do beneficiário na data de óbito do segurado, se o óbito ocorrer depois de vertidas 18 (dezoito) contribuições mensais e pelo menos 2 (dois) anos após o início do casamento ou da união estável:

1) 3 (três) anos, com menos de 21 (vinte e um) anos de idade;

2) 6 (seis) anos, entre 21 (vinte e um) e 26 (vinte e seis) anos de idade;

3) 10 (dez) anos, entre 27 (vinte e sete) e 29 (vinte e nove) anos de idade;

4) 15 (quinze) anos, entre 30 (trinta) e 40 (quarenta) anos de idade;

5) 20 (vinte) anos, entre 41 (quarenta e um) e 43 (quarenta e três) anos de idade;

6) vitalícia, com 44 (quarenta e quatro) ou mais anos de idade.

4. *Resultante da comparação*

Pode-se dizer que o método aqui albergado é o mais simples de quantos poderiam ter sido invocados no âmbito do direito. Por ele e com ele se busca, em verdade, qualificar como marco referencial de comparação os termos da Convenção n. 102 aprovada pela Conferência Internacional do Trabalho, em 1952.

Buscamos adotar o método do assim chamado direito comparado funcional.(4)

Tomados os termos essenciais do risco enquanto categoria do mundo fenomênico, particularmente presente no âmbito do trabalho, e bem ponderada a própria evolução do conceito de risco social,(5) cumpre compreender a extensão e o alcance da proteção fornecida pelos sistemas postos sob comparação.

5. *Dignidade em primeiro lugar*

Ao estabelecer, com todas as letras, o comando primevo, o preceito estampado em seu Artigo I, a Declaração Universal dos Direitos Humanos como que situa, de modo adequado, o eixo em torno do qual gravitam todos os direitos humanos.

Ali está escrito que: "**Artigo.** Todas as pessoas nascem livres e iguais em dignidade e direitos. São dotados de razão e consciência e devem agir em relação uns aos outros com espírito de fraternidade".

Olhando para esse comando, com olhar dos positivistas, é de se invocar a conhecida lição de Kelsen:

> O fundamento para a validade de uma norma é sempre uma norma, não um fato. A procura do fundamento da validade de uma norma reporta-se não à realidade, mas a outra norma da qual é derivável.(6)

A dignidade é o fundamento de validade do ordenamento jurídico.

E essa consideração é aplicável tanto para a Europa, cujo Conselho aprovou o Código que aqui acabamos de analisar, quanto para o Brasil que, no particular, fez questão de qualificar a dignidade como um dos fundamentos em que se edifica a República (art. 1º, III).

Há, decerto, uma dimensão individual da dignidade que pode ser projetada pela pessoa defronte a todos os demais. Eu tenho dignidade, me vejo revestido em dignidade e espero que os outros assim também o compreendam.

---

(4) Ralf Michaels define o método funcional nos seguintes termos: "functionalist comparative law is factual, it focuses not on rules but on their effects, not on doctrinal structures and arguments, but on events...". The functional method of comparative law. In: REIMANN, Mathias; ZIMMERMAN, Reinhard (org.). *The Oxford handbook of comparative law*. New York: Oxford University, 2008. p. 342.

(5) *Vide* o meu: *Noções preliminares de direito previdenciário*. 2. ed. São Paulo: Quartier Latin, 2010, particularmente a seção intitulada: "A concepção pós-moderna de risco social", p. 152 e ss.

(6) KELSEN, Hans. *Teoria pura do direito*. Tradução de João Baptista Machado. Coimbra: Armênio Amado, 1974. p. 158.

Mas há, e esse é o dado que interessa a este estudo, a expressão social da dignidade que decorre do prestígio e do respeito que todos devem tributar a esse valor.

Consoante já se assinalou: "Apenas com a efetivação dos direitos sociais, com vistas à concretização da justiça social, será possível realizar-se definitivamente o ideal de liberdade".[7]

Em cada dimensão da vida social, a dignidade deve se fazer presente. E essa circunstância afeta, essencialmente, o cardápio e o ideário dos direitos sociais que, ao fim e ao cabo, querem que cada pessoa tenha dignidade existencial a partir de certo conteúdo de bem-estar que as estruturas e os equipamentos institucionais podem e devem proporcionar.

Aliás, a busca da Ordem Social, especificamente no caso do Brasil, desse fim, se encontra preordenada na Disposição Geral que abre as portas da Ordem Social Constitucional e que designa com todas as letras o escopo desse vetor de ordenação do Estado: o bem-estar.

O bem-estar configura, por conseguinte, a primazia que a Ordem Social brasileira, como definida pelo art. 193 da Constituição, confere à vida digna.

Sublinhe-se novamente: está a se cuidar do prisma social da dignidade, por assim dizer.

A dignidade no trabalho — meio de que se vale a pessoa para prover o próprio sustento — se projeta, com toda a sua primazia, na dignidade das prestações sociais a que fazem jus aqueles que ficam impossibilitados de trabalhar e daqueles que deles dependem.

São João Paulo II afirma:

> Na realidade, toda a história da humanidade deve ser interpretada à luz desta certeza. Cada pessoa, criada à imagem e semelhança de Deus (cf. Gen. 1, 26-28) e por conseguinte orientada radicalmente para o seu Criador, está em relação constante com quantos se encontram revestidos da mesma dignidade. Assim, a promoção do bem do indivíduo conjuga-se com o serviço ao bem comum, quando os direitos e os deveres se correspondem e reforçam mutuamente.[8]

A promoção do bem do indivíduo é um direito a que cada qual faz jus em razão de sua dignidade pessoal e essa promoção representa o vetor existencial que deve pautar a configuração dos programas sociais. A comunidade projetará os programas sociais de arte a que a pessoa, em sua dignidade social, esteja apta a conquistar o bem.

Ante os demais, assim como atuo de modo adequado ao outro, espero dele o mesmo trato. Agimos, ambos, com dignidade.

No essencial, a dignidade humana inspira o agir da sociedade em favor de cada pessoa e as prestações sociais delineiam o fio condutor de toda a vida, desde o nascimento até a morte.

Com inteira propriedade, Daniel Sarmento eleva a dignidade ao patamar de "epicentro axiológico" das condutas, tanto no plano individual como no plano social. Eis a lição desse estudioso:

> Nesta linha, o princípio da dignidade da pessoa humana representa o epicentro axiológico da ordem constitucional, irradiando efeitos sobre todo o ordenamento jurídico e balizando não apenas os atos estatais, mas também toda a miríade de relações privadas que se desenvolve no seio da sociedade civil e do mercado.[9]

Não é outra a lição de Miguel Reale, para quem é o próprio homem quem busca fazer reforçar esse valor nele impregnado, porque se trata de exata *invariante axiológica*[10] que não deixa jamais de estar presente na vida da pessoa.

A invariante axiológica, a atuar como condicionante fixa do pensamento, é um dado que não pode ser desconsiderado.

A dignidade da pessoa humana, dado *a priori*, aceito pela comunidade e recolhido pelos autores da Constituição Histórica, opera como suporte dos

(7) SANFELICI, Patricia de Mello; ALVES, Alice Jurca Zavaglia Vicente. Comentário ao artigo I. In: BALERA, Wagner. *Comentários à Declaração Universal dos Direitos Humanos e Jurisprudência*. 3. ed. São Paulo: KDP — Amazon, 2018. p. 49.

(8) JOÃO PAULO II. *Mensagem para o Dia Mundial da Paz de 1999*, n. 2. Disponível em: <https://w2.vatican.va/content/john-paul-ii/pt/messages/peace/documents/hf_jp-ii_mes_14121998_xxxii-world-day-for-peace.html>.

(9) DANIEL SARMENTO. *A ponderação de interesses na Constituição Federal*. Rio de Janeiro: Lumen Iuris, 2000. p. 59-60.

(10) REALE, Miguel. *Nova fase do direito moderno*. São Paulo: Saraiva, 1990. p. 62.

direitos humanos. Na monografia que dedica ao tema, Rizzatto Nunes acentua:

> A dignidade humana é o valor preenchido a priori, isto é, todo ser humano tem dignidade só pelo fato de ser pessoa. Acrescenta o autor que ela é a primeira garantia das pessoas e a última instância de guarida dos direitos fundamentais.(11)

Aliás, por meio desse fio condutor do pensamento do intérprete, não é difícil que se formem e ampliem os consensos acerca da prevalência dos direitos humanos.

Percebeu Eduardo Bittar que esse tema conforma: "...o único dos consensos possíveis na pós-modernidade".(12)

Este texto procura demonstrar tal consenso em matéria de seguridade social.

6. Conclusão

O alcance da plenitude dos direitos humanos em matéria de seguridade social, *status* que equivale, como pudemos apurar aqui, em termos comparativos entre o direito europeu e o direito brasileiro — à outorga de prestações aptas a dar cobertura aos riscos básicos: doença, invalidez, desemprego, acidente do trabalho, velhice, maternidade e sobrevivência — é o resultado do longo processo histórico. Processo histórico que teve seu início na formulação, levada a efeito pela Organização Internacional do Trabalho, das Normas Mínimas de Seguridade Social, consubstanciadas na Convenção n. 102, de 1952, e que ganhou efetividade com o advento do Código Europeu de Seguridade Social, de 1964, com suas posteriores modificações, e do direito brasileiro delineado essencialmente pela Constituição de outubro de 1988. O patamar de proteção social que se pretende ver alcançado com os corpos normativos aqui comparados pode ser considerado como a fórmula possível, até mesmo consensual, por intermédio da qual a pessoa humana, melhor dizendo, todas as pessoas humanas podem exercitar seus direitos, liberta(s) das necessidades básicas.

Cada qual, naturalmente, partirá desse patamar essencial de proteção, garantido pela comunidade para melhor se situar na vida social, sem quaisquer outras ingerências da comunidade e com apoio no princípio da subsidiariedade.

De fato, este último princípio considera que nem tudo pode ser submetido às ingerências dos Estados das comunidades. Cada qual deve fazer render os respectivos talentos e, na medida do possível, viver com dignidade.

Referências bibliográficas

BALERA. Wagner. *Noções preliminares de direito previdenciário*. 2. ed. São Paulo: Quartier Latin, 2010.

BITTAR, Eduardo C. Bianca. *O direito na pós-modernidade*. Rio de Janeiro: Forense Universitária, 2005.

DAVID, René. *Os grandes sistemas do direito contemporâneo:* direito comparado. 2. ed. Tradução do Dr. Hermínio A. de Carvalho. Lisboa: Meridiano, 1978. A edição Princeps: Les Grands Systems de Droit Contemporaines: Droit Comparè, editada pela Dalloz, veio à estampa em 1969.

JOÃO PAULO II. *Mensagem para o Dia Mundial da Paz de 1999*. Disponível em: <https://w2.vatican.va/content/john-paul-ii/pt/messages/peace/documents/hf_jp-ii_mes_14121998_xxxii-world-day-for-peace.html>.

KELSEN, Hans. *Teoria pura do direito*. Tradução de João Baptista Machado. Coimbra: Armênio Amado, 1974.

MELLO SANFELICI, Patrícia; ALVES, Alice Jurca Zavaglia Vicente. Comentário ao artigo I. In: BALERA, Wagner. *Comentários à Declaração Universal dos Direitos Humanos e Jurisprudência*. 3. ed. São Paulo: KDP — Amazon, 2018.

MICHAELS, Ralf. The functional method of comparative law. In: REIMANN, Mathias; ZIMMERMAN, Reinhart. *The Oxford handbook of comparative law*. New York: Oxford University, 2008.

ORGANIZAÇÃO PANAMERICANA DE SAÚDE. *Declaração de Alma-Ata*. Disponível em: <http://www.opas.org.br/coletiva/uploadArq/Alma-Ata.pdf>.

REALE, Miguel. *Nova fase do direito moderno*. São Paulo: Saraiva, 1990.

RIZZATTO NUNES, Luiz Antônio. *Princípio constitucional da dignidade da pessoa humana*. 2. ed. São Paulo: Saraiva, 2007.

SARMENTO, Daniel. *A ponderação de interesses na Constituição Federal*. Rio de Janeiro: Lumen Iuris, 2000.

(11) NUNES, Luis Antonio Rizzatto. *O princípio constitucional da dignidade da pessoa humana*. São Paulo: Saraiva, 2007. p. 52.

(12) BITTAR, Eduardo C. B. *O direito na pós-modernidade*. Rio de Janeiro: Forense Universitária, 2005. p. 297.

19

Desenvolvimento da Seguridade Social como Direito Humano no Brasil Dignidade Humana em Primeiro Lugar

Roberta Soares da Silva[(1)]

1. Introdução

O desenvolvimento social está associado a uma construção do desenvolvimento da condição humana. Para os povos e as nações alcançarem esse ideário, é necessário que haja uma elevação da consciência individual e universal para que a humanidade construa uma sociedade mundialmente livre de preconceito e valores — de extrema pobreza, cultural, social, política e econômica.

O homem deve buscar elevar o respeito à dignidade humana no mais alto grau, assim como desmistificar o egoísmo e o orgulho exacerbado. Deve buscar uma reforma íntima — o resgate dos valores e lutar por uma causa justa — o bem comum de todos os homens e da humanidade —, buscar a solidariedade entre as pessoas, os povos e as nações do mundo, construindo juntos os pilares da justiça social — uma condição humana de uma vida digna — de humanidade.

A seguridade social como um direito humano é a via para o desenvolvimento social — é a garantia de direitos sociais: saúde, assistência, previdência, educação, habitação, cultura, lazer — do respeito à dignidade humana.

O direito à segurança social é um típico direito positivado, sistematizado. Sua efetivação exige a participação do Estado no fornecimento de prestações (dar e fazer) e de serviços à previdência, à assistência e à saúde, à educação, ao trabalho, à habitação, ao lazer, à segurança, à proteção à maternidade e à infância, à assistência aos desamparados, que constituem os mais elementares direitos à sobrevivência.

O sistema de Seguridade Social é o instrumento normativo constitucional que tem por finalidade concretizar os direitos fundamentais — o bem-estar social, que é o ideário da justiça social, e o bem comum de todos.

2. Desenvolvimento

2.1. Desenvolvimento — a via para o futuro da humanidade

A Declaração sobre Progresso e Desenvolvimento Social, de dezembro de 1969, em seu art. 2º, proclama o seguinte preceito[(2)]:

> O progresso e desenvolvimento social basear-se-ão no respeito pela dignidade e o valor da pessoa humana e assegurarão a promoção dos direitos humanos e da justiça social, o que exige:
>
> a) A eliminação imediata e definitiva de todas as formas de desigualdade, exploração de povos e indivíduos, colonialismo e racismo, incluindo o nazismo e o apartheid, e de todas as outras polí-

(1) Mestre e Doutora em Direito das Relações Sociais pela Pontifícia Universidade Católica de São Paulo. Advogada com atuação nas áreas de Direito do Trabalho e Empresarial. Professora de Pós-Graduação em Direito Previdenciário da Escola Paulista de Direito — EPD e Professora Assistente no Curso de Mestrado e Doutorado em Direitos Humanos na PUC/SP. Ocupa a cadeira n. 16 da ABDSS, sendo atualmente tesoureira.

(2) Proclamada pela Resolução n. 2.542 (XXIV) da Assembleia Geral das Nações Unidas, de 11 de dezembro de 1969. Disponível em: <http://www.dhnet.org.br/direitos/sip/onu/bmestar/dec86.htm>. Acesso em: 11 jun. 2019.

ticas e ideologias que se oponham aos objetivos e princípios das Nações Unidas;

b) O reconhecimento e a realização efetiva dos direitos civis e políticos, bem como dos direitos econômicos, sociais e culturais, sem qualquer discriminação.

Nesse contexto, o desenvolvimento pode ser visto como um processo de expansão das liberdades reais dos homens. O desenvolvimento requer que se extraiam toda forma de privação das liberdades, como: a pobreza, a forme, a miséria, a carência de oportunidades, econômicas, sociais, culturais e políticas. A liberdade é o principal fim do desenvolvimento.

Para Lafer(3), um dos eixos básicos do pensamento de Arendt é o tema da liberdade, que ela vê como uma forma de ação que se dá na pluralidade do espaço público da palavra e da ação, como fruto da criatividade original de cada ser humano.

Como ensina Sen(4), as liberdades são apenas os fins primórdios do desenvolvimento, mas também os principais.

O desenvolvimento é o movimento em direção do melhor, para o progresso, para a evolução da pessoa humana, dos povos, da humanidade em suas dimensões — econômicas, sociais, culturais e política.

Portanto, o ponto de partida da reflexão do desenvolvimento (valor) e direito (norma) é a pessoa humana e por pressuposto lógico — a dignidade.

Mondim(5) define pessoa humana como um ser cultural, essencialmente livre, pois não é coisa, mas espírito e pessoa. O homem é a própria essência, substância, ou mesmo ícone de Deus.

Toda pessoa é um sujeito em processo de vir-a-ser(6) — o homem é um permanente inacabável, motivo pelo qual está em constante adaptação, evolução, desenvolvimento.

E para edificar esse homem livre rumo ao desenvolvimento — esse projeto de humanidade —, a sociedade construiu um mecanismo denominado Estado, o qual adotou a seguridade social como ideário para a realização de seu fim — bem-estar e a justiça social — o bem comum da coletividade, motivo pelo qual é um direito humano, universal e inalienável.

Assim, define o art. 1º da Declaração sobre o Direito ao Desenvolvimento:

> 1. O direito ao desenvolvimento é um direito humano inalienável em virtude do qual toda pessoa humana e todos os povos têm direito de participar, de contribuir e de desfrutar do desenvolvimento econômico, social, cultural e político, no qual todos os direitos humanos e liberdades fundamentais sejam plenamente realizados.

E a Declaração Universal dos Direitos Humanos, em seu artigo XXV, assim declara:

> Artigo XXV
>
> 1 — Toda pessoa tem direito a um padrão de vida capaz de assegurar a si e a sua família saúde e bem-estar, inclusive alimentação, vestuário, habitação, cuidados médicos e os serviços sociais indispensáveis, e direito à segurança em caso de desemprego, doença, invalidez, viuvez, velhice ou outros casos de perda dos meios de subsistência em circunstâncias fora de seu controle.
>
> 2 — A maternidade e a infância têm direito a cuidados e assistência especiais. Todas as crianças, nascidas dentro ou fora de matrimônio, gozarão da mesma proteção social.(7)

---

(3) LAFER, Celso; ARENDT, Hannah. *Pensamento, persuasão e poder.* São Paulo: Paz e Terra, 2003. p. 47.

(4) SEN, Amartya. *Desenvolvimento como liberdade.* Tradução Laura Teixeira Motta. São Paulo: Companhia das Letras, 1999. p. 25. O autor pontua: "Além de reconhecer, fundamentalmente, a importância avaliatória da liberdade, precisamos entender a notável relação empírica que vincula umas às outras, liberdades diferentes. Liberdades políticas (na forma de liberdade de expressão e eleições livres) ajudam a promover a segurança econômica. Oportunidade sociais (na forma de serviços de educação e saúde) facilitam a participação econômica [...]" (*Op. cit.*, p. 25).

(5) MONDIN, B. *Definição filosófica da pessoa humana.* Tradução Ir. Jacinta Turolo Garcia. São Paulo: Edusc, 1995. p. 14.

(6) COMPARATO, Fábio Konder. *A afirmação histórica dos direitos humanos.* São Paulo: Saraiva, 2015. p. 42.

(7) LIMA, Alceu Amoroso. *Os direitos do homem e o home sem direitos.* Rio de Janeiro: Francisco Alves, 1974. p. 132-133. O autor assim preleciona: "Passemos ao art. XXV, que está assim redigido: 1. Todo homem tem direito a um padrão de vida capaz de assegurar a si e à sua família saúde e bem-estar, inclusive alimentação, vestuário, habitação, cuidados médicos e os serviços sociais indispensáveis, e direito à segurança em caso de desemprego, doença, invalidez, viuvez, velhice e outros casos de perda dos meios de subsistência em circunstâncias fora do seu controle. Esse artigo é quase que reproduzido, em termos muito semelhantes, pela Encíclica *Pacem in Terris*, n. 11. O padrão de vida, expressão empregada nos dois documentos, representa a posição que o indivíduo ocupa na sociedade como sendo um elemento essencial de sua condição humana. E do exercício, tanto de seus direitos

A garantia do bem-estar social é o pressuposto para uma vida de dignidade. Daí a proteção social constituir um direito humano, pois assegura a toda pessoa humana o direito à educação, à saúde, à assistência, à previdência, ao meio ambiente, ao trabalho, ao lazer, à segurança e aos serviços sociais, de modo que possa ter o mínimo de condição humana — de humanidade.

Desse modo, pode-se aquiescer que o desenvolvimento é a via para o futuro da humanidade e, a seguridade social, a garantia do indivíduo e da coletividade da proteção social no que diz respeito à saúde, à previdência e à assistência social.

A seguridade social busca assegurar os direitos fundamentais inerentes à condição humana — o mínimo existencial —, atender às necessidades básicas vitais dos trabalhadores (previdência), doentes (saúde) e necessitados (assistência). Direitos esses que se caracterizam como núcleo essencial da dignidade humana.

Para Balera[8], o mínimo existencial funda-se no valor dignidade humana. A dignidade como valor gravita em torno da natureza social do homem, da liberdade, da família, do trabalho e da política.

Como princípio, a dignidade é o garante de todo o esquema protetivo que nele se acha concebido, por meio do sistema de seguridade social, de modo a assegurar a concreção eficacial dos direito sociais — cujos objetivos são o bem-estar e a justiça social.

A garantia de direitos ao mínimo existencial[9] (direitos à saúde, à educação, ao abrigo e à alimentação), constituindo-se em obrigações prestacionais que o Estado deve concretizar.

A Convenção n. 102, de 1952, da Organização Internacional do Trabalho, estabelece as "Normas Mínimas para a Seguridade Social", tendo sido referendado pela nossa legislação por meio do Decreto Legislativo n. 269, de 2008, sendo estes direitos núcleos essenciais da dignidade humana: serviços médicos, auxílio-doença, prestações de desemprego, aposentadoria por velhice, prestações em caso de acidente do trabalho e doenças profissionais, prestações de família, aposentadoria por invalidez, pensão por morte.

O elenco de normas mínimas para a Seguridade Social tem por finalidade trazer completude ao homem — jamais macular sua dignidade — humanidade.

Nesse rol de obrigações, destaca-se o direito a Seguridade Social, previsto na Declaração Universal dos Direitos Humanos e na Constituição da República de 1988 (art. 6º).

2.2. A seguridade social na constituição de 1988 — os pilares da previdência, assistência social e saúde

A Constituição de 1988 não fornece um conceito de seguridade social, limitando-se a prescrever o que ela compreende em seu art. 194, *caput:* "art. 194 — A seguridade social compreende um conjunto integrado de ações de iniciativa dos poderes públicos e da sociedade destinado a assegurar os direitos relativos à saúde, à previdência e à assistência social".

No modelo normativo constitucional brasileiro, a seguridade social constitui o instrumental utilizado para assegurar direitos fundamentais: saúde, previdência e assistência social e cada um dos pilares que a compõem é tratado de forma diferenciada. No caso do direito à saúde, a norma prescreve que é um direito de todos e dever do Estado — art. 196; quanto à assistência social, disciplina que deverá ser prestada a quem dela necessitar, independentemente de contribuição à Seguridade Social — art. 203; e, no que concerne

---

como de seus deveres. Há uma tendência inveterada em isolar as diferentes atividades humanas. Primeiro, a tendência a isolar o plano especulativo do plano prático. E, em seguida, em cada um desses planos, a considerar como paralelas as diferentes partes de uma ou outra atividade. Chega-se assim a um erro igual e contrário. De um lado, a um espiritualismo religioso ou um abstratismo filosófico desligados da realidade concreta, tanto no plano psicológico individual como no plano sociológico coletivo. De outro, a um ativismo pragmático ou um sociologismo existencial, desligados de qualquer consideração ontológica ou normativa".

(8) BALERA, Wagner. A dignidade da pessoa humana e o mínimo existencial. In: MIRANDA, Jorge; SILVA, Marco Antonio Marques da (coord.). *Tratado luso-brasileiro da dignidade humana.* São Paulo: Quartier Latin, 2009. p. 474.

(9) BARCELLOS. Ana Paula de. *A eficácia jurídica dos princípios constitucionais:* o princípio da dignidade da pessoa humana. Rio de Janeiro: Renovar, 2002. p. 248.

Para a autora, a dignidade da pessoa humana somente é respeitada se houver condições iniciais para o exercício da liberdade — se forem minimamente garantidos os direitos sociais — da educação, da saúde, da alimentação e do abrigo.

à previdência social, prevê a cobertura de determinados riscos sociais, mediante contribuição — art. 201.

O arquétipo constitucional do art. 194 impõe o dever de tutela da proteção social não só ao Estado (como ator social), mas ao conjunto integrado de toda a sociedade. Determina a obrigatoriedade de atuarem, na qualidade de responsáveis pela segurança social, para a concretização dos direitos fundamentais, garantindo-os a qualquer pessoa para que tenha as condições materiais básicas para uma vida digna — direito ao mínimo existencial.

O Sistema de Seguridade Social busca proteger necessidades surgidas em decorrência de perda ou diminuição de recursos, para a garantia da subsistência das pessoas, para a preservação da sua condição humana, ou em situações que provoquem aumento de gastos com a subsistência, para a preservação da sua dignidade, da sua essência enquanto seres humanos.

O direito à seguridade social é um típico direito positivado, cuja realização implica a participação do Estado no fornecimento de prestações e de serviços (obrigações de dar e fazer). Envolve educação, saúde, trabalho, habitação, lazer, segurança, previdência social, proteção à maternidade e à infância, assistência aos desamparados, que constituem os mais elementares direitos à sobrevivência.

A seguridade social, portanto, contempla direitos fundamentais, imanentes ao homem, à sua condição humana — de humanidade.

De modo sucinto, pode-se dizer que a seguridade social constitui o conjunto de medidas destinadas a atender às necessidades básicas do ser humano.

Os pilares do sistema de seguridade que visam garantir as necessidades sociais são: previdência, assistência e saúde.

A natureza jurídica da previdência social é de direito público subjetivo, porque decorre do deôntico normativo (dever ser), e classifica-se como um direito social, pois visa proteger os direitos fundamentais do homem, os direitos de subsistência.

A assistência social tem por finalidade atender às necessidades básicas das pessoas em situação de hipossuficiência — em estado de necessidade extrema, de miserabilidade — ou portadoras de deficiência. É a fórmula encontrada pelo legislador para modelar com instrumental jurídico, pela[(10)] primeira vez, a questão social.

A saúde é um direito humano e, no modelo normativo da sociedade, um direito social básico, um direito do homem de ter direito ao bem-estar físico, mental e social. É um direito fundamental que se encontra esculpido no Capítulo dos Direitos Sociais, art. 6º da Constituição Federal de 1988.

A saúde é um direito que deve estar ao alcance de todas as pessoas. Como direito de todos e dever do Estado, tem por finalidade garantir, por meio de políticas sociais e econômicas, a redução do risco social à doença e outros agravos.

O acesso às ações e serviços para a promoção, proteção e recuperação do bem-estar social dos indivíduos, de modo a reduzir as desigualdades sociais, deve ser universal e igualitário.

A garantia e a concretização dos direitos sociais — da seguridade social — previdência, assistência e saúde, é a via para desenvolvimento da pessoa humana, como bem define o art. 2º da Declaração sobre o Direito ao Desenvolvimento[(11)].

> 1. A pessoa humana é o sujeito central do desenvolvimento e deveria ser participante ativo e beneficiário do direito ao desenvolvimento.
>
> 2. Todos os seres humanos têm responsabilidade pelo desenvolvimento, individual e coletivamente, levando-se em conta a necessidade de pleno respeito aos seus direitos humanos e liberdades fundamentais, bem como seus deveres para com a comunidade, que sozinhos podem assegurar a realização livre e completa do ser humano e deveriam por isso promover e proteger uma ordem política, social e econômica apropriada para o desenvolvimento.
>
> 3. Os Estados têm o direito e o dever de formular políticas nacionais adequadas para o desenvolvimento, que visem ao constante aprimoramento do bem-estar de toda a população e de todos os indivíduos, com base em sua participação ativa, livre e significativa, e no desenvolvimento e na distribuição equitativa dos benefícios daí resultantes.

(10) BALERA, Wagner. *Noções preliminares de direito previdenciário*. 1. ed. São Paulo: Quartier Latin, 2004. p. 45.

(11) BALERA, Wagner. *Declaração sobre o direito ao desenvolvimento*. Curitiba: Juruá, 2015. p. 51.

O sentido, pois, do desenvolvimento se encontra intimamente ligado ao progresso e à paz, consistindo em um dos direitos fundamentais da pessoa humana — do respeito à dignidade humana[(12)] — na busca pelo bem comum.

Hodiernamente, o bem comum vem sendo entendido também como a realização dos fins humanos: a busca da plenitude da pessoa humana e da coletividade, do desenvolvimento e da paz social — ideário de toda sociedade.

Para a doutrina social da igreja[(13)]:

> O bem comum não consiste na simples soma dos bens particulares de cada sujeito do corpo social. Sendo de todos e de cada um, é e permanece comum, porque indivisível e porque somente juntos é possível alcançá-lo, aumentá-lo e conservá-lo, também em vista do futuro. Assim como o agir moral do indivíduo se realiza em fazendo o bem, assim o agir social alcança a plenitude realizando o bem comum. O bem comum pode ser entendido como a dimensão social e comunitária do bem moral. As exigências do bem comum derivam das condições sociais de cada época e estão estreitamente conexas com o respeito e com a promoção integral da pessoa e dos seus direitos fundamentais.
>
> Essas exigências referem-se, antes de mais, ao empenho pela paz, à organização dos poderes do Estado, a uma sólida ordem jurídica, à salvaguarda do ambiente, à prestação dos serviços essenciais às pessoas, alguns dos quais são, ao mesmo tempo, direitos do homem: alimentação, morada, trabalho, educação e acesso à cultura, saúde, transportes, livre circulação das informações e tutela da liberdade religiosa. Não se há de olvidar o aporte que cada nação tem o dever de dar para uma verdadeira cooperação internacional, em vista do bem comum da humanidade inteira, inclusive para as gerações futuras.

Todo o homem, todas as pessoas têm direito de fruir das condições mínimas de vida social (saúde, educação, abrigo), criadas pelos resultados da consecução do bem comum.

Para edificar o homem, a sociedade construiu um mecanismo denominado Estado, o qual adotou a seguridade social como modelo para a realização do bem-estar social e da justiça social. E a seguridade tem por finalidade assegurar o bem-estar social e o bem comum da coletividade — garantir a dignidade humana — direito ao mínimo existencial.

2.3. Dignidade da pessoa humana como fundamento do sistema de seguridade social

O valor dignidade humana revela-se como a pedra de toque para a aceitação dos ideais ou das formas de vida instauradas ou propostas pela sociedade.

Como princípio da dignidade humana entende-se a exigência enunciada por Kant como segunda fórmula do imperativo categórico:

> [...] age de tal forma que trates a humanidade, tanto na sua pessoa como na pessoa de qualquer outro, sempre também como um fim e nunca unicamente com um meio[(14)]. Todo homem, toda pessoa humana, ser racional, com um fim em si mesmo, possui um valor absoluto, intrínseco: a dignidade, a humanidade. O homem é um fim em si mesmo, e não um meio para a busca dos bens materiais.

O termo "dignidade" Rabenhorst[(15)] esclarece:

> [...] o termo "dignidade" vem do latim *dignitas*, que designa tudo aquilo que merece respeito,

(12) FURTADO, Celso. *Introdução do desenvolvimento:* enfoque histórico-estrutural. 3. ed. Rio de Janeiro: Paz e Terra, 2000. p. 22. Para Celso Furtado, o desenvolvimento tem pelo menos três dimensões: a do incremento da eficácia do sistema social de produção, a da satisfação das necessidades sociais (previdência, assistência, saúde, educação, habitação, cultura, lazer etc.) elementares da população e da consecução de objetivos que almejam grupos dominantes de uma sociedade e que competem na utilização de recursos escassos — ressaltando que as necessidades são infinitas e os recursos naturais limitados.

(13) Disponível em: <http://www.vatican.va/roman_curia/pontifical_councils/justpeace/documents/rc_pc_justpeace_doc_20060526_compendiodottsoc_po.html#A%20responsabilidade%20de%20todos%20pelo%20bem%20comum>. Acesso em: 13 jun. 2019.

(14) ABBAGNANO, Nicola. *Dicionário de filosofia.* Tradução da 1ª edição brasileira coordenada e revista por Alfredo Bosi e Ivone Castilho Benedetti. São Paulo: WMF Martins Fontes, 2012. p. 326.

(15) RABENHORST, Eduardo Ramalho. *Dignidade da pessoa humana e moralidade democrática*. Brasília: Brasília Jurídica, 2001. p. 14.

consideração, mérito ou estima. A dignidade da pessoa humana é, acima de tudo, uma categoria moral; significa a qualidade ou valor particular que atribuímos aos seres humanos em função da posição que ocupam na escala dos seres. [...] A dignidade é atributo do que é insubstituível e incompatível, daquilo que, por possuir um valor absoluto, não tem preço.

A dignidade é um valor absoluto e da essência do próprio ser.

Dignidade designa humanidade, a qualidade de pessoa humana, que nem o próprio homem pode dispor, nem é livre para renunciar à qualidade de ser humano, de pessoa humana dotada de razão e consciência.

A dignidade deve por princípio garantir uma existência humana adequada, virtuosa, honrada em termos materiais e espirituais.

O homem é digno de ser homem porque possui a essência, que é a humanidade. Tem direito à vida, à igualdade, à liberdade, à saúde, à assistência, à previdência, a ser tratado com respeito, a ser tratado não como um meio, mas como um fim em si mesmo, por ser considerado um ser superior a todos os outros seres, por possuir consciência e razão — o valor da pessoa humana como valor fonte dos direitos humanos.(16) A pessoa humana é o valor fonte de todos os direitos humanos.

Para Ingo Sarlet(17), no âmbito da nossa Constituição, a dignidade da pessoa humana constitui o fundamento do nosso Estado Democrático de Direito (art. 1º, inciso III, da Constituição de 1988). O princípio da dignidade da pessoa humana encontra expressa previsão constitucional em outros capítulos da Lei Fundamental, seja ao estabelecer que a ordem econômica tem por finalidade assegurar a todos uma existência digna (art. 170, *caput*), seja na esfera da ordem social, ao incluir o planejamento familiar nos princípios da dignidade da pessoa humana e da paternidade responsável (art. 226, § 7º), além de assegurar à criança e ao adolescente o direito à dignidade (art. 227, *caput*). No art. 230, está consignado que "a família, a sociedade e o Estado têm o dever de amparar as pessoas idosas, assegurando sua participação na comunidade, defendendo sua dignidade e bem-estar e garantindo-lhes o direito à vida". O autor acrescenta: "antes tarde do que nunca — pelo menos ainda antes da passagem para o terceiro milênio —, a dignidade da pessoa humana merece a devida atenção por parte da nossa ordem jurídica positiva".

Para esta autora(18):

> [...] é preciso que o homem trate a si mesmo e a seus semelhantes com humanidade, com respeito, de modo que não seja visto como mero instrumento para a consecução de uma finalidade qualquer, mas capaz de se submeter às leis oriundas de sua própria vontade, por intermédio de seus representantes, e de poder formular um projeto de vida deliberado e consciente. O homem possui autonomia, livre-arbítrio para decidir o próprio caminho.

A Declaração dos Direitos Humanos é uma das maiores conquistas do homem na modernidade, pois consagrou a liberdade, a igualdade, a fraternidade e a dignidade como axiomas da vida em comunidade, a própria condição da existência em sua plenitude, valores que testemunham a presença de seres humanos em um mundo de homens — o homem social e político. No texto da Declaração (art. I), é possível perceber a união de todas as dimensões de direitos. O próprio teor do artigo garante: todos os homens nascem livres e iguais, tanto em dignidade como em direitos.

A dignidade, portanto, é um valor que inspira todo o ideário dos direitos humanos e deve ser o alicerce de todo e qualquer ordenamento jurídico constitucional democrático (princípio fundamental). E o é na Constituição da República Federativa do Brasil de 1988.

Partindo dessa premissa, o desenvolvimento da seguridade social como um direito humano se encontra alicerçado na pessoa humana que é a dignidade — a qualidade inerente à essência do homem e constitui bem jurídico, inalienável, intangível, irrenunciável.

---

(16) SILVA, Roberta Soares da. *A concreção eficacial do princípio da contrapartida no sistema de seguridade social:* uma proposta de orçamento social. Tese (Doutorado em Relações Sociais) — Pontifícia Universidade Católica de São Paulo, São Paulo, 2014. p. 73-74.

(17) SARLET, Ingo Wolfgang. *Dignidade da pessoa humana e direitos fundamentais na Constituição Federal de 1988.* Porto Alegre: Livraria do Advogado, 2012. p. 75.

(18) SILVA, Roberta Soares da. *Direito social* — aposentadoria. São Paulo: LTr, 2009. p. 42.

Com o fim de buscar uma proteção social na melhor medida do possível, o legislador constituinte elegeu o rol de proteção social de maior relevância a serem cobertas pelo sistema de Seguridade Social para toda a sociedade, de modo a garantir o princípio fundamental da dignidade humana.

A dignidade só é possível com liberdade, porque o homem é livre e digno, tem sua humanidade reconhecida, sua condição de ser pessoa humana dotada de atributos (valores) espirituais e materiais (riquezas).

Para sintetizar a ideia,[19] a proteção efetiva da humanidade é fundamental para o desenvolvimento das nações e das sociedades modernas, para o multiculturalismo mundividencial[20]. Do contrário, o ser humano estará fadado a conviver com o egoísmo e a vaidade, com o desrespeito pelos semelhantes — o desrespeito do homem pelo homem, com a consequente violação da dignidade dos homens. A proteção dos direitos humanos implica o respeito à dignidade humana, permitindo maior nível de desenvolvimento social a uma sociedade.

A dignidade é um verdadeiro fundamento do Estado de Direito Constitucional Democrático, que é um Estado de abertura constitucional radicado no princípio da dignidade do ser humano, é um dos fundamentos do nosso Estado Democrático (e Social) de Direito (art. 1º, inciso II, da Constituição da República). O Estado existe em função do homem, e não o contrário, visto que o ser humano é o valor fonte dos direitos humanos e constituiu o fim, e não o meio da atividade estatal.

3. *Conclusão*

A sociedade brasileira percorreu um longo caminho até a nossa Seguridade Social se tornar uma instituição de caráter público, que abrange todos, com o fim imediato de assegurar as necessidades básicas relacionadas a acontecimentos futuros e incertos que podem acarretar a falta ou a carência de recursos individuais para uma vida digna, tendo por objetivo maior realizar o bem comum e o bem-estar social, dar ao indivíduo e à sociedade uma condição de humanidade, o mínimo de condições de sobrevivência — a busca do desenvolvimento pleno, no sentido de minimizar as desigualdades sociais, resgatar os valores da pessoa humana — a liberdade, a igualdade, a fraternidade, a solidariedade — em sua plenitude, pois só assim haverá um mundo melhor, mais humano, mais digno.

O direito à seguridade social é um típico direito positivado, cuja realização implica a participação do Estado no fornecimento de prestações e de serviços (obrigações de dar e fazer). Envolve educação, saúde, trabalho, habitação, lazer, segurança, previdência social, proteção à maternidade e à infância, assistência aos desamparados, que constituem os mais elementares direitos à sobrevivência. Portanto, a seguridade social contempla direitos fundamentais — direitos humanos, imanentes ao homem, à sua condição humana, o conjunto de medidas destinadas a atender às necessidades básicas do ser humano; busca assegurar os direitos fundamentais inerentes à condição humana, atender às necessidades básicas vitais dos trabalhadores (previdência), doentes (saúde) e necessitados (assistência).

O sistema de Seguridade Social busca proteger necessidades surgidas em decorrência de perda ou diminuição de recursos, para a garantia da subsistência das pessoas, para a preservação da sua condição humana, ou em situações que provoquem aumento de gastos com a subsistência, para a preservação da sua dignidade, da sua essência enquanto seres humanos.

É buscar o bem-estar de cada indivíduo, sendo o homem o valor fonte de todos os direitos. É o homem ter direito à seguridade social, que contempla a previdência social, a assistência social e a saúde.

Pode-se afirmar, desse modo, que o sistema de Seguridade Social é o instrumento normativo constitucional que tem por finalidade concretizar os direitos fundamentais — o bem-estar social, que é o ideário da justiça social e o bem comum de todos.

Esses são os direitos mínimos que toda pessoa humana precisa para ver atendida a sua dignidade — de humanidade, uma vida digna.

---

(19) SILVA. Roberta Soares da. *Direito social* — aposentadoria. São Paulo: LTr, 2009. p. 44.

(20) CANOTILHO, Joaquim José Gomes. *Direito constitucional e teoria da constituição*. 5. ed. Coimbra: Almedina, 2002. p. 225. Para Canotilho, "a dignidade da pessoa humana exprime a abertura da República à ideia de comunidade constitucional inclusiva pautada pelo multiculturalismo mundividencial, religioso ou filosófico".

Referências bibliográficas

ABBAGNANO, Nicola. *Dicionário de filosofia*. Tradução da 1ª edição brasileira coordenada e revista por Alfredo Bosi e Ivone Castilho Benedetti. São Paulo: WMF Martins Fontes, 2012.

BALERA, Wagner. A dignidade da pessoa humana e o mínimo existencial. In: MIRANDA, Jorge; SILVA, Marco Antonio Marques da (coord.). *Tratado luso-brasileiro da dignidade humana*. São Paulo: Quartier Latin, 2009.

______. *Noções preliminares de direito previdenciário*. São Paulo: Quartier Latin, 2004.

______. *Declaração sobre o direito ao desenvolvimento*. Curitiba: Juruá, 2015.

BARCELLOS, Ana Paula de. *A eficácia jurídica dos princípios constitucionais:* o princípio da dignidade da pessoa humana. Rio de Janeiro: Renovar, 2002.

COMPARATO, Fábio Konder. *A afirmação histórica dos direitos humanos*. São Paulo: Saraiva, 2015.

CANOTILHO, Joaquim José Gomes. *Direito constitucional e teoria da Constituição*. Coimbra: Almedina, 2002.

FURTADO, Celso. *Introdução do desenvolvimento:* enfoque histórico-estrutural. 3. ed. Rio de Janeiro: Paz e Terra, 2000.

LAFER. Celso; ARENDT, Hannah. *Pensamento, persuasão e poder*. São Paulo: Paz e Terra, 2003.

LIMA, Alceu Amoroso. *Os direitos do homem e o homem sem direitos*. Rio de Janeiro: Francisco Alves, 1974.

MONDIN, B. *Definição filosófica da pessoa humana*. Tradução Ir. Jacinta Turolo Garcia. São Paulo: Edusc, 1995.

NAÇÕES UNIDAS. *Resolução n. 2.542 (XXIV) da Assembleia Geral das Nações Unidas, de 11 de dezembro de 1969*. Disponível em: <http://www.dhnet.org.br/direitos/sip/onu/bmestar/dec86.htm>. Acesso em: 11 jun. 2019.

PONTÍFICE CONSELHO. *Compêndio da Doutrina Social da Igreja*. Disponível em: <http://www.vatican.va/roman_curia/pontifical_councils/justpeace/documents/rc_pc_justpeace_doc_20060526_compendio-dott-soc_po.html#A%20responsabilidade%20de%20todos%20pelo%20bem%20comum>. Acesso em: 13 jun. 2019.

RABENHORST, Eduardo Ramalho. *Dignidade da pessoa humana e moralidade democrática*. Brasília: Brasília Jurídica, 2001.

SARLET, Ingo Wolfgang. *Dignidade da pessoa humana e direitos fundamentais na Constituição Federal de 1988*. Porto Alegre: Livraria do Advogado, 2012.

SEN. Amartya. *Desenvolvimento como liberdade*. Tradução Laura Teixeira Motta. São Paulo: Companhia das Letras, 1999.

SILVA, Roberta Soares da. *A concreção eficacial do princípio da contrapartida no sistema de seguridade social:* uma proposta de orçamento social. Tese (Doutorado em Relações Sociais) — Pontifícia Universidade Católica de São Paulo, São Paulo, 2014.

______. *Direito social* — aposentadoria. São Paulo: LTr, 2009.

20

Como a Natureza da Globalização Econômica está Mudando o Regime de Previdência no Brasil

Cristiane Miziara Mussi[(1)]

1. *Introdução*

Ao tratarmos da globalização, por certo nos referimos a um fenômeno de quebra de barreiras em diversos âmbitos, afetando desde questões culturais até políticas e econômicas da sociedade.

Com as evoluções tecnológicas e sociais, o processo da globalização vem em constante crescimento nas últimas décadas, especialmente a partir da década de 1980, fazendo com que vários conceitos no Brasil até então consolidados, passem por novas reflexões.

Nesse contexto, o regime previdenciário brasileiro não ficou incólume, principalmente com o fenômeno constante de emigração e imigração de trabalhadores, e que esperam ter seu tempo de trabalho computado no País de destino para a obtenção de aposentadorias e pensões.

Além dos problemas enfrentados pelos trabalhadores que alteram seu regime previdenciário no âmbito internacional, há ainda questionamentos relativos à necessidade ou não de reestruturação do modelo de repartição simples adotado no Brasil, em virtude de outros Países já fazerem uso de outra formatação na estrutura previdenciária.

Assim, não resta dúvida da importância jurídica e social da qual se reveste o tema em análise. Para tanto, serão utilizados conceitos da estrutura jurídica brasileira previdenciária, dos tratados internacionais como cooperação entre Estados em matéria de previdência social e da viabilidade de alteração de regime financeiro brasileiro utilizando-se da estrutura abarcada por outros países no mundo.

2. *Desenvolvimento*

2.1. A proteção social como direito fundamental

Ao se estudar a estrutura de proteção social brasileira, observa-se que a Constituição Federal de 1988 contemplou a proteção ao trabalhador como a solução para os grande problemas sociais.

Apenas com a proteção efetiva do trabalho humano é que se caminha para a proteção dos direitos fundamentais do homem, o que implica o aumento da economia, a diminuição do desemprego, o progresso da família, e a sustentabilidade do lar.

Assim, logo no art. 1º da Constituição da República Federativa do Brasil é relacionado como um de seus fundamentos "os valores sociais do trabalho e da livre iniciativa".

O Título VIII, do mesmo diploma legal, em seu Capítulo I, traz como disposição geral o art. 193, que preleciona que "a ordem social tem como base o primado do trabalho, e como objetivo o bem-estar e a justiça sociais".

(1) Possui Doutorado em Direito Previdenciário pela Pontifícia Universidade Católica de São Paulo (2007) e Mestrado em Direito pela Pontifícia Universidade Católica de São Paulo (2004). É especialista em Direito do Consumidor pelo Centro Universitário de Rio Preto — UNIRP (2002). É professora associada na Universidade Federal Rural do Rio de Janeiro — UFRRJ, em Nova Iguaçu. Ocupa a cadeira n. 8 da ABDSS, da qual é coordenadora científica.

É por meio da proteção ao trabalho que se garante ao trabalhador em atividade ou quando em inatividade a dignidade humana, princípio norteador de todas as relações jurídicas e sociais (art. 1º, inciso III, Constituição Federal de 1988).

Neste passo, a proteção ao trabalhador representa mecanismo estatal eficiente de inclusão social, aliado à satisfação do mercado de consumo e à proteção aos direitos humanos constitucionalmente e mundialmente previstos.

Para tanto, o Estado deve proporcionar uma política de pleno emprego, intervindo na organização do mercado de trabalho. Sendo assim, necessário se faz criar um programa completo de ações que estimulem a demanda (resguardando a livre iniciativa) e os investimentos, elevando, consequentemente, o consumo.

Ao pretender a concreção da previdência social como direito fundamental, a Constituição Federal de 1988 elenca princípios específicos que, somados, convergem ao ideal de bem-estar e justiça sociais, finalidade última da ordem social brasileira (art. 193, CF/88).

Como afirma Wagner Balera (1998, p. 12), "esses axiomas fundamentais — bem-estar e justiça — representam o centro de gravidade de todo o sistema constitucional, no campo social". E continua (p. 24): "Quando, pois, a seguridade social — combinação da igualdade com a solidariedade — proporcionar equivalente quantidade de saúde, de previdência e de assistência a todos quantos necessitem de proteção, poder-se-á dizer daquele momento histórico: o bem-estar e a justiça estão concretizados".

O grande desafio do Estado está no processo de inclusão de todos os trabalhadores à previdência social. Observe-se que a dificuldade de inserção previdenciária dos trabalhadores brasileiros existe principalmente em virtude do trabalho informal, do custo da contribuição previdenciária ao contribuinte individual e do desconhecimento da importância de efetuar contribuição previdenciária. Não obstante essa preocupação, tem-se o fenômeno da globalização, que exige proteção social aos emigrantes e imigrantes que desenvolvem atividade também em país diverso daquele em que iniciou suas atividades laborativas.

No referendado princípio da universalidade da cobertura e do atendimento, previsto no parágrafo único do art. 194 da Constituição Federal de 1988, estatui-se a ideia da previdência protegendo todos os riscos sociais (universalidade objetiva, de cobertura) e todas as pessoas (universalidade subjetiva, de atendimento).

Questão central no fenômeno da globalização é o de garantir proteção social aos trabalhadores nacionais e estrangeiros, diante dos princípios arrolados na Constituição Federal de 1988, do ideário da universalidade da cobertura e do atendimento, bem como da distinção das normas previdenciárias existentes entre os países.

2.2. A globalização e a influência no regime previdenciário

A previdência social, como pensada desde a sua implantação no Brasil em 1923, com a Lei Eloy Chaves (Decreto Legislativo n. 4.682/1923), teve como preocupação a proteção por parte dos Estados dos trabalhadores em exercício de atividade laborativa no território brasileiro. No entanto, o Brasil sempre foi reduto de imigração e, mais recentemente, com a crise financeira pela qual está passando especialmente após 2012, houve um aumento substancial de emigração no país.

Com a evolução dos fenômenos sociais, surgem novas modalidades de relações em virtude da quebra das fronteiras nacionais, exigindo que os Estados se posicionem diante do processo de globalização. Nesse cenário, observam-se questões transnacionais, exigindo que os Estados se adaptem às novas realidades.

Na seara previdenciária, esse processo não é diferente. A quebra de fronteiras existente em decorrência do processo de imigração e emigração, fazem com que os Estados tracem acordos internacionais bilaterais e multilaterais visando soluções para atendimento às demandas previdenciárias. Por certo, sabe-se que situações de risco social as quais se encontram os trabalhadores em determinado momento da vida, por questões físicas ou psicológicas, exigem que o Estado pense e repense seu modelo de proteção social.

Essa preocupação ganha novos contornos com o fenômeno da globalização no trabalho, o que exige da previdência posicionamento quanto às questões previdenciárias que envolvem imigrantes e emigrantes.

Para tanto, e diante desse cenário real que se coloca, tornou-se imperioso ao Brasil integrar diversos debates e acordos internacionais no âmbito previdenciário.

O art. 4º da Constituição Federal de 1988 dispõe que:

> Art. 4º A República Federativa do Brasil rege-se nas suas relações internacionais pelos seguintes princípios:
>
> I — independência nacional;
>
> II — prevalência dos direitos humanos;
>
> III — autodeterminação dos povos;
>
> IV — não intervenção;
>
> V — igualdade entre os Estados;
>
> VI — defesa da paz;
>
> VII — solução pacífica dos conflitos;
>
> VIII — repúdio ao terrorismo e ao racismo;
>
> IX — cooperação entre os povos para o progresso da humanidade;
>
> X — concessão de asilo político.
>
> Parágrafo único. A República Federativa do Brasil buscará a integração econômica, política, social e cultural dos povos da América Latina, visando à formação de uma comunidade latino-americana de nações.

Para tanto, o Brasil tenta efetivar acompanhamento e atuação diante das necessidades surgidas com o fenômeno da globalização.

Com o fenômeno da globalização, manifestam-se situações de avanço tecnológico, quebra de barreiras internacionais e intercâmbios de mão de obra entre Estados, o que exige um novo modelo de proteção previdenciária sob a responsabilidade do Estado.

Esse processo vivenciado especialmente nas últimas décadas, exige dos Estados uma garantia de proteção social àqueles trabalhadores que são deslocados em suas atividades, à produção e desenvolvimento de seu trabalho em lugares diversos do seu país de origem, onde já haviam iniciado sua atividade laborativa.

2.3. A previdência social no fenômeno da globalização: organismos e proteção internacional

Nesse fenômeno de globalização, a eliminação de formas de discriminação dentro do sistema securitário entre nacionais e estrangeiros, ganha enorme importância.

No século XIX, o Brasil recebeu inúmeros imigrantes, tendo esse processo histórico iniciado em maior escala com os italianos, espanhóis e japoneses. A partir da década de 1980, um processo inverso passou a ser verificado: o Brasil passou a ser emissor constante de emigrantes.

Nesse processo, o grande risco social verificado ao trabalhador na seara previdenciária é o de ele não implementar os requisitos para obtenção de aposentadoria ou outros benefícios se não for computado o tempo de contribuição nos países nos quais o trabalhador efetivamente desenvolveu atividade remunerada e contribuiu conforme os regimes de previdência respectivos.

Para Larissa Martins Lamera, "a forma de corrigir esta ruptura na cobertura da Previdência Social e de evitar o risco da pobreza dos migrantes na velhice é a celebração de acordos internacionais de Previdência entre países cujo contingente populacional tenha sido influenciado por fortes correntes migratórias"[(2)].

Para a efetiva proteção ao trabalhador no cenário internacional, importa destacar a Organização Internacional do Trabalho (OIT), criada em 1919 pela Conferência de Paz após a Primeira Guerra Mundial, que tem como objetivo primordial a proteção ao trabalhador, garantindo o estabelecimento e adoção de normas internacionais do trabalho. A ideia é a promoção da justiça social, adotando convenções ou recomendações no âmbito trabalhista. Atualmente, possui estrutura tripartite, com participação igualitária entre representantes dos empregadores, trabalhadores e governo, que são os principais interessados nas questões levantadas, regulamentadas e decididas no âmbito da OIT.

Na estrutura de proteção securitária no mundo globalizado, há que se evidenciar a Associação Internacional de Seguridade Social — AISS, como

(2) LAMERA, Larissa Martins. *Informe de Previdência Social:* acordos internacionais de previdência social. Brasília, v. 19, p. 1,

principal organização internacional capaz de reunir as administrações e os organismos nacionais de seguridade social. Tal associação foi fundada em 1927, tendo seu secretariado sede na Organização Internacional do Trabalho (OIT), em Genebra. O cerne da AISS é a proteção à seguridade social internacionalmente garantindo sua cobertura, extensão e proteção no contexto globalizado.

A Declaração Universal dos Direitos Humanos de 1948 estabeleceu que "todo homem tem direito [...] à segurança em caso de desemprego, doença, invalidez, viuvez, velhice ou outros casos de perda de meios de subsistência em circunstâncias fora de seu controle".

Em 1952, a Convenção n. 102 da OIT vedou o trabalho aos maiores de 65 anos de idade, como forma de proteção ao trabalhador em "idade avançada" e estabeleceu normas mínimas de Seguridade Social que devem ser observadas por todos os países que a ratificaram[(3)].

Na sequência, em 24 de março de 1970, passou a vigorar no Brasil a Convenção n. 118 da OIT, que cuida especialmente da igualdade de tratamento entre nacionais e estrangeiros em matéria de previdência social. No art. 2º, 1 da referida Convenção, está estabelecido que "qualquer Membro poderá aceitar as obrigações da presente Convenção no que diz respeito a um ou vários dos seguintes ramos da previdência social para os quais possui uma legislação efetivamente aplicada em seu território a seus próprios nacionais: a) assistência médica; b) auxílio-doença; c) prestações de maternidade; d) aposentadoria por invalidez; e) aposentadoria por velhice; f) pensão por morte; g) prestações em caso de acidentes do trabalho e doenças profissionais; h) seguro-desemprego; i) salário-família".

Denota-se que a Convenção n. 118 amplia o conceito de Previdência Social se o compararmos com o Direito Previdenciário Brasileiro, ao inserir, inclusive, a assistência médica na esfera de sua proteção.

O ideário da seguridade social é a extensão de direitos conferidos aos trabalhadores do âmbito nacional aos estrangeiros. Para tanto, necessários se fazem os tratados internacionais que versem no todo ou em parte acerca das questões previdenciárias que envolvem os trabalhadores que exercem atividade em mais de um país ao longo do exercício das suas atividades.

O Estatuto da Convenção de Viena definiu o tratado, em seu art. 2º, I, alínea "a", como sendo um "acordo internacional celebrado por escrito entre Estados e regido pelo direito internacional, quer conste de um instrumento único, quer de dois ou mais instrumentos conexos, qualquer que seja sua denominação particular".

Os acordos podem ser bilaterais ou multilaterais, podendo ainda serem permanentes ou temporários. As formalidades para celebração do acordo são: 1º negociação; 2º assinatura; 3º troca de notas; e 4º ratificação (promulgação, confirmação), com intervenção das atividades diplomáticas inclusive.

De acordo com o art. 49, inciso I, da Constituição Federal de 1988, os tratados internacionais devem ser ratificados pelo Poder Legislativo, por meio de Decretos Legislativos, adquirindo força de lei, e regulamentados por Decretos do Poder Executivo, transformando-se em fontes formais do Direito Previdenciário.

É competência privativa do Presidente da República celebrar tratados, convenções e atos internacionais, cabendo-lhe decidir tanto sobre a conveniência de iniciar negociações como a de ratificar o ato internacional já concluído, mas estarão sujeitos a referendo do Congresso Nacional, com base no art. 84, inciso VIII, da Constituição Federal.

2.4. Acordos internacionais em matéria previdenciária

Os acordos internacionais em matéria previdenciária visam facilitar a concessão de benefícios previdenciários a trabalhadores que desenvolveram atividade em mais de um país, no âmbito de regimes gerais de previdência social. A ideia é garantir aos segurados e dependentes de países signatários do tratado benefícios previdenciários, possibilitando, inclusive, a totalização de períodos contributivos, ou de períodos reconhecidos e equiparados a tais, para implementação e concessão de benefícios como aposentadorias e pensões.

1º ago. 2007.

(3) Ratificada pelo Brasil pelo Decreto n. 269, de 19 de setembro de 2008.

Para tanto, são constituídas relações de reciprocidade com o fito de viabilizarem as prestações de benefícios previdenciários. Não intentam, portanto, a alteração da legislação interna vigente entre os países acordantes, mas um acordo que possibilite o preenchimento dos requisitos para concessão de benefícios previdenciários que são objeto dos acordos firmados.

A previdência social brasileira já realizou inúmeros acordos internacionais com o objetivo de garantir os direitos previdenciários aos trabalhadores e dependentes nos termos da legislação nacional em vigor, residentes ou em trânsito no país, ligados a dois países.

Os tratados internacionais em Direito Previdenciário permitem, em especial, a totalização de períodos de contribuição nos países participantes do acordo, com o intuito de resguardar os direitos previdenciários dos trabalhadores que desenvolveram atividade laborativa entre os países acordantes.

De modo geral, os acordos de Previdência Social aplicam-se aos benefícios, conforme especificado em cada acordo, relativamente aos eventos incapacidade para o trabalho (permanente ou temporária); acidente do trabalho e doença profissional; tempo de contribuição; idade avançada e morte.

Desta feita, apresentam-se de suma importância social acordos celebrados no âmbito internacional em matéria previdenciária, pois garantem aos trabalhadores dos países acordantes, a possibilidade da soma dos períodos contributivos realizados pelos segurados aos regimes previdenciários dos países para a obtenção de benefício, quando os trabalhadores não tenham implementado os requisitos para essa obtenção em nenhum dos países nos quais trabalhou.

> Em geral, os acordos criam a possibilidade de que o indivíduo que migre dentre países possa: (i) ter acesso a assistência médica, (ii) usufruir, em um país acordante, caso esteja em exercício de trabalho temporário ou, ainda, sob algumas condições especiais adicionais, benefícios do regime geral de previdência social do próprio país de origem; e (iii) requerer benefícios previstos no regime geral de previdência do país para onde o trabalhador emigrou, computando, para tanto, inclusive o tempo de contribuição no país de origem e, ainda, em alguns casos, o tempo de contribuição em países terceiros que, por sua vez, tenham acordo com qualquer dos Estados-partes do acordo em tela.[4]

Além da questão social decorrente do fluxo migratório intenso pelo qual o Brasil já passou, fatores como o elevado volume de comércio exterior, bem como o recebimento no país de investimentos externos significativos e das relações de amizade de extrema importância para o desenvolvimento econômico e social do país, justificam a necessidade de que sejam firmados acordos internacionais em matéria previdenciária.

Em que pese a indiscutível importância de tais acordos no âmbito da seguridade social, alguns problemas são evidenciados na formação de tais regras de reciprocidade, especialmente pela grande divergência entre os regimes previdenciários nos países. Ademais, questões como a alteração constante das regras previdenciárias nos países, ao discussão tributária que cerca o tema relativo ao transferência de valores entre países, a disponibilidade de se fazer remessa de valor referente ao benefício previdenciário de um país a outro, quais regras previdenciárias deverão ser respeitadas, bem como a compensação das contribuições previdenciárias devidas entre os mesmos, são fatores que representam dificuldade na elaboração de acordos em matéria previdenciária.

Dada a dificuldade de se criar um único regime previdenciário diante da situação de globalização e a prestação de serviços, a ideia é aproximar os regimes previdenciários entre países por meio de acordos internacionais, com intuito de facilitar a obtenção de benefícios previdenciários por trabalhadores que se incorporem ou se incorporaram ao regime previdenciário de mais de um país.

Saliente-se que os Acordos Internacionais de Previdência Social não modificam a legislação vigente e devem seguir princípios específicos para o bom entendimento entre os países.

Conforme dados extraídos do próprio *site* da Previdência Social:

> O Brasil já tem os seguintes acordos bilaterais em vigência: Alemanha, Bélgica, Cabo Verde, Cana-

(4) SCHWARZER, Helmut. Migrações internacionais e a previdência social. *Informe de Previdência Social*, v. 16, n. 12, p. 3, dez. 2004.

dá, Chile, Coreia do Sul, Espanha, França, Grécia, Itália, Japão, Luxemburgo, Portugal e Quebec. Já os multilaterais são estabelecidos com países do Mercosul (Argentina, Paraguai e Uruguai) e países da península ibero-americana (Argentina, Bolívia, Brasil, Chile, El Salvador, Equador, Espanha, Paraguai, Peru, Portugal e Uruguai).

Dois países se destacam pelo volume de remessa de pagamentos mensais, Portugal e Espanha, respondendo por 8.000 e 4.000 benefícios, respectivamente. Em relação aos deslocamentos temporários, destaca-se o acordo com o Japão que em 2016 já contava com 3.270 trabalhadores japoneses no Brasil.

Existem outros acordos que se encontram em fase de negociação e aprovação, é o caso, por exemplo, dos Estados Unidos, Suíça, Moçambique, Bulgária e da Convenção Multilateral de Segurança Social da Comunidade dos Países de Língua Portuguesa (CPLP) que já estão em processo de ratificação. Acordos com Israel, Áustria e Índia aguardam assinatura.(5)

Para o pleno funcionamento dessa aproximação internacional em matéria previdenciária, alguns princípios se mostram de extrema importância.

A solidariedade internacional, por exemplo, é fundamental no contexto dos acordos internacionais em matéria previdenciária.

Esse princípio tem o intuito de conferir uma contagem de contribuições recíprocas entre as nações, de maneira que o trabalhador possa contribuir para a previdência social em determinado país e se beneficiar de tais contribuições em outro(6).

Priscila Gonçalves de Castro esclarece que "o alcance da solidariedade internacional é limitado, uma vez que ele se restringe apenas ao convencionado em cada Acordo internacional, em que acabam sendo analisados e estudados juntamente com as regras previdenciárias do ordenamento jurídico interno de cada país"(7).

Pela reciprocidade internacional, obtém-se a conciliação das normas previdenciárias entre os países de forma a não prejudicar ao segurado que exerce atividade laborativa em países diversos.

Para tanto, espera-se que os países estabeleçam acordos internacionais em matéria previdenciária com o intuito de garantirem igualdade de tratamento aos trabalhadores que esperam obter o recebimento de benefício previdenciário quando da ocorrência de um risco social, como idade avançada, incapacidade ou morte.

A partir do momento em que são firmados acordos internacionais entre dois países, por exemplo, os imigrantes de ambos ficam assegurados da proteção previdenciária, conservando seu direito ou a expectativa de direito à benefício previdenciário.

Grande problema de cunho social se verifica quando não há acordo internacional. Os migrantes acabam tendo imensa dificuldade de obtenção de benefício previdenciário, pois precisarão preencher os requisitos para uma aposentadoria no país de destino, sem que possam computar o tempo trabalhado no país de origem.

Também é possível fazer a remessa de benefício previdenciário entre países signatários de acordos internacionais no âmbito da previdência social. Ao acordarem, os países devem se comprometer a estabelecerem órgãos disponíveis para a concessão de benefícios aos imigrantes.

No Brasil, o Órgão Gestor que confere benefícios a estrangeiros vindos de países que possuem acordo internacional como o mesmo é o Instituto Nacional do Seguro Social — INSS, que operacionaliza os acordos por meio dos Organismos de Ligação, após a instrução dos processos pelos setores estaduais específicos(8).

Tais Organismos de Ligação efetuam a comunicação necessária entre si, para que possam garantir o cumprimento dos acordos internacionais no âmbito previdenciário, fornecendo, também,

---

(5) Disponível em: <http://www.previdencia.gov.br/2018/02/internacional-acordos-de-previdencia-ampliam-protecao-social-brasileiros-no-exterior/>. Acesso em: 2 jun. 2019.

(6) MARTINEZ, Wladimir Novaes. *Curso de direito previdenciário*. 3. ed. São Paulo: LTr, 2005. p. 238. t. I: Noções de direito previdenciário.

(7) CASTRO, Priscila Gonçalves de. *Teoria geral do direito internacional previdenciário:* acordos internacionais do direito previdenciário brasileiro; teoria e prática. São Paulo: LTr, 2011. p. 98.

(8) Disponível em: <https://www.inss.gov.br/orientacoes/assuntos-internacionais/acordos-internacionais/>. Acesso em: 3 jun. 2019.

esclarecimentos aos segurados imigrantes e beneficiários da previdência social[9].

Há por certo, uma divisão de encargos no que se refere ao pagamento dos benefícios previdenciários entre os países acordantes, ficando, em regra, cada qual responsável pelo pagamento da sua parte, conforme a proporcionalidade. Os acordos devem fazer a previsão quanto à forma de pagamento, resguardando ao segurado o direito ao benefício previdenciário.

Por fim, há que se ressaltar a necessidade de adaptação às leis nacionais, sem modificá-las. Por este princípio, fica consignado "que os países signatários não necessitam modificar suas legislações previdenciárias em decorrência do Acordo Internacional, de maneira que cabe ao Estado analisar os pedidos previdenciários e concedê-los de acordo com sua própria legislação"[10].

De acordo com o art. 85-A da Lei n. 8.212, de 24 de julho de 1991, e o art. 382 do Regulamento da Previdência Social, aprovado pelo Decreto n. 3.048, de 6 de maio de 1999, entende-se que os tratados, convenções e outros acordos internacionais em que o Estado estrangeiro ou organismo internacional e o Brasil sejam partes e que versem sobre matéria previdenciária, serão interpretados como lei especial.

2.5. O cenário econômico globalizado e a pressão por reforma previdenciária

O esquema de pressão econômica em torno da crise financeira pela qual passa o Brasil nos dias atuais, aliado à globalização que acaba por aproximar o Brasil a outros regimes financeiros previdenciários como o de capitalização, trazem à discussão a alteração da estrutura previdenciária brasileira.

Assim, surgem questões que vão além daquelas de garantia de benefícios previdenciários a trabalhadores que ultrapassam a barreira interna de trabalho, para desenvolvimento de atividade em outros países e que necessitam em determinado momento de benefício previdenciário. Há por certo, um outro fenômeno em franca expansão: o de comparar o nosso regime previdenciário ao de outros países, questionando a utilização no Brasil do regime financeiro de repartição simples, como melhor regime a ser aplicado.

Com o intuito de explicitar melhor o cenário previdenciário, importante destacar que o regime geral de previdência social brasileiro utiliza o regime financeiro de repartição simples. Por este regime, há a chamada solidariedade entre gerações. Uma geração financia a outra, não havendo um fundo de reserva específico para cada contribuinte, como ocorre no regime financeiro de capitalização, em que o dinheiro do participante fica num fundo próprio, à semelhança de uma poupança. Desse modo, as contribuições sociais se encontram em um fundo único do qual saem os recursos para pagamento de benefícios previdenciários.

Havendo a ampla solidariedade no regime de repartição simples, a dificuldade é equilibrar as entradas e saídas financeiras. A contribuição vertida mensalmente para a previdência social é utilizada para financiar os benefícios previdenciários daqueles que estão em inatividade, devendo haver um equilíbrio entre entradas e saídas em conformidade com a regra da contrapartida estampada no art. 195, § 5º, da Constituição Federal de 1988[11].

Se o índice de natalidade é cada vez menor e a expectativa de vida no país cada vez maior, conforme se pode apurar pelos dados trazidos pelo IBGE[12], a tendência do caixa da previdência social, sob o regime financeiro de repartição simples, é o de não fechar. Neste panorama, as contribuições dos trabalhadores em atividade será cada vez menor e o tempo de pagamento aos inativos cada vez

---

(9) Vide: RESOLUÇÃO INSS/PRES N. 295, de 8 de maio de 2013. Disponível em: <http://sislex.previdencia.gov.br/paginas/72/INSS-PRES/2013/295.htm>. Acesso em: 6 jun. 2019.

(10) CASTRO, Carlos Alberto de; LAZZARI, João Batista. *Manual de direito previdenciário*. 14. ed. Florianópolis: Conceito, 2012. p. 104.

(11) Art. 195, § 5º, CF. Nenhum benefício ou serviço da seguridade social poderá ser criado, majorado ou estendido sem a correspondente fonte de custeio total.

(12) Em 2060, um quarto da população (25,5%) deverá ter mais de 65 anos. Nesse mesmo ano, o país teria 67,2 indivíduos com menos de 15 e acima dos 65 anos para cada grupo de 100 pessoas em idade de trabalhar (15 a 64 anos). Disponível em: <https://agenciadenoticias.ibge.gov.br/agencia-sala-de-imprensa/2013-agencia-de-noticias/releases/21837-projecao-da-populacao-2018-numero-de-habitantes-do-pais-deve-parar-de-crescer-em-2047>. Acesso em: 13 jun. 2019.

maior, o que traz uma preocupação do Estado com o futuro previdenciário das próximas gerações.

Diante deste panorama, a chamada universalidade defendida pela Constituição Federal de 1988 fica cada vez mais distante da realidade brasileira. A própria Constituição da República Federativa do Brasil de 1988 reconhece isso ao estabelecer o princípio da seletividade e distributividade das prestações, no inciso III do parágrafo único do art. 194 da Constituição Federal.

No regime financeiro de capitalização, ao contrário do que ocorre no de repartição simples, não há solidariedade entre gerações, cabendo a cada trabalhador o pagamento de contribuições para contas individuais, que serão utilizadas no momento de receber o benefício previdenciário, que terá como única fonte a própria contribuição do segurado.

Nas palavras de Fábio Zambitte(13) "no regime de capitalização, os recursos arrecadados com contribuições são investidos pelos administradores do fundo, tendo em vista o atendimento das prestações devidas aos segurados futuramente, ou seja, os valores pagos no futuro variarão de acordo *com as* taxas de juros obtidas e a partir das opções de investimento dos administradores".

Segundo Maria Rita Loureiro

> No contexto da gravíssima crise econômica enfrentada pelo país, em que há cerca de 12 milhões de desempregados e as atividades produtivas estão praticamente estagnadas, a reforma da previdência social tem sido apresentada à população, inclusive por meio de ampla campanha publicitária, como solução para retomada dos investimentos e geração de empregos. Os argumentos justificadores das mudanças propostas são os mesmos utilizados na década de 1990, tais como o déficit crescente no fundo previdenciário, sobrecarregando as contas públicas e inviabilizando o sistema para as futuras gerações em decorrência do envelhecimento da população. Na publicidade em torno da reforma, enfatiza-se o crescimento do *déficit*, obviamente, para reforçar o diagnóstico pessimista da crise e a falência do sistema em futuro próximo, caso não sejam feitas as mudanças, tidas como urgentes. Chama a atenção, por sua vez, o não esclarecimento da população de que a redução das contribuições previdenciárias tem sido ocasionada principalmente pela conjuntura de recessão e desemprego.(14)

No panorama econômico atual apresentado à sociedade brasileira, questiona-se acerca da utilização do modelo de capitalização em substituição parcial ao regime financeiro de repartição simples, aplicando-se um modelo híbrido como adotado por outros países como o Uruguai. Fala-se em um fundo solidário garantidor de um piso básico (salário mínimo) para todos que não conseguirem poupança suficiente para bancar um benefício superior ao mínimo, para que não ocorra como no Chile, onde grande parte dos benefícios não alcançam o mínimo para uma subsistência digna.

A ditadura de Augusto Pinochet no Chile iniciada em 1979, promoveu de forma brutal o primeiro experimento reformista privatizante(15). Segundo Loreiro, "em debate público e sem qualquer aviso prévio, as regras de acesso e os benefícios foram padronizados, unificando-se os múltiplos sistemas existentes e eliminando privilégios de segmentos mais organizados, com exceção das Forças Armadas, centro do poder político à época. Em 1980, uma segunda etapa foi lançada, com o desmonte do antigo sistema público, proibição de novas filiações nesse sistema e a introdução do modelo compulsório, com base na capitalização individual total, gerido por sociedades anônimas privadas. A contribuição patronal foi extinta e os trabalhadores tiveram de assumir elevadas taxas de administração e de securitização"(16). Nessa caracterização, hodiernamente, muitos aposentados recebem benefícios bem inferiores ao necessário para cobrir suas necessidades básicas.

(13) IBRAHIM, Fábio Zambitte. *Op. cit.*, p. 41.

(14) LOUREIRO, Maria Rita. Democracia e globalização: políticas de previdência social na Argentina, Brasil e Chile. *Lua Nova: Revista de Cultura e Política*, São Paulo, n. 100, p. 9, jan./abr. 2017. Disponível em: <http://www.scielo.br/scielo.php?script=sci_arttext&pid=S0102-64452017000100187>. Acesso em: 2 jun. 2019.

(15) LOUREIRO, Maria Rita. Democracia e globalização: políticas de previdência social na Argentina, Brasil e Chile. *Lua Nova: Revista de Cultura e Política*, São Paulo, n. 100, jan./abr. 2017. Disponível em: <http://www.scielo.br/scielo.php?script=sci_arttext&pid=S0102-64452017000100187>. Acesso em: 2 jun. 2019.

(16) *Idem*.

De forma categórica, é possível perceber que desde o início da privatização, devido ao crescente aumento dos gastos com aposentadorias, a reforma, além de não conseguir resolver o problema fiscal no Chile, desencadeou um agravante, só consumado três décadas depois: a falta de recursos para pagamento de aposentadorias, inclusive acarretando recordes de depressão e suicídio entre os mais velhos. A capitalização vem devolvendo aos aposentados chilenos uma média equivalente a cerca de metade do que hoje é pago no Brasil para a grande maioria dos beneficiários(17).

A migração de um regime financeiro de repartição simples para o de capitalização pode implicar no chamado déficit de transição, vez que a capitalização exige a individualização das contribuições para que sejam investidas, gerando perda de arrecadação na repartição enquanto os pagamentos dos atuais beneficiários devem continuar sendo feitos. Neste cenário, a migração para a capitalização, a partir de um regime de repartição insustentável, pode ser inviável, acelerando o colapso do sistema previdenciário(18).

Essa preocupação é latente entre economistas e operadores do Direito. Acredita-se que o modelo de repartição simples, utilizando-se da solidariedade com participação direta e indireta de toda a sociedade nos moldes do art. 195 da CF/88, com regras um pouco mais rígidas do que as utilizadas hodiernamente, seja o melhor caminho a se traçar no Brasil, diante da inversão da pirâmide etária no contexto da solidariedade social.

No contexto da globalização e do excesso de informações as quais nos submetemos todos os dias, o regime financeiro de repartição simples nos parece o mais adequado para que se possa estabelecer benefícios previdenciários conferidores do chamado "mínimo vital" ou "mínimo para uma subsistência digna". Arriscar a alteração do regime financeiro da previdência social brasileira nos moldes de outros países com experiência fracassada, ou com realidades econômica e social totalmente distintas da realidade brasileira, pode causar um grande abismo entre o direito e o concedido.

Antes de qualquer alteração é preciso uma análise atuarial pensada e discutida, levando-se em consideração um universo temporal de, no mínimo, 20 anos, como ressalta o próprio art. 96 da Lei n. 8.212/91(19).

Infelizmente, esse cálculo atuarial cuidadoso, com base nas perspectivas demográficas e sociais, parece cair no esquecimento, quando se rebaixa as questões sociais à esfera puramente econômica.

3. *Conclusão*

Com o fenômeno da globalização, multiplicam-se as possibilidades nas áreas econômicas, políticas e sociais, o que leva à necessidade de acordos internacionais de cooperação entre os povos.

Nesta seara de imigração/emigração, importa destacar a necessidade de cooperação entre os países em todos os níveis. Tratando especificamente da questão previdenciária, releva destacar que a figura principal da proteção social é o trabalhador e esse merece respaldo diante do fenômeno da globalização, para que seu tempo de trabalho seja reconhecido num processo de cooperação entre países, garantindo-lhe os benefícios previdenciários básicos da previdência como aposentadorias e pensões.

Essa reciprocidade entre países é obtida por meio de acordos internacionais que garantem proteção ao conferirem benefícios previdenciários mínimos a trabalhador imigrante que pertencia a regime geral de previdência social em outro país.

Se a proteção ao trabalhador é decorrência lógica da necessidade de se garantir justiça social aos países, é importante que existam acordos no sentido de se atingirem finalidades comuns. Daí a elaboração de tantos acordos internacionais prevendo a possibilidade de se ensejar previdência no

---

(17) SÁ NETO, Floriano. *Previdência chilena, modelo para o Brasil?*. Disponível em: <https://www.anfip.org.br/artigo-clipping-e-imprensa/artigos/previdencia-chilena-modelo-para-o-brasil-floriano-sa-neto/>. Acesso em: 2 jun. 2019.

(18) NERY, Pedro Fernando. A saída Nórdica: o sistema de contas virtuais como alternativas aos regimes de previdência de repartição e de capitalização. *Textos para discussão: Núcleo de Estudos e pesquisas da consultoria legislativa*, n. 249, Brasília, jun. 2018. Disponível em: <https://www12.senado.leg.br/publicacoes/estudos-legislativos/tipos-de-estudos/textos-para-discussao/td249>. Acesso em: 1º jun. 2019. p. 3.

(19) Lei n. 8.212/91, art. 96. O Poder Executivo enviará ao Congresso Nacional, anualmente, acompanhando a Proposta Orçamentária da Seguridade Social, projeções atuariais relativas à Seguridade Social, abrangendo um horizonte temporal de, no mínimo, 20 (vinte) anos, considerando hipóteses alternativas quanto às variáveis demográficas, econômicas e institucionais relevantes.

país de destino computando-se o tempo trazido do país de origem.

Não obstante a globalização aproxime os países para a cooperação na concessão de benefícios previdenciários aos trabalhadores migrantes, observa-se que outro fenômeno preocupante se revela: a possibilidade de alteração do regime financeiro de repartição simples — com alto grau de solidariedade entre as gerações e com participação de toda a sociedade para o regime financeiro de capitalização à exemplo de outros países. Este, pressupõe um fundo individualizado, concorrendo para a composição do valor do benefício apenas as contribuições realizadas de forma particularizada pelo segurado, o que pode acarretar benefícios previdenciários muito inferiores aos concedidos na atualidade.

Este cenário de globalização acaba levando o Brasil a repensar seu modelo de financiamento, após outros países terem feito tal reformulação. Ocorre que as consequências geradas não podem ser consideradas apenas na seara econômica, pois socialmente poder-se-á ter um cenário de miserabilidade dentro de 20-30 anos, com benefícios previdenciários precários e insuficientes à manutenção de condições mínimas aos aposentados e pensionistas da previdência social.

Um cálculo atuarial eficiente e baseado especialmente em questões demográficas e sociais se faz necessário para que se impeça um abismo entre o social e o econômico, o que trará insegurança e situação de indignidade ao trabalhador no momento em que estiver em situação de risco social configurado.

A continuidade do regime financeiro de repartição simples com a participação de toda a sociedade, ainda como o melhor regime a ser aplicado no contexto social e econômico brasileiro, revela, no entanto, a necessidade de alteração paulatina conforme o perfil demográfico e social da população seja modificado.

Referências bibliográficas

AGÊNCIA IBGE NOTÍCIAS. *Projeção da População 2018:* número de habitantes do país deve parar de crescer em 2047. Disponível em: <https://agenciadenoticias.ibge.gov.br/agencia-sala-de-imprensa/2013-agencia-de-noticias/releases/21837-projecao-da-populacao-2018-numero-de-habitantes-do-pais-deve-parar-de-crescer-em-2047>. Acesso em: 13 jun. 2019.

BALERA, Wagner. Introdução à seguridade social. In: MONTEIRO, Meire Lúcia Gomes (coord.). *Introdução ao direito previdenciário.* São Paulo: LTr, 1998.

______. O valor social do trabalho. *Revista LTr,* 58-10, São Paulo: LTr, p. 1167-1178, out. 1994.

COSTA, Dilvanir José da. Direito público e privado, ordem pública e direito social. *Revista de Informação Legislativa,* v. 44, n. 175, p. 109-116, jul./set. 2007. Disponível em: <http://www2.senado.leg.br/bdsf/item/id/139954>. Acesso em: 14 set. 2014.

DURAND, Paul. *La política contemporánea de seguridad social.* Tradução de José Vida Sória. Madrid: Ministerio do Trabajo y Seguridad Social, 1991.

CASTRO, Priscila Gonçalves de. *Teoria geral do direito internacional previdenciário:* acordos internacionais do direito previdenciário brasileiro; teoria e prática. São Paulo: LTr, 2011.

IBRAHIM, Fábio Zambitte. *Curso de direito previdênciário.* 16. ed. Niterói: Impetus, 2011.

LAMERA, Larissa Martins. *Informe de Previdência Social:* acordos internacionais de previdência social. Brasília, v. 19, p. 1, 1º ago. 2007.

LOUREIRO, Maria Rita. Democracia e globalização: políticas de previdência social na Argentina, Brasil e Chile. *Lua Nova: Revista de Cultura e Política,* São Paulo, n. 100, jan./abr. 2017. Disponível em: <http://www.scielo.br/scielo.php?script=sci_arttext&pid=S0102-64452017000100187>. Acesso em: 2 jun. 2019.

MARTINEZ, Wladimir Novaes. *Curso de direito previdenciário.* 3. ed. São Paulo: LTr, 2005. t. I: Noções de direito previdenciário.

NERY, Pedro Fernando. A saída Nórdica: o sistema de contas virtuais como alternativas aos regimes de previdência de repartição e de capitalização. *Textos para discussão: Núcleo de Estudos e pesquisas da consultoria legislativa,* Brasília, n. 249, jun. 2018. Disponível em: <https://www12.senado.leg.br/publicacoes/estudos-legislativos/tipos-de-estudos/textos-para-discussao/td249>. Acesso em: 1º jun. 2019.

OLIVEIRA, Moacyr Velloso Cardoso de. *A previdência social brasileira e sua nova lei orgânica.* Rio de Janeiro: Récord, 1991.

SÁ NETO, Floriano. *Previdência chilena, modelo para o Brasil?.* Disponível em: <https://www.anfip.org.br/artigo-clipping-e-imprensa/artigos/previdencia-chilena-modelo-para-o-brasil-floriano-sa-neto/>. Acesso em: 2 jun. 2019.

SCHWARZER, Helmut. Migrações Internacionais e a Previdência Social. *Informe de Previdência Social,* v. 16, n. 12, p. 3, dez. 2004.

SÜSSEKIND, Arnaldo. *Previdência social brasileira.* Rio de Janeiro: Freitas Bastos, 1955.

21

O Problema Atual da Seguridade Social no Brasil

Paulo Afonso Brum Vaz[(1)]

1. Introdução

Estado Social e *Welfare State,* para ficar nas denominações mais usuais, são categorias jurídicas diversas do ponto de vista da Teoria do Estado, embora guardem traços comuns. O *Welfare State* "se refere basicamente a uma dimensão da política estatal: a finalidade de produzir bem-estar social. É um conceito mensurável em função da distribuição das cifras do orçamento destinadas aos serviços sociais e de outros índices".[(2)] Estado Social é uma denominação mais ampla, inclusiva de aspectos não apenas relacionados com o bem-estar, nada obstante seja este o seu componente mais importante. Incluem os "problemas gerais do sistema estatal contemporâneo, que, em parte, podem ser medidos e, em parte, apenas entendidos".[(3)]

O fio condutor da pesquisa é delimitado epistemologicamente pela abordagem do Estado enquanto *Welfare State,* é dizer, na perspectiva da ação estatal dirigida às prestações positivas destinadas a assegurar o bem-estar social, sob o enfoque do sistema de Direitos da Seguridade Social.

A natureza do *Welfare State* consiste em oferecer algum tipo de proteção para as pessoas que, sem a ajuda do Estado, possivelmente, não sejam capazes de ter uma vida minimamente aceitável segundo os critérios da sociedade moderna. Os Direitos da Seguridade Social representam a sua face mais aparente. Não se concebe um modelo de Estado Social em que os riscos sociais decorrentes da morte do provedor familiar, da invalidez, da idade avançada, da pobreza extrema, da deficiência, do desemprego, da maternidade, da doença profissional e do trabalho especial não estejam adequadamente cobertos pelo Estado, embora seja necessário discutir-se, sobretudo, diante da crise multifacetada que o afeta, em todas as suas circunstâncias, a menor ou maior participação sua e dos segurados.

Desde a década de 1990, ganhou fôlego o discurso neoliberal acerca do suposto esgotamento do modelo de estado intervencionista no tocante às prestações de seguridade social, pregando-se então a restrição dos investimentos estatais nessa seara, com reflexos sobre condições de elegibilidade para diversos benefícios. Para os arautos dessa ideia, fatores como a concorrência na economia globalizada, a crise financeira mundial e a insolvência dos Estados obrigam a redução de seus gastos sociais.

Intenta-se evidenciar neste artigo que, sobretudo nos países do capitalismo tardio, com elevados índices de pobreza, desigualdades e recessão econômica, como o Brasil, o Estado do Bem-Estar Social ainda persiste necessário como condição de possibilidade da concretização, talvez agora muito mais da manutenção, dos direitos da Seguridade Social. Sua retração, portanto, notadamente diante das tendências de reformas limitadoras destes direitos, levará a retrocessos

(1) Desembargador Federal do Tribunal Regional Federal 4ª Região; Mestre em Poder Judiciário (FGV); Doutor em Direito Público (UNISINOS); Magistratura Federal (2007-2009), Especialista em processo (UFSC — 1989), MBA em Poder Judiciário (2008). Atua com Direito previdenciário. Acadêmico perpétuo da Academia Brasileira de Direito da Seguridade Social (ABDSS), ocupa a cadeira n. 18.

(2) Pelayo, 2009, p. 2.

(3) Pelayo, 2009, p. 2.

sociais comprometedores dos direitos humanos fundamentais, da democracia e dos níveis de cidadania e, não menos importante, ao abalo dos próprios alicerces do capitalismo contemporâneo.

2. *Desenvolvimento*

2.1. Crises do Estado do Bem-Estar Social e a redução do nível dos Direitos da Seguridade Social

Vale lembrar que, hoje, os níveis de proteção do Estado do Bem-Estar Social encontram-se flexionados ou impactados por, pelo menos, três âmbitos de transformações contingenciais: a agressividade do perfil de abordagem capitalista (neoliberalismo), o mercado de trabalho e a demografia.

A precariedade e a instabilidade do mercado de trabalho, cada vez mais seletivo e exigente de especialização, empurram os salários para baixo, no geral, alimentam a temporariedade e o desemprego duradouro, enfim, a exclusão social e permanente e o compromisso do *Welfare State* com novos e velhos candidatos a prestações assistenciais e previdenciárias.

Um dos efeitos negativos da globalização neoliberal é o fenômeno da *desfiliação*, expressão cunhada por Castel, para identificar

> [...] a presença, aparentemente cada vez mais insistente, de indivíduos colocados em situação de flutuação na estrutura social e que povoam seus interstícios sem encontrar aí um lugar designado. Silhuetas incertas, à margem do trabalho e nas fronteiras das formas de troca socialmente consagradas — desempregados por períodos longos, moradores dos subúrbios pobres, beneficiários da renda mínima de inserção, vítimas das readaptações industriais, jovens a procura de emprego e que passam de estágio a estágio, de pequeno trabalho à ocupação provisória... — quem são eles, de onde vêm, como chegaram ao ponto em que estão, o que vão se tornar?[4]

A crise multifacetada que assola o Estado do Bem-Estar Social, que se despe da responsabilidade de prover o bem-estar, deixando o encargo para a iniciativa privada (quer dizer, para as forças capitalistas), transforma a Seguridade Social (saúde, assistência e previdência social) em produtos colocados no mercado, disponíveis a quem possa pagar. Fica para o Estado apenas a filantropia e o mínimo existencial.

A transição demográfica é um dos fenômenos estruturais que ameaça os Estados Sociais desde a segunda metade do século passado. Embora tenha uma conotação universal, recebendo influxo das condições históricas dos diferentes países e regiões, ela se manifesta de maneiras não lineares e assimétricas. Há uma tendência de ocorrer de forma diferente nos países desenvolvidos, nos países em desenvolvimento e no chamado terceiro mundo.

O que há hoje de relevante na crise financeira do Estado Social é justamente esse fenômeno que afeta mais drasticamente alguns países da Europa: o desequilíbrio na pirâmide etária ou transição demográfica. Houve considerável aumento da expectativa de vida dos indivíduos em detrimento das taxas de natalidade. Alguns países europeus sofreram uma redução drástica na População em Idade Ativa (PIA) — composta por pessoas de 16 a 64 anos — e um aumento considerável na população economicamente inativa (idosos com idade acima de 65 anos), da qual se ocupa mais de perto o Estado Providência. Esse desequilíbrio afeta diretamente a relação receita pública/despesas sociais. Resulta em uma espécie de geração sacrificada (dos 20 aos 45 anos), que, estando economicamente ativa no sistema de seguro social, culmina por pagar a conta da antecessora. A contribuição dos jovens custeia o serviço prestado aos idosos.

As razões de dependência demográfica partem do pressuposto de que a população jovem, de 0 a 14 anos, e a idosa, de 65 anos a mais, podem ser consideradas dependentes da população em idade ativa, de 15 a 64 anos. Os países desenvolvidos, desde o final da Segunda Guerra Mundial, precisaram suprir parte das suas necessidades de mão de obra por meio da migração internacional. É o caso da Itália e da França, por exemplo, países nos quais a população economicamente ativa é menor.

O Brasil, atualmente, assim como os tigres asiáticos, se beneficia do chamado *bônus demográfico* (menos crianças e idosos, mais jovens economicamente ativos: a pirâmide está em forma de pera). Isso deve perdurar até 2040, aproximadamente,

(4) Castel, 1998, p. 23.

quando passará a ter uma população idosa maior, com tendência ao desequilíbrio das contas da Previdência.

Nesta tríplice perspectiva é possível identificar quatro grandes crises que assolam o *Welfare State*: a crise política, a crise ideológica, a crise filosófica e a crise financeira, de que faz parte a crise da transição demográfica. Enlaçadas, essas crises determinam a retração do sistema de Direitos da Seguridade Social.

2.2. A crise política

No limite deste breve ensaio, fico apenas na referência das principais características da chamada crise de organização política do Estado de Bem-Estar Social: (1) a tendência política de retração dos Estados capitalistas avançados e tardios quanto aos direitos sociais (crise das políticas sociais); (2) a relativização do poder político dos Estados como consequência da construção, no mundo cosmopolita, de uma ordem jurídico-social-econômica supranacional (crise da soberania); (3) a crise do direito como instrumento do Poder Estatal e da política (crise política do direito e da Constituição); (4) a desvinculação entre sociedade e política com a degeneração da democracia representativa (crise democrática); (5) a substituição da política pela racionalidade econômica (crise da política diante do economicismo); (6) a escassa concretude dos direitos fundamentais sociais contemplados na ordem normativa (crise das políticas públicas); e (7) a politização da justiça e judiciarização da política, fenômenos (faces da mesma moeda) que refletem o deslocamento do eixo política — legislativo/executivo para o eixo política/judiciário (crise das funções políticas estatais).

2.3. Crise ideológica

A crise ideológica, iniciada na década de 1980, consubstancia-se na desconfiança generalizada acerca da capacidade gerencial do Estado Providência: "suspeita de que o Estado empresário não administra eficazmente os problemas sociais", no dizer de Rosanvallon, para quem há "dúvida a respeito de um instrumental cada vez mais opaco e crescentemente burocratizado, que prejudica a sua finalidade e provoca uma crise de legitimidade".[5] Chevallier fala de uma "crise da representação", que se caracteriza pelo questionamento da própria legitimidade interventiva do Estado ("crise de desconfiança"), cuja performance tem evidenciado, ao longo do tempo, opressão, redução das liberdades individuais, assistencialismo, irresponsabilidade, desorganização dos mecanismos de mercado e, sobretudo, não atingimento dos objetivos de redução das injustiças e desigualdades ("crise de eficiência").[6]

Marcada pelo déficit de legitimação, a crise ideológica nutre-se, principalmente, do embate entre a lógica política democrática e a lógica tecnoburocrata. Emerge da incapacidade do Estado de Bem-Estar Social, em sua funcionalidade, diante do aumento e complexificação das expectativas sociais, de encontrar fórmulas para responder a tais pretensões a partir da constituição de um corpo técnico-burocrático a quem incumbe elaborar as estratégias de atendimento das demandas.[7]

2.4. A crise filosófica

A crise filosófica é quiçá a de mais difícil solução, pois abala a própria ideia de Estado do Bem-Estar Social, o seu DNA, a sua identidade, os seus fundamentos filosóficos, o seu discurso, a sua racionalidade, o seu papel na sociedade contemporânea e os próprios critérios que devem nortear a interpretação/aplicação das regras de direitos sociais.

Como refere Bolzan de Morais, a crise filosófica atinge os fundamentos sobre os quais se construiu o modelo de Estado do Bem-Estar Social, ensejando a desagregação de sua base que é a solidariedade coletiva, enfraquecendo o conteúdo tradicional dos direitos sociais e levando à construção insuficiente de estratégias e políticas públicas para a sua implementação. Isso gera a incapacidade de implantar o projeto antropológico que lhe confere o sentido — agentes dotados de uma com-

(5) Rosanvallon, 1998, p. 24.
(6) Chevallier, 2009, p. 190-196.
(7) Bolzan de Morais, 2011, p. 46.

preensão coletiva —, resultando a transformação de indivíduos em meros clientes da Administração.[8]

2.5. A crise financeira

A mais antiga é a crise financeira e seu agravamento remonta aos anos 1970. O crescimento demográfico, a ampliação dos direitos sociais e a recessão econômica (redução da produção e crescimento da pobreza e do desemprego) constituem a fórmula que resulta na escassez de recursos do *Welfare State* para atender aos seus projetos de ampliação e efetivação dos direitos sociais. O desequilíbrio entre receita e despesa que os Estados, sem muita criatividade, necessitam financiar com a elevação da carga fiscal (aumento de impostos e contribuições sociais) constitui um desafio atuarial de difícil solução. Comum a quase todos os países industrializados, tendo começado por aqueles em desenvolvimento e se espraiado entre os mais desenvolvidos, a crise financeira se generalizou e passou a definir as limitações nas políticas sociais e as consequentes tendências de enxugamento dos Direitos da Seguridade Social.

O que se deseja pontuar, sem embargo, é o fato de a crise financeira representar muito mais um discurso neoliberal que se iniciou com o tatcherismo, na Inglaterra, do que propriamente uma realidade. Um discurso que se insere, em contraposição ao alcance do Estado Social, como: (1) uma tendência de mercantilização dos direitos sociais, agora transformados em bens e serviços entregues à iniciativa privada; (2) um artificial desequilíbrio entre mercado e Estado: endeusamento do mercado e satanização do Estado, associado ao mau e ao ineficiente; (3) manipulação do ideário popular com o objetivo de criar um senso comum que confere legitimidade às escolhas políticas de cunho econômico e social (manipulação do consenso democrático); (4) convencimento das elites políticas capitalistas sobre as vantagens do seu programa de desmonte do Estado Social e indiferença diante do aumento das desigualdades econômicas e enfraquecimento das instituições democráticas como resultado de retrações dissimuladas em supostas e indispensáveis metas sociais da pós-modernidade não diretamente vinculadas ao capitalismo.

2.6. A crise demográfica

O IBGE vem alertando para o envelhecimento da população, ou seja, o aumento da proporção de pessoas com 65 anos de idade ou mais é uma característica marcante da transição da estrutura etária brasileira. Em 2060, o percentual da população com 65 anos ou mais de idade chegará a 25,5% (58,2 milhões de idosos). Em 2018, essa proporção era de 9,2% (19,2 milhões). Já os jovens (0 a 14 anos) deverão representar 14,7% da população (33,6 milhões) em 2060, frente a 21,9% (44,5 milhões) em 2018. O envelhecimento afeta a razão de dependência da população, que é representada pela relação entre os segmentos considerados economicamente dependentes (pessoas com menos de 15 e 65 anos ou mais de idade) e o segmento etário potencialmente produtivo (15 a 64 anos), que é a proporção da população que, em tese, deveria ser sustentada pela parcela economicamente produtiva. A razão de dependência da população em 2018 era de 44%. Esse indicador significa que 44 indivíduos com menos de 15 e com mais de 64 anos dependem de cada grupo de 100 pessoas em idade de trabalhar (15 a 64 anos). Em 2039, a razão de dependência total deverá ser de 51,5%, quando a proporção de jovens (25,7%) e idosos (25,8%) se equivalerá. Essa proporção total deverá aumentar para 67,2% em 2060. Ainda, em 2010, a razão de dependência era de 47,1%, e atingiu seu valor mínimo em 2017 (44,0%). A partir de então, essa proporção voltaria a crescer, chegando, em 2028, a 47,4%, o mesmo nível de 2010.[9]

Encaminhei, recentemente, análise acerca da transição demográfica no Livro Direito Previdenciário em Tempos de Crise (2019) publicado pelo IEPREV. Naquela oportunidade, embora reconhecendo a necessidade de uma preparação para o enfrentamento da crise que deve impactar a Seguridade Social em seguida, mostrei que ainda hoje atravessamos um período de bônus demográfico, ou seja, um número maior de pessoas em

(8) Bolzan de Morais, 2011, p. 47-49.

(9) Dados do IBGE. Disponível em: <https://agenciadenoticias.ibge.gov.br/agencia-sala-de-imprensa/2013-agencia-de-noticias/releases/21837-projecao-da-populacao-2018-numero-de-habitantes-do-pais-deve-parar-de-crescer-em-2047>. Acesso em: 3 mar. 2019. Dados disponíveis em: <https://ww2.ibge.gov.br/home/estatistica/populacao/estimativa2013/default.shtm>. Acesso em: 2 mar. 2019.

idade economicamente ativa (PIA) em relação às pessoas inativas.(10)

O problema é que, apesar da situação demográfica até o momento favorável, o Brasil não a tem aproveitado. Não adianta termos um número maior de trabalhadores ativos, se estão desempregados. Com 30 milhões de pessoas em situação de desemprego, perde-se a oportunidade demográfica. Não se tem, por outro lado, políticas públicas de apoio aos jovens para que ingressem no mercado de trabalho, nem aos idosos, para que sejam assistidos na terceira idade.

Na mesma pesquisa, coloquei em discussão, a partir dos indicadores demográficos, dois fenômenos relevantes: o aumento da expectativa de vida do brasileiro e o aumento dos que, em razão da idade avançada, compõem a população economicamente inativa (idosos acima de 64 anos). Tais evidências sociológicas não se revelam simples como poderiam parecer.

O aumento linear da idade mínima para a aposentadoria é uma solução para o problema? É necessário discutir e implantar medidas para impedir as aposentadorias precoces, tanto do Regime Geral como nos Regimes Próprios, e isso, ao que vejo, em boa medida, já foi feito. A idade mínima no RGPS constitui um quase consenso mesmo entre os juristas mais radicais. Todavia, isoladamente, o aumento da idade mínima pode causar sérios problemas sociais.

Mesmo o aumento da expectativa de vida, embora seja um dado insofismável, não pode ser transposto para a aposentadoria, sob pena de se deixar de considerar que existem duas expectativas de vida: uma com e outra sem incapacidade. Está-se falando, dentro do tema seguridade social, da expectativa de vida para incidir sobre o trabalho, que exige expectativa de vida sem incapacidade.

Fernandes noticia um estudo realizado no Canadá, em que foi possível relacionar a expectativa de vida com e sem incapacidade, com o rendimento. Os investigadores puderam observar que nos estratos de rendimento mais baixos, a expectativa de vida sem incapacidade ficava por volta do 50 anos, enquanto nos mais elevados, subia até os 64 anos. Quanto à expectativa de vida desde o nascimento, os primeiros sobrevivem até os 67 anos e os segundos até os 73 anos.(11)

Os indicadores demográficos utilizados pelos institutos de pesquisa, tal como a expectativa de vida desde o nascimento, neutralizam diferenças e variações sociais e profissionais que impactariam sobremaneira as perspectivas de implantação linear de uma idade mínima para a aposentadoria a partir de um único critério que não leva em conta a expectativa de vida com capacidade, típica da grande maioria da população, considerando a pobreza extrema que caracteriza a clientela da Seguridade Social.

A idade da aposentadoria e a idade da velhice não precisam ser necessariamente coincidentes, tanto para tornar injustas as aposentadorias precoces como para apontar oposta iniquidade no que tange às aposentadorias em idade muito elevada. O desafio é buscar o equilíbrio. Não queremos "jovens velhos", nem "aposentados na hora da morte". Ambas as situações remetem a graves rupturas sociais e econômicas.

As reformas propostas no Brasil, ao elevar as idades mínimas e o tempo de contribuição, negligenciam um fenômeno descrito por Fernandes(12) que não é novo, a "velhice profissional", ou o que Gaullier chamou de "envelhecimento social", que começa com a inatividade definitiva muito antes da aposentadoria. O ritmo atual de desenvolvimento tecnológico conduz a situações paradoxais como as que vivem os trabalhadores que foram despedidos por serem demasiado velhos, e que não puderam se aposentar por serem demasiado novos. No dizer de Gaullier, "É-se jovem biologicamente até cada vez mais tarde e velho socialmente, cada vez mais cedo".(13)

Pesquisas mostram que os índices de emprego a partir dos 60 anos não são muito elevados, preponderando o subemprego. O mercado de trabalho deixa, cada vez mais, de absorver o trabalhador com mais de 60 anos. Segundo dados do PNAD/ IBGE 2015, eles constituem apenas 8,1% dos ocupados no Brasil. A pesquisa do IBGE mostrou que a

(10) Vaz, 2019, p. 40-53.

(11) Fernandes, 2008, p. 78.

(12) Fernandes, 1997, p. 9.

(13) Gaullier, 1988, p. 25.

maior parte dos idosos que ainda estão no mercado de trabalho é de gente pouco escolarizada, 65,5% dessas pessoas nem completaram o ensino fundamental. O rendimento dos idosos que permanecem trabalhando também é baixo, 71,8% *declararam não ter rendimento com o emprego* ou ganham, no máximo, dois salários mínimos. Quase 20% deles trabalham mais de 45 horas.

E concluí o referido texto com perplexidade.

> É inexplicável a pressa, a falta de transparência e o tratamento míope que as reformas propostas têm apresentado ao tangenciar problemas sociológicos cruciais do envelhecimento, tais como a diferença entre expectativa de vida com e sem incapacidade e a influência dos percursos de vida e dos fatores socioeconômicos para a elevação da expectativa de vida capaz, o envelhecimento social e a inutilidade relativa dos trabalhadores depois dos 60 anos, variáveis inerentes a qualquer processo sério e justo de reforma previdenciária.(14)

2.7. Estado da arte do esfacelamento do *welfare state*

Em cada crise econômica que ameaça o Estado capitalista, com vertentes ou recaídas sociais, também chamado eufemisticamente "capitalismo social", que hoje impera no mundo, assiste-se a movimentos dos monetaristas de plantão, encaminhando reformas pontuais que, digamos assim, "comendo o mingau pelas beiradas", são, ávida e impensadamente, chanceladas pelos viciados (ideologicamente) parlamentos, compostos por elites políticas comprometidas com o neoliberalismo e descompromissadas com os ideais de solidariedade social que, constituindo objetivo primaz do Estado de Direito Social Democrático — assim quis a nossa Constituição republicana ainda em vigor — se esforçam por solapar Direitos da Seguridade Social insculpidos na Carta Magna.

Em escala de progressão geométrica, vai a hegemonia do mercado (a mão invisível) limitando direitos sociais conquistados a ferro e fogo nas lutas das classes trabalhadoras, ao longo do século passado. A redução da dívida pública virou a panaceia para todas as crises, elixir paregórico que a todos os males cura, mesmo quando não têm, ao menos direta e definitivamente, muita relação com a crise.

A solução, apontada pelos organismos internacionais (FMI, Banco Mundial etc.) e países ricos, passa sempre pelo desmonte do social, pelo aperto dos cintos das classes trabalhadoras (para quem salvou o emprego e não está em situação de desemprego!) e deveras muito pouco pelo sacrifício dos setores que mais se beneficiam com o modelo capitalista e são os responsáveis diretos pela crise. A estes, as vantagens do capitalismo e ao *Welfare State*, as externalidades negativas. Melhor dizendo, a Providência Divina. Não se aceita mais paternalismo, coitadismo etc. Afinal, não há bens de consumo e serviços suficientes para todos no mundo, apenas para os mais ricos, e é deles que devemos cuidar.

O Brasil, desde a década de 1990, vem aprovando emendas à Constituição para limitar direitos sociais e projeta intensificar essa tendência. No poder, governos de direita, cuja meta é sempre reduzir o âmbito dos direitos da seguridade social e as vias de acesso a eles. Os serviços públicos, exemplificando, são o alvo preferido. Ao invés de se pensar em melhorar a sua eficiência e aparelhamento, e no combate efetivo aos altos salários e proventos de aposentadoria, prefere-se apostar no sucateamento e aviltamento das parcas vantagens duramente conquistadas. Reduzem-lhes direitos que não passam de prerrogativas compensatórias pelas limitações que a carreira impõe. Claro está que a demonização do servidor público, embora o Estado precise desinflar, será suportada pelos extratos mais pobres da população, os grandes usuários dos serviços públicos, rumo à precarização.

No Brasil, instaurou-se uma limitadora tendência de as políticas sociais virem a ser substituídas por programas emergenciais de combate à pobreza, que tratam apenas de minimizar os efeitos do ajuste sobre os mais pobres ou os mais frágeis, sem maiores aspirações em termos de resultados desenvolvimentistas.

2.7.1. Compatibilidade entre desenvolvimento econômico e social: defesa da harmonização entre economia forte e a manutenção dos Direitos da Seguridade Social

Uma relevante aproximação que vem ganhando curso entre os próprios economistas é no sentido

(14) Vaz, 2019, p. 51.

da superação do mal-entendido da racionalidade de mercado fundada na lógica "perde" e "ganha" pela ideia de desenvolvimento econômico compatível com a equidade social.

O Estado do Bem-Estar Social só existe e se concretiza à medida que a economia for produtiva e gerar rendas, produzindo um bolo de recursos (receita pública) que, depois, vai ser distribuído a partir das necessidades sociais. O pressuposto do bem-estar social é, pois, um mercado forte, competitivo e integrado com o Estado.

A investidura, por parte do Estado, de responsabilidade pelo bem-estar dos cidadãos, implica transferências monetárias e de serviços, invariavelmente redistributivas. Qualquer tentativa, pois, de implantação de um estado do bem-estar social irá se defrontar com o *trade off* entre crescimento e redistribuição: o gasto público social é economicamente ineficiente e, portanto, exerce influência negativa sobre o crescimento econômico. Esta é a base fundante do ideário neoliberal da economia capitalista.

Esses argumentos, fundados em uma equivocada racionalidade econômica, num pseudo eficientismo e na desvinculação entre o econômico e o social, não levam em consideração aquele que talvez constitua o fundamento mais relevante do Estado Social, sua face mais eficiente, que vai além da redução da pobreza e iniquidades (efeito Robin Hood): é o Estado Providência conferindo segurança ou garantia durante todo o ciclo de vida dos indivíduos, possibilitando que permaneçam economicamente ativos e consumindo.

No dizer de Nicholas Barr, no seu *The Welfare State as piggy bank*, "the welfare state exists not only to relieve poverty; but also to provide insurance and consumption smoothing".[15] Essa função confere ao Estado a tão decantada eficiência econômica, que é justamente o equilíbrio na divisão dos recursos entre os gastos com o bem estar social e outras áreas. Cumpre também ao *Welfare State* comprovar sua eficiência atuando diretamente no nível de consumo dos indivíduos. É justamente a manutenção do consumo que interfere positivamente na produção econômica, aumentando a receita e possibilitando a maior distribuição de rendas.

Algo de bom pode se extrair da tentativa de conciliação entre Estado Social e economia: a importância e eficiência das prestações do Estado Social para a manutenção da economia aquecida, evitando a recessão. Eis a falha do pensamento capitalista: olvidar os efeitos positivos que a distribuição de renda gera sobre a demanda. Equilibrar os que têm menor renda e maior propensão a consumir, tende a estimular o consumo agregado, sendo, portanto, particularmente relevante, como política desenvolvimentista, quando há restrição de demanda, o que normalmente ocorre em países em desenvolvimento.[16]

2.7.2. *A injusta demonização da judicialização dos Direitos da Seguridade Social*

É possível enxergar também uma crise de efetividade dos direitos da Seguridade Social pela tendência de fechamento das vias de acesso à Justiça.

A Constituição cidadã de Ulisses Guimarães, festejada porque consolidava a cogência dos direitos das minorias (repercutindo suas vozes), passou a ser um problema. A ideia de uma Constituição contramajoritária (Rosanvallon) causa agora arrepio social. Foi um erro empoderar negros, mulheres, diferentes de gênero, pobres e idosos! Vamos cortar-lhes as asinhas!

Todo o discurso de Mauro Cappelletti[17] acerca do alargamento das vias de acesso à justiça (formal e materialmente), ondas seguidas à risca no final do século passado, tende a se esboroar no próprio fechamento da Justiça e recrudescimento dos direitos e garantias fundamentais dos litigantes (que ainda estão na Constituição, ao que se sabe).

A judicialização da vida social, provocada pela crise da democracia representativa, devido a problemas estruturais da própria Justiça, precisa ser freada, mesmo quando as instâncias administrativas e as políticas públicas, paradoxalmente, ficam cada vez mais intransponíveis, limitadoras e deficitárias. Embora a descoletivação dos direitos sociais seja um problema sério a ser solvido, não é tempo ainda de se afirmar que a densidade de-

(15) Barr, 2003, p. 272.
(16) Kerstenetzky, 2011, p. 129-156.
(17) Cappelletti, 1988.

mocrática, que era medida pelo alargamento das vias de acesso à justiça, foi longe demais. Temos ainda muita gente que não consegue chegar ao Poder Judiciário. Os Direitos da Seguridade Social (saúde, assistência e Previdência Social) somente têm alcançado razoável concretização na medida da razão proporcional da atuação da Justiça Previdenciária.

A judicialização da Seguridade Social, em suas variadas vertentes, decorre da retração do Estado do Bem-Estar Social em razão de uma complexidade de fatores, tais como: a crise econômica global, os problemas decorrentes da transição demográfica a afetar o custeio das prestações e as tendências ultraliberais de limitação e aviltamento dos direitos sociais, equiparados ao mínimo existencial.

Apesar de apresentar externalidades negativas, enquanto não há uma revolução nas políticas públicas de concessão das prestações da Seguridade Social, possibilitando que um maior número de demandas possa ser resolvida administrativamente, sem intervenção do Poder Judiciário, a judicialização persiste sendo fundamental para a concretização de tais direitos, provocando mudanças e avanço qualitativo e quantitativo de políticas públicas.

O sistema judiciário, para atenuar os efeitos negativos da judicialização, precisa, além de buscar a qualificação em direitos da Seguridade Social e investir nas políticas de solução consensual dos conflitos, dialogar como os demais sistemas parciais, principalmente o sistema sanitário, o sistema de seguridade social, o sistema político e o sistema econômico.

3. *Conclusões*

Considerado o cenário de precariedade econômica brasileiro, no atual estágio de efetivação dos Direitos da Seguridade Social, resulta evidente que deveríamos lutar pela manutenção dos conteúdos constitucionais e infraconstitucionais de tais direitos, como condição de possibilidade para se evitar retrocessos sociais que podem abalar a própria democratização experimentada pelo Brasil desde a superação da Ditadura Militar.

São compatíveis e harmônicos os desenvolvimentos social e econômico, como condição de garantia da dignidade e, por conseguinte, da personalidade humana, desiderato fundamental das ordens social, econômica, política e jurídica.

O efeito dos investimentos em seguridade social sobre a produtividade e o nível geral de bem estar da população é positivo, revelando-se como uma ferramenta indispensável para o desenvolvimento humano e da própria economia.

É fundamental a presença do Estado nas suas duas mais relevantes funções, que são a de garantir a seguridade social e a de regular a economia, sobretudo em países do capitalismo tardio como é o Brasil. É quase consenso que a economia funciona melhor com um Estado forte e garantidor dos Direitos da Seguridade Social.

A redução da judicialização dos Direitos da Seguridade Social não depende apenas do Poder Judiciário. O reconhecimento da existência de um direito constitucional subjetivo titularizado pelos cidadãos a uma tutela administrativa individual ou coletiva adequada, igualitária e efetiva na concretização dos direitos sociais, e o incremento do ajuizamento (pelos entes legitimados a tal mister) de demandas coletivas que possam atender a tais direitos de forma estrutural, seriam contributos importantes e necessários.

Referências bibliográficas

AVELÃS NUNES, António José. *As voltas que o mundo dá...*: reflexões a propósito das aventuras e desventuras do estado social. Rio de Janeiro: Lumen Juris, 2011.

BARR, Nicholas. *The welfare state as piggy bank*: information, risk, uncertainty, at the role of the state. Oxford: Oxford University, 2003.

BOLZAN DE MORAIS, José Luiz. *As crises do estado e da Constituição e a transformação espaço-temporal dos direitos humanos*. 2. ed. rev. ampl. Porto Alegre: Livraria do Advogado, 2011.

CAPPELLETTI, Mauro; GARTH, Bryant. *Acesso à justiça*. Tradução de Ellen Gracie Northfleet. Porto Alegre: Fabris, 1988.

CHEVALLIER, Jacques. *O estado pós-moderno*. Belo Horizonte: Fórum, 2009.

BRITO, Fausto. Transição demográfica e desigualdades sociais no Brasil. *Revista brasileira Estudos Populares*, São Paulo, v. 25, n. 1, p. 5-26, jan./jun. 2008.

CASTEL, Robert. *As metamorfoses da questão social*: uma crônica do salário. Petrópolis, Rio de Janeiro: Vozes, 1998.

FERNANDES, Ana Alexandre. *Velhice e sociedade*: demografia, família e política sociais em Portugal. Oeiras: Celta, 1997.

______. *Questões demográficas* — demografia e sociologia da população. Lisboa: Colibri, 2008.

GARCÍA-PELAYO, Manuel. *As transformações do estado contemporâneo*. Trad. e prefácio de Agassiz Almeida Filho. Rio de Janeiro: Forense, 2009.

GAULLIER X. *La deuxième carrière. Ages, employs, retraites*. Paris: Du Seuil, 1988.

KERSTENETZKY, Célia Lessa. Welfare State e desenvolvimento. *Revista de Ciências Sociais*, Rio de Janeiro, v. 54, n. 1, p. 129-156, 2011.

ROSANVALLON, P. *A nova questão social. Repensando o estado providência*. Trad. Sérgio Bath. Brasília: Instituto Teotônio Vilela, 1998.

SEN, Amartya. Conferência proferida no "Círculo de Economía" de Barcelona. El futuro del Estado del bienestar. Barcelona. *"La Factoria"*, n. 8, fev. 1999. Disponível em: <http://www.lafactoriaweb.com/articulos/amartya.htm>. Acesso em: 12 jun. 2019.

VAZ, Paulo Afonso Brum. O paradoxo da transição demográfica e o futuro da Previdência Social. *Revista de Doutrina da 4ª Região*, Porto Alegre, n. 61, ago. 2014c. Disponível em: <http://www.revistadoutrina.trf4.jus.br/artigos/edicao061/Paulo_Vaz.html> Acesso em: 12 jun. 2019.

______. Paradoxos e utopias do estado do bem-estar social: interface luso-brasileira. In: MENDES, G. F.; MIRANDA, J. (orgs.). *Jurisdição constitucional e direitos fundamentais*: interface Portugal/ Brasil (*e-book*). Brasília: IDP, 2014e. Disponível em: <www.idp.edu.br/publicacoes/portal-de-ebooks>. Acesso em: 12 jun. 2019.

______. Previdência social e a transição demográfica. In: FERNANDES, A. P.; SANTOS, R. C.; SERAU JR., M. A. (coord.). *Direito previdenciário em tempos de crise*. Belo Horizonte: IEPREV, 2019.

22

A Efetividade dos Direitos Sociais na Jurisprudência do STF em Matéria Orçamentária

Fernando Facury Scaff[1]

1. *Introdução (posição da questão)*

O foco deste trabalho é analisar como a jurisprudência do STF tem tratado o princípio da Não Afetação, que veda a vinculação da receita de impostos a órgãos, fundos ou despesas, com algumas exceções, o qual foi constitucionalizado no art. 167, IV, assim grafado:

> Art. 167. São vedados:
>
> IV — a vinculação de receita de impostos a órgão, fundo ou despesa, ressalvadas a repartição do produto da arrecadação dos impostos a que se referem os arts. 158 e 159, a destinação de recursos para as ações e serviços públicos de saúde, para manutenção e desenvolvimento do ensino e para realização de atividades da administração tributária, como determinado, respectivamente, pelos arts. 198, § 2º, 212 e 37, XXII, e a prestação de garantias às operações de crédito por antecipação de receita, previstas no art. 165, § 8º, bem como o disposto no § 4º deste artigo.

Entende-se que se trata de uma norma de grande importância para o sistema de liberdades públicas no país, e que muitas vezes é mal compreendida no contexto em que vem sendo analisada, relegada a uma simples questão de organização e método orçamentário, o que, como será demonstrado, não é.

Trata-se de uma regra que veicula o valor *liberdade,* pois permite que o legislador orçamentário disponha, durante seu mandato, de recursos financeiros para implementar seu programa de governo, consoante as diretrizes estabelecidas pela Constituição. A norma concretiza a *liberdade do legislador orçamentário,* com exceção para a vinculação da receita de impostos para gastos com saúde e educação, o que é uma *garantia financeira para a efetivação desses direitos sociais.*

A busca por recursos deve se dar na disputa legislativa orçamentária, e não através de vinculações normativas. Ocorre que muitas vezes grupos de pressão buscam *capturar* verbas do orçamento de forma perene, diretamente da fonte de receitas, *congelando* benefícios que ficariam *blindados* contra mudanças legislativas que podem ocorrer de ano para ano, fruto do processo orçamentário. O que é assegurado pela Constituição apenas para a efetiva fruição dos direitos fundamentais referentes à saúde e educação, como exceção a tal *liberdade,* corre o risco de se tornar um feudo de benefícios nada republicanos.

Até aqui o STF tem conseguido evitar que essa fonte especial assecuratória de receitas seja utilizada de forma generalizada, conforme será demonstrado.

2. *Desenvolvimento*

2.1. Definindo conceitos: vinculação, afetação, referibilidade e despesas obrigatórias

Vinculação da receita corresponde a um *liame normativo* (constitucional ou legal), unindo a *recei-*

(1) Professor Titular de Direito Financeiro da Faculdade de Direito da Universidade de São Paulo (USP) e Professor Titular de Direito Financeiro e Tributário da Faculdade de Direito da Universidade Federal do Pará (UFPA). Sócio do escritório Silveira, Athias, Soriano de Mello, Guimarães, Pinheiro & Scaff Advogados. Atua nas áreas do Direito Financeiro, Tributário e Minerário. Ocupa a cadeira n. 21 da ABDSS.

ta a certa *despesa, órgão* ou *fundo*. Trata-se de um conceito *relacional*. No Brasil, pós-Constituição de 1988, é vedada a vinculação da receita da espécie tributária *imposto*, sendo admitida a vinculação das demais espécies de receita[(2)].

A norma constitucional, do art. 167, IV, veicula o que se convencionou chamar de *Princípio da Não Afetação*.[(3)] Regis Fernandes de Oliveira menciona que

> o salutar princípio significa que não pode haver mutilação de verbas públicas. O Estado deve ter disponibilidade da massa de dinheiro arrecadado, destinando-o a quem quiser, dentro dos parâmetros que ele próprio elege como objetivos primordiais. Não se pode colocar o Estado dentro de uma camisa de força, minguando seus recursos, para que os objetivos traçados não fiquem ou não venham a ser frustrados. Deve haver disponibilidade para agir.

A proibição da vinculação da receita de *impostos* admite exceções[(4)], que estão estabelecidas na própria Constituição.

Outro conceito é o de *afetação*, que possui correlação com *finalidades*. Enquanto a *vinculação* cria um *liame normativo* entre receita e despesa, a *afetação* diz respeito a uma finalidade a ser realizada com aquela despesa. A *vinculação* é um *instrumento financeiro formal*, enquanto a *afetação* é *uma técnica financeira de conteúdo*, pois cria um objetivo a ser alcançado com aquele recurso, usualmente de conteúdo social, de investimento ou de garantia.

Na prática, os dois conceitos se entrelaçam, embora tenham conotações distintas. Ou seja, as exceções ao princípio da Não Afetação permitem que sejam criadas *vinculações* normativas *afetando* a receita de impostos aos gastos com saúde e educação. Por exemplo, na Constituição brasileira há *vinculação* (liame) de 18% da receita de impostos federais *afetados* (finalidade) à manutenção e desenvolvimento do ensino, tudo por força do art. 212.

Há de se distinguir esses dois conceitos (*afetação* e *vinculação*) da *distribuição do produto da arrecadação*[(5)], que é pertinente ao sistema de *repartição* da receita, de federalismo fiscal, de rateio de valores entre entes federados. O conceito de *vinculação da receita* diz respeito a um liame estabelecido entre aquela receita e uma determinada despesa, órgão ou fundo, obedecidas as ressalvas normativas. *Vinculação* não é um *rateio federativo*, mas a criação de um *elo normativo de ligação* da receita a uma finalidade — a uma *afetação*.

A *distribuição do produto da arrecadação* obedece a um critério espacial, geográfico; a *vinculação de*

---

(2) Na Constituição anterior, a vedação se referia a *tributos* e não a *impostos*. Ver SCAFF, Fernando Facury. Para além dos direitos fundamentais do contribuinte: o STF e a vinculação das contribuições. In: SCHOUERI, Luís Eduardo (coord.). *Direito tributário*. São Paulo: Quartier Latin, 2003. v. 2, p. 1139. Nesse trabalho afirmei: "Todavia, como interpretar o art. 4º II, do CTN, acima transcrito, que menciona que a natureza jurídica específica do tributo é determinada pelo fato gerador da respectiva obrigação, sendo irrelevante para qualificá-la a destinação legal do produto da sua arrecadação? Entendo que o art. 4º, II, do CTN, após o advento do art. 167, IV, da Constituição Federal de 1988, somente é aplicável para os impostos, uma vez que aquela norma constitucional manteve o Princípio da Não Afetação apenas para esta espécie tributária, e não para as demais, como na Carta de 1967-69. Não se há de esquecer que a Lei n. 5.172/66 surgiu em decorrência da Emenda Constitucional n. 18 à Constituição de 1946, tendo sido instituída como lei ordinária, recebendo apenas posteriormente a denominação de Código Tributário Nacional, em razão do art. 7º do Ato Complementar n. 36, de 13.3.1967. Foi a jurisprudência do STF que lhe reconheceu com *status* de *norma geral de direito tributário*, suprindo a exigência surgida com a EC n. 1/69 (art. 18, § 1º), que exigia que este tipo de normas gerais passasse a ser veiculada através de lei complementar, o que não existia no texto original da CF/67. Neste sentido é que advogo que o art. 4º, II, do CTN, teve seu sentido restringido pelo art. 167, IV, da Constituição de 1988, que estabeleceu que o Princípio da Não Afetação diz respeito apenas à teoria geral dos impostos, e não à teoria geral dos tributos. Desta maneira, entendo que: a) a natureza jurídica específica do tributo é determinada pelo fato gerador da respectiva obrigação, b) porém, *a destinação legal do produto da sua arrecadação somente é importante para a qualificação dos impostos, e não dos tributos em geral*, em face do advento da Constituição Federal de 1988 (art. 167, IV), que reduziu a *liberdade de conformação do legislador* para a construção do orçamento, deixando livre apenas os impostos, e não os demais tributos, que permanecem vinculados à finalidade que gerou sua criação, e que deverá estar constitucionalmente estabelecida. Caso não seja destinado o produto da arrecadação dos tributos (excetuados os impostos) à finalidade que os criou, haverá inconstitucionalidade por violação ao art. 167, IV."

(3) OLIVEIRA, Regis Fernandes de. *Curso de direito financeiro*. São Paulo: Revista dos Tribunais, 2014. p. 366.

(4) A não aplicação do art. 167, IV, CF, às taxas já foi decidida pelo STF em pelo menos duas oportunidades: na ADI n. 3.643, Rel. Min. Ayres Britto, julgamento em 8-11-2006, Plenário, DJ de 16.2.2007 e no RE 570.513AgR, Rel. Min. Eros Grau, julgamento em 16.12.2008, Segunda Turma, DJE de 27.2.2009.

(5) Essa distinção, sob outra nomenclatura e enfoque, é feita por CORREIA FILHO, Celso de Barros. Repartição de receitas tributárias e transferências intergovernamentais. In: CONTI, José Maurício; SCAFF, Fernando Facury; BRAGA, Carlos Eduardo Faraco (org.). *Federalismo fiscal:* questões contemporâneas. Florianópolis: Conceito, 2012. p. 197-216.

receita obedece a um critério *relacional*, que congrega a receita ao estabelecimento de uma finalidade. *Afetação é o estabelecimento dessa finalidade, que ocorre através da vinculação a uma despesa, órgão ou fundo, obedecidas as restrições normativas.*

Para aplicar esses conceitos, consulta-se Regis Fernandes de Oliveira:[(6)] o sistema de *fundos de participação* distribui o *produto da arrecadação* de forma interfederativa; o sistema de *fundos de destinação* cria *vinculação* da receita *afetando-a* a um fundo.

Conceito próximo ao de *afetação* é o de *referibilidade*, aplicável às contribuições, espécie tributária cuja caraterística principal é estabelecer uma destinação para a sua arrecadação, sem que haja uma vinculação *formal* entre receita e despesa.

Na verdade, não é sequer necessário que seja criado um *vínculo normativo formal* entre a arrecadação das contribuições e sua destinação. Pode-se dizer que a *referibilidade das contribuições* é um tipo de *afetação* sem liame normativo formal e específico. O *liame* da *referibilidade* decorre do próprio *tipo tributário* das contribuições.

Assim, a extinta CPMF — Contribuição Provisória sobre Movimentação Financeira tinha sua arrecadação *referida* aos gastos com saúde; a arrecadação do PIS deve ser ***referida*** aos gastos com o seguro-desemprego; a arrecadação das contribuições previdenciárias deve ser utilizada para custeio do regime de aposentadoria e pensões, e assim por diante.

Quando o Estado opta por arrecadar através de contribuições, já traz uma necessária *referência* quanto à sua aplicabilidade no tipo de gasto que gerou a imposição através da via tributária eleita.

Pode ocorrer, contudo, que seja previsto um liame *vinculativo formal*, como ocorre no caso da CIDE, art. 177, § 2º, II, CF, que estabelece destinação específica para sua arrecadação.

Conceito distinto dos anteriores é o de *despesa obrigatória*, ou *gasto obrigatório*, também conhecido como *despesas de execução obrigatória*. "Diferentemente da vinculação da receita, a despesa obrigatória resulta da legislação que cria benefícios independentemente da existência de fonte de recursos para atendê-la", segundo Giacomoni.[(7)]

São essas despesas obrigatórias as principais responsáveis pela rigidez do orçamento, pois quanto maiores, menos espaço haverá para a discricionariedade do legislador.[(8)]

As *vinculações* atrelam recursos a finalidades estabelecidas normativamente — existe uma fonte de recursos para satisfazer aquela fonte de despesa. Nas *despesas obrigatórias* não existe a direta fonte de recursos. São despesas dessa natureza os gastos com pessoal, os encargos da dívida pública e os gastos previdenciários, entre outras.

É a quantidade de *despesas obrigatórias* que engessa o orçamento e faz com que a discussão sobre sua natureza obrigatória ou vinculada tenha ficado apenas nas franjas das disponibilidades econômicas remanescentes. Adilson de Abreu Dallari bem demonstra isso ao afirmar que:

> antigo debate sobre o caráter autorizativo ou impositivo do orçamento não tem mais sentido, diante da pletora de normas que não deixam sombra de dúvida quanto ao fato de que o sistema de orçamentos é, na verdade, um subsistema do conjunto articulado de projetos e programas que devem orientar o planejamento governamental, o qual, nos termos do art. 174 da CF, é determinante para o setor público.[(9)]

André Castro Carvalho menciona que "a despesa obrigatória, conforme o próprio nome diz, obriga ao *gasto no exercício financeiro*, diferentemen-

(6) OLIVEIRA, Regis Fernandes de. *Curso de direito financeiro*, cit., p. 312 e ss.

(7) GIACOMONI, James. Receitas vinculadas, despesas obrigatórias e rigidez orçamentária In: CONTI, José Maurício; SCAFF, Fernando Facury; BRAGA, Carlos Eduardo Faraco (org.). *Federalismo fiscal:* questões contemporâneas. Florianópolis: Conceito, 2012. p. 354.

(8) Francisco Sergio Rocha esclarece esse jogo entre os poderes na atividade orçamentária: "O orçamento é muito mais do que uma previsão de receita e estimativa de despesa em um contexto de controle político, surgindo como um mecanismo de planejamento, aplicação e controle sobre o recurso público, procedendo a uma interação entre Executivo e Legislativo na efetivação das políticas públicas em observância ao comando da Constituição" (Orçamento e planejamento: a relação de necessidade entre as normas do sistema orçamentário. In: CONTI, José Mauricio; SCAFF, Fernando Facury (coords.). *Orçamentos públicos e direito financeiro*. São Paulo: RT, 2011. p. 742.

(9) DALLARI, Adilson de Abreu. Orçamento impositivo. In: CONTI, José Maurício; SCAFF, Fernando Facury (coords.). *Orçamentos públicos e direito financeiro*. São Paulo: RT, 2011. p. 327.

te da vinculação.[10] Aqui há uma discordância com o referido autor, pois ele coloca a ênfase distintiva na *temporalidade* para a realização do gasto público, ao mencionar que "obriga ao gasto no exercício financeiro".[11]

De fato, observando-se o art. 212, *caput*, é literal a menção que "A União *aplicará*, anualmente, nunca menos de dezoito (...) por cento (...) da receita resultante de impostos (...) na manutenção e desenvolvimento do ensino". O mesmo se verifica no § 2º do art. 198, onde se encontra literalmente, que "A União, os Estados, o Distrito Federal e os Municípios *aplicarão*, anualmente, em ações e serviços públicos de saúde recursos mínimos derivados da aplicação de percentuais calculados sobre (...)".

Ocorre que o verbo utilizado pelas duas normas é "*aplicar*", que nem sempre pode ser entendido como "*gastar*", podendo sê-lo também como *entregar, atribuir, conferir, dirigir*, entre vários outros. As duas normas transcritas, dessa forma, podem ser interpretadas como uma regra de *vinculação* (liame) anual, que carreia fração do dinheiro *anualmente* arrecadado mediante uma fonte de recursos, *afetando-o* a uma despesa estabelecida.

A *temporalidade* diz respeito ao total anualizado da receita que está *vinculada* a uma finalidade, e não ao *gasto obrigatório* com essa finalidade. Claro que haverá o gasto público naquela específica atividade, senão, qual a razão da arrecadação, da vinculação e da afetação? *Não há a obrigação de gastar todo o valor afetado no mesmo exercício financeiro em que a receita tiver sido arrecadada.* Essa é a diferença: a *temporalidade*.[12] Existe a obrigação de gastar os recursos vinculados, obedecida a afetação, mas não no mesmo exercício financeiro.

Essa interpretação encontra-se formulada pelo STF na ADI n. 2.925-DF, julgada em 19 de dezembro de 2004, em que foi relator para o acórdão o Ministro Marco Aurélio, na qual foi mantida a vinculação dos recursos arrecadados a título de CIDE — Contribuição de Intervenção no Domínio Econômico de um exercício financeiro para outro. O *obter dictum* do Min. Carlos Mário é revelador dos debates havidos em Plenário:

> Evidentemente que não estou mandando o Governo gastar. A realização de despesas depende de políticas públicas. O que digo é que o Governo não pode gastar o produto da arrecadação da CIDE fora do que estabelece a Constituição Federal[13] (...). Volto a repetir, não estou dizendo que o Governo deve gastar, isso é um ato político, não pode é desvincular o produto da arrecadação daquilo que está expressamente estabelecido na Constituição.[14]

Pode acontecer que esse *gasto obrigatório* venha a ocorrer em um ou mais exercícios, mas não poderá ser realizado em outra finalidade que não a prevista na *afetação* estabelecida e com, pelo menos, as receitas que tiverem sido a ela *vinculadas* (caso tenham sido), podendo ser com outras, se outras fontes de recursos forem destinadas.

Esse conceito de *gasto obrigatório* pode ocorrer (a) *por força de norma* que crie vinculações e afetações; como também pode decorrer de (b) sua *própria natureza*, como, por exemplo, os *gastos obrigatórios orçamentários* com pagamento de pessoal e seus encargos ou o pagamento do serviço da dívida pública.[15] A Lei de Responsabilidade Fiscal ampara

(10) CARVALHO, André Castro. *Vinculação de receitas públicas*. São Paulo: Quartier Latin, 2010. p. 120.

(11) Em outra parte, torna ainda mais clara a distinção que efetua, ao escrever que: "já a despesa ou gasto obrigatório é, como o próprio nome diz, mandatório: exige que o ente federativo gaste certo percentual de sua receita pública total ou de alguma espécie tributária específica (comumente impostos) em um programa social dentro do exercício financeiro. É facilmente perceptível essa distinção quando a Constituição Federal, por exemplo, inscreve que os entes federativos deverão aplicar *anualmente* (arts. 212, *caput* e 198, § 2º) determinado percentual sobre as receitas em saúde e educação". CARVALHO, André Castro. *Vinculação de receitas públicas*, cit., p. 121.

(12) Sobre direito financeiro e gastos com saúde, ver HABER NETO, Michel. Tributação e financiamento da saúde pública. São Paulo: Quartier Latin, 2013, e também MARTINS, Carolina Machado Freire. *Os efeitos da judicialização da saúde no orçamento público federal:* a desprogramação da assistência farmacêutica, dissertação de mestrado apresentada e aprovada perante a Faculdade de Direto da Universidade de São Paulo, Departamento de Direito Econômico e Financeiro, 2013, *mimeo*. Sobre a judicialização do direito à saúde, ver NUNES, António José Avelãs; SCAFF, Fernando Facury. *Os tribunais e o direito à saúde*, Porto Alegre: Livraria do Advogado, 2011.

(13) Acórdão na ADIn 2.925. p. 175.

(14) Acórdão na ADIn 2.925. p. 180.

(15) Esses dois exemplos, inclusive, encontram-se "blindados" no sistema orçamentário brasileiro, pois a Constituição impede que o Congresso Nacional modifique a proposta de lei orçamentária anual enviada pelo Poder Executivo quanto ao que tiver

a manutenção do saldo desses recursos vinculados à mesma finalidade em exercícios financeiros diversos.[16]

Na verdade, são quatro os conceitos envolvidos e correlatos:

a) o de *vinculação*, que permite a criação do liame normativo entre receita e despesa;

b) o de *afetação*, que estabelece a *finalidade* da despesa/destinação dos recursos;

c) o de *referibilidade das contribuições*, que decorre da própria espécie tributária adotada, que cria uma espécie de *afetação* entre receita e despesa, próprio da espécie tributária *contribuições;*

d) e o de *gasto obrigatório*, que obriga a realização de uma despesa sem que necessariamente existam recursos a ela *vinculados*.

2.2. Liberdade do Legislador Orçamentário e Vinculação de Receitas

Os conceitos acima expostos são importantes para tentar desfazer algumas dúvidas recorrentes, em especial as que entendem que há *afetação* nas transferências interfederativas obrigatórias.

Vê-se que o art. 167, IV, que criou o assim chamado *Princípio da Não Afetação*, traz em seu bojo as seguintes distintas prescrições normativas:

→ *a) Afetação* de impostos para gastos com saúde (art. 198, § 2º, CF), e para gastos com educação (art. 212, CF);

→ *b) Distribuição do produto da arrecadação* (via Fundos de Participação para Estados e Municípios, conforme os arts. 158 e 159, CF), o que se constitui em um preceito de *federalismo fiscal;*

→ *c) Prioridade* na alocação de recursos para os serviços de administração tributária, consoante o que estabelece o art. 37, XXII, CF, e que se caracteriza como uma orientação de preferência na alocação de recursos quando forem estabelecidas as prioridades orçamentárias; e

→ *d) Garantia de operações financeiras*, que podem ser:

→ e.1. Para as operações de crédito por antecipação de receita orçamentária (as comumente denominadas *operações de ARO* — Antecipação de Receita Orçamentária, previstas no art. 165, § 8º, CF) ou

→ e.2. Para que os Estados, Distrito Federal e Municípios prestem à União garantia ou contragarantia em empréstimos ou para o pagamento de débitos que possuam com a União (art. 167, § 4º, CF).

Centrando nossas atenções ao tema *vinculações*, dentro do art. 167, IV, CF, Giacomoni lembra que em nenhuma época se viu a utilização desse mecanismo aplicado de maneira tão generalizada,[17] embora alguns dos conceitos utilizados para *afetar* essas *vinculações* sejam de tal maneira abertos e vagos, que possibilitam uma "grande flexibilidade alocativa 'por dentro' dessas vinculações, que permite a escolha de distintos programas ou ações como beneficiárias desses recursos", como ressaltam Franselmo Araújo Costa e Hélio Martins Tolini.[18]

Na verdade, o que é veiculado através do art. 167, IV, CF, é o princípio da Liberdade do Legislador Orçamentário, a fim de que os representantes do povo que sejam eleitos possam ter verbas disponíveis, sem atrelamentos, para poder cumprir as tarefas políticas que a sociedade lhe impôs.

É através dos recursos dos impostos que serão realizadas as políticas públicas comprometidas através das eleições periódicas. Exatamente por esse motivo que os impostos não devem estar atrelados a órgão, fundo ou despesa, permitindo que o legislador estabeleça as prioridades durante seu mandato, o que ocorre orçamentariamente através do sistema de planejamento financeiro previsto na Constituição: PPA — Plano Plurianual, LDO — Lei de Diretrizes Orçamentárias e LOA — Lei Orçamentária Anual.

Observe-se que isso impõem debates parlamentares periódicos sobre o destino da arrecadação,

sido estabelecido para gastar nessas rubricas — art. 166, § 3º, II. Sobre o tema, ver: SCAFF, Fernando Facury. *Orçamento republicano e liberdade igual. Direito financeiro, república e direitos fundamentais*. Belo Horizonte: Fórum, 2018.

(16) LC n. 101/2000, art. 8º.

(17) GIACOMONI, James. Receitas vinculadas, despesas obrigatórias e rigidez orçamentária. In: CONTI, José Maurício; SCAFF, Fernando Facury (coords.). *Orçamentos públicos e direito financeiro*. São Paulo: RT, 2011. p. 332.

(18) COSTA, Franselmo Araújo; TOLINI, Hélio Martins. Vinculações das receitas orçamentárias: teoria e prática. In: CONTI, José Maurício; SCAFF, Fernando Facury (coords.). *Orçamentos públicos e direito financeiro*. São Paulo: RT, 2011. p. 953.

enquanto que as verbas *vinculadas* são *carimbadas*, afastando do debate parlamentar esses valores, que desde antes são atrelados às finalidades estabelecidas. Tais finalidades só podem ser aquelas determinadas pela Constituição, conforme assevera Heleno Torres:

> A Constituição Financeira visa garantir a certeza do direito e a estabilidade sistêmica ao longo de toda aplicabilidade das competências do direito financeiro, segundo princípios e valores uniformes, nos limites dos direitos e liberdades fundamentais, com a máxima efetividade das Constituições Econômica, Político-Federativa e Social.[19]

Observa-se que o art. 167, IV, CF, estabelece que devem estar excepcionadas dessa *liberdade* certos impostos obrigatoriamente afetados a finalidades educacionais e sanitárias. Justamente por essa característica é que em outro texto denominei de *garantia financeira dos direitos sociais* essas *vinculações de recursos* ao exercício desses direitos fundamentais.[20]

A receita de impostos, excepcionada estas vinculações, e obedecidas as transferências obrigatórias federativas, devem estar livres para que o Legislador aponte as prioridades para seu uso.

O fato é que há uma busca desenfreada pela afetação de parcelas do orçamento pelos vários setores da sociedade.

Enquanto os gestores centrais do orçamento lutam para desvincular receitas, os gestores setoriais buscam vinculá-las, pois, para estes, contar com recursos vinculados é um conforto, pois "não precisam disputar esses recursos com os demais gestores durante a elaboração e aprovação do orçamento", segundo a análise de James Giacomoni.[21] Pode-se dizer que todos buscam *capturar* uma fração das receitas orçamentárias *para chamar de sua*, a fim de não necessitar disputar com os demais setores da sociedade e, assim, amarrar o legislador orçamentário de forma perene àquele gasto público.

A análise jurisprudencial demonstrará esta busca desenfreada de vários setores da sociedade em busca de vinculações orçamentárias para poder "*chamar de seu*" um pedaço da arrecadação pública, à margem do art. 167, IV, CF.

2.3. A luta por um pedaço da arrecadação pública *"para chamar de seu"*

a) Por parte de setores empresariais

Um caso de busca de *captura* de parcela da arrecadação por parte de empresários do setor da construção civil pode ser encontrado no RE 183.906/SP, julgado em 1997, tendo por Relator o Ministro Marco Aurélio, que apreciou a constitucionalidade da Lei paulista n. 6.556/89, através da qual foi majorada a alíquota do ICMS de 17% para 18%, ficando consignado que esse valor deveria ser afetado ao aumento de capital da Caixa Econômica do Estado de São Paulo S.A., e utilizado para o financiamento de programas de habitação popular. A ementa do acórdão ficou assim lavrada:

> IMPOSTO — VINCULAÇÃO A ÓRGÃO, FUNDO OU DESPESA. A teor do disposto no inciso IV do art. 167 da Constituição Federal, é vedado vincular receita de impostos a órgão, fundo ou despesa. A regra apanha situação concreta em que lei local implicou majoração do ICMS, destinando-se o percentual acrescido a um certo propósito — aumento de capital de caixa econômica, para financiamento de programa habitacional. Inconstitucionalidade dos arts. 3º, 4º, 5º, 6º, 7º, 8º e 9º da Lei n. 6.556, de 30 de novembro de 1989, do Estado de São Paulo.

Registre-se que, neste caso, a posição do STF foi de que não só a vinculação era inconstitucional, por violação do art. 167, IV, CF, mas também a imposição tributária, o que acabou por determinar a devolução aos contribuintes do um ponto percentual de ICMS que houvera sido majorado.

A despeito do trânsito em julgado dessa ação, o assunto permaneceu em debate, pois o Estado de São Paulo manteve a exigência desse acréscimo tributário e sua vinculação através das Leis Estaduais ns. 7.003/90, 7.646/91 e 8.207/92, as quais foram declaradas inconstitucionais através dos RE 188.443

(19) TORRES, Heleno Taveira. *Teoria da constituição financeira*. São Paulo: RT, 2014. p. 75.

(20) SCAFF, Fernando Facury. A efetivação dos direitos sociais no Brasil: garantias constitucionais de financiamento e judicialização In: SCAFF, Fernando Facury; ROMBOLI, Roberto; REVENGA, Miguel (coord.). *A eficácia dos direitos sociais* — I Jornada Internacional de Direito Constitucional Brasil/Espanha/Itália. São Paulo: Quartier Latin, 2009. v. 1, p. 22-53.

(21) GIACOMONI, James. Receitas vinculadas, despesas obrigatórias e rigidez orçamentária. In: CONTI, José Maurício; SCAFF, Fernando Facury (coords.). *Orçamentos públicos e direito financeiro*. São Paulo: RT, 2011. p. 332.

e 213.739 (julgados em 1998), ambos relatados pelo Ministro Marco Aurélio.

Posteriormente ao julgamento inicial, ocorrido em 1997, o Estado de São Paulo editou a Lei n. 9.903/97, através da qual foi majorada a alíquota do ICMS de 17% para 18%, por um ano (art. 1º), e, ao invés de afetar essa majoração ao aumento de capital da Caixa Econômica estadual, ou estabelecer que seria usado para programas de habitação popular, a Lei dispôs no art. 3º apenas que "O Poder Executivo publicará, mensalmente, no Diário Oficial do Estado, até o dia 10 (dez) do mês subsequente, a aplicação dos recursos provenientes da elevação da alíquota de que trata o art. 1º".

Ou seja, ao invés de *afetar* o aumento da alíquota à determinada finalidade, simplesmente estabeleceu que esse valor deveria ser objeto de publicação específica acerca da aplicação dos recursos decorrentes da majoração do tributo. Essa norma foi levada ao STF através do RE 585.535/SP, tendo por relatora a Ministra Ellen Gracie, em julgamento ocorrido em 2010, que não declarou a inconstitucionalidade da norma estadual. Entendeu o Tribunal que, dessa feita, não estaria havendo infringência ao art. 167, IV, CF, pois não haveria afetação do tributo a uma prévia e específica despesa, mas sim dentro do plano geral de governo do Estado, tendo sido confirmada a majoração do tributo.

A alíquota interna, padrão do ICMS paulista, permanece em 18% até os dias atuais, tendo sido perenizado o aumento provisório criado em 1989 e sucessivamente prorrogado. Como a afetação foi declarada inconstitucional (RE 183.906/SP, 188.443 e 213.739) e a majoração constitucional (no RE 585.535/SP), o "naco" do orçamento pretendido por esse setor da economia não foi mais dirigido necessariamente para essa finalidade, devendo ser buscado no debate orçamentário o recurso pretendido. Assim, a vinculação da receita pública para a construção civil desapareceu, mas a majoração da incidência permaneceu, onerando toda a sociedade envolvida.

Outro caso de busca de afetação por setores empresariais ocorreu no Estado de Santa Catarina, através do qual buscava-se, por meio da Emenda Constitucional estadual, que parte da receita do Estado fosse destinada a programas de desenvolvimento do setor primário da economia. O caso pode ser visto na ADI n. 1.759, relatada pelo Ministro Gilmar Mendes, em 2010. A ementa ficou assim grafada:

> Ação direta de inconstitucionalidade contra o inciso V do § 3º do art. 120 da Constituição do Estado de Santa Catarina, com a redação dada pela EC n. 14, promulgada em 10.11.1997. Vinculação, por dotação orçamentária, de parte da receita corrente do Estado a programas de desenvolvimento da agricultura, pecuária e abastecimento. Inconstitucionalidade. Afronta à iniciativa privativa do chefe do Poder Executivo em tema de diretrizes orçamentárias. Precedentes. Violação ao art. 167, IV, da Constituição. Precedentes.

Muitos programas de desenvolvimento de setores da economia buscam fontes próprias de financiamento, abocanhando nacos do orçamento, o que reforçaria sua rigidez, como pode ser visto neste caso do Distrito Federal, cuja norma de incentivos fiscais relacionada ao IPVA foi declarada inconstitucional em julgamento ocorrido em 2006, tendo por relator o Ministro Eros Grau na ADI n. 1.750 (que confirmou a Medida Cautelar concedida anteriormente, cujo relator fora o Ministro Nelson Jobim):

> É inconstitucional a lei complementar distrital que cria programa de incentivo às atividades esportivas mediante concessão de benefício fiscal às pessoas jurídicas, contribuintes do IPVA, que patrocinem, façam doações e investimentos em favor de atletas ou pessoas jurídicas. O ato normativo atacado faculta a vinculação de receita de impostos, vedada pelo art. 167, IV, da CB/1988. Irrelevante se a destinação ocorre antes ou depois da entrada da receita nos cofres públicos.

O mesmo ocorreu na ADI n. 1.374, julgada em 1995, tendo por relator o Ministro Carlos Mário, relativamente a uma Emenda à Constituição do Estado do Maranhão, em que se buscava vincular 5% da arrecadação do Estado e de todos os Municípios para a produção de alimentos básicos. A tentativa de *captura de recursos* foi julgada inconstitucional pelo STF.

Embora o STF não tenha caracterizado como um caso de *vinculação*, a decisão abaixo é paradigmática acerca da busca de setores da sociedade por um naco do orçamento. Um incentivo fiscal concedido sob o pálio de incentivo ao esporte, por exemplo, pode esconder, na verdade, um benefício individual disfarçado. É o caso da ADIn n. 4.259/PB, cujo relator foi o Ministro Ricardo Lewandowski, julgado em 2010, na qual foi analisada a Lei Estadual da Paraíba n. 8.736/2009 que instituiu o

Programa Acelera Paraíba, onde os contribuintes poderiam compensar valores pagos de ICMS destinando-os a incentivar os "pilotos de automobilismo nascidos e vinculados ao Estado da Paraíba".

No caso, a despeito de não haver propriamente uma *vinculação fiscal* — pelo que se depreende do acórdão, havia um sistema de *patrocínio fiscal*, com *direcionamento* do imposto pago —, apenas um piloto paraibano preenchia os requisitos da norma para se habilitar a receber o valor de R$ 1 milhão estabelecido como limite por aquela Lei. A decisão do STF no referido acórdão foi de suspender seus efeitos até decisão final da Corte, por infringência ao Princípio da Impessoalidade. Ou seja, o que aparentemente veiculava uma regra geral de incentivo ao esporte estava concedendo benefício fiscal individual e pessoal.

O setor de combustíveis, energia elétrica e serviços de comunicação do Estado do Rio Grande do Sul também buscou obter benefícios fiscais por uma fórmula financeira bastante interessante, mas que foi considerada inconstitucional pelo STF. A Lei Estadual n. 12.223, de 3.1.2005, criou o Fundo Partilhado de Combate às Desigualdades Sociais e Regionais do Estado do Rio Grande do Sul, através do qual foi concedido crédito presumido de ICMS às empresas que atuavam nesses setores.

A Procuradoria Geral da República argumentou de forma dúplice para inquinar de inconstitucional a referida norma, atacando a necessidade de Convênio do CONFAZ, desonerativo do ICMS, na forma da Lei Complementar n. 24/75, o que infringiria o art. 155, § 2º, XII, "g", da Constituição, bem como pela infringência ao art. 167, IV, da Constituição, pois criaria uma espécie de *vinculação*, uma vez que a doação a esse Fundo permitiria que houvesse o creditamento presumido de ICMS.

A decisão do STF, em acórdão da lavra da relatora Ministra Ellen Gracie, julgado em 2007, afastou a primeira infringência e centrou fogo na segunda, demonstrando a existência de *vinculação*, ao arrepio do art. 167, IV, CF. A ementa ficou assim lavrada (excerto):

> 2. O Diploma impugnado não representa verdadeiro e unilateral favor fiscal conferido a determinado setor da atividade econômica local, pois, conforme consta do *caput* de seu art. 5º, somente o valor efetivamente depositado a título de contribuição para o fundo criado é que poderá ser deduzido, na forma de crédito fiscal presumido, do montante de ICMS a ser pago pelas empresas contribuintes.
>
> 3. As normas em estudo, ao possibilitarem o direcionamento, pelos contribuintes, do valor devido a título de ICMS para o chamado Fundo Partilhado de Combate às Desigualdades Sociais e Regionais do Estado do Rio Grande do Sul, compensando-se, em contrapartida, o valor despendido sob a forma de crédito fiscal presumido, criaram, na verdade, um mecanismo de redirecionamento da receita de ICMS para a satisfação de finalidades específicas e predeterminadas, procedimento incompatível, salvo as exceções expressamente elencadas no art. 167, IV, da Carta Magna, com a natureza dessa espécie tributária. Precedentes: ADI n. 1.750-MC, Rel. Min. Nelson Jobim, ADI n. 2.823-MC e ADI n. 2.848-MC, Rel. Min. Ilmar Galvão.

b) Por servidores públicos

O STF também analisou um caso do Estado de Santa Catarina no qual servidores públicos buscavam vincular *superávits arrecadatórios* para reajuste de vencimentos. Essa vinculação foi também reputada inconstitucional através do RE 218.874, julgado em 2007, tendo por relator o Ministro Eros Grau:

> Reajuste automático de vencimentos vinculado à arrecadação do ICMS e a índice de correção monetária. Inconstitucionalidade. LC n. 101/1993 do Estado de Santa Catarina. Reajuste automático de vencimentos dos servidores do Estado-membro, vinculado ao incremento da arrecadação do ICMS e ao índice de correção monetária. Ofensa ao disposto nos arts. 37, XIII; 96, II, *b*; e 167, IV, da CB. Recurso extraordinário conhecido e provido para cassar a segurança, declarando-se, incidentalmente, a inconstitucionalidade da LC n. 101/1993 do Estado de Santa Catarina.

Constata-se que a pretensão dos servidores públicos se caracterizaria quase como uma apropriação dos superávits arrecadatórios em benefício do reajuste monetário da categoria. O STF considerou inconstitucional a pretensão, sob o argumento da violação do art. 167, IV, CF, embora a vinculação não fosse diretamente referida à arrecadação dos impostos, mas ao superávit arrecadatório, que pode ocorrer sobre diversas formas, mediante receitas tributárias de taxas ou receitas patrimoniais.

c) Busca da afetação, ou sua ampliação, por setores sociais

Aqui se analisa a busca da ampliação da vinculação constitucionalmente prevista pelos setores de educação e de saúde, ou a busca por vinculações em outros setores sociais.

O STF já declarou inconstitucional texto de Emenda Constitucional estadual em que foi estabelecida a ampliação da afetação da receita de impostos para o setor de saúde. Isso ocorreu através da ADI n. 1.848, julgada em 2002, referente ao Estado de Rondônia, tendo por relator o Ministro Ilmar Galvão. Foi proponente da referida ADI o Governador do Estado. A ementa do acórdão da Medida Cautelar ficou assim lavrada:

> AÇÃO DIRETA DE INCONSTITUCIONALIDADE. ESTADO DE RONDÔNIA. § 1º DO ART. 241 DA CONSTITUIÇÃO ESTADUAL, INSERIDO PELA EMENDA CONSTITUCIONAL N. 7/97. ALEGADA VIOLAÇÃO AO INC. IV DO ART. 167 DA CONSTITUIÇÃO FEDERAL. CAUTELAR DEFERIDA. A disposição da Constituição do Estado de Rondônia, ao prever que se aplique nunca menos de dez por cento da receita de impostos, compreendida a proveniente de transferências, no sistema de saúde, vincula a receita tributária em hipótese não enquadrada nas ressalvas do inc. IV do art. 167 da Constituição Federal. Cautelar deferida.

Caso interessante, que mescla federalismo fiscal e interesses indígenas, pode ser visto na ADI n. 2.355-MC, relatada pelo Ministro Celso de Mello, julgada em 2002, relativamente ao Estado do Paraná. No caso, o Estado buscava determinar que os Municípios aplicassem em áreas indígenas 50% do ICMS a eles transferido por determinação constitucional. A Procuradoria Geral da República propôs a ADI, que acabou declarando inconstitucional a norma estadual, e que ficou assim ementada:

> Lei estadual que determina que os Municípios deverão aplicar, diretamente, nas áreas indígenas localizadas em seus respectivos territórios, parcela (50%) do ICMS a eles distribuída. Transgressão à cláusula constitucional da não afetação da receita oriunda de impostos (CF, art. 167, IV) e ao postulado da autonomia municipal (CF, art. 30, III). Vedação constitucional que impede, ressalvadas as exceções previstas na própria Constituição, a vinculação a órgão, fundo ou despesa do produto da arrecadação de impostos. Inviabilidade de o Estado-membro impor ao Município a destinação de recursos e rendas que a este pertencem por direito próprio. Ingerência estadual indevida em tema de exclusivo interesse do Município. Doutrina. Precedentes. Plausibilidade jurídica do pedido. Configuração do *periculum in mora*. Medida cautelar deferida.

Por outro lado, em 2009, o STF, através da ADI n. 2.447, relatada pelo Ministro Joaquim Barbosa, declarou que não haveria violação do art. 167, IV, CF, a Emenda à Constituição do Estado de Minas Gerais que estabelecia vinculação de 2% da receita orçamentária corrente ordinária para a Universidade Estadual de Minas Gerais e para a Universidade Estadual de Montes Claros e outros 7,5% para serem usados prioritariamente para a criação e implantação de cursos superiores nos vales do Jequitinhonha e do Mucuri. Isto ocorreria porque tais percentagens deveriam estar inseridas no percentual de 25% que a Constituição Federal obriga aos Estados dirigirem aos gastos com educação, consoante o art. 212. A ementa ficou assim lavrada:

> Norma constitucional estadual que destina parte das receitas orçamentárias a entidades de ensino. (...) Inexistência de violação material, em relação aos arts. 167, IV, e 212 da Constituição, na medida em que não há indicação de que o valor destinado (2% sobre a receita orçamentária corrente ordinária) excede o limite da receita resultante de impostos do Estado (25% no mínimo).

Observa-se que, a despeito de não ter sido considerado infringido o art. 167, IV, CF, a Emenda Constitucional estadual foi declarada inconstitucional por violar o art. 165 da Constituição, que dá primazia ao Chefe do Poder Executivo para propor normas que digam respeito ao orçamento.

Esta decisão revela-se muito confusa por várias razões.

O art. 165 não diz respeito à reserva de iniciativa legislativa em caso de Emenda Constitucional, mas apenas de três leis orçamentárias: PPA, LDO e LOA. A despeito disso, o relator, Ministro Joaquim Barbosa, entendeu que isso "não altera o juízo de violação da Constituição Federal", e, com isso, também a Emenda Constitucional sobre matéria orçamentária foi inserida como de iniciativa legislativa privativa do Chefe do Poder Executivo.

Também não foi discutido se seria possível incluir o custeio do ensino superior no percentual de 25% da receita resultante de impostos, previsto no art. 212, pois fora do foco prioritário a ser atendido pelos Estados, que é o ensino fundamental e médio, consoante o art. 211, § 3º, CF.

Enfim, ficaram vários aspectos sem análise no presente caso, que bem poderiam ser melhor explicitados no julgamento.

Parodiando João Cabral de Mello Neto[22], o setor de cultura também buscou a "parte que lhe cabe nesse latifúndio" orçamentário do Estado do Paraná, quando, através de lei estadual, foi vinculado a esse setor 0,5% da arrecadação de ICMS. O Ministro Gilmar Mendes foi o relator da ADI n. 2.529, julgada em 2001, que fulminou a pretensão, sob o pálio do art. 167, IV, CF:

> Ação direta de inconstitucionalidade. Lei n. 13.133/2001 do Estado do Paraná que instituiu o Programa de Incentivo à Cultura, vinculando parte da receita do ICMS ao Fundo Estadual de Cultura. Violação ao art. 167, IV, da CF. Precedentes. Ação direta julgada procedente.

2.4. Um exemplo de conquista de verbas no debate orçamentário anual: o caso das Universidades Estaduais paulistas

Uma fórmula que respeita o princípio da Não Afetação previsto no art. 167, IV, CF foi estabelecida no Estado de São Paulo para financiamento das Universidades Estaduais paulistas, USP, UNESP e Unicamp. Ao invés de atrelar as receitas de ICMS de forma perene ao financiamento dessas Unidades educacionais, o que certamente seria objeto de ações judiciais contestatórias de sua constitucionalidade, o Estado, a cada ano, inclui na Lei de Diretrizes Orçamentárias um percentual da arrecadação estadual para custear essas Universidades, que deve servir de base na elaboração da LOA estadual. Assim, tradicionalmente, há vários anos, através consenso político, juridiciza-se na LDO e na LOA paulista o percentual de 9,57% da arrecadação do ICMS, vinculando-o ao custeio das Universidades estaduais mencionadas.

Periodicamente esse percentual é objeto de contestação política, como ocorreu em 2007, época em que José Serra foi governador, em que se pretendeu regular esse repasse por meio de decretos, ou, mais recentemente, na apresentação do Projeto de Lei de Diretrizes Orçamentárias de 2016 (PL-DO n. 587/15) pelo Governador Geraldo Alckmin, em que foi proposta uma alteração na usual redação da norma, mencionando que o percentual de 9,57% da arrecadação do ICMS se tornasse o valor "máximo" a ser transferido[23].

Essa redação não foi aprovada pela Assembleia Legislativa do Estado, que a alterou e foi sancionada pelo Governador, tendo se transformado na Lei n. 15.870/15, mantendo a redação dos anos anteriores que tinham o percentual de 9,57% como "*mínimo*' e não "*máximo*" a ser transferido[24].

Ou seja, é no debate político ano a ano, orçamentário anual, que as verbas para as Universidades paulistas são asseguradas, sem infringência ao princípio da Não Afetação.

---

(22) Diplomata e poeta, autor de *Vida e Morte Severina*, de onde foi tirada a paródia mencionada. Os versos são: "Essa cova em que estás, /com palmos medida, /é a cota menor /que tiraste em vida. /É de bom tamanho, /nem largo nem fundo, /é a parte que te cabe /neste latifúndio".

(23) Texto do *caput* do artigo enviado à Assembleia Legislativa, com grifo aposto: "Art. 4º Os valores dos orçamentos das Universidades Estaduais serão fixados na proposta orçamentária do Estado para 2016, devendo as liberações mensais dos recursos do Tesouro respeitar, *no máximo*, o percentual global de 9,57% (nove inteiros e cinquenta e sete centésimos por cento) da arrecadação do Imposto sobre Operações Relativas à Circulação de Mercadorias e sobre Prestações de Serviços de Transporte Interestadual e Intermunicipal e de Comunicação — ICMS — Quota-Parte do Estado, no mês de referência".

(24) O texto integral do artigo sancionado é o seguinte, com grifo aposto, na íntegra: art. 4º Os valores dos orçamentos das Universidades Estaduais serão fixados na proposta orçamentária do Estado para 2016, devendo as liberações mensais dos recursos do Tesouro respeitar, *no mínimo*, o percentual global de 9,57% (nove inteiros e cinquenta e sete centésimos por cento) da arrecadação do Imposto sobre Operações Relativas à Circulação de Mercadorias e sobre Prestações de Serviços de Transporte Interestadual e Intermunicipal e de Comunicação — ICMS — Quota-Parte do Estado, no mês de referência. § 1º À arrecadação prevista no "*caput*" deste artigo serão adicionados 9,57% (nove inteiros e cinquenta e sete centésimos por cento) das Transferências Correntes da União, decorrentes da compensação financeira pela desoneração do ICMS das exportações, da energia elétrica e dos bens de ativos fixos, conforme dispõe a Lei Complementar Federal n. 87, de 13 de setembro de 1996, efetivamente realizadas. § 2º O Poder Executivo poderá dar continuidade ao programa de expansão do ensino superior público em parceria com as Universidades Estaduais. § 3º O Governo do Estado publicará no Diário Oficial, trimestralmente, demonstrativo dos repasses para as Universidades Estaduais, contendo a receita prevista e a realizada a cada mês, disponibilizando-o por meio eletrônico pela Secretaria da Fazenda. § 4º As Universidades Estaduais publicarão no Diário Oficial, trimestralmente, relatório detalhado contendo os repasses oriundos do Estado e de outras fontes, o número de alunos atendidos, bem como as despesas efetuadas para o desempenho de suas atividades, incluindo a execução de pesquisas.

3. *Conclusões*

A dimensão veiculadora de *liberdades* do princípio da Não Afetação ainda não foi devidamente reconhecida pelo STF, conforme se pode depreender das decisões anteriores referidas, embora esse Tribunal o venha preservando de ataques de diversos setores da sociedade que buscam assegurar uma parcela das receitas de impostos para "chamar de sua" e, assim, fugir ao desgastante e anualizado debate orçamentário, realizado nos Parlamentos.

É imprescindível que haja sua preservação para que seja possível ao legislador orçamentário alocar as receitas de impostos para fazer frente aos gastos públicos em prol de todos, mantendo íntegra a liberdade orçamentária, cuja única ressalva vinculativa é para o direcionamento de gastos com educação e saúde, o que se caracteriza como uma *garantia financeira para a realização desses direitos sociais*.

Referências bibliográficas

CORREIA FILHO, Celso de Barros. Repartição de receitas tributárias e transferências intergovernamentais. In: CONTI, José Maurício; SCAFF, Fernando Facury; BRAGA, Carlos Eduardo Faraco (org.). *Federalismo fiscal:* questões contemporâneas. Florianópolis: Conceito, 2012.

COSTA, Franselmo Araújo; TOLINI, Hélio Martins. Vinculações das receitas orçamentárias: teoria e prática. In: CONTI, José Maurício; SCAFF, Fernando Facury (coords.). *Orçamentos públicos e direito financeiro.* São Paulo: RT, 2011.

DALLARI, Adilson de Abreu. Orçamento impositivo. In: CONTI, José Maurício; SCAFF, Fernando Facury (coords.). *Orçamentos públicos e direito financeiro.* São Paulo: RT, 2011.

GIACOMONI, James. Receitas vinculadas, despesas obrigatórias e rigidez orçamentária. In: CONTI, José Maurício; SCAFF, Fernando Facury (coords.). *Orçamentos públicos e direito financeiro.* São Paulo: RT, 2011.

HABER NETO, Michel. *Tributação e financiamento da saúde pública.* São Paulo: Quartier Latin, 2013.

MARTINS, Carolina Machado Freire. *Os efeitos da judicialização da saúde no orçamento público federal:* a desprogramação da assistência farmacêutica. Dissertação de mestrado — Faculdade de Direto da Universidade de São Paulo, Departamento de Direito Econômico e Financeiro, 2013, *mimeo*.

NUNES, António José Avelãs; SCAFF, Fernando Facury. *Os tribunais e o direito à saúde.* Porto Alegre: Livraria do Advogado, 2011.

OLIVEIRA, Regis Fernandes de. *Curso de direito financeiro.* São Paulo: Revista dos Tribunais, 2014.

ROCHA, Francisco Sergio. Orçamento e planejamento: a relação de necessidade entre as normas do sistema orçamentário. In: CONTI, José Maurício; SCAFF, Fernando Facury (coords.). *Orçamentos públicos e direito financeiro.* São Paulo: RT, 2011.

SCAFF, Fernando Facury. *Orçamento republicano e liberdade igual. Direito financeiro, república e direitos fundamentais.* Belo Horizonte: Fórum, 2018.

______. A efetivação dos direitos sociais no Brasil: garantias constitucionais de financiamento e judicialização. In: SCAFF, Fernando Facury; ROMBOLI, Roberto; REVENGA, Miguel (coord.). *A eficácia dos direitos sociais* — I Jornada Internacional de Direito Constitucional Brasil/Espanha/Itália. São Paulo: Quartier Latin, 2009.

______. Para além dos direitos fundamentais do contribuinte: o STF e a vinculação das contribuições. In: SCHOUERI, Luís Eduardo (coord.). *Direito tributário.* São Paulo: Quartier Latin, 2003. v. 2.

23

Considerações sobre a Efetividade da Proteção Social no Brasil

Daniel Machado da Rocha[(1)]

1. *Introdução*

Considerações preliminares

Um Estado Democrático de Direito deve contemplar mecanismos efetivos para resguardar toda a sua população contra as contingências sociais capazes de conduzir o ser humano para uma situação incompatível com a dignidade da pessoa humana. Em face dos objetivos fundamentais que devem ser perseguidos pela República Federativa do Brasil, consubstanciados na erradicação da pobreza, promoção do bem de todos e na construção de uma sociedade livre, justa e solidária (art. 3º da CF/88), era natural que os direitos fundamentais sociais ocupassem um papel de destaque. Nessa perspectiva, um autêntico Estado Democrático de Direito não pode ser instituído sem uma adequada tutela dos direitos fundamentais. Por tais motivos, a Carta de Princípios de 1988 não apenas contemplou um expressivo rol de direitos fundamentais, como também atribuiu a todos eles aplicabilidade imediata (§ 1º do art. 5º da CF/88).

No presente artigo, que evidentemente não esgota a problemática, será examinado o caráter de direito fundamental da seguridade social, bem como tecidas considerações sobre os principais argumentos apresentados contra o reconhecimento dos direitos sociais como direitos fundamentais.

Pretende-se sustentar ainda que, apesar de nem todos os direitos previstos apresentarem o mesmo grau de justiciabilidade[(2)], não é correto supor que as disposições constitucionais que albergam direitos fundamentais sociais sejam completamente destituídas de eficácia sem a edição de disciplina legislativa infraconstitucional.

2. *Desenvolvimento*

2.1. Proteção social e seguridade social

Em uma aproximação inicial, a proteção social consiste em uma política pública fundamentalmente inclusiva, destinada à redução das diferenças sociais e à promoção do livre desenvolvimento da personalidade humana[(3)]. O equilíbrio e a paz social somente são atingidos quando o Estado consegue garantir não apenas as liberdades fundamentais e o exercício dos direitos políticos, mas também concretizar políticas públicas que assegurem prestações estatais aos cidadãos.

---

(1) Juiz Federal da 2ª Turma Recursal do Rio Grande do Sul. Doutor e Mestre em Direito (PUC-RS). Coordenador Acadêmico do Instituto Latino-Americano de Direito Social. Professor Coordenador da Especialização em Direito Previdenciário da Escola Superior da Magistratura Federal. Membro da Academia Brasileira de Direito da Seguridade Social (ABDSS), cadeira de n. 11. Autor de livros e artigos na área da Seguridade Social.

(2) Por justiciabilidade entende-se a possibilidade de o titular do direito reclamar perante um juiz ou tribunal o cumprimento das obrigações que derivam desse direito. (QUEIROZ, Cristina. *Direitos fundamentais sociais:* funções, âmbito, conteúdo, questões interpretativas e problemas de justiciabilidade. Coimbra: Coimbra, 2006. p. 148).

(3) ROCHA, Daniel Machado da; SAVARIS, José Antônio. *Curso de direito previdenciário:* fundamentos de interpretação e aplicação do direito previdenciário. 2. ed. Curitiba: Alteridade, 2019. p. 22.

Após a Segunda Grande Guerra, as ideias de extensão do sistema de proteção foram impulsionadas pelo emprego de técnicas inovadoras[4] e de gestão pública das instituições, progressivamente substituindo as concepções privadas antes empregadas. A seguridade social não esgota os direitos fundamentais sociais previstos na nossa Constituição — os quais são inspirados na dignidade da pessoa humana — mas constitui o centro gravitacional em torno do qual foi edificada a proteção social em nosso País.

A efetividade da proteção social está umbilicalmente relacionada com a exigência de institucionalização de um esquema solidário de proteção contra contingências próprias do convívio social aptas a prejudicar a saúde do indivíduo, embaraçar o desenvolvimento de sua personalidade, ou afetar sua condição de providenciar, por seus próprios meios, os recursos necessários à digna subsistência e plena participação social.

A seguridade social pode ser organizada em diferentes formatos, embora exista um consenso internacional mínimo expresso na Convenção n. 102 da Organização Internacional do Trabalho (OIT). Além do potencial econômico de cada nação, o nível de proteção social depende do conteúdo do pacto entre a classe dominante e os trabalhadores, mediado pelo Estado que assume um papel ativo no estímulo de setores econômicos, na regulação do processo econômico, na distribuição de renda e nas funções de reprodução da força de trabalho. A dimensão histórica é imprescindível para entender não apenas o sentido dos direitos fundamentais, pois os enunciados jurídicos estão vinculados às demais práticas sociais[5], mas também as possibilidades reais de seu exercício e desfrute por parte dos cidadãos.

No caso brasileiro, a proteção social foi construída tomando como paradigma o modelo laborista bismarkiano, sistema no qual a seguridade social é regida fundamentalmente pela incorporação de elementos jurídicos do seguro (risco, evento e dano) os quais são redefinidos e adaptados para a proteção do trabalhador e de seus dependentes. Corroborando o afirmado, relembre-se que, antes da Carta de 1988, a assistência médica do sistema público não era universal, sendo prestada sem pagamento apenas para quem comprovasse a sua vinculação à previdência social. Por isso, o financiamento é predominantemente lastreado na tributação dos rendimentos do trabalho, sendo que a vinculação ao sistema decorre do recolhimento de contribuições. Com o advento da Constituição de 1988, adotou-se o conceito de seguridade social, buscando tornar real a universalização subjetiva e objetiva da proteção social (o que, como é notório, está muito longe de ser implementado), passando essas técnicas de proteção social a constituírem um sistema integrado, mas composto por técnicas perfeitamente distintas, regidas por leis específicas. Esta ampliação dos direitos sociais passou a contemplar um sistema híbrido que conjuga direitos derivados do trabalho (Previdência), direitos de caráter universal (saúde) e direitos seletivos (assistência). Mas entre prever e garantir a efetividade destes direitos para toda a população brasileira, pode haver uma distância oceânica.

2.2. A seguridade social como direito fundamental

Uma Constituição não é promulgada para petrificar um modelo de organização social, existente em um determinado momento histórico de uma nação. Ela carrega consigo uma força normativa comprometida com o aprimoramento do desenvolvimento econômico e da justiça social. No caso brasileiro, o projeto acolhido foi a busca pela construção de um Estado Democrático de Direito, delineado a partir dos fundamentos e objetivos previstos nos arts. 1º e 3º de nossa Constituição, bem como pelo extenso elenco de direitos fundamentais

(4) As técnicas do direito comum cedem a técnicas originais, pelas quais: (i) a indenização pelos acidentes de trabalho deixa de ser posta como responsabilidade individual do empregador para demandar um sistema de seguro obrigatório; (ii) a concepção salarial dos abonos familiares é progressivamente abandonada; (iii) os seguros sociais se distanciam das regras tradicionais de seguro, pelo que os mecanismos de repartição substituem-se geralmente ao sistema de capitalização e é corrigida a proporcionalidade entre a prestação e a renda profissional pela garantia de um valor mínimo (DENIS, Pierre. *Droit de la securite sociale*. 2. ed. Louvain: Précies de la Faculté de Droit de l'Universite Catholique de Louvain, 1973. p. 13).

(5) Sobre esse aspecto, Norberto Bobbio, com sua habitual lucidez, assevera: "A Declaração Universal representa a consciência histórica que a humanidade tem dos próprios valores fundamentais na segunda metade do século XX. É uma síntese do passado e uma inspiração para o futuro: mas suas tábuas não foram gravadas de uma vez para sempre". (BOBBIO, Norberto. *A era dos direitos*. Trad. Carlos Nelson Coutinho. Rio de Janeiro: Campus, 1992. p. 34).

que devem ser garantidos, consubstanciados na ideia de uma liberdade real e uma igualdade material. Os direitos fundamentais, do ponto de vista do indivíduo, podem ser compreendidos como o núcleo jurídico essencial que deve ser garantido pelo Estado, a fim de viabilizar uma vida humana digna, em conformidade com as circunstâncias políticas, sociais e econômicas de cada momento histórico.

As normas de direitos fundamentais, dotadas de conteúdo acentuadamente aberto e indeterminado, reclamam na sua aplicação a consideração de fatores políticos, sociais, econômicos, históricos e ideológicos, os quais justificam a própria existência e o funcionamento das instituições. Colimando conferir maior efetividade para os enunciados normativos que veiculam os direitos fundamentais, em relação aos demais dispositivos constitucionais, o constituinte previu: a) a aplicabilidade imediata (art. 5º, § 1º); b) hierarquia constitucional privilegiada para os tratados de direitos humanos (art. 5º, § 3º); c) proteção diferenciada para as cláusulas pétreas, incluindo os direitos e garantias individuais (art. 60, § 4º, IV); e d) uma cláusula de abertura que permite a incorporação e o reconhecimento de outros direitos fundamentais (art. 5º, § 2º)[(6)]. A partir da opção formulada pelo nosso legislador constituinte — no atinente ao regime jurídico edificado para os direitos fundamentais, materializada no § 1º do art. 5º — ponderaremos sobre a possibilidade e adequação de serem feitas diferenciações na interpretação e concretização dos direitos prestacionais, tendo em vista os condicionamentos institucionais e as restrições que permeiam a efetividade dos direitos fundamentais prestacionais.

Nos termos do art. 194 de nossa Carta de Princípios, a seguridade social compreende um conjunto integrado de ações de iniciativa dos Poderes Públicos e da sociedade, destinadas a assegurar, principalmente, os direitos relativos à saúde, à previdência e à assistência social. Essas técnicas não são compartimentos isolados, havendo institutos que apresentam elementos de integração, determinando o legislador ordinário que elas devam ser organizadas em um Sistema Nacional (art. 5º da Lei n. 8.212/91). Se a seguridade social, no quadro normativo de nossa Constituição, constitui sinônimo de justiça social[(7)], dentro de uma visão sistemática, e considerando que seus principais componentes são direitos fundamentais formais, conforme enuncia o art. 6º da CF/88[(8)], é possível extrair a conclusão de que a seguridade social também é um direito fundamental formal.

A fundamentalidade material — pelo fato de os direitos fundamentais integrarem a constituição material, traduzindo decisões essenciais sobre a estrutura básica do Estado e da sociedade — por sua vez, não apresenta maiores dificuldades no seu reconhecimento. Na lição de Benda, a obrigação do Estado de respeitar a dignidade do indivíduo não se restringe à expectativa de não ser tratado arbitrariamente, abrangendo uma obrigação prestatória quando o indivíduo não pode, de outra maneira, prover uma existência humanamente digna.[(9)]

Certamente que a Lei Fundamental pretendeu ampliar o âmbito subjetivo e objetivo da proteção social. Entretanto, como ficou demonstrado pelo conteúdo das Emendas Constitucionais que tem alterado o sistema previdenciário brasileiro, a essência laborista do modelo não foi alterada. No modelo nacional, há particularidades quanto à organização das instituições que atuam na concessão de prestações de seguridade social, bem como no acesso e amplitude dos direitos que integram

---

(6) Essa norma tem a sua ideia reitora na constatação de que um sistema de direitos fundamentais, por mais extenso que seja o seu rol, jamais estará completo, razão pela qual permite a adição de direitos que possam ser deduzidos do regime e dos princípios fundamentais insculpidos no Título I da Lei Maior. Se a Constituição materializa o consenso social sobre os valores básicos em uma sociedade, o conteúdo e a importância referidos (fundamentalidade material), de uma forma geral, poderão ser aferidos pela sua associação, principalmente, com os valores de liberdade, igualdade e solidariedade, os quais catalisam o desenvolvimento integral da pessoa humana em um determinado contexto (PECES-BARBA, Gregório. *Curso sobre derechos fundamentales:* teoría general. Madrid: Universidad Carlos III de Madrid, 1995. p. 106).

(7) BALERA, Wagner. *Sistema de seguridade social*. 4. ed. São Paulo: LTr, 2006. p. 130.

(8) Cada um dos ramos que compõe a seguridade social tem a sua fundamentalidade consagrada de maneira irrefutável pela nossa Lei Maior no seu art. 6º, *verbis*: "art. 6º São direitos sociais a educação, a saúde, a alimentação, o trabalho, a moradia, o transporte, o lazer, a segurança, a previdência social, a proteção à maternidade e à infância, a assistência aos desamparados, na forma desta Constituição. (Redação dada pela Emenda Constitucional n. 90, de 2015)".

(9) BENDA, Ernest. Dignidad humana y derechos de la personalidad. In: BENDA, Ernest *et al. Manual de derecho constitucional.* 2. ed. Trad. Antonio López Pina. Madrid: Marcial Pons, 2001. p. 126.

a seguridade social. Não é por outra razão que o art. 9º da Lei n. 8.212/91 prescreve a necessidade de a saúde, previdência social e assistência social serem objeto de leis específicas para a regulamentação de suas organizações e respectivo funcionamento.

A característica principal da saúde é que o acesso aos seus serviços é universal de forma plena, não sendo exigida contribuição de seus beneficiários. O SUS é financiado, nos termos do art. 195 da Constituição, com recursos do orçamento da seguridade social, da União, dos Estados, do Distrito Federal e dos Municípios, além de outras fontes (CF/88, art. 198, parágrafo único). Dentro do novo modelo de seguridade social, reestruturado pela Carta de Princípios de 1988, o acesso às prestações de saúde está dissociado do vínculo previdenciário. Quanto aos direitos previdenciários, todavia, continua sendo necessário o cumprimento de requisitos genéricos que funcionam como filtros de separação entre as situações de necessidade social amparadas pelo regime previdenciário e as que não encontrarão cobertura[10].

Aos que não conseguem obter inclusão no mercado de trabalho, a proteção social é efetivada pela assistência social, contudo esta, em todo mundo, sempre teve grande dificuldade de atender aos pobres que não fossem crianças, inválidos ou idosos. A questão econômica não é o único fator responsável por abalar a estrutura da seguridade social. Há outros fatores como as mudanças ocorridas nas famílias, as inovações tecnológicas que reduzem a necessidade de contratação de trabalhadores, a transição demográfica e a volatilidade da economia, influem negativamente nos sistemas de proteção, aumentando o sentimento de insegurança, problema que deixou de ser exclusivo daqueles que secularmente têm sido excluídos dos mecanismos de integração social por meio do emprego.

Mesmo aqueles que são refratários à ideia de aceitar os direitos sociais como direitos fundamentais, acabam por reconhecer um padrão mínimo cuja ausência acaba por comprometer o exercício da liberdade real e a própria autonomia do indivíduo. Este padrão mínimo é ancorado na aceitação de que qualquer pessoa que não seja capaz de prover suas necessidades básicas, pelo esforço próprio ou com o auxílio de seus familiares próximos, mesmo em face da ausência de previsão no texto constitucional, tem o direito de receber auxílio estatal. A referida proteção decorreria da necessidade de proteger a vida e a dignidade das pessoas em um Estado Democrático de Direito. Embora no Brasil não exista previsão no texto constitucional consagrando um direito geral à garantia do mínimo existencial, a doutrina[11] e a jurisprudência[12] vêm reconhecendo uma importante relação entre o mínimo existencial e os diversos direitos fundamentais sociais. Conquanto não se negue o mérito de tal construção doutrinária inspirada no Direito Alemão, à luz das opções valorativas efetuadas pelos constituintes de 1988, não é adequado restringir a justiciabilidade dos direitos fundamentais sociais apenas às situações de extrema necessidade.

Atravessando mais um momento de grave crise econômica, e premido por fatores demográficos relevantes, o Congresso Nacional discute uma nova reforma que afetará de forma profunda a seguridade social. Embora a PEC n. 6/2019 tenha por objetivo principal a alteração do sistema previdenciário brasileiro, ela não se limita a alterar disposições da previdência social. No momento que este artigo era escrito, cogitava-se também de significativas mudanças no que tange ao acesso ao benefício de prestação continuada previsto no inciso V do art. 203 da CF/88. Não é o foco deste trabalho tratar de tais mudanças, mas apenas chamar a atenção para o fato de que as regras concretizadoras da proteção social, periodicamente, podem ser modificadas. Aliás, ao longo dos anos, em todos os quadrantes, os diferentes países têm sido obrigados a efetuar ajustes em seus sistemas de seguridade social.

Os direitos fundamentais têm sua estrutura normativa composta por dimensões subjetiva e objetiva. O STF já reconheceu, no julgamento da RCL n. 4.374 — no qual se discutiu o acesso ao benefício assistencial — que a dimensão objetiva é vinculante para os Poderes Legislativo, Executivo e Judiciário.

(10) Sobre tais requisitos genéricos vide: ROCHA, Daniel Machado da; SAVARIS, José Antônio. *Curso de direito previdenciário:* fundamentos de interpretação e aplicação do direito previdenciário. 2. ed. Curitiba: Alteridade, 2019. p. 299-318.

(11) SARLET, Ingo Wolfgang; ZOCKUN, Carolina Zancaner. Notas sobre o mínimo existencial e sua interpretação pelo STF no âmbito do controle judicial das políticas públicas com base nos direitos sociais. *Revista de Investigações Constitucionais*, Curitiba, v. 3, n. 2. p. 115-141, maio/ago. 2016.

(12) STF, ARE 745.745-AgR, Celso de Mello, 2ª T. DJe de 2.12.2014.

Ao legislador é imposto um dever constitucional de legislar, o qual deve ser cumprido de forma adequada, observando-se os enunciados normativos estampados na Constituição. Há não apenas uma proibição de excesso, mas também uma proibição de proteção insuficiente[13]. Já a dimensão subjetiva pode inclusive implicar um direito à prestação em face do Estado. Pérez Luño observa ser paradoxal que muitos direitos fundamentais recepcionados pelo direito positivo, nos textos de máxima hierarquia normativa sejam destituídos de proteção judicial efetiva[14]. Como é cediço, há uma significativa oposição contra a aceitação dos direitos fundamentais sociais, principalmente quando se cogita de direitos originários a prestações[15], ou pelo menos contra a admissibilidade de uma efetiva densidade normativa destes direitos[16].

Nos estritos limites deste trabalho, não seria possível examinar com abrangência todos os argumentos frequentemente levantados contra e a favor do reconhecimento dos direitos subjetivos a prestações sociais[17]. Admitindo que os argumentos alinhavados contrariamente aos direitos prestacionais não são apenas ideológicos, a posição defendida neste trabalho é que eles não constituem limites inquebrantáveis para interditar qualquer ação fora da arena parlamentar. Em síntese, as críticas que são lançadas contra os direitos fundamentais sociais giram em torno dos seguintes argumentos:

> O primeiro argumento considera existir uma diferença não apenas cronológica, mas também de categorias jurídicas entre as gerações de direitos fundamentais. Enquanto os direitos fundamentais de primeira dimensão seriam universais, reputados como inatos e inalienáveis (tais como: vida, liberdade e propriedade), concebidos até mesmo como anteriores ao próprio Estado, os direitos fundamentais de segunda dimensão não ostentariam o mesmo prestígio. Além do catálogo ser muito mais amplo e mutável, afirma-se que eles são relativos, forjados de forma a moldar-se ao respectivo contexto histórico. Sua aceitação depende de certo nível de desenvolvimento, além de demandar uma decisão sobre a divisão dos recursos e contingências sociais passíveis de serem protegidas. Assim, sua eficácia seria diferenciada, pois os direitos fundamentais sociais

---

(13) STF, Rcl n. 4.374, Gilmar Mendes, Pleno, Dje 4.9.2013.

(14) PEREZ-LUÑO, Antonio-Enrique. La positividad de los derechos sociales: um enfoque desde la filosofía del derecho. *Derechos y Libertades*, n. 14, p. 153, 2006.

(15) Consoante o magistério de Canotilho, estaremos perante a estirpe dos direitos originários a prestações, isto é, ao fornecimento de prestações estatais sem que seja necessária uma estrutura administrativa precedente para o atendimento dessas demandas se: "(1) a partir da garantia constitucional de certos direitos (2) se reconhece, simultaneamente, o dever do Estado na criação dos pressupostos materiais indispensáveis ao exercício efetivo desses direitos; (3) e a faculdade de o cidadão exigir, de forma imediata, as prestações constitutivas desses direitos". Nessa linhagem de direitos, a efetivação é mais delicada, na medida em que não há uma estrutura jurídica homogênea para esses direitos que, além disso, estariam dentro de uma reserva do possível. Por sua vez, os direitos derivados a prestações formam-se à proporção que o Estado vai cumprindo o seu papel no desempenho de tarefas econômicas, sociais e culturais, tanto na esfera legislativa como também mediante a instituição de estruturas de prestação de serviços — como saúde, previdência social, ensino, entre outros — conforme a capacidade de atendimento dessas estruturas. Enquadram-se como direitos derivados a prestações, tanto o direito de igual acesso, obtenção e utilização de todas as instituições criadas pelos poderes públicos quanto o direito de quota-parte (participação) nas prestações fornecidas por esses serviços ou instituições à comunidade. (CANOTILHO, Joaquim José Gomes. *Direito constitucional e teoria da constituição*. Coimbra: Almedina, 1997. p. 435).

(16) COMPARATO, Fábio Konder. O Ministério Público na defesa dos direitos econômicos, sociais e culturais. *Revista da Faculdade de Direito da Universidade Federal de Minas Gerais*, Belo Horizonte, n. 40, jul./dez. 2001.

(17) Sobre a temática do reconhecimento de direitos subjetivos a prestações sociais, consulte-se a magistral síntese apresentada por Sarlet. Partindo da análise crítica de três modelos do direito alemão — Christian Starck, R. Breuer e Robert Alexy, nos quais todos aderem à noção de um padrão mínimo de segurança material, exigido para evitar o esvaziamento da liberdade real — Sarlet constata ser comum aos modelos delineados a problemática da reserva do possível e a objeção da reserva de competência parlamentar. Em aprofundada reflexão sobre essa problemática, argumenta que a questão reside menos no grau de completude da norma do que no aspecto da alegada ausência de legitimação dos tribunais para a determinação do objeto e do *quantum* da prestação, na medida em que a decisão sobre a aplicação de recursos públicos incumbiria precipuamente ao legislador. Entendendo ser mais convincente o modelo proposto por Robert Alexy, conclui que, em todas as situações em que o argumento da reserva do possível e demais objeções aos direitos sociais na condição de direitos subjetivos esbarrar no valor maior da vida e da dignidade da pessoa humana, ou nas hipóteses em que, da análise dos bens constitucionais colidentes resultar a prevalência do direito social prestacional, poderá ser reconhecido um direito subjetivo definitivo a prestações, admitindo-se, quando tal mínimo for ultrapassado, tão somente um direito subjetivo *prima facie*. (SARLET, Ingo Wolfgang. *A eficácia dos direitos fundamentais*, 2005. p. 345-354)

não poderiam ser extraídos diretamente da Constituição.

Parte da visão equivocada que procura diferenciar os direitos sociais — cujo adjetivo "social" é utilizado para enfraquecer a juridicidade destes direitos — decorre justamente da identificação dos direitos sociais com os direitos prestacionais e dos direitos civis e políticos com os direitos negativos. Para garantir o direito à vida, é necessário manter todo um sistema de segurança pública. Não apenas o salário dos servidores públicos deve ser pago mensalmente, mas é exigível um constante reaparelhamento da força policial (armas, munições, coletes, viaturas etc.). É certo que a realização de direitos fundamentais sociais, via de regra, demanda a intervenção estatal e a realização de gastos. Mas a proteção constitucional dos reverenciados direitos "negativos" é intensamente dependente de ações estatais, materializadas pela disponibilização de remédios jurídicos, além de uma estrutura pública que assegure o efetivo desfrute desses direitos. Por isso, levar os direitos a sério significa considerar criteriosamente a escassez dos recursos[18]. Com efeito, no Capítulo II do Título II, sob a epígrafe de "direitos sociais", nossa Lei Fundamental consagra não apenas direitos com função predominantemente prestacional, como também direitos sociais de defesa, podendo ser exemplificados: a igualdade de direitos entre o trabalhador com vínculo permanente e o avulso (inciso XXIV do art. 7º); o direito de livre associação sindical (art. 8º); e o direito de greve (art. 9º).

Por conseguinte, parece mais adequado avaliar a manifestação dos direitos fundamentais em um ordenamento jurídico, partindo da classificação dos direitos fundamentais sugerida por Ingo Sarlet. Nela, os direitos fundamentais são sistematizados em dois grandes grupos: os direitos de defesa e os direitos a prestações. O segundo grupo seria composto pelos direitos à prestação em sentido amplo (abrangendo os direitos de proteção e os direitos à participação na organização e procedimento) e o dos direitos à prestação em sentido estrito (direitos materiais sociais)[19]. Como reconhece o sistematizador, em razão de esses direitos abrangerem um feixe complexo e não necessariamente homogêneo de posições jurídicas, a própria distinção entre as diversas funções dos direitos fundamentais nem sempre é evidente, baseando-se o critério na predominância do efeito defensivo ou prestacional.

O segundo argumento versa sobre o caráter programático dos direitos fundamentais. No caso dos direitos de primeira dimensão, nos quais avulta o caráter abstensionista, *prima facie*, é possível constatar um conteúdo constitucionalmente determinado ou determinável, ao passo que os direitos sociais careceriam de concretização legislativa. Diversamente dos direitos civis e políticos, cujas normas apresentam deveres jurídicos de abstenção dirigidos de forma *erga omnes*, os direitos fundamentais de segunda dimensão são direitos que estipulam deveres jurídicos positivos, normalmente direcionados ao Estado. Como consequência direta, os direitos fundamentais de primeira dimensão são violados por ação, enquanto os de segunda dimensão podem ser afetados principalmente por omissão ou ação defeituosa (denegação por parte da administração de um direito prestacional, implementação de uma política insuficiente ou discriminação injustificada). Malgrado os direitos fundamentais sociais sejam dotados de força jurídica, eles apresentariam uma reduzida densidade normativa[20]. Para este segmento doutrinário, quando a Constituição sinaliza princípios que devem ser observados nas políticas de habitação, saúde, segurança social, educação e cultura, estas normas são demasiado genéricas[21]. De fato, as políticas relativas aos direitos sociais não poderiam estar determinadas de forma detalhada nos textos constitucionais, e sua realização implicaria opções de órgãos que detenham legitimidade democrática para serem responsáveis pela elaboração das leis e de capacidade técnica para o oferecimento das prestações e serviços.

(18) HOLMES, Stephen; SUNSTEIN, Cass. *The cost of rights.* Cambridge: Harvard University, 1999. p. 94.

(19) SARLET, Ingo Wolfgang. *A eficácia dos direitos fundamentais.* 5. ed. Porto Alegre: Livraria do Advogado, 2005. p. 184.

(20) ANDRADE, José Carlos Vieira de. *Os direitos fundamentais na Constituição Portuguesa de 1976.* 2. ed. Coimbra: Almedina, 2001. p. 395.

(21) Gebran Neto arrola duas razões para sustentar a ideia de diferente regime jurídico para os direitos insertos no art. 5º da CF: a) de que a boa técnica legislativa recomenda que os parágrafos refiram-se aos artigos; e b) a interpretação extensiva resultaria numa verdadeira negativa da validade constitucional. (GEBRAN NETO, João Pedro. *A aplicação imediata dos direitos e garantias individuais:* a busca de uma exegese emancipatória. São Paulo: RT, 2002. p. 158).

A concepção de que as normas consagradoras de direitos fundamentais sociais seriam meramente programáticas ou de que elas seriam direitos sem deveres correlatos deve ser rechaçada[(22)]. A eficácia dos direitos fundamentais sociais não é uma questão que possa ser compreendida apenas do ponto de vista jurídico. Consoante o magistério de Riccardo Guastini, todo texto jurídico é um fragmento de linguagem que demanda interpretação, bem como o termo interpretação deve ser empregado para se referir à atribuição de um significado a uma formulação interpretativa, independentemente da existência de dúvidas sobre a sua formulação[(23)]. Ou seja, ao fim e ao cabo, a maior ou menor aplicabilidade de uma disposição constitucional depende, significativamente, da avaliação efetuada pelo intérprete de todo o contexto normativo e não da espécie de direito disciplinado. É preciso reconhecer que, quando um Tribunal Constitucional delibera sobre a aplicação de uma norma constitucional, em verdade, está deliberando sobre o seu conteúdo, podendo em alguns casos, inclusive, promover a criação ou recriação de direitos. Nesse processo, certamente, há um juízo político, materializado a partir das pré-compreensões do Tribunal sobre os valores fundamentais vigentes na sociedade, naquele determinado momento, bem como sobre eventuais consequências econômicas e sociais. Por isso, a observância dos precedentes no sistema do *stare decisis* contribui para aumentar a legitimidade das decisões, uma vez que, para deixarem de ser obrigatórios, a Corte deve explicar as razões que determinaram a mudança de entendimento.

Uma das grandes dificuldades na aceitação dos direitos econômicos sociais e culturais, como direitos fundamentais dotados de real eficácia, reside no fato de a ciência jurídica atual estar formada por conceitos que procedem, em sua maior parte, do direito privado. As funções atribuídas por essa ciência ao Direito, consoante preleciona Peces-Barba seriam duas: uma função de preservação da autonomia dos particulares e uma função repressora para garantir a efetividade da ordem que torna possível essa autonomia. Como tais funções seriam negativas, todo o excesso nesse âmbito produziria somente a alternativa da sociedade totalitária. Com essa concepção do Direito, a teoria jurídica rejeitaria os direitos econômicos sociais e culturais que exigem justamente uma ação promotora e corretora do Estado[(24)].

O terceiro argumento gravita em torno do princípio da separação dos poderes. Afirma-se que o Poder Judiciário é o menos legitimado para realizar escolhas políticas, seja porque não se submete ao crivo do escrutínio popular, seja porque não é o detentor das condições ideais para examinar o impacto político e econômico da implementação de políticas públicas. Com relação ao princípio da reserva parlamentar em matéria orçamentária, por exemplo, vale recordar a lição de Alexy, deduzida da ideia reitora de que os direitos fundamentais são posições jurídicas tão relevantes que a sua concessão ou denegação não podem ficar nas mãos da simples maioria parlamentar. Embora os direitos sociais mínimos possam acarretar consideráveis custos financeiros, quando são muitos os que demandam por eles, os direitos individuais podem ter mais peso que as razões de política financeira, pois o princípio da reserva parlamentar em matéria orçamentária, tanto quanto os demais, não é absoluto[(25)].

Nas últimas décadas, nosso país tem observado um significativo aumento de questões relevantes — nas quais a solução, aparentemente, deveria ser definida de forma definitiva pelas instâncias políticas — cujo desfecho foi transferido para a arena judiciária[(26)]. Ainda que se considere importantes regras previstas na Constituição como normas programáticas (por exemplo, o art. 196 da CF/88), é significativo o número de decisões que reconhecem a existência de um direito público subjetivo de acesso a prestações de seguridade social capaz de ser tutelado[(27)].

---

(22) AMARAL, Gustavo. *Direito, escassez e escolha:* em busca de critérios jurídicos para lidar com a escassez de recursos e as decisões trágicas. Rio de Janeiro: Renovar, 2001. p. 61.

(23) GUASTINI, Riccardo. *Estudios sobre la intepretación jurídica.* Trad. Marina Gascón y Miguel Carbonel. Ciudad de México: UNAM, 1999. p. 6.

(24) PECES-BARBA MARTINEZ, Gregório. *Escritos sobre derechos fundamentales.* Madrid: Eudema, 1988. p. 205-206.

(25) ALEXY, Robert. *Teoria de los derechos fundamentales.* Trad. Ernesto Garzón Valdez. Madrid: Centro de Estudios Constitucionales, 1993. p. 494-495.

(26) Normalmente, cita-se como importante precedente para reconhecer a possibilidade de controle de políticas públicas a decisão monocrática proferida na ADPF n. 45 (STF, ADPF n. 45, Celso de Mello, DJ 4.5.2004)

(27) STF, ARE 685230 Celso de Mello, 2ª T., Dje 25.3.2013.

No presente arrazoado, não estão sendo enfocadas as ações que se restringem a reivindicar a correta execução das políticas já aprovadas pelo legislador e regulamentadas pela Administração. Examinando o impacto das ações movidas contra o Sistema Único de Saúde, Gebran Neto assevera que a atual judicialização tem fragilizado o SUS, colocando este serviço à disposição de um número ínfimo de usuários que demandam por prestações específicas. Em um cenário de escassez, deveria o Poder Judiciário deixar a realização das escolhas para aqueles que estão legitimados e, quando demandado, verificar se as escolhas foram efetivadas dentro dos padrões previstos pelo ordenamento jurídico e exigir o cumprimento das políticas públicas formalmente instituídas[(28)].

O fenômeno da judicialização é explicado: a) pela redemocratização do país, que despertou a chama da cidadania; b) pela amplitude e abrangência dos direitos previstos no corpo da Constituição Federal; c) pelas particularidades do nosso sistema de controle da constitucionalidade. Como bem observado por Barroso, no contexto brasileiro, a judicialização é uma circunstância decorrente do modelo constitucional adotado e não um mero exercício de vontade política[(29)].

Tendo em vista que o direito não é ditado por uma divindade benevolente, mas é criação humana resultante das mais diversas pressões, legítimas e ilegítimas, sobre o Parlamento, bem como a substancial mudança no papel atribuído ao Estado, um papel ativo no desenvolvimento da sociedade, constata-se um progressivo esmaecimento dos limites entre o jurídico e o político. A instituição da Jurisdição Constitucional revelou-se como um dos desdobramentos da cultura do constitucionalismo[(30)]. Partindo da ideia de que a Constituição é a lei suprema de uma nação — cujo nascimento é afetado por um conjunto de crenças políticas, ideologias e pressões institucionais —, conferindo juridicidade a um conjunto de valores essenciais para a vida em sociedade, e de que o poder não deve ser exercido arbitrariamente, cada vez mais, debate-se sobre a efetividade dos instrumentos de controle destinados a coibir os abusos de poder.

A judicialização não se confunde com o ativismo, cuja conduta antagônica é a autocontenção judicial. O ativismo judicial, que deita raízes na jurisprudência da Suprema Corte norte-americana, é exprimido pelas seguintes condutas: (i) a aplicação direta da Constituição a situações não expressamente contempladas em seu texto e independentemente de manifestação do legislador ordinário; (ii) a declaração de inconstitucionalidade de atos normativos emanados do legislador, com base em critérios menos rígidos que os de patente e ostensiva violação da Constituição; (iii) a imposição de condutas ou de abstenções ao Poder Público, notadamente em matéria de políticas públicas[(31)].

Presenciar o Poder Judiciário examinando demandas que versam sobre direitos sociais prestacionais, decidindo como os recursos devem ser priorizados, tarefa primariamente atribuída ao Poder Legislativo, uma vez que a decisão é essencialmente política, contraria a ideia tradicional de passividade e de neutralidade que se espera da atuação do Poder Judiciário. O cenário social, cada vez mais complexo, nos obriga à contestação e à revisão de muitos axiomas construídos no Estado Liberal, como é caso da ideia de supremacia do Poder Legislativo, a qual é substituída pela ideia de supremacia da constituição.

---

(28) GEBRAN NETO, João Pedro. Direito constitucional à saúde e suas molduras jurídicas e fáticas. In: SCHULZE, Clênio; GEBRAN NETO, João Pedro. *Direito à saúde:* análise à luz da judicialização. Porto Alegre: Verbo Jurídico, 2016. p. 157.

(29) BARROSO, Luis Roberto. Judicialização, ativismo judicial e legitimidade democrática. *Anuario iberoamericano de justicia constitucional*, n. 13, p. 19-20, 2009, ISSN 1138-4824. Disponível em: <https://dialnet.unirioja.es/ejemplar/400285>. Acesso em: 14 jun. 2019.

(30) O constitucionalismo pode ser compreendido como um movimento filosófico-político que empreendeu uma revolução na forma de compreender as relações entre a sociedade e Estado, baseado em duas premissas: a) a proteção da dignidade da pessoa humana; b) a divisão dos poderes, buscando a sua limitação para evitar abusos que afetem a dignidade da pessoa humana. Consoante a síntese de Perez Luño, a decantação terminológica do Estado Constitucional em face do Estado Liberal poderia ser representada: 1) no deslocamento da primazia da lei para a supremacia da Constituição; 2) o deslocamento da reserva legal para a reserva constitucional; 3) o deslocamento do controle jurisdicional da legalidade para o controle da constitucionalidade. (PÉREZ LUÑO, Antonio-Enrique. La universalidad de los derechos humanos y el estado constitucional. *Série de teoria juridica y filosofia del derecho*. Bogotá: Universidad Externado de Colombia, 2002. p. 61).

(31) BARROSO, Luis Roberto. Judicialização, ativismo judicial e legitimidade democrática. *Anuario iberoamericano de justicia constitucional*, n. 13, p. 19-20, 2009, ISSN 1138-4824. Disponível em: <https://dialnet.unirioja.es/ejemplar/400285>. Acesso em: 14 jun. 2019.

A nova visão que se consolida com a evolução dos Estados de Direito, torna imprescindível o desenvolvimento de mecanismos de controle dos atos de todos os poderes. Como já decidiu o STJ, seria uma distorção pensar que o princípio da separação dos poderes, originalmente concebido com o escopo de garantia dos direitos fundamentais, pudesse ser utilizado justamente como óbice à realização dos direitos sociais, igualmente relevantes[(32)]. Historicamente, aqueles que exercem o poder tendem a praticar abusos e omissões, sendo necessário que os direitos fundamentais dos cidadãos, mesmo os das minorias, estejam protegidos contra as arbitrariedades que podem ser efetivadas pelas maiorias ocasionais (no caso do Poder Legislativo) ou na concretização das políticas sociais convertidas em lei (descritério, omissão, ou abusos praticados pelo Poder Executivo).

Estes mecanismos, ao longo do tempo, certamente necessitam de aperfeiçoamentos. O próprio princípio da separação dos poderes, princípio essencial da organização dos Estados Democráticos de Direito, desde o seu esboço originário, tem evoluído para assumir contornos nos quais avulta a necessidade de cooperação institucional. Citando apenas um exemplo — a criação do direito —, cabe destacar a grande atividade legiferante desenvolvida pelo Poder Executivo mediante a edição de medidas provisórias ou a atividade legislativa do Poder Judiciário que há muito tempo deixou de ser apenas um "legislador negativo"[(33)].

Oportuno, ainda, trazer à colação, resumidamente, a análise que Cécile Fabre elabora para responder a objeção da concretização judicial dos direitos sociais prestacionais. É corrente afirmar que os direitos sociais tratam de coisas escassas e, portanto, os interesses protegidos por estes direitos exigem que sejam feitas escolhas difíceis — como seria o caso de deliberar o que é mais importante em um certo momento, comprar remédios ou construir moradias para as classes populares — as quais moldam a sociedade como ela é, razão pela qual, apenas os representantes eleitos poderiam fazer estas escolhas. Ocorre que decidir a respeito de direitos negativos também pode implicar a realização de escolhas difíceis, por exemplo, se a privacidade de um sujeito foi violada pelo exercício do direito de liberdade de expressão de outro. Por isso, se alguém pensa que o judiciário pode decidir o conflito entre os direitos negativos para resguardar a autonomia do ser humano, também deve aceitar que o judiciário tem legitimidade para decidir sobre o conflito entre interesses protegidos por direitos sociais para resguardar a autonomia das pessoas[(34)].

Segundo Fabre, nos Estados Unidos e na Europa, os juízes têm deliberado sobre a alocação de recursos quando decidem sobre direitos tradicionalmente classificados como negativos, ou com base em decisões nas quais direitos negativos embasam deveres positivos ou, ainda, com base na compensação para aqueles cujos direitos negativos sofreram violações. Além disso, no Reino Unido, os juízes têm avaliado a adequação da aplicação dos recursos em consonância com o previsto em lei nas áreas de educação, saúde e habitação. Estes julgamentos têm sido levados em consideração pelos governos na hora de ajustar suas políticas de

(32) STJ, REsp 1.488.639/SE, Ministro Herman Benjamin, Segunda Turma, DJe 16.12.2014.

(33) Especificamente sobre esta matéria, consulte-se o voto do Ministro Eros Grau no Mandado de Injunção n. 721, no qual fica evidente que já faz algum tempo que o Supremo Tribunal Federal abandonou a postura tímida que caracterizava a eficácia do instituto, passando a entender que a interpretação do STF, nesta ação, produz a norma aplicável à omissão que, além disso, se incorpora ao ordenamento jurídico para ser interpretado e aplicado, como ocorre com a súmula vinculante. STF, MI n. 721-7/DF, Rel. Ministro Marco Aurélio, Pleno, DJ 30.11.2007.

(34) Segundo Fabre, quem defende a constitucionalização dos direitos civis e políticos, por sua importância, também deve defender a constitucionalização dos direitos sociais. Para que seja possível avaliar dentre os diferentes interesses, quais são importantes para serem convertidos em direitos (acarretando a imposição deveres para alguém), é necessário o estabelecimento de critérios. De todas as razões possíveis, a autonomia seria uma das mais importantes, por configurar uma essencial característica do ser humano que o distingue dos outros seres. Sendo dotado de autonomia, ele pode decidir o que fazer com a sua vida e implementar esta decisão, por ser a autonomia uma particularidade humana da maior relevância que são consagrados direitos que protegem os interesses diretamente relacionados com ela. Se alguém não pode expressar seu pensamento, associar com as pessoas que escolhe, decidir se deve contratar ou não, se não tem o direito de ser ouvido em um fórum político, efetivamente, não seria considerado autônomo. Assim como a autonomia é uma poderosa justificativa para atribuir-se direitos constitucionais civis e políticos, ela também serve para justificar níveis mínimos de renda, educação e cuidados médicos. Dar estes recursos para as pessoas é importante porque sem elas estariam inaptas para desenvolver suas capacidades físicas e mentais necessárias para se tornarem verdadeiramente autônomas. (FABRE, Cécile. Constitutionalising social rights. *The Journal of political Philosophy*, v. 6, n. 3, p. 263-284, 1998)

bem-estar, revelando uma postura firme do Poder Judiciário na deliberação sobre direitos positivos e que, na maior parte das vezes, tem sido exitosa. Embora reconheça que deliberar sobre direitos sociais requer alguma habilidade especial, nem sempre os juízes vão acertar, e isto não quer dizer que os juízes não possam ser treinados para desenvolver estas habilidades, ou mesmo, que eles não possam continuar se aconselhando com especialistas, como eles têm feito até agora.[35] No Brasil, pode ser destacada a significativa contribuição aportada para o desenvolvimento da política de medicamentos fornecidos pelo SUS, quando entraves e dificuldades paralisam a ação da administração, como foi o caso dos medicamentos fornecidos para a epidemia da AIDS[36].

O último argumento a ser examinado versa sobre a questão do custo da sua implementação. No que tange a justiciabilidade dos direitos sociais, é comum invocar-se a denominada reserva do possível. A reserva do possível estaria relacionada não apenas com a possibilidade material para sua efetivação (econômica, financeira, orçamentária), mas abrangendo ainda o poder de disposição do Administrador. Andreas Kreel chega a proclamar a "falácia da reserva do possível", a qual decorreria de um direito constitucional comparado equivocado. Esgrima que não seria difícil a um ente público justificar sua omissão social perante critérios de política monetária e que o condicionamento da realização desses direitos a "caixas cheios" reduziria a sua eficácia a zero[37]. Como decidiu o STF no julgamento do Tema 220, pode o Poder Judiciário determinar a Administração Pública a realização de obrigação de fazer quando o que está em jogo é a dignidade da pessoa humana, não sendo oponível a reserva do possível ou o princípio da separação dos poderes. De um lado, é necessário reconhecer que o Estado jamais terá possibilidades financeiras de atender todas as necessidades sociais que podem surgir na vida de sua população. Mas o argumento da reserva do possível não pode servir de fundamento para escusar o Estado de cumprir os comandos constitucionais que consagram os direitos fundamentais. A invocação da reserva do possível, sem a demonstração concreta desta impossibilidade, não pode consistir em mera alegação que isenta, por si só, o Estado de suas obrigações. Somente justo motivo, objetivamente aferido, tem tal valia[38].

Na órbita da seguridade social, a judicialização dos direitos sociais certamente continuará tendo importantes capítulos, como pode ser observado com relação ao fornecimento de medicamentos ainda não incorporados ao SUS ou de alto custo. Tratando-se de demandas massificadas, torna-se oportuno que o Poder Judiciário, através dos tribunais superiores, auxilie os Poderes Legislativo e Executivo, fixando parâmetros para o aprimoramento do sistema e não apenas decidindo os casos concretos que envolvem direitos fundamentais sociais.

No julgamento do REsp 1.657.156, a 1ª Seção do STJ fixou a seguinte tese no Tema 106 dos seus recursos repetitivos: "A concessão dos medicamentos não incorporados em atos normativos do SUS exige a presença cumulativa dos seguintes requisitos: (i) Comprovação, por meio de laudo médico fundamentado e circunstanciado expedido por médico que assiste o paciente, da imprescindibilidade ou necessidade do medicamento, assim como da ineficácia, para o tratamento da moléstia, dos fármacos fornecidos pelo SUS; (ii) incapacidade financeira de arcar com o custo do medicamento prescrito; (iii) existência de registro na ANVISA do medicamento"[39].

O STF que já vinha fixando alguns critérios para o deferimento de prestações postuladas na via judicial, de forma mais destacada desde o jul-

(35) FABRE, Cécile. Constitutionalising social rights. *The Journal of political Philosophy*, v. 6, n. 3, p. 279-283, 1998.

(36) RIOS, Roger Raupp. Direito à saúde, universalidade, integralidade e políticas públicas: princípios e requisitos em demandas judiciais por medicamentos. In: LOBATO, Lenaura de Vasconcelos Costa; FLEURY, Sonia. *Seguridade social, cidadania e saúde*. Rio de Janeiro: Cebes, 2009. p. 94.

(37) KRELL, Andreas Joachim. *Direitos sociais e controle judicial no Brasil e na Alemanha:* os (des)caminhos de um direito constitucional 'comparado'. Porto Alegre: Fabris, 2002. p. 90-91.

(38) TEMA 220 do STF: É lícito ao Judiciário impor à Administração Pública obrigação de fazer, consistente na promoção de medidas ou na execução de obras emergenciais em estabelecimentos prisionais para dar efetividade ao postulado da dignidade da pessoa humana e assegurar aos detentos o respeito à sua integridade física e moral, nos termos do que preceitua o art. 5º, XLIX, da Constituição Federal, não sendo oponível à decisão o argumento da reserva do possível nem o princípio da separação dos poderes. (STF, RE 592581, Ricardo Lewandowski, Pleno, Dje 1º.2.2016).

(39) STJ, REsp 1657156/RJ, Benedito Gonçalves, 1ª S., DJe 4.5.2018.

gamento da STA 175[40], em decisão ainda pendente de publicação, julgou o Tema 793 (RE 855178). Nele, restou reafirmada a tese relativa à responsabilidade solidária de entes federados para o fornecimento de medicamentos e tratamentos de saúde[41].

3. *Considerações finais*

Os direitos fundamentais sociais inegavelmente têm a sua efetividade atrelada aos chamados condicionamentos institucionais, isto é, a existência de uma estrutura administrativa dotada de organização e capacidade técnica para a prestação de serviços, além de um orçamento compatível. No Brasil, com o advento da Constituição de 1988, adotou-se o conceito de seguridade social, buscando amplificar e universalizar a proteção social reunindo as três principais técnicas (previdência, assistência social e saúde). A partir desta nova visão, novos direitos poderiam ser incorporados e garantidos para a população brasileira.

As normas de direitos fundamentais, dotadas de um conteúdo acentuadamente aberto e indeterminado, reclamam para a sua aplicação a consideração de fatores econômicos, sociais, históricos, políticos e ideológicos, os quais constantemente são afetados pelas complexas transformações que a sociedade vai experimentando. As ações ajuizadas postulando direitos fundamentais sociais originários relativos a direitos que compõem a seguridade social — saúde, assistência social e previdência social — têm permitido a gradativa inclusão das camadas mais humildes da população na cidadania plena.

Os Estados Democráticos de Direito, no mundo inteiro, atravessam um momento no qual fica evidente a necessidade de repensar o papel do Poder Judiciário na efetivação de direitos fundamentais sociais. As normas também envelhecem, pois o direito não é uma realidade estática e imutável. Não raras vezes, o legislador não consegue acompanhar a evolução social dos fatos de forma que as normas acabam sendo alteradas pela via da interpretação, e isso também ocorre com as normas que versam sobre direitos fundamentais sociais.

Sem embargo, em face das omissões em matéria de políticas sociais, constantemente observadas na atuação do Poder Legislativo, bem como o funcionamento deficiente das estruturas prestacionais instituídas pela administração pública, a intervenção do Poder Judiciário no nosso país, na efetivação dos direitos sociais, pode revelar-se não apenas possível, como também desejável. A inexistência de diferenciação no regime jurídico não simplifica a questão da eficácia dos direitos prestacionais. Pelo contrário, problematiza-a de maneira positiva, desafiando os operadores do direito a arregaçarem as mangas e a empreenderem um esforço hermêutico inovador na tarefa de tornar esses direitos fundamentais e efetivos elementos de uma ordem social e econômica justa.

Referências bibliográficas

ALEXY, Robert. *Teoría de los derechos fundamentales*. Trad. Ernesto Garzón Valdez. Madrid: Centro de Estudios Constitucionales, 1993.

AMARAL, Gustavo. *Direito, escassez e escolha:* em busca de critérios jurídicos para lidar com a escassez de recursos e as decisões trágicas. Rio de Janeiro: Renovar, 2001.

ANDRADE, José Carlos Vieira de. *Os direitos fundamentais na Constituição Portuguesa de 1976*. 2. ed. Coimbra: Almedina, 2001.

BALERA, Wagner. *Sistema de seguridade social*. 4. ed. São Paulo: LTr, 2006.

BARROSO, Luis Roberto. Judicialização, ativismo judicial e legitimidade democrática. *Anuario iberoamericano de justicia constitucional*, n. 13, p. 19-20, 2009, ISSN 1138-4824. Disponível em: <https://dialnet.unirioja.es/ejemplar/400285>. Acesso em: 14 jun. 2019.

BENDA, Ernest. Dignidad humana y derechos de la personalidad. In: BENDA, Ernest *et al*. *Manual de derecho constitucional*. 2. ed. Trad. Antonio López Pina. Madrid: Marcial Pons, 2001.

BOBBIO, Norberto. *A era dos direitos*. Trad. Carlos Nelson Coutinho. Rio de Janeiro: Campus, 1992.

CANOTILHO, Joaquim José Gomes. *Direito constitucional e teoria da constituição*. Coimbra: Almedina, 1997.

COMPARATO, Fábio Konder. O Ministério Público na defesa dos direitos econômicos, sociais e culturais.

(40) STA 175 AgR, Gilmar Mendes (Presidente), Tribunal Pleno, julgado em 17.3.2010, DJe-076 divulg 29.4.2010 public 30.4.2010 ement v. 2399-01 p. 70.

(41) STF, RE 855178, Rel. p. AC. Edson Fachin, Pleno, j. 23.5.2019.

Revista da Faculdade de Direito da Universidade Federal de Minas Gerais, Belo Horizonte, n. 40, jul./dez. 2001.

DENIS, Pierre. *Droit de la securite sociale*. 2. ed. Louvain: Précies de la Faculté de Droit de l'Universite Catholique de Louvain, 1973.

FABRE, Cécile. Constitutionalising social rights. *The Journal of political Philosophy*, v. 6, n. 3, 1998.

GEBRAN NETO, João Pedro. *A aplicação imediata dos direitos e garantias individuais:* a busca de uma exegese emancipatória. São Paulo: RT, 2002.

GEBRAN NETO, João Pedro. Direito constitucional à saúde e suas molduras jurídicas e fáticas. In: SCHULZE, Clênio; GEBRAN NETO, João Pedro. *Direito à saúde:* análise à luz da judicialização. Porto Alegre: Verbo Jurídico, 2016.

GUASTINI, Riccardo. *Estúdios sobre la intepretación jurídica*. Trad. Marina Gascón y Miguel Carbonel. Ciudad de México: UNAM, 1999.

HOLMES, Stephen; SUNSTEIN, Cass. *The cost of rights*. Cambridge: Harvard University, 1999.

KRELL, Andreas Joachim. *Direitos sociais e controle judicial no Brasil e na Alemanha:* os (des) caminhos de um direito constitucional 'comparado'. Porto Alegre: Fabris, 2002.

PECES-BARBA MARTINEZ, Gregório. *Curso sobre derechos fundamentales:* teoria general. Madrid: Universidad Carlos III de Madrid, 1995.

______ . *Escritos sobre direitos fundamentales*. Madrid: Eudema, 1988.

PEREZ-LUÑO, Antonio-Enrique. La positividad de los derechos sociales: um enfoque desde la filosofía del derecho. *Derechos y Libertades*, n. 14, 2006.

______. La universalidad de los derechos humanos y el estado constitucional. *Série de Teoria Juridica y filosofia del Derecho*. Bogotá: Universidad Externado de Colombia, 2002.

QUEIROZ, Cristina. *Direitos fundamentais sociais:* funções, âmbito, conteúdo, questões interpretativas e problemas de justiciabilidade. Coimbra: Coimbra, 2006.

RIOS, Roger Raupp. Direito à saúde, universalidade, integralidade e políticas públicas: princípios e requisitos em demandas judiciais por medicamentos. In: LOBATO, Lenaura de Vasconcelos Costa; FLEURY, Sonia. *Seguridade social, cidadania e saúde*. Rio de Janeiro: Cebes, 2009.

ROCHA, Daniel Machado da; SAVARIS, José Antônio. *Curso de direito previdenciário:* fundamentos de interpretação e aplicação do direito previdenciário. 2. ed. Curitiba: Alteridade, 2019.

SARLET, Ingo Wofgang. *A eficácia dos direitos fundamentais*. 5. ed. Porto Alegre: Livraria do Advogado, 2005.

SARLET, Ingo Wolfgang; ZOCKUN, Carolina Zancaner. Notas sobre o mínimo existencial e sua interpretação pelo STF no âmbito do controle judicial das políticas públicas com base nos direitos sociais. *Revista de Investigações Constitucionais*, Curitiba, v. 3, n. 2, p. 115-141, maio/ago. 2016.

24

Por Que o Estado Deve Promover o Sistema de Seguridade Social?

Hélio Gustavo Alves[(1)]

1. Introdução

Dependendo a configuração das políticas sociais que o país oferece, o Sistema de Seguridade Social pode ou não ser fundamental para o equilíbrio da ordem social.

O Brasil tem como base para garantia da ordem social, a promoção do sistema de Seguridade Social.

Em regra geral, todo país que segue a premissa em ter a Seguridade Social como garantia da ordem social, deverá fomentar, promovendo perante as relações sociais, a importância da sua manutenção.

Para proteção do sistema de Seguridade Social, o legislador brasileiro lançou na Carta Magna um capítulo próprio sobre o tema, mas não deixou de incluir todo sistema no capítulo dos Direitos e Garantias Fundamentais.

Neste sentido, iremos abordar qual é o papel e qual a importância do Estado promover a Seguridade Social para a garantia da ordem social.

2. Desenvolvimento

2.1. O sistema de seguridade social

É sabido que as desigualdades sociais antigamente eram defendidas por alguns intelectuais, fazia parte inclusive de uma garantia de estabilidade social.

Bem lembra José Casalta Nabais[(2)] que nas "Sociedades houve em que a desigualdade tanto política como económica era aceite e defendida por filósofos e teóricos. A grandeza da Grécia e de Roma assentou, em larga medida, na escravatura e na desigualdade entre os numerosos estratos sociais todos hierarquizados. A desigualdade fazia, pois, parte da ordem natural das coisas e uma defesa da igualdade poderia perturbar irremediavelmente essa ordem".

O sistema de Seguridade Social tem como objetivo garantir a segurança social na proteção dos riscos e contingências inerentes as realidades de cada país.

Obviamente que cada país fará a proteção conforme as necessidades demográficas, etárias, atuariais, sociais saúde etc.

Razão pela qual, a maioria dos sistemas de Seguridades Sociais tem como objetivo a proteção da saúde, assistência social e previdência social.

Ilídio das Neves[(3)] bem destaca: "Se é certo que ela se apresenta com forma e funções muito variadas, permanece solidamente um dominador comum de grande latitude, que exprime a sua missão fundamental: assegurar de forma organi-

(1) Advogado, parecerista, Mestre em Direito Previdenciário pela PUC-SP e Doutor em Direito das Relações Sociais pela PUC-SP. Pós-doutor em Direitos Humanos e Democracia pela IGC da Faculdade de Direito de Coimbra (Pt). Coordenador da Pós-graduação em Direito e Processo Previdenciário do Complexo Jurídico Damásio Educacional. Presidente de Honra do Conselho Federal do Instituto dos Advogados Previdenciários — IAPE. Acadêmico vice-presidente da ABDSS. Ocupa a cadeira n. 2.

(2) NABAIS, José Casalta. *Boletim de Ciências Económicas*. Separata. Universidade de Coimbra. Faculdade de Direito. 2017. v. LX, p. 6.

(3) NEVES, Ilídio das. *Direito da segurança social. Princípios fundamentais numa análise prospectiva*. Portugal, 1996. p. 19.

zada a proteção dos cidadãos contra determinados riscos da existência, pois se considera que os efeitos danosos não interessam apenas individualmente às pessoas, mas também à sociedade no seu todo. Daí a particular responsabilidade reconhecida ao Estado no conjunto das diferentes políticas sociais".

É certo que cada país tem suas realidades sociais, mas nota-se uma tendência na realidade mundial a presença do princípio da solidariedade[(4)], pois é a estrutura basal para garantia e manutenção financeira do sistema de Seguridade Social.

Em regra geral, participam da solidariedade do sistema de Seguridade Social o Estado, os trabalhadores e as empresas, cada um com sua cota parte, a qual é definido pelo legislador.

Enfim, no mundo, o sistema de Seguridade Social é na verdade um pacto para com a sociedade, a fim de que, no eventual risco ou contingência social, tenha a devida garantia de bem-estar.

No ano de 1952, a Organização Internacional do Trabalho (OIT) lança a Convenção n. 102, definindo o conceito de Seguridade Social, estabelecendo padrões mínimos a serem cumpridos pelos países ratificantes. Obviamente que o conceito terá uma aplicação interpretativa de cada país conforme as necessidades e os consensos sociopolíticos locais. Mas, vale ressaltar que as definições devem ser próximas a apresentada pela OIT: "(...) proteção que a sociedade proporciona a seus membros, mediante uma série de medidas públicas, contra as privações econômicas e sociais que, de outra maneira, derivariam do desaparecimento ou da forte redução de seus rendimentos em consequência de enfermidade, maternidade, acidente de trabalho, enfermidade profissional, desemprego, invalidez, velhice e morte, bem como da proteção em forma de assistência médica e de apoio a famílias com filhos".[(5)]

Daniel Machado da Rocha e José Baltazar[(6)] bem definem o papel o sistema de Seguridade Social: "o sistema de seguridade social, em seu conjunto, visa garantir que o cidadão se sinta seguro e protegido ao longo de toda a sua existência, tendo por fundamento a solidariedade humana".

2.2. O sistema de seguridade social e a ordem social

Obviamente que o sistema de Seguridade Social busca garantir e preservar a ordem social.

Quando citamos neste trabalho a ordem social, nota-se que estou limitando no contexto das relações sociais, ou seja, a proteção da saúde, assistência social e previdência social.

Ocorrendo um descompasso nas relações sociais, entra em cena o sistema de Seguridade Social para trazer o equilíbrio e garantir o estado da ordem social.

Wagner Balera[(7)] muito bem define o conceito acima: "Institucionalizando o sentido possível da proteção social, na medida em que lhe fixa os limites e contornos, o Sistema deverá atuar, na desordem social que o constituinte identifica e reconhece, a fim de conformá-la em plano superior".

Como vimos no capítulo anterior, o sistema de seguridade social é em regra geral formado pela tríade de proteção saúde, assistência e previdência social.

A saúde tem como papel fundamental a prevenção, ou seja, não deixar o cidadão doente e se ocorrer a enfermidade, procurar promover condutas para a sua recuperação e cura.

A assistência social, como o próprio nome ressalta, tem em seu bojo o assistencialismo, garantir a subsistência pela redistribuição de renda aos desfavorecidos listados pelos legisladores.

(4) MARTINS, Sergio Pinto. *Direito da seguridade social*. 26. ed. São Paulo: Atlas, 2008. p. 52. O autor bem disserta sobre o princípio da solidariedade. "Ocorre solidariedade na Seguridade Social quando várias pessoas economizam em conjunto para assegurar benefícios quando as pessoas do grupo necessitarem. As contingencias são distribuídas igualmente a todas as pessoas do grupo. Quando uma pessoa é atingida pela contingencia, todas as outras continuam contribuindo para a cobertura do benefício do necessitado."

(5) O Decreto Legislativo n. 269/2008 ratificou os 87 artigos da Convenção n. 102 — publicado na edição do *Diário Oficial da União (DOU)* de 19 de setembro de 2008.

(6) ROCHA, Daniel Machado; JUNIOR, José Paulo Baltazar. *Comentários a lei de benefícios da previdência social*. 12. ed. São Paulo: Atlas, 2014. p. 2.

(7) BALERA. Wagner. *Sistema de seguridade social*. 4. ed. São Paulo: LTr, 2006. p. 13.

A Previdência Social tem como objetivo proteger os trabalhadores com redução laboral por acidentes, contingências ou idade avançada.

Neste sentido, quanto maiores as desigualdade sociais, quanto mais desorganizado o meio ambiente do trabalho, maior o risco de acidentes de trabalho, envelhecimento precoce, bem como menor as inclusões laborais de pessoas com deficiências e idosos. Assim, o Estado resta numa tremenda desordem social.

É neste momento, na desordem social, que o sistema de Seguridade Social entra em cena, para trazer a ordem social.

Quando ocorrer o restabelecimento e estiver estabilizada a ordem social, podemos dizer que há neste Estado o bem-estar social.

Nesta esteira, cada país deverá identificar onde estão as maiores desordem sociais para garantir a sociedade a ordem social.

No Brasil, a ordem social está composta em título e capítulo próprio da Constituição Federal no art. 193, vejamos:

> Art. 193. A ordem social tem como base o primado do trabalho, e como objetivo o bem-estar e a justiça sociais.

Nota-se que no Brasil, o legislador constituinte entendeu a época, que a desordem social é o desemprego, aliás, vale destacar que ainda estamos no mesmo cenário até o presente momento, neste sentido, os objetivos da ordem social que é o bem-estar e a justiça social não ocorrem, ficando a sociedade desprovida a ampla proteção social.

O desemprego é tão grande, que parte da população do Brasil vive a margem inclusive do acesso à publicidade de seus direitos, uma por não terem contato com as mídias de propagandas, outra por não ter o Estado, assistentes sociais disponíveis para as regiões mais isoladas do país.

Portanto, como grande parte da sociedade não tem o respaldo da Seguridade Social, o país vive em constante desordem social.

2.3. Por que o estado deve promover o sistema de seguridade social?

Na leitura do primeiro capitulo deste artigo, vimos que o sistema de Seguridade Social para existir precisa ser financiado e que em regra geral, o seu financiamento é dividido entre Estado, empregados e empregadores.

Para o sistema de Seguridade Social sobreviver precisa que a forma de financiamento seja tão perfeito como a partitura de uma linda ópera.

Nenhuma nota deve estar a mais ou a menos, ou seja, seu contexto deve ser perfeito.

Como vimos, o sistema de Seguridade Social é tripartite entre o Estado, empregados e empregadores, assim, todos devem ter plena condição de assumir tal investimento.

Vale ressaltar que o Estado terá maior força de financiamento se a maioria da sociedade estiver empregada, e uma vez ocorrendo este fenômeno, as empresas estarão a todo vapor.

Com o pleno emprego, a economia estará aquecida, consequentemente os riscos sociais serão menores, até porque a empresa cuidará melhor da saúde do trabalhador, e este trabalhador estará de forma plena cuidando de sua família.

Consequentemente, tendo a sociedade garantia de emprego, sua fonte de renda será destinada ao consumo, tendo um reflexo positivo na economia, assim, beneficiando o crescimento das empresas e do Estado, que terá maior fonte de custeio garantida com o recolhimento dos tributos.

Enquanto o fatos sociais acima não ocorrem, o Estado terá que investir o máximo possível no sistema de Seguridade Social, dando a sua sociedade:

— a melhor saúde, para terem força o suficiente para o labor;

— garantir o idoso pobre o mínimo de rentabilidade para sua melhor sobrevivência;

— fomentar, pelo programa de habilitação e reabilitação profissional a inclusão das pessoas com deficiência, para deixarem de viver as custas da assistência social, tendo seu emprego garantido pelo programa citado, trazendo-lhe a dignidade da pessoa humana.

Uma das formas mais eficazes de um Estado garantir a Ordem Social é incluindo na Sociedade, através do sistema de Seguridade Social, o povo que vive na marginalização social.

Vez que, o povo que vive a margem seja mapeado pelo Estado e tenha a proteção da Seguridade Social, a conta gotas, essa massa social vai sendo inserida na Ordem Social, diminuindo a cada dia, mês e ano a desigualdade social.

É notório que os países com menor desigualdade social, melhor o poder de compra da sociedade, melhor o contexto de ordem social.

Neste sentido, os países pobres precisam enxergar que o sistema de Seguridade Social é uma forma de investimento no crescimento do Estado.

É certo que, como toda empresa, no início terá que muito investir, mas, se bem investido, o retorno virá gradativamente, fortalecendo a base da pirâmide social.

Uma vez o Estado, tirando da margem da desigualdade social uma sociedade que vivia as custas de um sistema falido, incluindo num sistema inteligente de Seguridade Social, fara que este povo, com trabalho e dignidade humana[8], venha contribuir literalmente com o Estado.

Quanto menor a pobreza em um país, mais o Estado arrecada em tributos e essa sociedade que está inserida neste Estado bem organizado, é uma sociedade sadia no aspecto social, utilizando-se menos dos serviços da Seguridade Social.

Sim, uma vez que vivem melhor, gastarão menos com a saúde, trabalhadores terão menos doenças ocupacionais e acidentes de trabalho, irão viver a idade avançada com menos problemas de saúde, as crianças não adoecerão tanto, ou seja, o Estado gastará muito menos com a Sociedade, e com o povo empregado, a economia ficará aquecida, gerando crescimento das empresas e o Estado arrecadando mais com os tributos.

Traçadas as linhas de raciocínios, não restam dúvidas, que o Estado, para crescer economicamente, deve promover o sistema de Seguridade Social como forma de investimento, retirando o quanto antes o povo que vive na desordem social, para integrá-lo através de políticas públicas desenhadas no sistema de Seguridade Social na ordem social.

Assim, quanto mais próximo o Estado do ideal da Ordem Social, melhor inserida estará a Sociedade nas relações sociais, com uma vida econômica melhor, dependendo menos do sistema de Seguridade Social.

Após a sociedade estar inserida na Ordem Social, o sistema de Seguridade Social será menos utilizado, tento o Estado menos gastos com as tais demandas sociais, podendo investir em outros programas de crescimentos sociais, econômicos e sustentáveis.

3. *Conclusão*

Podemos encerrar o texto com uma das frases mais impactantes que li nestes anos do André Marques[9]: "Quanto mais previdência social, menos assistência social e quando mais assistência social, menos previdência social". Sim, quanto menos empregabilidade mais dependentes do Estado, quanto mais empregabilidade menos dependentes do Estado.

Referências bibliográficas

BALERA, Wagner. *Sistema de seguridade social.* 4. ed. São Paulo: LTr, 2006.

FERREIRA, Lauro Cesar Mazetto. *Seguridade social e direitos humanos.* São Paulo: LTr, 2007.

MARQUES, André Luiz. *O homem de rua — aspectos* jurídicos e sociais. São Paulo: Quartier Latin, 2008.

MARTINS, Sergio Pinto. *Direito da seguridade social.* 26. ed. São Paulo: Atlas, 2008.

NABAIS, José Casalta. *Boletim de Ciências Económicas,* v. LX, Separata, Universidade de Coimbra, Faculdade de Direito, 2017.

NEVES, Ilídio das. *Direito da segurança social. Princípios fundamentais numa análise prospectiva.* Portugal, 1996.

ROCHA, Daniel Machado; JUNIOR, José Paulo Baltazar. *Comentários a lei de benefícios da previdência social.* 12. ed. São Paulo: Atlas, 2014.

Legislação

Decreto Legislativo n. 269/2008 ratificou os 87 artigos da Convenção n. 102 — publicado na edição do Diário Oficial da União (DOU) de 19 de setembro de 2008.

(8) A dignidade da pessoa é uma pedra de toque da concepção contemporânea dos direitos humanos. A forma e a evolução de como a humanidade reconheceu que as pessoas possuem direito a ter uma vida digna, no intuito de afirmar a proteção dos direitos humanos, é determinantemente para a concepção contemporânea desses direitos. FERREIRA, Lauro Cesar Mazetto. *Seguridade social e direitos humanos.* São Paulo: LTr, 2007. p. 19.

(9) Quanto mais clientela na Previdência Social menos clientela na assistência social, sendo que o inverso é verdadeiro. MARQUES, André Luiz. *O homem de rua —* aspectos jurídicos e sociais. São Paulo: Quartier Latin, 2008. p. 59.